宁波通史

宋代卷

傅璇琮 主编

张伟 张如安 邢舒绪 著

宁波出版社

图书在版编目（CIP）数据

宁波通史.宋代卷/傅璇琮主编；张伟，张如安，
邢舒绪著. —宁波：宁波出版社，2009.8
ISBN 978-7-80743-403-0

Ⅰ.宁… Ⅱ.①傅… ②张… ③张… ④邢… Ⅲ.宁波市—
地方史—宋代 Ⅳ.K295.53

中国版本图书馆CIP数据核字（2009）第112884号

责任编辑　廖维勇

本书为宁波市重大文化研究工程项目成果

▲ 宋嘉定三年耕织图诗残石。1928年宁波灵桥门出土，宋楼璹撰，楼钥书，楼洪、楼深刻石，现存天一阁博物馆明州碑林。

▲ 天封塔地宫出土的镂银地宫殿（模型）

▲ 江北妙山出土的越窑三联瓜形盒

▲ 鄞州莫枝出土的越窑刻花水盂

▲ 天封塔地宫出土的单孔镂银熏炉

▲ 慈溪出土的越窑三足蟾蜍水盂

▲ 宋代外海船（模型）

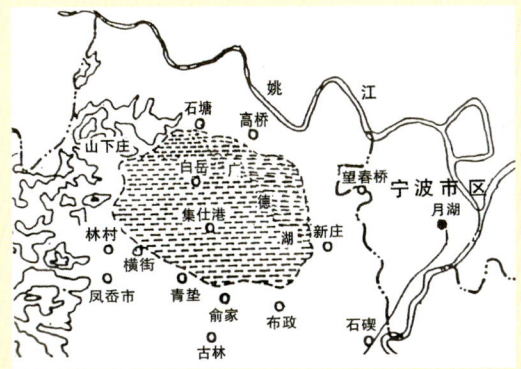
▲ 广德湖遗址示意图

▲ 宋代外海船挖掘现场

▲ 水则碑

▲ 宋代石砌海运码头遗址

▲ 保国寺大殿镂空藻井

▲ 保国寺大殿内柱头铺作

▲ 保国寺大殿内大藻井

▲ 中国木结构殿堂的代表作——保国寺大殿

▲ 保国寺大殿内瓜棱柱

▲ 日本东大寺南大门。为南宋明州工匠陈和卿主持修建，是典型的中国南方建筑式样，被称为"天竺样"。

▲ 波斯巷遗迹

▲ 考古发掘的北宋市舶库地坪

▲ 日本东大寺南大门石狮。1196年由陈和卿等运鄞县梅园石雕刻而成。

▲ 修建后的高丽使馆纪念堂

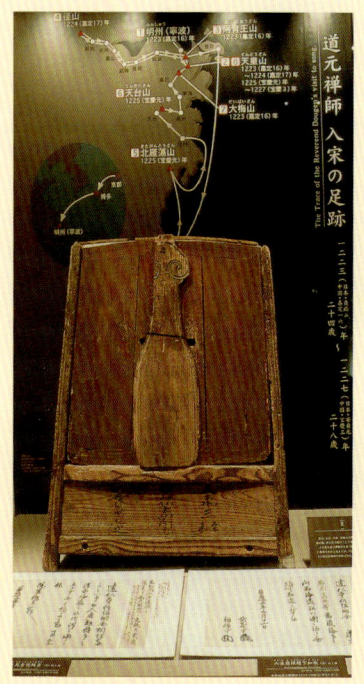

▲ 日本曹洞宗鼻祖道元禅师入宋时的路线图及所背木箱（日本永平寺陈列）

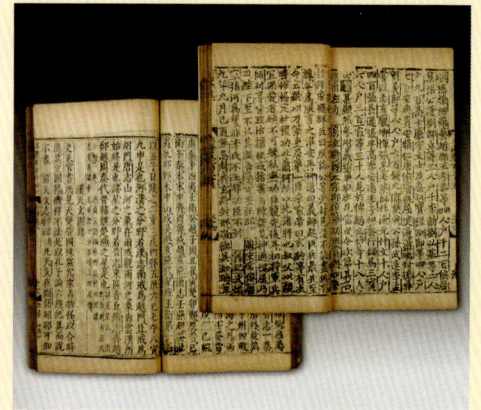

▲ 王应麟《玉海》

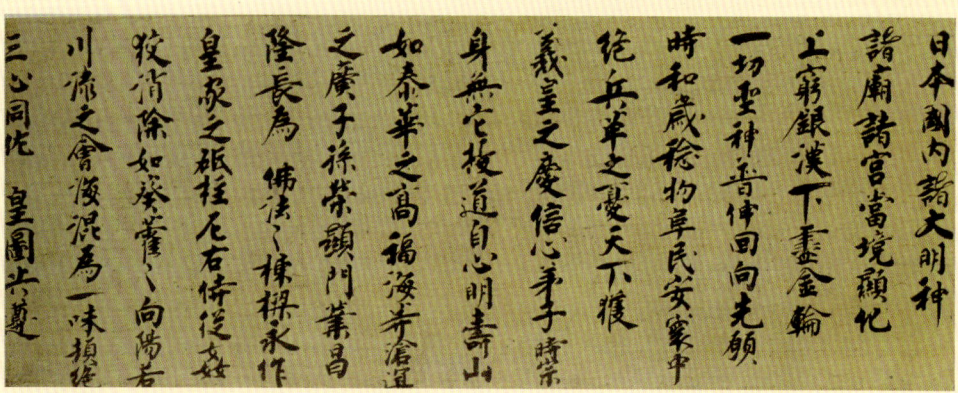

▲ 大觉禅师（宋天童寺赴日高僧兰溪道隆）墨迹

▲ 南宋周季常《天台石桥图轴》　　▲ 南宋金大受《十六罗汉图轴》　　▲ 南宋陆信忠《降龙图轴》
　美国弗利尔美术馆藏　　　　　　　日本太山寺藏　　　　　　　　　　日本相国寺藏

◀ 我国最早的仿木结构石牌坊——鄞州五乡镇横省南宋石牌坊/龚国荣摄

▲ 叶氏夫人墓道前的石笋墓表柱,为浙东南宋墓前石刻特有形制。/龚国荣摄

▲ 郑清之墓道的享亭石刻"妇人启门"/龚国荣摄

▲ 大慈山史弥远之母周氏墓前立马/龚国荣摄

目 录

导 论 ……………………………………………………………………（1）

第一章 宋代宁波的政治与军事 ………………………………………（1）
  第一节 明州的政治 …………………………………………………（2）
    一、北宋明州的行政建制与管理 ………………………………（4）
    二、南宋明州的行政建制与管理 ………………………………（7）
  第二节 明州的军事 …………………………………………………（11）
    一、北宋明州的军事驻防 ………………………………………（12）
    二、两宋之际明州军民的抗金斗争 ……………………………（15）
    三、南宋明州的军事驻防 ………………………………………（20）
  第三节 明州的人口与赋役 …………………………………………（25）
    一、士庶南迁与人口的持续增长 ………………………………（25）
    二、赋役负担的加重 ……………………………………………（30）

第二章 宋代宁波的社会经济 …………………………………………（40）
  第一节 农业与渔业 …………………………………………………（41）
    一、水利工程的兴修和灌溉网络的形成 ………………………（41）
    二、耕地面积的扩大 ……………………………………………（49）
    三、农作物品种的多样化与耕作水平的提高 …………………（54）
    四、经济作物的广泛种植 ………………………………………（60）
    五、捕捞业与养殖业的兴起 ……………………………………（64）
  第二节 手工业 ………………………………………………………（66）

一、造船业 …………………………………………………（66）
　　二、酿酒业 …………………………………………………（70）
　　三、制盐业 …………………………………………………（72）
　　四、纺织业 …………………………………………………（74）
　　五、制瓷业 …………………………………………………（75）
　　六、造纸与刻印业 …………………………………………（77）
第三节　商业 ……………………………………………………（79）
　　一、市镇的兴起 ……………………………………………（79）
　　二、州城商贸的繁荣 ………………………………………（81）
　　三、跨区域贸易的进一步拓展 ……………………………（85）

第三章　宋代宁波的海外贸易 ………………………………（90）
　第一节　明州的市舶管理机构 …………………………………（91）
　　一、市舶机构的建制沿革 …………………………………（92）
　　二、市舶司的管理机制及其职能 …………………………（95）
　第二节　明州与高丽的贸易 ……………………………………（96）
　　一、明州在宋丽官方贸易中的作用 ………………………（96）
　　二、明州与宋丽民间贸易 …………………………………（104）
　第三节　明州与日本的贸易 ……………………………………（109）
　　一、明州与日本民间贸易的兴盛 …………………………（109）
　　二、明州与日本的贸易物品 ………………………………（115）
　第四节　明州与东南亚及其他地区的贸易 ……………………（122）
　　一、明州与东南亚诸国贸易的拓展 ………………………（122）
　　二、明州与东南亚诸国的贸易物品 ………………………（124）

第四章　宋代宁波的城市建设与管理 ………………………（127）
　第一节　明州的城防建设 ………………………………………（128）
　　一、子城建设 ………………………………………………（129）
　　二、罗城建设 ………………………………………………（131）
　第二节　城市基础建设与管理 …………………………………（133）

一、坊巷建设与管理 …………………………………………（134）
　　二、城区河渠疏浚与碶闸桥梁建设 …………………………（137）
第三节　月湖的浚治与人文景观………………………………（141）
　　一、月湖的浚治 ………………………………………………（142）
　　二、月湖人文景观 ……………………………………………（144）

第五章　宋代宁波的文化……………………………………（147）

第一节　教育……………………………………………………（148）
　　一、北宋明州教育的勃兴 ……………………………………（149）
　　二、南宋明州教育的繁荣 ……………………………………（157）
第二节　哲学思想………………………………………………（169）
　　一、四明四先生与心学 ………………………………………（170）
　　二、黄震、史蒙卿与朱学 ……………………………………（185）
第三节　宗教……………………………………………………（194）
　　一、佛教的兴盛 ………………………………………………（194）
　　二、道教的发展 ………………………………………………（208）
第四节　史学成就………………………………………………（211）
　　一、王应麟的《玉海》与《困学纪闻》……………………（211）
　　二、黄震的《古今纪要》及《古今纪要逸编》……………（215）
　　三、胡三省与《资治通鉴音注》……………………………（221）
第五节　方志编纂………………………………………………（230）
　　一、张津与《乾道四明图经》………………………………（230）
　　二、胡榘与《宝庆四明志》…………………………………（233）
　　三、吴潜与《开庆四明续志》………………………………（236）
第六节　文学艺术………………………………………………（240）
　　一、北宋明州诗文创作的演进 ………………………………（241）
　　二、南宋明州的文学创作 ……………………………………（253）
第七节　科学技术………………………………………………（271）
　　一、医学 ………………………………………………………（271）
　　二、植物与园艺学 ……………………………………………（276）

三、动物学 …………………………………………………（281）
　　四、海洋生物学 ……………………………………………（283）
　　五、生态学 …………………………………………………（285）
　　六、建筑技术 ………………………………………………（288）
　　七、潮汐学 …………………………………………………（291）
　　八、水利学 …………………………………………………（292）
　　九、高似孙与砚石研究 ……………………………………（294）

第六章　宋代宁波的社会生活 ………………………………（297）
　第一节　饮食 …………………………………………………（298）
　　一、主食品种与结构的变化 ………………………………（298）
　　二、菜肴烹饪及其品种的丰富化 …………………………（302）
　　三、酒茶饮料及其文化色彩 ………………………………（308）
　　四、宴饮、餐制和饮食观 …………………………………（313）
　第二节　婚姻与丧葬风习 ……………………………………（317）
　　一、婚姻风习 ………………………………………………（318）
　　二、丧葬祭亡习俗 …………………………………………（321）
　第三节　社群意识及其文化活动 ……………………………（328）
　　一、会社的兴起 ……………………………………………（329）
　　二、乡饮酒礼的开展 ………………………………………（334）
　　三、其他庆会活动 …………………………………………（339）
　第四节　义风的形成和发展 …………………………………（339）
　　一、四明义风的兴起 ………………………………………（340）
　　二、南宋四明义风的新发展 ………………………………（342）
　第五节　岁时风习和游乐活动 ………………………………（351）
　　一、岁时风习 ………………………………………………（352）
　　二、文体娱乐活动 …………………………………………（359）

主要参考文献 …………………………………………………（371）

后　　记 ………………………………………………………（380）

导 论

两宋立国320年(960—1279年),其中北宋167年,南宋153年。这一时期,中国历史正处于一个重大的变革期,整个封建社会由此呈现出了一些新的变化:政治上,自宋初统治者采取一系列措施加强中央集权,唐末五代以来藩镇割据的混乱局面为之一扫,集权政治全面强化;经济上,由于推行不立田制、不抑兼并的土地政策,地主经济充分发育,商品经济日趋活跃,同时,伴随着经济重心的南移,东南经济迅速崛起,从而使区域经济结构发生了重大变化,两浙成为一大经济中心;文化上,两宋积极推行重文政策,并进一步完善科举制度,从而使这一时期的社会无论在教育的普及,文学艺术的创作,还是在学术思想的传播及科技文化的繁荣等,均呈现出前所未有的新气象。宋代社会所经历的这一新变动,深刻影响着这一时期宁波的历史进程。回顾宁波历史,两宋无疑是一个重要的发展时期。在这320年中,由于社会相对安宁,经济与文化发展迅速,宁波成为两浙地区的一大经济中心和文化重镇。本卷分别从政治与军事、社会经济、海外贸易、城市建设与管理、文化及社会生活六个方面对宁波历史作了全方位的考察,以期展现这一时期宁波社会所经历的深刻变化,揭示出这一时期宁波的演进脉络。

一

后周恭帝显德七年(960年)正月,禁军统帅赵匡胤发动陈桥兵变,建立了相对统一的北宋王朝。三月,钱俶遣使朝贺宋太祖登基,吴越政权事实上已接受宋廷节制。同年,宋廷升明州望海军为奉国军,治鄞县,授钱俶之弟钱亿为奉国军节度使、持节明州事。太平兴国三年(978年),继割据福建漳、泉二州的陈洪进的纳土归顺,钱俶再次上表请求纳土,为宋廷所允。至此,包括明州在内的两浙地区纳入北宋版图,从而宣告了吴越政权在明州统治的结束。随着北宋王朝在明州统治的确立和宋廷加强中央集权措施的全面推行,明州的政治体制也随之发生变化。在行政归属上,至道三年(997年),划分全国州郡为15路,明州属两浙路。皇祐三年(1051年),又分两浙路为东、西两路,明州属两浙东路。熙宁十年(1077年),两浙东、西路复合为一路,明州属两浙路。在行政建制上,宋初,明州辖奉化、慈溪、象山、定海(今镇海、北仑区)、鄞县5县。熙宁六年,因鄞县富都、安期、蓬莱三乡隔海,管理不便,朝廷下诏置尉司,不久改设昌国县,明州辖县增至6个。至此,明州行政区域基本确定,终南宋而不变。在官员设置上,北宋为惩五代之弊,规定州郡长官由文臣担任。故自钱惟治起,明州历任知州概由文臣充任。佐官则有节度判官(或观察判官)、节度推官(或观察推官)、节度掌书记(或观察支使)各1员,分曹建掾,协助知州处理州郡政务。同时,为牵制州郡长官的权力,另设通判,以京朝官充任。明州作为大郡,通常设通判2员。县为最低一级地方行政建制,长官称县令,如以京朝、幕官任事,则称"知县事"。县令(或知县)总管一县民政,劝课农桑,平决狱讼。同时,根据各县户口多寡,设县丞、主簿、县尉,协助县令处理地方各类事务,维护地方治安。县以下的基层组织则为乡。乡辖里,设里正、户长、乡书手以掌课输;耆长主盗贼词讼。熙宁年间(1068—1077年),王安石变法,又废户长,推行保甲法,乡役法与保甲法逐渐合一。此后虽屡有反复，但到北宋末年，明州地区的基层组织基本实行保正长法。南宋时期，明州隶属两浙东路，以州（府）辖县的格局不变。但由于迁都临安，明州作为东部屏障，其"控扼海道"的地理位置为统治集团所重视。绍兴三年（1133年）九月，为加强浙东路海防，在吕颐浩的建议下，南宋朝廷始命侍卫亲军步军都指挥使、武泰军节度使、主管殿前司公事郭仲荀为检校少保、知明州兼沿海制置使，从而开明州守臣兼沿海制置使之先例。绍熙五年（1194年），宁宗继位，诏改明年为庆元元年，并升格明州为府，名之为庆元。至此，明州（庆元府）作为东南大藩的政治地位完全确立。明州升格为府后，知州改名"知军府事"，知州（府）幕僚官的设置基本与北宋相同。因知州（府）兼沿海制置使，故在明州又设有沿海制置司。南宋时期的明州亦设置通判。淳熙元年（1174年），魏王恺判明州，一度以王府长史取代通判。淳熙七年恢复旧制。嘉定元年（1208年），省添差通判，通判额减至2员。至于南宋明州县级官员的设置及乡村组织，则大体与北宋时期相同。

二

北宋立国后，为防止再现唐末五代以来的藩镇割据局面，于是强干弱枝，尽收地方劲兵于中央。在吴越国"纳土"称臣后，宋廷即整编其军队，将强壮者编入禁军，调往西北边地；羸弱者则留于本地，作为承担地方杂役之用。庆历年间（1041—1048年），随着社会矛盾的激化，北宋政府开始在内地设禁军驻防，当时明州置宣毅军一指挥，这是北宋时期明州驻扎禁军的开始。嘉祐四年（1059年），为加强东南防务，宋廷下诏明州、福州各置就粮禁军，专捕"盗贼"。到北宋末年，明州共驻有威果三十指挥、威果五十五指挥、雄节指挥、威胜指挥和全捷指挥5支禁军，史称"禁军五指挥"。

除禁军外，明州还驻有大量的厢军。宋初，将两浙"顺化军"中精锐者抽调后,留在本地的老弱者便成为厢军,此后厢军兵员大多从民间招募。作为一种地方军,厢军主要从事地方上的各种杂役,如壮城军用于修筑城池,都作院军用于制造军器,船场军用于造船,装发军用于运输等。神宗熙宁之前,明州厢军有江桥院、碇手、采造等。熙宁年间(1068—1077年),当时明州驻有崇节二十八指挥、崇节二十九指挥和崇节三十指挥,号称"崇节三指挥",营所分别在州城天庆观前、东寿昌寺前和东寿昌寺北。

除禁军、厢军外,明州还有一种本地军——土兵(或称土军)。早在仁宗时期,明州已设有巡检、巡察使臣兵级等。神宗时期,开始招置土军以充实巡检司,此后虽屡有反复,但土军已成为巡检司的主要力量。当时明州所属各县多设有巡检司,如昌国县有岱山巡检,定海有海内东寨巡检、海内西寨巡检、水陆管界巡检,慈溪有鸣鹤寨巡检,奉化有公塘巡检等,成为维护地方治安的一支重要力量。

南宋政权建立后,明州成为东南门户,其在军事上的战略地位更显重要,为此,南宋政权在加强明州城防御工程建设的同时,在州城内外及军事要冲之地部署了相当数量的军事力量。

南宋初,朝廷下诏两浙东、西,江东南、西诸路各分置路分总管,文臣以安抚使为都总管,兼领兵民事,武臣则为副总管,只掌管兵事。孝宗乾道年间(1165—1173年),浙东副总管治所从绍兴正式移驻明州城。此外,城内还有路分都监厅,掌禁军屯戍、边防、训练等政令。当时,驻扎在明州城内的禁军有威果三十指挥、威果五十五指挥、雄节指挥、威胜指挥、全捷指挥等五指挥;厢军有崇节二十八指挥、崇节二十九指挥、崇节三十指挥、壮城指挥、都作院指挥、船场指挥、清务指挥、剩员指挥、宁节指挥等九指挥。

南宋朝廷在明州亦大量招募土兵。绍兴五年(1135年)、乾道七年(1171年),朝廷先后下令沿江沿海各州军诸寨添招、增招土兵。土兵由巡检司分掌,归地方节制。到南宋后期,庆元府辖县中,鄞县设有大嵩巡检司,定海有海内、管界巡检司,奉化有鲒埼、公塘巡检司,昌国有三姑、岱山巡检司,慈溪有鸣鹤巡检司。与9个巡检司相应,则分别有浙东、大嵩、海内、管界、鲒埼、公塘、三姑、岱山、鸣鹤9寨。在当时禁军、厢军缺额达40%左右的情况下,土兵仅缺8%左右,足见南宋政府对土军的重视。

南宋建立后,为防御金人从海上入侵,加强了对海道的防守。绍兴二年(1132年)五月,朝廷开始设置沿海制置司。七月,在吕颐浩的建议下,将统领福建、两浙、淮东海防事务的沿海制置司一分为二:一为浙西淮东沿海制置司,一为浙东福建沿海制置司。浙东福建沿海制置司即置司于定海县,主要管辖温州、台州、明州和绍兴府,负责扼守海道、训练水军、组织民防、刺探敌情,也承担禁戢、救助海商等部分民政职能,成为南宋时期防御外敌入侵、维持地方治安的一支重要力量。

与此同时,南宋也开始大量招置水军,相继建立许浦水军、澉浦水军与定海水军。嘉定七年(1214年),因郡守程覃的请求,三姑、岑江、烈港(一作"洌港")、海内、白峰5寨土军也归水军统制节制。至宝庆年间(1225—1227年),明州水军中有正兵约3900名。

总之,两宋时期明州(庆元府)的军事驻防,州城内有禁军、厢军,外有殿前水军和土军。定海水军与平江许浦水军、嘉兴澉浦水军构成临安左右前后门户之防。土兵除巡防、捍御盗贼外,与水军互为犄角,扼守海道。到南宋后期,沿海九寨土军又归定海水军统一调遣,而统于沿海制置司,二者渐趋合一。

三

两宋时期,明州地区人口的增长和劳动力的增加、耕地面积的不断扩大和生产技术的进一步提高,为社会经济的发展提供了有利条件;同时,随着广大佃农地位的提高,劳动者的生产积极性大大提高。在百姓的辛勤耕作下,明州的农业、渔业、手工业和商业有了显著的发展,呈现出繁荣景象。

明州地区农业生产的发展,主要表现在水利工程的兴建与水利网络格局的基本形成,耕地面积的扩大与土地利用率的提高,耕作制度与耕作技术的改进,农作物品种的多样化与经济作物的广泛种植及亩产量的增加等方面。

就明州的水利事业而言,经过仁宗、神宗、宁宗、理宗四个时期的集中治理,一方面,唐代以来不少旧的灌溉工程得到浚治;另一方面,新的水利工程不断兴建,形成了以海塘—湖泊—河网为特色的水利网络格局。这一网络格局主要表现为宁波平原北部慈溪、余姚、定海三县的沿海防潮体系,东部平原的东钱湖灌溉水系,西部平原的它山堰灌溉水系及南部平原以奉化江、白杜、横溪为中心的灌溉水系。水利灌溉系统的完善,为进一步利用土地、推动区域经济的发展奠定了坚实基础。

在耕地面积与土地利用率方面,两宋时期,为缓解人口增加而造成的对耕地的压力,百姓竞相开垦土地。于是,与山争地、与海争地、与湖争地,使得山田、涂田、湖田等大量增加。在明州,新垦田主要是涂田和湖田。作为土地开发利用的方式,围湖造田扩大了耕地面积,减缓了人地矛盾,对提高土地利用率、发展地方经济有其积极的作用,在一定程度上也增加了政府的赋税收入。但湖田以填塞湖塘水泊为代价,过度围湖、侵湖,势必破坏水系及水利设施功能的发挥。鉴于围湖及侵湖盗耕带来的危害,南宋后,地方政府采取了一些积极的措施,在浚治湖泊、提高水资源利用率的同时,屡下禁令限制民间侵湖行为,使滥行侵垦的势头基本得到控制。

在耕作制度与耕作技术的改进方面,明州百姓已经能按季节来合理安排不同稻谷品种的种植,水稻种植已采用一年两熟的间作制,稻麦轮种与麦蔬间作等耕作制也开始出现。在作物耕耘、施肥、用水等方面,明州地区的精耕细作程度已相当高,并形成了成熟的水田耕作技术体系。

在农作物的种植与产量方面,明州百姓在扩大耕地面积,种植稻、麦、粟、黍等农作物的同时,因地制宜,广泛种植桑、麻、茶、棉花、席草、水果等,使经济作物生产得到了较快发展,产量不断增加。以谷物产量为例,由于水利的兴修,优良品种的培育和推广,生产工具的改善和耕作技术的提高,明州地区水稻的单位面积产量大大提高。北宋以前,广德湖周围的民田每亩产量达到六七石,为同时期两浙地区水稻亩产的最高纪录。

与此同时,以海洋捕捞为主的渔业开始从农业中分离出来,成为居民重要的副业之一。宋代明州捕捞业的最大变化是,随着民间造船技术的进步,捕捞范围进一步扩大,开始从浅海滩涂、沿海江汉向周边海域拓展。渔民们在长期的生产作业中,积累了丰富的经验,并掌握了鱼汛及各种鱼类的活动情况。海洋捕捞业的发展,使海产品产量大增,渔民们除将部分鲜货直接投放周边市场外,大部分则通过特殊处理予以保存,海产品加工业随之兴起。同时,随着浙东人口的增加,海产品的需求量也随之上升,从而促使海水养殖业兴起。明州近海居民最迟在宋代已开始从事滩涂养殖业,他们掌握了海蛤、江珧的养殖技术,这为后来海贝类的大量养殖奠定了基础。

农业经济的发展,为手工业的进一步发展奠定了坚实基础;而人口的持续增长,消费总量的不断扩大及海外贸易的发展,也刺激着手工业生产规模的扩大、内部分工的细化与生产技术的进一步提高。明州手工业的发展,首先表现为手工业门类的日趋齐全,如造船业、丝织业、酿酒业、煮盐业、制瓷业、刻书业等多种行业并存;其次是不少手工业生产部门在经营规模和制作工艺水平在唐、五代基础上都有了扩大和提高,在两浙甚至在全国享有盛名。在众多的手工业部门中,造船业是明州最发达的手工产业,在当时其造船技术已处于国内外领先地位。其次是煮盐业,不但产盐量高,而且质量上乘。到北宋中期,昌国东、西两监的年销盐量已居于当时浙东诸盐场销盐量的首位。

随着农业、手工业产品的日趋商品化,明州地区的商业进一步发展,突出表现为市镇的迅速兴起、城区商贸的繁荣和跨区域贸易的进一步拓展等几个方面。

市镇是居民从事商业活动的聚集地,它的兴起和繁荣,是社会分工和商品经济发展的产物。随着明州农产品的商品化和手工业的发展,城乡之间、城镇之间的商品交换日趋频繁,作为商品交换中心的市镇迅速崛起。庆元府27个市镇的出现,表明南宋中后期该地区的基层商业网络已初步形成,从而为商品经济的进一步发展开辟了更为宽阔的道路。

农业、手工业和对外贸易的发展,使明州城市在市场的空间布局上发生了重大变化,商业经济迅速崛起,并呈现出了前所未有的繁荣景象。州城商贸的繁荣,首先基于自身手工业和各类加工产业的发达;其次,周边乡村市镇的制作原料、农副产品与各类手工产品源源不断地输入城内,推动了城区商业的繁荣;再者,明州港对外贸易的兴盛,对州城商贸的繁荣起到了有力的带动作用。上述种种因素的结合,使宋代明州城市商业经济迅速兴起,并很快成为浙东地区的一大商业中心。具体表现为:市场的分布由城市中心向城郊延伸,"行"、"团"等行业组织的大量出现,各种与商业活动有关的服务性行业兴起,交引铺的出现与商税额的增加等方面。其中,最为直接的体现是在商税额上。熙宁十年(1077年),明州商税额总数为27837贯,其中州城税额为20220贯,约占总税额72.6%。到南宋中期,州城税额仍占总税额的53.5%。这一比例,充分反映出州城在区域商业经济中的中心地位。

明州地处两浙沿海中部,自古以来与沿海地区就有十分便利的贸易通道,其内陆水路航运,可通过浙东河直抵临安,并通过大运河与长江中下游的内陆市场相连接。因此,尽管其"僻处海滨",却是沿海中部地区沟通海陆、连接南北的交通要冲。两宋时期,特别是入南宋后,随着明州人口的增长、产品商品化的发展和周边交通设施条件的改善,以跨区域为特点的远距离贸易进一步发展。明州城作为地区性商业中心和最大的消费市场,一方面,它在吸纳、消费外地产品的同时,将部分输入品逐级向县镇、草市等市场分销;另一方面,它又集聚本地商品,将之引向外地市场,从而充分发挥出地区中心城市这种流通枢纽和物流调节的功能。在远距离贸易中,明州输出的商品有各类水产加工品和手工业品。明州地处沿海,海产品资源极其丰富,各类海产品除了满足当地市场需求外,更多地通过鲞、腊、鳔、糟等方式加工处理后销往外地。明州的海产加工品不仅销往以杭州为中心的江浙市场,甚至经巴蜀输入荆襄地区。明州又多山区,鄞县、慈溪、奉化盛产毛竹,这类竹子经特殊加工后,制作成焙笼后销往外地。另外,明州的特产品,如越窑青瓷、明席、草鞋、奉化绝、女儿布、金波酒、双鱼酒、铁器、铜器等产品也远销各地。

虽然,这一时期明州的绝大部分商品仍在当地市场网络内流通,作为远距离流通的商品,大多属于地方土特产,真正以专业分工为基础的商品生产在整个经济中所占的比重还不是很高,但与唐、五代时期相比,跨区域贸易的范围已大大扩大,以专业分工为基础的商品生产发展趋势已充分显示,这为以后商品经济的进一步发展奠定了坚实的基础。

四

明州港处于沿海中部,特殊的地理位置,使其自唐代以来就成为对外贸易的重要港口。两宋时期,伴随着明州经济的进一步发展、造船和航海技术的进步以及政府对海外贸易的日趋重视,明州(庆元)港的对外贸易进入了一个新的繁荣期。这一时期,明州不仅与东亚高丽、日本的贸易空前繁荣,而且由于南海航线的拓展,与东南亚、波斯湾沿岸各国的贸易也大大加强。明州港不仅取代了杭州在两浙路诸港口对外贸易中的鳌头地位,并一跃成为与广州、泉州齐名的东南三大贸易港。

五代时期,吴越国鉴于"江淮不通",积极开拓海道贸易,设立了类似市舶机构的"博易务",以管理货物交易事务。吴越"纳土"后,北宋政府一度迁两浙市舶司于明州,后又于明州独立设司。明州市舶司(务)的建立和管理体制的趋于成熟,客观上有利于推动明州地区对外贸易的发展。北宋中期以后,由于受政治格局变化的影响,明州被宋政府指定为与高丽、日本从事贸易活动的唯一港口,从此,明州港成为两宋政府与高丽、日本从事经济交往的主要港口。当时通过明州港输往高丽、日本的货物主要是铜钱、瓷器、香料、药材、书籍及丝织品等。在这些物品中,既有中国的手工制品和土特产,如茶叶、丝织品、瓷器、书籍、文具和各类奇花异草等,也有出产于东南亚、南亚等地,经宋商转贩的物品,如香药、犀角、象牙等。输入的物品一般也是高档生活用品和土特产品等。

这一时期,明州港不仅成为与高丽、日本贸易的主要港口,而且与东南亚及其他地区的贸易也大大加强。咸平年间(998—1003年),朝廷在下诏设立明州市舶司的同时,又规定,凡商船前往东南亚和东南亚诸国蕃商前来贸易,明州与杭州、广州一样,"并通货物"。这表明,明州已成为我国与东南亚及其他地区贸易的重要港口之一。当时明州城内,有不少来自东南亚地区及波斯、阿拉伯等国的商人在此经商,如城内泥桥下就有"波斯团"这一行业组织,狮子桥以北的清真寺,东渡门内的波斯巷,也相继出现在这一时期。从输入的物品来看,香料为大宗,其次是名贵药材、木材、宝货及布匹、矿石等。需要指出的是,从抽解额来看,明州市舶司对海南、占城、西平、泉州、广州船有明确规定,但对"外化蕃舶"的抽解,则须报上级部门来确定,直到南宋后期,还没有形成统一的抽税率。

明州繁荣的港口贸易,使宋代市舶收入大增,对充实中央财政起到了一定的作用,同时,通过对外贸易,也使地方官府和百姓从中获利。更为重要的是,由于海外贸易范围的不断扩大和外销商品需求量的增加,为明州的商品开拓了广阔的国外市场,极大地推动了明州地区手工业和农产品经济的发展及商品化进程,加速了以明州为中心的浙东区域市场体系的形成。

五

城市建设是城市经济发展、人口增长的必然，同时与其在政治、军事上的地位密切相关。两宋时期，随着明州社会经济的发展，城市人口的增加，尤其是南宋建都临安后，明州作为"浙左股肱之郡"的地位更加突出，城防和城市基础设施的建设，城市人口的管理等日益为中央和地方政府所重视。

首先，在城防建设上，两宋时期，明州子城、罗城作了多次整修。明州子城至少有两次较大规模的修葺。第一次在北宋初年，当时维修的重点是加固、修补城墙，经过这一次整修，城基叠砌有序，明显得到加宽、加厚。第二次在南宋时期，这次整修是在唐代夯土城墙基础上，将城基包砖全部改用加工的条石错缝砌筑，城基以上部分为包砖砌筑。宋代对罗城有三次大规模的整修。第一次是宋神宗时期，曾巩知明州任内。此次修缮的材料多利用旧城砖，砌成后周回约2500丈。第二次是理宗宝庆年间，胡榘兼知庆元府任内。此次重修，除望京、灵桥、东渡三门翻新外，其他城郭楼门均埤薄为厚，增卑为高，补罅易圮，历时近两年。经此次大修，明州10座城门的名称及布局有了明确的记载。第三次是在理宗宝祐至开庆年间，吴潜判庆元府任内。此次不但全面整修城墙，使"雉堞焕如"、"楼橹粲然"，而且重新建立巡捕制度，加强了对城楼的巡防和管理。此后，至入元，除朝京门易名迎恩门外，这一格局不变。

其次，在城区坊巷建设与街衢整治方面，入宋以后，随着社会经济的发展，明州城旧有的坊市制被彻底打破，城市居民聚落单位不再是旧坊区，而是按坊巷布局组成新的基层单位。同时，随着城市人口的增加，郊区的城市化，城市区域已不断向外延伸。这样，一种新的适应城市发展需要的管理体制——厢坊制应运而生。至南宋中期，明州城内共有4厢51坊。此外,在府城东北与西面又设置了甬东厢和府西厢。甬东、府西二厢建制的出现,具有十分重要的历史性意义,它标志着南宋中叶后明州地区在城市化道路上已迈出了重要的一步,城市活动已突破城墙的限制向城郊辐射,城郊逐渐成为城市的有机组成部分。

再者,在城区水资源管理与碶闸桥梁建设方面,入宋以后,随着城市人口的增长,供水量日趋增加,地方政府在继续治理上游水源的同时,也加强了对城内河渠的疏浚与管理。明州城濒海枕江,依三江而筑,由于地势原因,水难蓄而善泄。明州城内位于城西南隅的日湖和月湖容纳它山诸水,为城中水源所在,因此,历届地方官员均十分重视对日、月二湖与河渠的疏浚工作。其中以元祐年间(1086—1094年)刘淑的浚治最为彻底。这次整治,不但扩大了月湖的蓄水量,而且,由于环湖及在湖中岛屿中大量种植松柳花草,又起到了固堤和保护水质的作用。另外,对妨碍水道的搭建物也不时予以整治,如陈垲对环子城壕河浮棚的清理,胡榘禁止在有碍水道处建屋舍等。这些举措,对保证城内河道的畅通起了积极作用。同时,为了合理掌握蓄泄,吴潜通过实地勘察水位,并结合陈垲在它山堰回沙闸、城东大石桥碶设立平水尺控制闸门启闭的经验,于城内平桥下建水则亭,立水则碑。平桥水则的设立,大大缩短了水位变化与操纵碶闸启闭的时间差,反映出南宋四明人民对水资源的利用与管理已达到了相当高的水平。

作为水乡城市,随着人口剧增,经济活动日趋频繁,兴建桥梁成为缓解交通拥挤的主要手段,自然也成为城市建设的重要内容。在郡城,桥梁主要由官府出资营建,也有由家族、巨室筹资建造。据《宝庆四明志》记载,到宝庆年间(1225—1227年),城内桥梁已达120座。桥梁的大量建造,不但有助于缓解交通,而且大大减少了城内因水运过于密集而造成的河道阻塞,对保护市内河渠的畅通和优化水质也起了积极的作用。

六

北宋的建立,结束了唐末以来长期的分裂割据局面,为文化的发展奠定了良好的社会基础,而统治者长期奉行"右文"政策,重视文化教育,在客观上也有利于推动文化的发展。两宋三百余年,明州文化的发展,鲜明地表现为由对中原文化的吸纳消化向形成独树一帜的区域文化发展,并在这一转向过程中,迎来了宁波历史文化发展的一个高峰期。

首先,在哲学思想方面,早在北宋庆历时期,以杨适、杜醇、王致、王说、楼郁为代表的"明州五先生",不仅著书授徒乡里,同时积极传播"宋初三先生"之一、理学先驱胡瑗的思想,倡导"学以穷理为先",成为理学思想传入明州的先驱,为后来四明诸学派的形成奠定了坚实的基础。到南宋中期,杨简、舒璘、沈焕和袁燮等,倡导心学于东南,并将其进一步发展,使其成为南宋时期明州地区最重要的学术派别——"四明学派"。南宋后期,由于统治者崇尚程朱理学,褒扬朱熹,朱学在四明地区迅速崛起,出现了以黄震、史蒙卿为代表的一批朱子后学,他们传播朱学于东南,使明州成为浙东朱子学的重镇。可以说,四明四先生为代表的心学派和黄震、史蒙卿为代表的程朱理学派的出现,是这一时期明州哲学思想进入繁荣的标志。

其次,在宗教文化方面,由于宋代统治者既尊崇儒学,又兼隆佛、道,这为宗教文化在两宋的发展创造了良机。正是在统治者的倡导和扶植下,明州佛教在吴越时期的发展基础上步入了繁盛期。表现为:天台宗的中兴,禅宗的鼎盛,净土思想的流行和弥勒、观音信仰在民间的进一步传播,同时,随着明州港成为东南地区对外开放的主要港口,明州佛教的对外交流日趋加强。这一时期,明州涌现出如知礼、遵式、宗晓、雪窦重显、宏智正觉、普济等众多学问僧,出现了《乐邦文类》、《四明尊者教行录》、《五灯会元》等一批佛学著作。明州的道教虽无法与佛教相提并论,但较前也有了较大的发展,不仅道观数量有所增加,而且道教所宣扬的长生成仙思想与修炼方法也渗入明州百姓,特别是在一些社会上层人物的思想和日常生活之中。佛教和道教文化成为明州文化的重要组成部分。

第三,在史学与方志方面,两宋是中国封建史学空前繁荣的时期。这一时期,史学的发展主要表现在旧史体的日臻完善、新史体的不断出现和私人撰修当代史蔚然成风等几个方面。同时,随着"求道"、"明理"风气的兴起,义理史学开始兴起。北宋时期,明州学者在史学上的成就并不突出。到南宋后期,浙东史学异军突起,明州地区也相继涌现出王应麟、黄震、胡三省等一批史家,出现了诸如《困学纪闻》、《资治通鉴音注》、《古今纪要》等优秀史著。他们研究历史、考订史事、编纂史书,从而使明州史学的发展进入了昌盛期,并为日后明清浙东史学的鼎盛奠定了基础。与此同时,随着文化教育和社会经济的发展,修志事业也进入了兴盛期,不仅纂修数量空前,而且体例、门类的设置亦日臻完善,涌现了《乾道四明图经》、《宝庆四明志》、《开庆四明续志》等传世佳作。

第四,在文学艺术方面,两宋时期,明州文学的发展,有力改变了唐五代以来本区域文坛的寂寥状态,并取得了相当大的成就。北宋时期,明州文坛的创作队伍,主要由宗门作家、官员作家和"五先生"及其弟子群所构成。入南宋后,创作队伍明显发生变化,首先是史、楼、袁、薛、陈姓等文化家族群发挥了主体作用,他们唱和极盛,推动了四明文坛的发展;其次是南渡文人纷纷寓居甬上,将甬上诗坛的艺术水平提升了一大步,有力地促进了明州文学事业的繁荣。这一时期,明州出现了一批有一定影响的作家,如雪窦重显、舒亶、楼钥、舒岳祥、史浩、吴文英、高似孙、黄震等,他们在诗歌、散文、词曲上多有成就,并留下大量的诗文集,共同把明州文学推向一个新的高峰。

第五,在科学技术方面,随着社会经济的发展和实践经验的积累,明州的科学技术水平在唐代基础上有明显提高。在医学领域,明州出现了一批僧医和儒医及《魏氏家藏方》、《卫生家宝小儿方》、《治背疮方》等著名医方。在植物与园艺学领域,则有周师厚的《洛阳花木记》、《洛阳牡丹记》和高似孙的《竹史》、胡融的《图形菊谱》、王子兼的《梅谱》等。在水利学上,则有总结水利修筑经验的魏岘《四明它山水利备览》和谢景初《湖经》等代表作。在建筑学上,德贤尊者募捐重建的保国寺大殿,则集中反映了宋代明州建筑技术的高超。此外,明州人在动物学、海洋生物学、生态学、潮汐学与砚石研究诸领域也多有成就,从而在中国古代科技文化史上留下了光辉的一页。

七

两宋时期,随着四明地区经济与社会结构的变动,社会风貌大大改变,各类文娱活动渐次展开,民众的生活方式丰富多彩,并呈现出某些独特的地域特色。

首先,在饮食结构上,随着农牧渔业产品的增加及外地各类食物传入本土,特别是麦子作物的广泛种植,明州百姓在保持传统的饭稻羹鱼的同时,面食成为普通百姓的重要辅食,并形成了以粒食为主、面食为辅的膳食模式。人们对各类水产、蔬菜食物的加工与烹饪,样式多样,技术日臻提高,极富地域特色。与此同时,饮酒、品茶成为节庆和聚会的重要内容,并形成了崇尚养生与俭省的饮食观。

其次,在婚姻与丧葬风习上,宋代婚姻比较注重对方的资产,嫁娶论财风气比较盛行。在四明地区,大族之女出嫁,嫁妆往往比较丰厚,而一些贫困女子因无资出嫁以致婚姻失时的现象则比较普遍。四明一些大家族如楼氏、史氏等,更是通过大族间的婚姻关系,组织成绵密的人际网络,特别是子弟生徒间错杂的人际关系,从而使婚姻家族更容易传递共同的文化学术兴趣。这是四明地区士族婚姻网络影响到文化学术网络而产生的颇具地域特色的文化现象。在丧葬风习上,自北宋兴起的儒学地域化运动、佛教的高度繁盛及世俗化和内丹道的兴起,以灵魂为核心的四明百姓传统的死亡观、丧葬观也发生了重大变化;同时,僧道直接参加丧、葬、祭等活动,诵经礼忏,设坛作斋,炼度超荐,使得传统的儒家丧葬、祭祀礼仪增加了新的内容,奠定了后世四明丧葬的文化传统。

再者,四明地区"义风"开始兴起。进入北宋,随着儒学在四明的兴起及宗族势力在乡村的扩展,以地缘和血缘为纽带的慈善活动日趋活跃,"义"越来越被社区居民凝聚为普遍的公德意识。在"义"的旗帜下,社会慈善公益活动得到有力的发展,义事、义举层出不穷,涌现了一大批典型的慈善家,以至于出现了四明为"义郡"的说法。

最后,宋代明州的岁时节日,如春节、元宵、清明、社日、端午、七夕、中秋、重阳、除夕等也颇有声色,各种游乐活动如龙舟竞渡、棋类活动和各类歌舞活动普遍开展。与此同时,各类诗会、乡饮酒礼也在士大夫阶层中广为流行,从而构成了一幅绚丽多姿的风俗画卷。

总之,两宋三百余年是明州自中唐从越州分离出来后,政治、经济、文化获得较快发展的一个重要时期。经过这一时期的发展,明州开始以经济相对繁荣、文化自成体系的崭新面貌屹立于东南。

第一章
宋代宁波的政治与军事

- 明州的政治
- 明州的军事
- 明州的人口与赋役

五代后周恭帝显德七年(960年)正月,北上御辽的后周禁军统帅殿前都点检赵匡胤在开封北郊陈桥驿发动兵变,在"主少国疑"的形势下,轻而易举地夺取了后周政权,并改国号为"宋"。宋的建立,结束了唐末五代以来藩镇割据、军阀混战的局面,为日后经济文化的发展奠定了良好的社会基础。太宗太平兴国三年(978年)五月,吴越国王钱俶纳土十三州称臣,明州正式归入中央版图。此后,随着宋政权一系列强干弱枝措施的推行,明州的政治和军事开始发生变化。南宋迁都临安后,随着政治、军事重心的南移,作为近畿之地、京城门户的明州,其地位愈显重要,成为东南地区一大重镇。

第一节 明州的政治

建隆元年(960年)二月,宋廷委任吴越国王钱俶为天下兵马大元帅。三月,钱俶遣使朝贺宋太祖登基。此后,钱氏政权贡奉不绝,事实上已接受宋廷节制。太平兴国三年五月,随着割据福建漳、泉二州的陈洪进政权的纳土归顺,迫于形势,钱俶再次请求纳土,表示"愿以所部十三州、一军、八十六县,户五十五万六百八十、兵一十一万五千三十六"[1]献于宋廷。于是,宋太宗诏令"所请宜依"[2],从而将包括明州

---

[1] (清)吴任臣《十国春秋》卷八二《吴越六·忠懿王世家下》,中华书局1983年版。
[2] (元)脱脱等《宋史》卷四八〇《世家三·吴越钱氏》,中华书局1985年版。

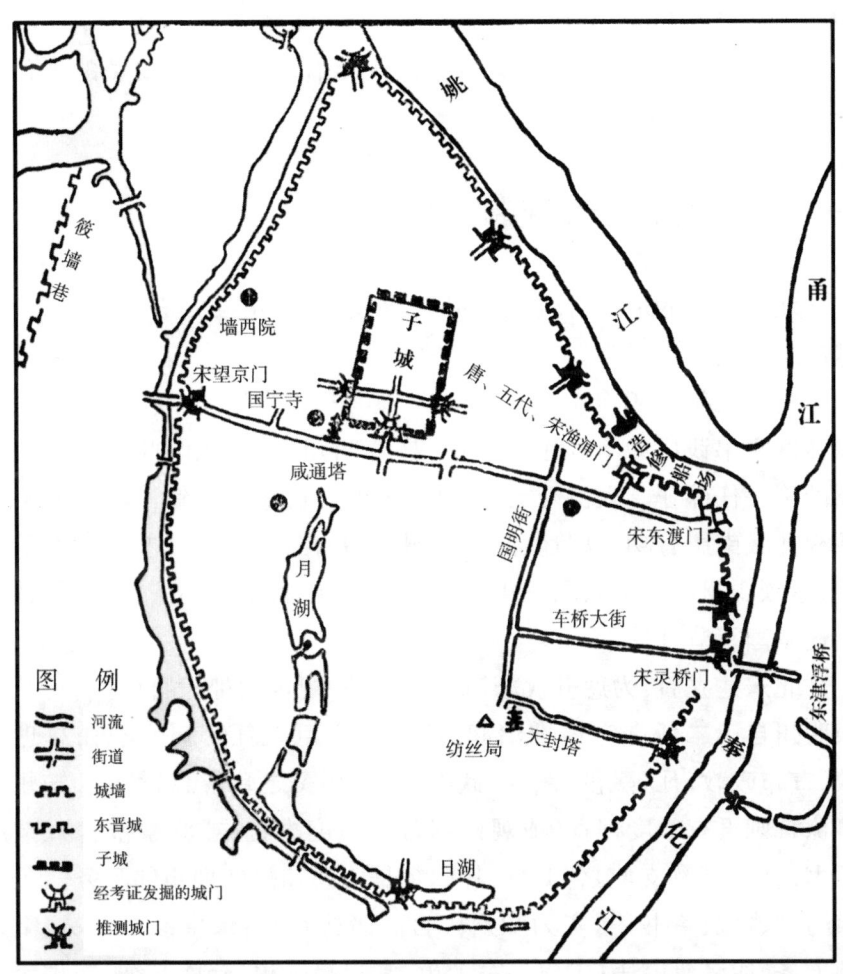

唐宋明州城图（选自林士民《再现昔日的文明》，上海三联书店 2005 年版）

在内的吴越统治地区正式纳入版图。太宗至道三年（997 年），北宋朝廷为加强对地方的监督，开始划分全国州郡为十五路，明州属两浙路管辖。仁宗皇祐三年（1051 年），又分两浙路为东、西两路，明州属两浙东路。经多次分合，至神宗熙宁十年（1077 年），两浙东、西路复合为一路，明州属两浙路。南宋建炎后，再分两浙为东、西路，明州又归两浙东路，郡名奉化。明州在唐为上州，徽宗大观元年（1107 年）升为望州,政治地位开始上升。光宗绍熙五年(1194年),朝廷又下诏将明州升格为府,改名庆元。至此,明州(庆元府)作为东南要镇的地位完全确立。

一、北宋明州的行政建制与管理

北宋明州的地方行政建制沿袭唐代,实行州县二级制,县以下的基层组织则为乡里制。

建隆元年(960年),宋廷升明州望海军为奉国军节度,治鄞县,并授钱俶之弟钱亿为奉国军节度使,持节明州事,钱亿因此成为宋代明州的第一任郡守。太祖开宝八年(975年),钱俶养子钱惟治因跟随宋政权征战南唐有功,以节度使持节州事,并在钱亿死后,改奉国军节度使,遥领明州。太平兴国三年(978年),即在钱氏"纳土"称臣后,钱惟治迁镇国军节度使。

北宋建立后,为惩五代藩镇割据之弊,规定州郡长官由文臣担任,故明州自第二任郡守钱惟治起,依例由文臣充任。知州职在总理郡政,宣布政教,凡"赋役、钱谷、狱讼之事,兵民之政皆总焉"[1]。知州的幕僚官则设有节度判官(或观察判官)、节度推官(或观察推官)、节度掌书记(或观察支使)各1员,其职掌是协助知州处理州郡政务,"凡郡事与守、倅通签书"[2],实为知州佐官。诸曹官有:录事参军1员,掌判院庶务,纠诸曹稽违;司户参军1员,掌户籍赋税、仓库受纳;司理参军1员,掌讼狱鞫勘;司法参军1员,掌议法断刑。徽宗大观二年(1108年),朝廷下诏诸州依开封府制,分曹建椽。于是,明州始改节度判官为司录参军,节度推官为户曹参军,录事改士曹兼仪曹参军,司理改左治狱参军,司户改右治狱参军,司法改议刑参军。政和二年(1112

---

[1] (元)脱脱等《宋史》卷一六七《职官志七》,中华书局1985年版。
[2] (清)徐松《宋会要辑稿》职官四八之八引《哲宗正史·职官志》,中华书局1987年影印本。参见(宋)《宝庆四明志》卷三《叙郡下·官僚》,《宋元方志丛刊》本,中华书局1990年版。

年),朝廷以左、右治狱参军非古名,诏令恢复六曹掾名。这样,除司录参军外,其余机构统一改称为士曹、户曹、仪曹、兵曹、刑曹和工曹参军,下设吏员。次年,又以"参军"之名起于行军用武,非安平无事之称,于是又改为司录事、司士曹事、司户曹事、司仪曹事、司兵曹事、司刑曹事和司工曹事。①

同时,为牵制州郡长官的权力,自太祖乾德四年(966年)起,宋廷又规定州郡另设通判,参与郡政:"凡兵民、钱谷、户口、赋役、狱讼听断之事,可否裁决,与守臣通签书施行。所部官有善否及职事修废,得刺举以闻。"通判通常以京朝官充任,是知州的副贰,但非属官,起着牵制知州权力的作用,故又有"监州"或"同判"之称。根据当时"大郡置二员,余置一员,州不及万户不置"②的设置原则,明州通常设通判2员,通判厅分别设于仪门东、西。

州下辖县。宋初,明州辖奉化、慈溪、象山、定海(今镇海、北仑区)、鄞5县。神宗熙宁六年(1073年),因鄞县富都、安期、蓬莱三乡隔海,管理不便,朝廷下诏专置尉司"以主斗讼盗贼之事"③。不久,又下诏置昌国县(今定海),明州辖县增至6个。至此,明州的行政区域基本确立。早在建隆元年(960年)十月,宋廷曾下诏:天下诸县除赤、畿、次赤、次畿外,重新升降地望。其中四千户以上为望县,三千户以上为紧县,二千户以上为上县,千户以上为中县,不满千户为中下县。④并规定根据各县户数升降情况,每三年作一次调整。这种三年一造户籍的办法,实承袭唐代而来。因每次户籍统计工作在闰年进行,故称"闰年图"。根据王存《元丰九域志》卷五《两浙路》记载,到北宋中期,鄞县、奉化县为望县,定海县、慈溪县为上县,象山县、昌国县为下县。

---

① (宋)《宝庆四明志》卷三《叙郡下·官僚》,《宋元方志丛刊》本,中华书局1990年版。
② (元)脱脱等《宋史》卷一六七《职官志七》,中华书局1985年版。参见(宋)《宝庆四明志》卷三《叙郡下·官僚》。
③ (宋)《宝庆四明志》卷二〇《昌国县志·叙县》。
④ (宋)李焘《续资治通鉴长编》卷一建隆元年十月壬申条,上海古籍出版社1986年版。

当时，余姚县归属越州，为望县；宁海县归属台州，为紧县。

县作为最低一级地方行政建制，长官称县令，如以京朝官充任，则称"知县事"（简称"知县"）。县令总管一县民政，劝课农桑，平决狱讼，"凡户口、赋役、钱谷、振济、给纳之事皆掌之，以时造户版及催理二税"。另据各县户口多寡，设县丞、主簿、县尉等佐官。县丞在仁宗天圣年间（1023—1032年）始置于开封府属下两县，神宗熙宁年间（1068—1077年），因推行新法，各县设县丞1员，主管农田水利、常平、坑冶之事，地位在主簿、县尉之上。① 此后废置不一，如徽宗崇宁五年（1106年），慈溪县丞便一度省罢。主簿佐县令掌一县之文书；县尉则"掌阅习弓手，戢奸禁暴"②，负责地方治安。宋初，县人口在千户以上者皆置县令、主簿和县尉，凡3员；不满千户之县，置令、尉各1员，县令兼主簿事；不满四百户，置主簿、县尉，以主簿兼知县事；不满二百户，置主簿，兼县尉事。③ 如昌国县初建时，即因户口稀少，以主簿兼县尉事；象山、定海两县在北宋初多以主簿兼令、尉。此后又规定，不置主簿之县，由县尉兼任。④

县以下的基层组织则为乡，乡以下辖里。据《乾道四明图经》、《宝庆四明志》等记载，鄞县在北宋初设有武康、东安、清道、万龄、富都、安期、蓬莱、灵岩、太丘、海晏、光同、桃源、鄞塘、阳堂、翔凤、丰乐、通远、句章18乡。太宗淳化元年（990年），万龄乡又析为万龄老界和万龄手界2乡，共19乡。神宗熙宁六年（1073年），因割富都、安期、蓬莱三乡建昌国县，划灵岩、太丘、海晏三乡归定海县，减为13乡。象山县在宋初有5乡，真宗景德三年（1006年）并为3乡。奉化县自唐贞元（785—805年）以来有19乡，宋景德三年后并为8乡。定海县在元丰时期（1078—1085年）有海晏、灵岩、太丘等6乡。慈溪县自唐贞

---

① 以上见（元）脱脱等《宋史》卷一六七《职官志七》，中华书局1985年版。
② （元）脱脱等《宋史》卷一六七《职官志七》。
③ （宋）李焘《续资治通鉴长编》卷一一开宝三年七月壬子条，上海古籍出版社1986年版。
④ （元）脱脱等《宋史》卷一六七《职官志七》。

元(785—805年)以来有21乡,元丰时期(1078—1085年)并为5乡。昌国县初建时有3乡,元丰元年(1078年),拨定海县金塘乡归之,凡4乡。而余姚县、宁海县在元丰时期则分别设有15乡和6乡。

宋初,乡下有里,设里正、户长以掌课输,其中里正由乡村第一等户轮充,户长由第二等户轮充。里正下设乡书手,由第四等户轮充。同时,设耆长以掌盗贼烟火事,由第一等、第二等户轮差。开宝七年(974年),宋廷诏"废乡,分为管,置户长主纳赋,耆长主盗贼词讼"①,这样,乡从一级基层政权演变为组织地方赋税稽征的基本单位。乡书手负责乡一级的版籍和税赋事宜,而里正仅充作差排衙前役之用。仁宗至和年间(1054—1056年),里正一职废罢。神宗熙宁年间(1068—1077年)王安石变法,又废户长,推行保甲法,始将乡村民户以十户组成一保,五十户为一大保,十大保为一都保。后改为五户一保,五保为一大保,十大保为一都保,分别设置小保长、大保长和都副保正,以缉察盗贼,而轮保丁充甲头,催征赋税。熙宁八年(1075年),颁布《罢耆户长壮丁法》,以保正、大保长替代耆长、户长,乡役法与保甲法逐渐结合。元祐元年(1086年),恢复差役法,罢保甲,复令户长催征赋税。绍圣(1094—1098年)后,又恢复保正长法②。此后虽屡有反复,到北宋末年,明州地区的基层组织基本实行保正长法。

二、南宋明州的行政建制与管理

南宋时期,明州隶属两浙东路,其以州(府)辖县的行政格局不变。建炎年间(1127—1130年),知州一度兼管内安抚使,或兼两浙东路兵马钤辖。如知州张汝舟、向子忞,任内即兼管内安抚使,吴懋、陆长民曾兼两浙东路兵马钤辖。绍兴二年(1132年),朝廷始置沿海制置司。

---

① (清)徐松《宋会要辑稿》职官四八之二五,中华书局1987年影印本。
② (宋)陈耆卿等《嘉定赤城志》卷一七《吏役门·县役人》,《宋元方志丛刊》本,中华书局1990年版。

次年九月，命侍卫亲军步军都指挥使、武泰军节度使、主管殿前司公事郭仲荀为检校少保、知明州兼沿海制置使，从此开明州守臣兼沿海制置使之例。制置司最初设在定海县，绍兴八年，一度改由浙东安抚使、知绍兴府兼制置使，但两年后旋废罢。孝宗隆兴元年(1163年)，复置制置司于明州，节制绍兴府、温州、台州、明州四郡军兵、将官、巡尉及本地分内所有屯泊官兵。绍熙五年(1194年)，宁宗继位，诏改次年为庆元元年。因其在藩邸时曾遥领明州观察使，故于十一月二十四日降旨，升格明州为府，以改元之名命为庆元。明州升格为府后，知州改称为"知庆元军府事"。

南宋明州知州(府)幕僚官的设置基本与北宋相同，州司录依旧为签书节度判官厅公事，诸曹掾官依旧为节度、观察，军事推官、观察支使、掌书记、录事、司户、司理、司法参军等。因知州(府)兼沿海制置使，故在明州又设有沿海制置司机构。沿海制置司在建炎初设参谋、参议、主管机宜文字、书写机宜文字各1员，干办公事、准备差遣各4员，海道干当使臣8员。隆兴元年(1163年)，因知明州兼沿海制置使赵子潚奏请裁减司内官员，额定为参议官、书写机宜文字、干办公事、准备差遣各1员，海道干当使臣4员。根据《宝庆四明志》卷三记载，当时参议厅事在子城东门外，干办公事厅事在子城西门外，准备差遣厅事在万寿寺西。干当使臣时为3员。而书写机宜文字多由制置使亲属充任，且不常设。这说明，沿海制置司的机构人员多根据需要而设，其间屡有变化。

南宋时期的明州亦例置通判，建炎初多至3员。孝宗淳熙元年(1174年)，魏王恺判明州，一度以王府长史、司马取代通判。淳熙七年，恢复旧制。宁宗嘉定元年(1208年)，省添差通判，明州通判额减至2员，其治所与北宋时期一样，分别在子城仪门外，有东、西两通判厅。

南宋明州下辖6县的格局不变。昌国县因"户计万余而丁口再倍",于绍兴十三年(1143年)由下县升为上县。① 县的最高长官仍为知县,下设县丞、主簿、县尉。建炎初规定,县丞系嘉祐(1056—1063年)以前员阙并万户处存留 1 员,其余省罢。嘉定年间(1208—1224年)又规定,诸县万户以上,置丞 1 员。但实际上,并非大县均设有县丞,如慈溪县自崇宁五年(1106年)省罢县丞以来,直到绍定二年(1229年),尽管此时其民户数已逾 2 万,但一直未设县丞。② 主簿除处理文书外,还掌管"出纳官物"。不置丞之县,主簿则兼理县丞之事。县尉负责一县之治安,孝宗隆兴年间(1163—1164年)规定,大县设置 2 个县尉。③

至于县以下的乡村基层组织,《宝庆四明志》卷十二以下叙县部分有载。具体如下:

鄞县 13 乡辖 13 里(管)20 村。其中武康乡在府城下辖小江里;东安乡在府城下辖白坛里;清道乡辖横山里及高桥、沈店二村;万龄老界乡辖赤城里及盛店、尚书二村;万龄手界乡辖赤城里及张村、邓桥二村;光同乡辖清林里及北渡、栎社二村;桃源乡辖石马里及黄姑(旧作"黄公")林、林村二村;鄞塘乡辖姜山里及姜山、铜盆浦二村;阳堂乡辖太白里及宝幢、东吴二村;翔凤乡辖沧门里及隐学村;丰乐乡辖石柱里及乾坑、故干二村;通远乡辖李洪里及环村;句章乡辖夕阳里及高桥、市中二村。

奉化 8 乡辖 14 里(管)25 村。其中奉化乡辖广平管、镇亭里及明化、长汀、茗山、龙潭四村;长寿乡辖招贤管、奉国里及长苞、进林、新屯三村;金溪乡辖履信管、白杜里及石桥、溪东、白杜三村;松林乡辖鸣雁管、石门里及落闸、双溪、固海三村;连山乡辖黄甘里及县南、晦溪二村;剡源乡辖嵩溪里及三石、小晦、陆照、公塘四村;禽孝乡辖灵泉管、白石里及日岭下、广岙、新建、雪窦四村;忠义乡辖栖凤管、太青里及东

---

① (宋)《宝庆四明志》卷二〇《昌国县志·叙县》,《宋元方志丛刊》本,中华书局1990年版。
② (宋)《宝庆四明志》卷一六《慈溪县志卷第一·官僚》。
③ (元)脱脱等《宋史》卷一六七《职官志七》,中华书局1985年版。

西山村、曹村。

慈溪5乡辖12里(管)10村。其中西屿乡辖上牛、石刺、安仁三里及飞凫、德星村二村;金川乡辖云山、太平、大川、求贤四里及太平、招义、千金三村;石台乡辖望江、孝顺二里及句余、光德二村;德门乡辖清水、黄山二里及鄞水、雁门二村;鸣鹤乡辖小山里及西村。

定海7乡辖7里(管)31村。其中清泉东乡辖上湖里及山下、黄泥堰、金川三村;清泉西乡辖光政里及梢木、鸬鹚、孔浦三村;灵绪乡辖达礼里及庄北、桥北、伏龙、筋竹、东墟步五村;崇邱乡辖长陈里及泥湾、小浃、樟桐、韩屿四村;灵岩乡辖金泉里及樱豆、河头、嘉溪三村;太邱乡辖富都里及富都、粟湖、亭子堰、小榭四村;海晏乡辖太宁里及小门、紫石、太平、大明、马婆、芦江、大涂、小涂、大榭九村。

昌国4乡辖5里(管)10村21都。其中富都乡辖德行、鼓吹二里及甬东、茹侯二村,都九;安期乡辖三山里及桃花、马秦、扶桑三村,都三;金塘乡辖湖上里及大奥、冽港二村,都四;蓬莱乡辖岱岸里及岱山、朐山、北界三村,都五。

象山3乡辖3里(管)32保。其中政实乡辖美政里及乌石、白石、弦歌、保德、孝坑、延德、陈山、下史、黄溪、西沙、淡港、姜屿十二保;归仁乡辖崇仁里及九顷、马保、东溪、青部、后门、周岙、松岙、管溪、西溪、马岙十保;游仙乡辖和顺里及竺山、柘溪、钱仓、夹屿、东村、朱溪、涂雌、雀溪、赤坎、大徐十保。

另《嘉泰会稽志》卷十二《八县县境》载,时属绍兴府的余姚县为15乡70里(管),即:东山乡辖李春、姚娘、安僧、余福、余支、蒋德六里;兰风乡辖孙儿、惠药、施金、冯明、大悲、班儿六里;四明乡辖白云、赵余、梁政、蒋吴四里;云柯乡辖信天、承福、神绿、天养、僧保五里;孝义乡辖俞成、王寿、寿苔、黄金四里;开元乡辖汝仇、宣训、阁剩、成余、赵猛五里;烛溪乡辖峰山、吉太、王胜、王祐、周班、周义六里;冶山乡辖万岁、贾福、景安、贺恩四里;龙泉乡辖罗浣、傅太、大庆、王保、施惠、骆德六里;梅川乡辖刘荣、长庆、戴福、谢芳四里;上林乡辖石仁、严顺、邵恩、田熟、王惠五里;通德乡辖仁归、再生、仁德、多儿四里;双雁乡辖中埭、南雷、国霸、王安四里;凤亭乡辖许君、顾伴、宋恩三里;云楼乡辖九功、永明、神护、王政四里。而据《嘉定赤城志》卷二《地里门》,宁海为六乡十九里(管),即朱开乡辖广度、辟邪、时康、堠城、横溪五里;连理乡辖宣阳里;永康乡辖新建、清溪、桐柏三里;仙岩乡辖井山、梅枝、合欢三里;新宁乡辖仙人、善政二里;宁和乡辖清溪、怀逊、奉化、万岁、新进五里。

从以上可以看出,鄞县、定海、慈溪、奉化、昌国均实行乡里(管)村制,余姚、宁海为乡里(管)制,象山则实行乡里保制,各地具体情况不一。但从总体上看,自北宋中叶王安石变法后,各乡开始设都、保、甲等基层组织,如《开庆四明续志》卷三"诸县浚河"条中反映出慈溪、定海均已设都。《延祐四明志》卷八"乡都"条也记载了鄞县的各乡与"都"的情况,斯波义信以其"都"的设置与《宝庆四明志》境图中的"甲"基本一致,认为鄞县乡都制基本完成于宋神宗时期。[①] 乡村基层组织的建立与健全,保证了政府职役的征派、土地的登记及赋税的课征。

第二节 明州的军事

吴越"纳土"后,随着明州纳入中央版图,北宋朝廷本着"夺其精兵"的原则,削减地方兵力。北宋仁宗朝后,随着社会矛盾的激化,开始加强地方军队建设,明州不仅有禁兵驻防,而且还募有大量的厢军、土兵等。南宋建立后,明州作为京城临安的东部屏障,其"控扼海道"的地理位置为统治者所重视。为加强海防,南宋开始大量招募水军,

---

[①] (日)斯波义信著,方健、何忠礼译《宋代江南经济史研究》,第479页,江苏人民出版社2001年版。

并组建明州水军。明州水军成为当时浙东沿海战区一支重要防御力量。

一、北宋明州的军事驻防

北宋立国后,为防止再现唐末五代以来的藩镇割据局面,强干弱枝,尽收地方劲兵于中央。太平兴国三年(978年),吴越国"纳土"称臣,将辖下11.5万甲兵悉数归于宋廷,称之"顺化军"。宋政府随即予以整编,将其强壮者编入禁军之列。如建于太平兴国四年属侍卫亲军步兵司的威武军右厢,即以"两浙顺化兵补";平塞弩手,"本两浙顺化军,拣其强壮者立为弩手"[1]。羸弱者则留于本地,作为承担地方杂役之用。

作为中央精锐部队的禁军,宋初主要驻守在京畿和三边重地。仁宗庆历年间(1041—1048年),京东、京西、河北、河东、江南、淮南、两浙、荆湖、福建九路各设宣毅军,招募健勇或选厢军中壮勇者为之,大州二营,小州一营,凡288个指挥。当时的明州即置有一指挥,定额为500人。这是北宋时期明州驻扎禁军的开始。嘉祐四年(1059年),为加强对东南地区的防务,宋廷下诏明州、福州各"置就粮禁军两指挥,各四百人,以威果为名,除捕盗,不许他役"[2]。嘉祐五年,明州威果两指挥排次为三十指挥与五十五指挥。其中威果三十指挥兵额510人,营地在西南厢顺城坊北;威果五十五指挥兵额400人,营地在子城东南居养坊。自威果军建立后,因原来的宣毅军士卒多选入开封填补近上禁军,遂废置。熙宁元年(1068年),朝廷又令江淮、荆湖、两浙、福建等路于所在州厢军中"料拣强壮,团结教阅,以教阅崇节指挥为名"。至熙宁六年六月,又以"诸路教阅厢军不一,可除教阅二字,改为雄节

---

[1] 以上见(元)脱脱等《宋史》卷一八七《兵志一·禁军上》,中华书局1985年版。
[2] (宋)《宝庆四明志》卷七《叙兵》。参见(宋)梁克家《淳熙三山志》卷一八《兵防类一》,《宋元方志丛刊》本,中华书局1990年版。

指挥,其不教阅崇节依旧"①。因教阅崇节指挥"排连并同禁军"②,类同"准禁军",故元丰三年(1080年)闰九月,朝廷下令升雄节指挥为下禁军,隶属侍卫步军司。当时明州即置有雄节指挥,兵额510人,营地在教场东北。大观元年(1107年)十一月,宋徽宗又以兵寡势弱为由,下令增置禁兵,规定:"今兵额外,帅府别屯兵二千人,望郡一千人……帅府五百料钱以威捷为名,望郡四百料钱以威胜为名,帅府、望郡三百料钱以全捷为名,并充步军,隶殿前司管辖。"其中明州威胜指挥额510人,营地在西北厢石板巷;全捷指挥额400人,营地在子城东南居养坊。这样,北宋时期的明州先后共驻有威果三十指挥、威果五十五指挥、雄节指挥、威胜指挥和全捷指挥五支禁军,兵额2330人,史称"禁军五指挥"。③

除禁军外,明州还驻有大量的厢军。宋初将两浙"顺化军"中精锐者抽调中央后,留在本地的老弱者则组成厢军。此后,厢军大多从民间招募,甚至有由罪人配填的。厢军的建制一般也以指挥为单位,作为一种地方军,"大抵以供百役"④,即承担各种杂役。如壮城军用于修筑城池,都作院军用于制造军器,船场军用于造船,装发军用于运输等。神宗熙宁(1068—1077年)之前,明州厢军有江桥院、碇手、采造等。熙宁年间,枢密院上奏:"诸路厢军名额猥多,自骑射至牢城,其名凡二百二十三。……而教阅厢军亦自为额。请以诸路不教阅厢军并为一额,余从省废,其移并如禁军法。"朝廷从之,诏令诸路转运司执行,同时规定,移并后的两浙不教阅厢军取名"崇节",每指挥不得超过500人。⑤ 当时明州驻有崇节二十八指挥、崇节二十九指挥和崇节三十指挥,号称"崇节三指挥",营所分别在城内天庆观前、东寿昌寺前和

---

① (宋)《宝庆四明志》卷七《叙兵》,《宋元方志丛刊》本,中华书局1990年版。
② (元)脱脱等《宋史》卷一八九《兵志三·厢兵》,中华书局1985年版。
③ (宋)《宝庆四明志》卷七《叙兵》。
④ (宋)陈傅良《止斋先生文集》卷一九《赴桂阳军拟奏事札子第三》,《四部丛刊初编》本。
⑤ (元)脱脱等《宋史》卷一八九《兵志三·厢兵》。

东寿昌寺北。熙宁五年（1072年），拨并不教阅厢军为一额，明州不在拨并之列的有：壮城指挥，建于熙宁初，因专门用于修城，例不差出，也不得招拣他用。元丰三年（1080年）五月，敕定员额为大城50人，小城30人。至宣和三年（1121年），又规定壮城指挥额为：帅府州300人，节镇州200人，一般的州为100人。因明州为节镇州，故定兵额为200人，营所在影泉坊巷口北；清务指挥以权酤而立，因事募人，故不在拨并之列，其兵员视酒务额而定，营所在东南厢鄞江门内。此外，明州厢军还有建于熙宁六年的都作院指挥，专主修造军器，额数在100人至300人不等，营所在子城南2里处；船场、采斫两指挥，约建于皇祐间（1049—1054年），元丰五年裁定两浙厢军人数，两指挥额定为各200人。次年，因温州守臣石牧之奏请，合而为一，采斫兵并入船场指挥，营所在城外甬东厢。① 至于《宝庆四明志》中所提到的厢军剩员指挥、牢城指挥在北宋时期的移并、增减情况，因文献不足征，暂时难以厘清。

  需要指出的是，上述北宋明州禁军、厢军兵额，与实际数量可能有较大差距，因为，宋代军额不满员的情况是相当普遍的。此外，由于厢军建制的复杂性，《宋史·兵志》所载明州厢军名称及种类与方志所载也有较大出入。

  除禁军、厢军外，明州还有一种本地军——土兵（或称土军）。早在皇祐年间（1049—1054年），明州就设有巡检、巡茶盐使臣兵级，并差本城兵士，一年一轮替。熙宁九年，有臣僚上奏认为，"巡、尉职皆捕盗，而县尉获常多，巡检常少，盖尉司弓手皆土人，耳目谙习，巡检下乃攒杂客军，又不许差出缉捉"，请求"招置土军，就巡检廨宇左右置营"，一旦遇有盗贼，则依弓手例，准许差出缉捉。元丰三年七月，福建路提点刑狱间丘孝直又上奏："巡检下兵级皆杂攒厢、禁军或屯驻客军，其间多西北人，与本地分不相谙熟。……请于逐处令招置土兵，以

---

① 以上见（宋）《宝庆四明志》卷七《叙兵》，《宋元方志丛刊》本，中华书局1990年版。

一半招收新人,一半许厢、禁军旧人投换(按'换',一本作'填'),庶几新旧相兼,习熟使唤。"宋廷采纳了这些官员的建议,旨令"巡检下土军尽招置土军,不得辄差团结兵赴巡检下",于是开始招置土兵。哲宗元祐二年(1087年),由于土兵往往遮庇亲戚乡里,朝廷又规定,诸路巡检下土兵以原额之半轮差禁军,每半年轮替一次。但到崇宁二年(1103年),又恢复元丰旧制,巡检司下全置土军。① 虽然此后又屡有反复,但土军已成为巡检司的主要力量。巡检司掌"训治甲兵、巡逻州邑、擒捕盗贼事;又有刀渔船战棹巡检,江、河、淮、海置捉贼巡检,及巡马递铺、巡河、巡捉私茶盐等,各视其名以修举职业,皆掌巡逻机察之事"②。当时明州所属各县多设有巡检司,如昌国县有岱山巡检,定海有海内东寨巡检、海内西寨巡检、水陆管界巡检,慈溪有鸣鹤寨巡检,奉化有公塘巡检等,巡检司成为维护地方治安的一支重要力量。

二、两宋之际明州军民的抗金斗争

靖康元年(1126年)八月,金太宗再度下诏分道南侵,兵锋直指开封。闰十一月二十五日,在金军的合围之下,孤立无援的开封终被攻破。十二月初二日,宋钦宗奉表乞降,成为金人的阶下之囚。次年二月六日,金将粘罕奉太宗之命,宣布废除徽、钦二帝,北宋王朝灭亡。然而,面对广袤的中原和具有强烈民族意识的中原百姓,金人意识到仅凭自身的军事力量尚无力进行直接统治;加之认为"江南卑湿",难以久居,于是决定另立异姓,作为其统治中原地区的代理人。三月初七日,在金人的直接操纵之下,北宋旧臣张邦昌粉墨登场,"大楚"傀儡政权建立。四月初一日,金兵俘掠徽、钦二帝和宗室、大臣等三千余人以及大批金银财宝北撤。

---

① (宋)《宝庆四明志》卷七《叙兵》。参见(宋)梁克家《淳熙三山志》卷一九《兵防类二》,《宋元方志丛刊》本,中华书局1990年版。
② (元)脱脱等《宋史》卷一六七《职官志七》,中华书局1985年版。

但"大楚"政权根本无立足基础,加之张邦昌接受册封,完全是出于金人的胁迫而姑且为之。这样,金兵撤离后,张邦昌即与吕好问、孟太后等密谋复辟事宜,并派吴何、韦渊持书到济州大元帅府,向流亡在外的赵构明确表示愿纳位称臣。四月中旬,张邦昌正式宣布避位,由孟太后摄政。五月初一日,在一批北宋遗臣的拥戴下,赵构在南京应天府(河南商丘)即皇帝位,改当年年号为建炎,南宋政权建立。

南宋政权建立后,赵构即命人出使金朝,并随带张邦昌给金人的书信,前往求和。但金人根本不予理睬,声称:"黄河以南知有张楚而已,不知有宋也。"[1]建炎元年(1127年)秋,金太宗以南宋杀张邦昌为由,下诏伐宋。十月,高宗逃到扬州。建炎二年七月,金朝分遣粘罕和讹里朵部南下追击宋高宗,以消灭立足未稳的南宋政权。建炎三年正月,粘罕先后击败韩世忠、刘光世部,率三千精骑突入淮甸地区。二月初,金军破楚州(江苏淮安),陷天长军(安徽天长),前锋直指扬州。高宗闻讯出城,由镇江经常州、平江府(江苏苏州)、秀州(浙江嘉兴),逃至杭州。后因金军撤走,高宗才于五月间回到江宁府(江苏南京),并改江宁府为建康府。七月底,金军以兀术为统帅,再次分兵四路南侵,兀术亲率主力,由归德(河南商丘)南下,兵锋直指建康。宋廷一面修书乞和于金,一面匆忙地沿江部署防线,以图守住东南,而高宗本人则由建康经镇江、平江府、杭州,逃往浙东。

十月,兀术部分东、西两路渡江南下。其中兀术亲率的东路军,连克寿春府(安徽寿县)、庐州(安徽合肥)、和州(安徽和县)、无为(安徽无为),轻而易举地突破了宋军的江防,建康旋即失守。时已逃到越州(浙江绍兴)的高宗,听到江防失守,于十二月初五自越州奔至明州。十五日,高宗在获悉金军已逼近临安后,急令解散政府,"百官、有司随便寓浙东诸郡"[2],自己则领宰执及三千亲兵从东渡门登楼船逃往定海,继而自白峰寺渡海至昌国县,接着往台州、温州方向逃跑。

---

[1] (宋)李心传《建炎以来系年要录》卷七建炎元年七月丁巳条,上海古籍出版社1992版。
[2] (宋)李心传《建炎以来系年要录》卷三〇建炎三年十二月己丑条。

在高宗逃往定海时,浙东制置使张俊自越州引兵至明州。时明州已无船只,张俊于是"上奏乞海舟"①,打算与高宗一起出逃,而高宗则下手诏曰:"朕非卿,则倡义谁先;卿舍朕,则前功俱废。宜戮力共捍敌兵,一战成功,当封王爵。"②在高宗的旨令下,张俊只好留在明州拒敌。

十二月二十九日,金兵自高桥袭至明州城下。张俊先令统制官刘宝应敌,宋军初战失利,其部下党用、丘横阵亡。再命统制官杨沂中、田师中,统领官赵密、御前中军统制张宗颜等出战,诸将皆率兵与敌作殊死之斗,尤其是杨沂中,弃舟登岸,身先士卒,奋勇斩敌,场面极为酷烈。这时,主管殿前司公事李质率所部禁军以舟师赶来助战,明州守臣刘洪道也带领州兵加入战斗。宋军的联合作战,终于大败金军,杀敌数千人,迫使金军退去。金兵初战受挫后,又生一计,招降张俊,劝其"投拜",但遭到拒绝。

建炎四年(1130年)正月初二,金人乘西风起,再度前来攻城。张俊与刘洪道挥师出城掩杀,金军阵营大乱,或坠田间,或坠水中,死伤无数。当夜,金军拔寨退驻余姚。然而,此时的张俊在侦知金人"治攻具,请于临安之大酋,益兵将复来"③后,惧怕金人重兵压至,遂借口得圣旨前往扈从,率部向台州方向逃遁。接着,李质、刘洪道和浙东副总管张思正也相继弃城而去,城中仅留下崇节作院厢军与百姓自发抵抗者千余人,由酒官李木负责指挥。正月十四日,金军大部赶至,驻屯于西郊广德湖边。十六日,金兵在西式门外架起大炮,集中火力攻城,"以数炮碎城楼,守者奔散而出"④,明州沦陷。

明州之战,时人或以为:"张俊忠义实奋发于下令军中之时,始则清野闭关以拒其来,终则开门迎敌以挫其锐,中兴战功自明州一捷始。

---

① (宋)李心传《建炎以来系年要录》卷三〇建炎三年十二月丙申条,上海古籍出版社1992版。
② (元)脱脱等《宋史》卷三六九《张俊传》,中华书局1985年版。
③ (清)董沛著,俞福海、方平点注《明州系年录》卷三附《王庭秀〈航海记〉》,当代中国出版社2001年版。
④ (宋)李心传《建炎以来系年要录》卷三一建炎四年正月己未条。

敌自入中国以来，未有一人敢婴其锋，至此而军势稍张矣。"①给张俊及此役以很高的评价。给事中兼直学士院汪藻在上书中也指出，当时诸大将拥兵自重，不发一矢，独张俊在明州"仅能少抗"，对张俊的抵抗予以一定的肯定，但同时他对张俊的退却及由此而带来的危害则予以严厉的批评，认为："若更坚守数日，待敌再来，乘其机会，极力剿除，敌必终身惩创，不敢复南。……奈何敌未退数里间，遽狼狈引军而行。其引军而行也，虽三尺童子知其不可，以为寇性强愎，不婴其锋犹惧屠戮，况以致怨而去？既不增兵益戍，反旋军空城以挑之，是前日至小之捷，乃莫大之祸也。未几，果残明州，无噍类。是杀明州一城生灵，而陛下再有馆头（温州境内）之行者，张俊使之也。"②

明州之战，对南宋政权来说，是一场消极被动的战役，以高宗为首的统治集团从一开始便没有坚守明州的打算，高宗所以留张俊部在明州，目的是阻挡追兵，掩护其逃跑，而张俊本人也是被迫应战，并无决战之心。因此，在既无严密布防又缺乏后援的情况下，张俊"得小胜而弃城"③便在情理之中。这是赵构政权奉行逃跑政策的必然结果。但另一方面，明州之战又是金人入侵江南后遇到的一次较大规模的抵抗，它使金人损兵折将，一定程度上打击了金军的嚣张气焰，鼓舞了南宋军民的抗金斗志。

金兵突入明州境内后，所到之处，烧杀掳掠，无恶不作，"遍州之境，深山穷谷，平时人迹不到处，皆为金人搜剔杀掠，不可胜数"④。当时的明州城因金军实施屠城政策，"惟东南角数佛寺与僻巷居民偶有存者"⑤，成一座空城。定海、昌国、奉化、象山等县也遭金人攻掠，其中

---

① （宋）李心传《建炎以来系年要录》卷三〇建炎三年十二月癸卯条引《中兴圣政龟鉴》，上海古籍出版社1992年版。
② （宋）汪藻《浮溪集》卷一《奏论诸将无功状》，《丛书集成初编》本。
③ （宋）徐梦莘《三朝北盟会编》卷一三六，《四库全书》文渊阁本。
④ （宋）《宝庆四明志》卷七《叙兵》，《宋元方志丛刊》本，中华书局1990年版。
⑤ （宋）李心传《建炎以来系年要录》卷三一建炎四年二月丙子条。

定海县城"为金人所焚"①。

金兵的种种暴行,激起了明州人民的强烈反抗,他们纷纷拿起武器,自发地投入到抗金行列之中。

在明州城,当金兵来犯时,侠士刘相如挺身而出,为击退金军出谋划策,奔走呼号:"揭榜通衢,劝谕迎敌,士皆思奋。"②明州百姓的踊跃参战,可以说是宋军在明州之战中一度取胜的主要原因。金军撤离明州前夕,以降金的宋修职郎蒋安义为明州知州、进武校尉张大为同知明州事,并授蒋安义两浙转运司印一纽,为其卖命。金军撤离后,慈溪县令林叔豹等又引乡兵攻入城中,在市民的配合下,杀死蒋安义,夺其印,"金人十余在开元寺,皆病不能前者,叔豹诛之"③,最终收复明州。

在余姚、奉化等地,民众的抗金斗争也是有声有色。建炎三年(1129年)十二月,金军进犯余姚,知县事李颖士、把隘官陈彦组织数千名乡兵,英勇抗敌,使金兵"彷徨不敢进者一昼夜"④。建炎四年正月,金兵进犯奉化,修职郎李子列慷慨激昂,毅然"以身捍一邑",率义勇、援兵、社夫一千余人奋起抵抗,与金军三战于泉口、招贤等地,使敌不敢往前。当时,一些避乱奉化的北方士人,"闻义勇所聚,投之",纷纷加入义军的行列。民众的顽强抗击,使奉化在诸县多遭焚毁的情况下得以独全。⑤

在金人的淫威之下,一些明州士人宁死不屈,表现出了崇高的民族气节。如郑覃,在金军攻陷明州后,他挈家避难于山谷中,不幸为金兵搜获。当时,金人胁迫其投降,他明确表示,决不"北面而事异国",面对金兵,他大义凛然,"厉辞骂不屈,跃入水中",以身殉国。其妻董氏见状,哭着说:"夫亡矣,与其受辱以生,不如死。"也投河自尽。⑥郑

---

① (宋)李心传《建炎以来系年要录》卷三二建炎四年三月辛未条,上海古籍出版社1992年版。
② (宋)李心传《建炎以来系年要录》卷三〇建炎三年十二月丙申条。
③ (宋)李心传《建炎以来系年要录》卷三一建炎四年二月丙子条。
④ (宋)李心传《建炎以来系年要录》卷三〇建炎三年十二月庚子条。
⑤ (宋)《宝庆四明志》卷九《叙人中·先贤事迹下》,《宋元方志丛刊》本,中华书局1990年版。
⑥ (元)脱脱等《宋史》卷四五三《郑覃传》,中华书局1985年版。

覃夫妇身上所体现出的这种宁为玉碎、不为瓦全的民族气节,可歌可泣,令人敬佩。

金兵此次突入江南,由于沿途不断遭到南宋军队与民众武装的邀击,并没有达到活捉赵构、摧垮南宋政权的目的;相反,由于孤军深入,造成战线过长,人员补给发生困难,加之后方不稳,气候渐趋转暖等因素,形势逐渐转为不利。建炎四年(1130年)二月三日,金军撤离明州,循来路北返。金军撤走后,高宗循海道由温州返回明州。四月,进驻越州。次年正月,高宗下诏改元"绍兴",是为绍兴元年(1131年)。绍兴二年正月,高宗驻跸临安府(杭州)。绍兴八年,南宋政府宣布临安为"行在所",正式定都于此。此后,宋金东部战事主要集中在江淮一线,浙东地区相对安定,明州又进入了一个恢复和发展期。

三、南宋明州的军事驻防

南宋政权建立后,前期与金战事不断,后期与蒙(元)战争不绝,长期面临着强大的外来军事压力;而定都临安,又使明州直接成为京城的东南门户,其在军事上的战略地位更显重要,"重门击柝之防,视他郡宜尤密"[①]。为此,南宋政权在加强明州城市防御工程建设的同时,在州城内外及军事要冲之地布置了相当数量的军事力量。其间,水军的建设尤为统治者所重视。

南宋初,朝廷下诏两浙东、西,江东南、西诸路各分置路分总管,文臣以安抚使为都总管,兼领兵民事;武臣则为副总管,只掌管兵事。孝宗乾道年间(1165—1173年),浙东副总管治所从绍兴正式移驻明州城,厅事即设在子城西门外制干厅之前。此外,城内还设有路分都监厅,掌禁军屯戍、边防、训练之政令,下有驻泊兵马都监、添差兵马都监、兵马都监、添差兵马监押、兵马监押、押队、准备差使、指挥五员等

---

① (宋)《开庆四明续志》卷一《城郭》,《宋元方志丛刊》本,中华书局1990年版。

禁军、厢军将领。根据《宝庆四明志》卷七《叙兵》统计,当时驻扎在明州城内的禁军有威果三十指挥、威果五十五指挥、雄节指挥、威胜指挥、全捷指挥等五指挥,兵额为2330人,实际兵员1490人;厢军则有崇节二十八指挥、崇节二十九指挥、崇节三十指挥、壮城指挥、都作院指挥、船场指挥、清务指挥、剩员指挥、宁节指挥等九指挥,除剩员指挥、宁节指挥(由北宋牢城指挥易名而来)无额外,凡2377人,实际兵员1299人。①

南宋政府在明州亦大量招募土兵。绍兴五年(1135年)、乾道七年(1171年),朝廷先后下令沿江沿海各州军诸寨添招、增招土兵。② 土兵由巡检司分掌,而归诸地方指挥。史载:"中兴以后,分置都巡检使、都巡检、巡检、州县巡检,掌土兵、禁军招填教习之政令,以巡防捍御盗贼。凡沿江沿海招集水军,控扼要害及地分阔远处,皆置巡检一员,往来接连合相应授处,则置都巡检以总之,皆以材武大小使臣充。各随所在,听州县守令节制,本砦事并申取州县指挥。"③宁宗以后,统辖绍兴、庆元和台州的都巡检使厅事就设在望京门外的浙东寨中。而在庆元府辖县鄞县设有大嵩巡检司,定海有海内、管界巡检司,奉化有鲒埼、公塘巡检司,昌国有三姑、岱山巡检司,慈溪有鸣鹤巡检司。与9个巡检司相应,则分别有浙东、大嵩、海内、管界、鲒埼、公塘、三姑、岱山、鸣鹤9寨。9寨兵额为1660人,实际人数为1363人。④ 在禁、厢军缺额达40%左右的情况下,土兵仅缺8%左右,足见南宋政府对土军的重视。到理宗朝时,仅沿海鲒埼、大嵩、管界、海内、白峰、岱山、三姑、岑江、螺头9寨就驻有土军1483名。⑤ 此外,宁宗时期,宁海县东海头的临门寨驻兵140人。⑥ 余姚庙山、三山、詹山三寨兵额400员。⑦

---

① 按:因(宋)《宝庆四明志》卷七《叙兵》"清务指挥"目下缺列兵额及实际人数,故与厢军总额统计不合。
② (宋)《宝庆四明志》卷七《叙兵》,《宋元方志丛刊》本,中华书局1990年版。
③ (元)脱脱等《宋史》卷一六七《职官志七》,中华书局1985年版。
④ 参见(宋)《宝庆四明志》卷三《兵官》、卷七《叙兵》。
⑤ (宋)《开庆四明续志》卷五《九寨巡检》,《宋元方志丛刊》本,中华书局1990年版。
⑥ (宋)陈耆卿等《嘉定赤城志》卷一八《军防门》,《宋元方志丛刊》本,中华书局1990年版。
⑦ (宋)施宿等《嘉泰会稽志》卷四《土军》,《宋元方志丛刊》本,中华书局1990年版。

为防御金人从海上入侵,南宋政权建立后,开始重视对海道的防守。建炎元年(1127年)九月,高宗下诏:"命淮、浙沿海诸州增修城壁,招训民兵,以备海道。"①从而揭开了海防建设的序幕。为加强对海防建设的统一指挥,有效防遏金人从海道窥江浙,绍兴二年(1132年)五月,朝廷开始设置沿海制置司,由仇悆充任沿海制置使。由于海防任务繁重,一司难以照应,同年七月,在吕颐浩的建议下,南宋政府将统领福建、两浙、淮东海防事务的沿海制置司一分为二:一为浙西淮东沿海制置司,一为浙东福建沿海制置司。其中浙西淮东沿海制置司设于平江府许浦镇,浙东福建沿海制置司设于明州定海县。浙东福建沿海制置司主要管辖温州、台州、明州和绍兴府,其制置使通常由明州知州(府)兼。浙东沿海制置司自创立后,因形势变化而屡经废兴,到孝宗隆兴元年(1163年)恢复后,则作为常设机构而被固定下来。浙东沿海制置司作为军事机构,主要负责扼守海道、训练水军、组织民防、刺探敌情,但同时也充当禁戢、救助海商等部分民政职能。沿海制置司的设立,使浙东沿海在防御上结成了一个整体,在防范外敌入侵、维持地方治安上发挥了重要作用。②

随着沿海制置司的建立,南宋政府开始在两浙地区大量招置水军,并相继创立了定海水军、许浦水军、澉浦水军、金山水军等多支水军部队。绍兴二年九月,右朝请大夫吕源为浙东福建沿海制置使,置司定海县,以张公裕为都统制,"寻命御前忠锐第八将赵琦以所部从行"③。所以创司于定海,是因为定海地形险要,处于海道的"控扼之冲"④。不久,御前忠锐第七副将宋稳部、御前忠锐第七将徐文部也听沿海制置司节制。⑤ 这是南宋初定海水军的基本力量。到绍兴六年,

---

① (元)脱脱等《宋史》卷二四《理宗纪四》,中华书局1985年版。
② 参见熊燕军《南宋沿海制置司考》,《浙江大学学报》2007年1期。
③ (宋)李心传《建炎以来系年要录》卷五八绍兴二年九月癸酉条,上海古籍出版社1992年版。
④ (宋)吴潜《许国公奏议》卷四《条奏海道备御六事》,《丛书集成初编》本。
⑤ (宋)李心传《建炎以来系年要录》卷五八绍兴二年九月癸未条、卷六二绍兴三年二月甲子条。

定海水军一度拥有船只数百,"士卒愈万"①。此后,随着宋金战事告缓,沿海制置司撤罢,水军力量一度削弱。到绍兴三十一年(1161年),由于宋金战事再起,明州城下又驻屯殿司水军2000人。隆兴二年(1164年),户部侍郎、知明州赵子潚以"明州密迩行都,水陆控扼,事体非轻"②,奏准朝廷在明州城长期驻扎殿司水军2000人,另外又招置水军1000人。这样,明州水军兵额达到3000人。乾道七年(1171年),统制官林文又从福州带来水手1000人,兵额达到4000人。宝庆年间(1225—1227年),明州水军中有正兵约3900名。水军号为军义兵、吐浑兵,正兵分为22队,分隶于正将、副将、准备将拨发,而统于统制、统领。嘉定七年(1214年),因知府程覃的请求,三姑、岑江、烈港(一作"沴港")、海内、白峰5寨土军也拨归水军统制节制。③ 理宗时期,知府吴潜又在慈溪与余姚交界的夜飞山建永平寨,驻兵50名,设将佐1员以辖之。永平寨的兵员从定海水军中抽调,每3个月轮差一次。同时,在丈亭、咸池两地置局,团结慈溪八都渔户船428只,每夜轮差5船来回巡逻于两局之间。宝祐六年(1258年),吴潜又以"定海水军虽得控扼之地,然于防制倭、丽则有余,而于遮护京师则不足"为由,奏准朝廷在定海置向头寨。向头寨水军分成营额150名,从定海水军中分拨;土军移成寨额97名,就鸣鹤巡检司中调发。④ 在理宗时期,明州水军最多时达到6000人,负责着"西接许浦,南接福建,北接高丽,东接日本"⑤这一水域范围内的防御。

宝祐六年春,由于蒙哥汗再度发动侵宋战争,宋蒙关系又趋恶化。为防范蒙古军利用两浙海道进犯临安,南宋政府下令沿海制置司"凡

---

① (宋)李心传《建炎以来系年要录》卷五八绍兴二年九月癸酉条,上海古籍出版社1992年版。
② (宋)《宝庆四明志》卷七《叙兵》,《宋元方志丛刊》本,中华书局1990年版。
③ (宋)《宝庆四明志》卷七《叙兵》。参见《开庆四明续志》卷四《省札》,《宋元方志丛刊》本,中华书局1990年版。按岑江、烈港二寨与三姑寨互为犄角,其兵额就三姑寨拨隶,实属分寨;白峰寨则为海内寨之分寨。
④ (宋)《开庆四明续志》卷五《新建诸寨》。
⑤ (宋)吴潜《许国公奏议》卷四《条奏海道备御六事》,《丛书集成初编》本。

有紧切冲要去处,作急措置,严为关防"[1],加强了对海道的防御。根据朝廷密令,吴潜分浙东海道防御为上中下3屯,命制置司添差制干刘锡负责在南自乌崎头,北自石衕,中自三姑山至大七、小七、神前礁、呑马迹、朐山、长涂、岑江、岱山等地分屯驻扎水军;将台、温、明、越4郡民船屯泊于岱山、岑江、三姑山、烈港4处,并抽调定海水军和岑江、三姑巡检司土军弓弩手分驻于民船上,实行军民协防。同时,为便于相互应援,及时传递信息,又檄定海水军依荆淮之例,在两浙沿海地区设置烽燧水递。当时,浙西路自金山至徘徊头均设烽燧,浙东路则以定海招宝山为中心,分设三路烽燧。烽燧筑于形势险要处,并设铺兵往来巡视。其中自招宝山至昌国壁下山为海道路,分别在招宝山、烈港山、五屿山、宜山、三姑山、下干山、徐公山、鸡鸣山、北砂山、络华山、石衕山、壁下山之间设12铺;自招宝山至向头寨为沿海路,在招宝山、陶家酒店、贝千念五家前、澥浦山头、沙角山头、伏龙山尾、施公山、周家塘盐场、下泽山头、向头寨分成营外、向头寨分成营之间设9铺;招宝山至府城为城中路,自招宝山沿石渡桥、马阻汇、路林、白沙到郡城看教亭设5铺。每铺置兵5人,合干人1人,往来照管巡辖。烽燧之间,白天举烟旗为号,入夜则举火,以五起五落为信号。如遇云雾晦暝,旗烟、号火不能观望时,则以鸣炮为号。各路消息,于每晚发更时经看教亭赍号火平安牌直接传入城内辕帐报覆。[2] 至此,明州沿海地区形成了一套以烽燧水递为主、配以其他手段的海防预报系统。[3]

总之,南宋在明州(庆元府)的军事驻防,州城内有禁军、厢军,州城外有殿前水军和土军。定海水军又称明州水军,与平江许浦水军、嘉兴澉浦水军构成临安左右前后门户之防。土兵除巡防、捍御盗贼外,与水军互为犄角,扼守海道,在海防上起到了相互支援的作用。到南宋后期,沿海九寨土军又归定海水军统一调遣,而统于沿海制置司,二者渐趋合一。

---

[1] (宋)《开庆四明续志》卷五《省札》,《宋元方志丛刊》本,中华书局1990年版。
[2] (宋)《开庆四明续志》卷五《烽燧》。
[3] 参见王青松《南宋海防初探》,《中国边疆史地研究》2004年第3期。

第三节　明州的人口与赋役

在生产力水平相对低下的时代,人口是社会经济发展的重要杠杆,地域开发的范围、速度、水平,往往与该地区人口增长速度和流动密度密切相关;赋税与劳役固然体现了政府对百姓的剥削及人身依附关系,但其征派的额度、内容及方式如何,则从另一个侧面反映出当地的经济结构及生产力发展水平。因此,梳理人口规模、赋役结构,是了解两宋时期明州社会经济发展状况、人地关系等一系列问题的关键。两宋时期,随着人口的增长与区域的进一步开发,明州的赋役结构也随之发生了较大的变化。

一、士庶南迁与人口的持续增长

安史之乱后,北方战乱不休,大量人口往南迁移。宋室南渡后,大量北方人口再次涌入江南地区,史称:"中原士民,扶携南渡不知其几千万人。"[1] "四方之民,运集二浙,百倍常时。"[2] 当时的平江、常、润、湖、杭、明、越等 7 个府州,"号为士大夫渊薮,天下贤俊多避地于此"[3]。两浙地区又一次迎来了人口迁入高峰,成为当时移民寄居最密集的区域之一。当时,相当一部分人口已迁入明州地区,如鄞县小溪(今鄞江镇)一带,"北客多乐居之"[4]。即便是较为偏远的象山、昌国,也有人口迁入,如河南人路觊,在金人占据中原后,"渡江南归,历官州县,乐象山风土,始定居焉"[5]。

---

[1] (宋)李心传《建炎以来系年要录》卷八六绍兴五年闰二月辛酉条,上海古籍出版社 1992 年版。
[2] (宋)李心传《建炎以来系年要录》卷一五八绍兴十八年十二月己巳条。
[3] (宋)李心传《建炎以来系年要录》卷二〇建炎三年二月庚午条。
[4] (元)袁桷《清容居士集》卷一九《鄞县小溪巡检司记》,《丛书集成初编》本。
[5] (宋)袁燮《絜斋集》卷二十《路子龄墓志铭》,《四库全书》文渊阁本。

人口的迁入，为中唐以来业已进入实质性开发的明州提供了丰富的劳动力和先进的生产技术，有力地推动了明州地方经济的发展。

唐玄宗天宝年间（742—756年），明州所领鄞、奉化、慈溪、象山4县有42207户，人口数207032人。[①] 入宋以后，尤其进入北宋中期以后，明州地区人口的增长呈稳步增长趋势。兹据有关资料，制作二表如下：

表一　两宋时期明州人口数据表

年代	户数	口数	户均口数	资料出处
宋太宗朝 （976—997年）	主户 10878 客户 16803 合计 27681			《宝庆四明志》卷五《户口》
真宗天禧年间 （1017—1021年）	主户 104725 客户 31347 合计 136072	主户 256576 客户 74413 合计 330989	2.43	《宝庆四明志》卷五《户口》
神宗元丰年间 （1078—1085年）	主户 57874 客户 57334 合计 115208			《元丰九域志》卷五《两浙路》；《宝庆四明志》卷五《户口》
徽宗崇宁年间 （1102—1106年）	合计 116140	合计 220017	1.89	《宋史》卷八八《地理志四》
徽宗政和六年 （1116年）	主户 94574 客户 29118 合计 123692	主户 213791 客户 51754 合计 265545	2.15	《宝庆四明志》卷五《户口》
孝宗乾道四年 （1168年）	主户 104725 客户 31347 合计 136072	主户 256576 客户 74413 合计 330989	2.43	《宝庆四明志》卷五《户口》

---

① （宋）欧阳修等《新唐书》卷四一《地理志五》，中华书局1975年版。

表二　南宋中期明州属县人口数据表

县　名	户　数	口　数	户均口数	资料出处
鄞县	坊廓两乡 5321 外 11 乡 36296 合计 41617	坊廓两乡 9283 外 11 乡 56411 合计 65694	1.58	《宝庆四明志》卷一三《鄞县志二·户口》
奉化	主户 29997 客户 2695 合计 32682	主户 53821 客户 6700 合计 60521	1.85	《宝庆四明志》卷一五《奉化县志二·户口》
慈溪	合计 20000	主客户通计 大小口 156380	7.8	《宝庆四明志》卷一六《慈溪县志一·官僚》； 《宝庆四明志》卷一七《慈溪县志二·户口》
定海	主户 17471 客户 1648 合计 19119	主户 49951 客户 6541 合计 56492	2.95	《宝庆四明志》卷一九《定海县志二·户口》
昌国	主户 7665 客户 5876 合计 13541	主户 23014 客户 18488 合计 41502	3.06	《宝庆四明志》卷二十《昌国县志·户口》； 《大德昌国州图志》卷三《户口》
象山	主户 9756 客户 3624 合计 13380	主户 28920 客户 14892 合计 43812	3.27	《宝庆四明志》卷二一《象山县志·户口》

以上二表中的户口数主要根据相关地方志和正史记载，属官方统计数字。但有几点需要说明：

第一，表一中的天禧户口数与乾道四年户口数竟然完全一致，显有一误。虽说太宗朝的明州户口数有过低之嫌，但从太平兴国到天禧近40年内，户数比原来增加了近5倍，其增长之快，令人难以置信，这在明州没有大规模移民迁入的情况下，是不可能的；而且也无法解释从天禧到元丰间，明州经过半个世纪的开发，社会又相对安定的时期，户数非但无增，反而下降2万余户这一反常现象。对此，修志者亦未及细考，以致据此得出明州户口"莫盛于天禧，少耗于元丰，而复盛于乾道"①的结论。鉴于天禧户口数的真实性颇值怀疑，故在分析时不予采用。

第二，表二中明州辖县户口数的材料主要根据《宝庆四明志》。《宝庆四明志》是现存南宋明州三志中唯一记载分县户口数的志书。但在统计户口数时，均未注明具体时代。因《宝庆四明志》成于理宗宝庆年间（1225—1227年），有学者在分析明州户口时，就直接将志中所载户口系为宝庆间户口数。② 然据元代《大德昌国州图志》卷三《户口》，昌国县的户口数所据为"往宋绍熙旧志"，即至迟为南宋光宗绍熙年间（1190—1194年）的人口数。这样，把《宝庆四明志》中所载分县户口均定为宝庆人口数，就值得怀疑了。因此，为慎重起见，这里把《宝庆四明志》所载人口数暂定为南宋中期的户口数。

第三，表二中分县户口数的统计对象也颇不一致：一、鄞县户口数中提到的"坊廓两乡"，即指城内的武康乡和东安乡，因两乡民户已市民化，属坊廓户，故志中予以分列，但在乡村户中，却没有把主、客户分开统计；二、慈溪县的人口统计按"主、客户并大小口"统计，但未详列主、客户数；其他4县则仅列主、客户数。可见，当时明州的户籍统计比较混乱，差异也较大。

众所周知，在宋代，民户为逃避赋役，隐瞒或少报户口数是十分普遍的，故在当时就有"漏口"一说。如李心传就说："自本朝元丰至绍兴户口，率以十户为二十一口。以一家止于两口，则无是理，盖诡名子

---

① （宋）《宝庆四明志》卷五《叙赋上》，《宋元方志丛刊》本，中华书局1990年版。
② 陆敏珍《宋代明州的人口规模及其影响》，《浙江社会科学》2006年第3期。

户漏口者众也。"①又军人及其家属、僧尼道士,以及官府工匠、仆役奴婢等并不编入州县户籍。在明州,不在籍户口以军人及其家属、僧侣为主。以宝庆年间(1225—1227年)明州驻军数为例,时有禁、厢军兵士2789人,水军(包括不入队、不系帐、孤贫人员)4700余人,合计近7500人,军人家庭若以5口为例,则达37500人左右。② 至于南宋明州僧道人数,据陆敏珍研究,在3200人到3500人之间。③ 两者之和,则在4万以上。因此,官方统计的人口数总是低于实际人口数。

另外,宋代在籍户口一般只统计主、客户数和丁口数。这是因为,官府例行的人口清查和统计侧重于赋役的征派对象,换句话说,户籍的登记主要是为政府科派差役服务。早在乾德元年(963年)十月,北宋政府在编制版籍的诏令中对人口统计的对象和年龄范围曾作过明确规定:"诸州岁所奏户帐,其丁口,男夫二十为丁,六十为老,女口不须通勘。"④对此《宋史·食货志二》也说道:"诸州岁奏户帐,具载其丁口,男夫二十为丁,六十为老。"从上述明州的户口数来看,鄞县主、客户数与人口数的比例约为1:1.58,为最低;象山县的比例是1:3.27,为最高,平均比例为1:2.38。显然,这一户口数仅是指丁口数。不少学者对宋代家庭人口规模作了探索,通过对有关户籍资料的分析和论证,认为宋代每户平均约有5口至6口。⑤ 陈国灿则对宋代江南部分州县的户口数作了测算,也认为江南地区的家庭规模平均约为5.6口。⑥ 但据绍定二年(1229年)庆元府吴潜奏状,当时慈溪户口"主、客

---

① (宋)李心传《建炎以来朝野杂记》甲集卷一七《本朝视汉唐户多丁少之弊》,《丛书集成初编》本。
② 按:驻军数据《宝庆四明志》卷七《叙兵》统计。军人家庭数,(宋)张九成《横浦集》卷二《状元策》、胡宏《五峰集》卷二《上光尧皇帝书》均提到以五口为常。
③ 陆敏珍《宋代明州的人口规模及其影响》,《浙江社会科学》2006年第3期。
④ (宋)李焘《续资治通鉴长编》卷四乾德元年十月庚辰条,上海古籍出版社1985年版。
⑤ 何忠礼《宋代户部人口统计考察》,《历史研究》1999年第4期。
⑥ 陈国灿《宋代江南城市研究》,第111页,中华书局2002年版。另李伯重分析诸家之考证,认为江南在南宋后期一个普通农户的平均人口大体在5口以上(《多视角看江南经济史》,第74页,三联书店2003年版)。

户二万余户,计一十五万六千三百余口"①,平均每户近 7.8 口。这是因为,慈溪县采用了"通计大小口"这一与其他县不同的统计方法。这条史料为我们估算明州实际户均人数提供了一条极有价值的证据。根据慈溪县户口均数,结合诸家研究结果,如果按每户 6 至 7 口估算,那么,明州地区绍熙(1190—1194 年)至宝庆(1225—1227 年)间的在籍户为 140339 户,人口在 84 万至 98 万之间。

由于两宋时期明州地区户籍资料的匮乏,而仅有的一些记载又不完整,加上人口统计的复杂性,我们难以用准确的统计数字说明这一时期人口的实际数量与增长率,以及坊廓户与乡村户的比例等诸多重要问题,但有一点可以明确,即两宋时期,特别是宋室南渡后,随着大量移民的迁入,明州"衣冠日盛,户口日繁"②,人口呈稳步增长的趋势。余姚和宁海二县的人口增幅也是如此。余姚县在真宗大中祥符四年(1011 年)的户数为 21063 户,到宁宗嘉泰元年(1201 年)增至 30883 户。③ 宁海县在徽宗大观年间(1107—1110 年)的户数为 31660 户,到宁宗嘉定十五年(1222 年)增至 35518 户。④ 人口的稳步增长,为明州区域经济的持续发展注入了强劲的动力。

二、赋役负担的加重

太平兴国三年(978 年),明州随着钱氏的纳土而归于北宋王朝。史称:"钱氏奄有吴越,内事奢侈,外事贡献,下至鸡鱼卵鷇,必家至而户取,鞭笞日繁,民不堪命。皇朝尽削钱氏白配之目,官赋顿轻。"⑤ 所谓"尽削钱氏白配之目,官赋顿轻",自然有溢美之嫌,但宋初废除唐末

---

① (宋)《宝庆四明志》卷一六《慈溪县志卷第一·官僚》,《宋元方志丛刊》本,中华书局 1990 年版。
② (宋)《宝庆四明志》卷一六《慈溪县志卷第一·官僚》。
③ (宋)施宿等《嘉泰会稽志》卷五《户口》,《宋元方志丛刊》本,中华书局 1990 年版。
④ (宋)陈耆卿等《嘉定赤城志》卷一五《户口》,《宋元方志丛刊》本,中华书局 1990 年版。按此云大观三年以来之户数,未明确切系年,待考。
⑤ (宋)《宝庆四明志》卷五《叙赋上》。

五代以来的一些苛捐杂税,减轻了东南百姓的负担也是事实。然自北宋中叶至南宋初,由于边境战事不断,"洪焰所燬,供亿无艺"①,百姓负担开始加重。绍兴和议后,因宋金战事一度缓和,一些额外增派的税目有所蠲免,但"所蠲之细,未救所敛之多"②。宁宗开禧(1205—1207年)后,宋金、宋蒙(元)战事频仍,加之统治集团奢侈无度,政府财政压力骤然增大,而政府解决财政困难的惯用伎俩无非是通过州县转嫁于民户:"民输州县,州县输朝廷。今输朝廷者既不轻,则输州县者亦安得而省!"③因此,总的说来,从北宋中叶后,百姓的赋税负担呈加重之势。

赋役征派的依据是户籍,但北宋建立初,赵宋王朝把主要精力放在统一事业上,对于户籍、户等制度,则暂时因循前制,并未作太多调整。到太平兴国四年(979年)灭北汉,域内基本归于一统后,赋税整顿遂提到了重要的议事日程上。经太宗淳化(990—994年)以后对赋税、差役、户籍制度的大规模清理,至真宗天禧年间(1017—1021年),作为宋朝经国之制的五等户制始颁行于全国。④

明州地区与全国各地一样,乡村户籍实行主客户分籍制,即按照有无田产的经济原则,把乡村民户划分为主户和客户二类,这也是宋代户籍制度的最大特征。主户又称税户,其与客户的差别在于:"税户者有常产之人,客户者无产而侨寓者。"⑤因客户基本上全是佃农,无田产,因此不直接承担封建田赋。在主户中,又按家产(田产和杂产)多少定为五等,不同的户等承担不等的赋税和职役、夫役。《宝庆四明志》卷五《叙赋上》所载赋税项目,为我们了解南宋中后期明州的二税征收情况提供了依据。兹列表如下:

---

① (宋)陈耆卿等《嘉定赤城志》卷一六《财赋》,《宋元方志丛刊》本,中华书局1990年版。
② (宋)《宝庆四明志》卷五《叙赋上》,《宋元方志丛刊》本,中华书局1990年版。
③ (宋)陈耆卿等《嘉定赤城志》卷一六《财赋》。
④ 参见梁太济《两宋阶级关系的若干问题》,第37—48页,河北大学出版社1998年版。
⑤ (清)徐松《宋会要辑稿》食货一二之一九,中华书局1987年影印本。

二税税目			征收额		备注
			乾道五年	宝庆年间	
夏税	正税	绢绸绵	8209 匹 422 匹 110000 两	27360 匹 6977 匹 137943 两	
	和买	绢绸	41415 匹 13622 匹	30506 匹 9900 匹	乾道五年和买绢22427匹，忍发临安府和买绢8079匹，淮衣绢2700匹；和买绸9900匹，淮衣绸3300匹
夏折变税	折帛钱	正税 绢绸绵		3273 匹，计 22911 贯 2978 匹，计 28046 贯 55000 两，计 22000 贯	绢、绸每匹折钱7贯；绵每两折钱400文
		和买 绢绸		9152 匹，计 59488 贯 7920 匹，计 51480 贯	每匹折钱6贯500文
	折麦	绢绸绵		421 匹 139 匹 3082 两	绢、绸、绵通折正麦2404石，另加纳义仓麦(10%)240石
	亭户折盐	绢绸绵		561 匹 179 匹 3167 两	
秋税	苗米正税			112697 石	
	折变	糯米		9548 石	
		亭户折盐		2598 石	

从表中可以看出，南宋明州的夏税按亩出绢、绸、绵等丝织物，而秋税则征苗米为主。由于"和买绢绸"由原来"出官钱贷借民户，候蚕熟收绸绢"的有偿支付，到南宋中期后演变为"更不给钱，而输官者并照旧额"的科派，实际上已成为税外之税，且数额巨大。故当时人就指

出,乾道五年(1169年)明州的和买负担,"加于正税者半矣"。宝庆年间(1225—1227年)的和买数,较之乾道五年虽有所减少,但正税额却大幅度增加。如果我们把夏税中的正税与和买额合在一起,便可发现,宝庆年间的绸、绢、绵三项征收额,比乾道五年已分别增加了8242匹、2833匹和27943两。

除增加二税额外,南宋政府的另一聚敛之术便是通过折变,变相增加田赋收入。如在明州,"初以夏税秋钱科折绸绢绵,又以绸绢绵折纳钱,或折纳麦"①,如果亭户以二税之地煎煮盐,则又有折盐米帛,或折糯米等。由于官定折价,官府往往通过不合理的比价,即高估本色、低估折变物的手段来增加实际税额。甚者,一折再折,辗转变易,规求盈余,百姓苦不堪言。绍熙五年(1178年),统治者在诏书中也不得不承认"两浙、江东和买绸绢折帛钱太重",并许诺来年"匹减钱一贯五百文"。②但从总的趋势看,折变的负担仍不断加重。如嘉定七年(1214年),侍御史石宗万曾指出:"夏税之有折帛,盖以绢而科取也,较之本色,既已重矣。又从而科麦焉,使所科之麦止仍旧数,犹之可也,以绍兴、乾道间之数比之,几四五倍纳矣。及半又变而为折钱,如是,则由绢而折麦,由麦而折钱,昔之税绢,今大半成折帛矣;秋场之折糯,盖以苗而科取也,较之纳税,亦已重矣,使折糯之数一依旧例,犹未至于甚病也,以十年前之数比之,每石科一斗以上者,今科三四斗。粳糯之价,轻重不侔,糯稍足用,则又截纳价直。"由此,他感叹道:"夫苗米折钱,本为残零便于输纳,其价既高,民已受其害,况又以糯而折钱,取之不太虐乎?"并进而指出:"其他名色不一而足,大抵皆辗转变易以求盈余,斯民安得不重困耶?"③石宗万的这番话,从一个侧面揭露了南宋政府通过折变以变相增加赋税收入的情况。但折变作为政府敛财的手段,直到南宋后期也未作多大改变。如淳祐五年(1245年),新任

---

① 以上见(宋)《宝庆四明志》卷五《叙赋上》,《宋元方志丛刊》本,中华书局1990年版。
② (元)脱脱等《宋史》卷一七五《食货上三》,中华书局1985年版。
③ (清)徐松《宋会要辑稿》食货七〇之一〇九,中华书局1987年影印本。

庆元知府颜颐仲在榜示中就说到"二税折纳太重",表示今后要"合与减价"。①

余姚、宁海二县的情形大体也是如此。如《嘉泰会稽志》卷五载,余姚夏税中的身丁钱旧额3331贯860文,现催5047贯680文;绸旧额929匹,现催970匹,绢旧额11810匹,现催12422匹;绵旧额6068屯4两,现催56243两。和买额自绍熙元年(1190年)后为7700匹。折帛钱35576贯605文,折绸绵5797两(绸一匹折纳一丈三尺三寸;绵十七两折绸一匹),折税绢麦1642石(二石四斗一升折绢一匹)。秋税中苗米正额32575石,除去坍江、海移琢海塘等903石,合催31672石,其中折苗糯米一项即达3330石(一石折苗一石一斗一升)。

在征收二税时,官府又普遍加征各种附加税,如斛面、加耗等。嘉定六年(1213年),监察御史倪千里说道:"夏税秋苗所纳本色,纲解水脚量取于民,自不能免。今州县所纳一缣为钱四五百足,纳米一斗为亦百金以上,且问之又有倍于此者。收加斛面之外,多创名色,例外又加,与夫仓之内外并缘攘取之人,不一而计。计其所纳,率几二斛有半。是输一斛之米,已计三斛以上之数矣。"②端平二年(1235年),宰臣吴潜也指出:"两浙、江东西、福建、湖南诸郡,一石之苗有量至二石五六者,有至二石二三者,少也不下二石一二。"③田赋附加税远远超过了规定的征额。此外,民户还得交纳身丁钱、免役钱、茶租钱、水脚钱、租堰钱、河涂钱、河渡钱等杂赋。其负担之重,由此可见一斑。

居住在城镇的居民称为坊廓户,坊廓户同乡村户一样,也据有无房产分为主、客户,并按财产多少划定户等以定差科,交纳相应的地税和宅税。《开庆四明续志》卷七《楼店务地》载:"今天下州郡,王土有二:一曰税地,税地有和买役钱,有本色折变,有科敷差役;一曰楼店务地,并不输纳诸色官物,亦无科敷差役等事,止纳一项官地钱而已,比

---

① (宋)《宝庆四明志》卷六《叙赋上·职田》,《宋元方志丛刊》本,中华书局1990年版。
② (清)徐松《宋会要辑稿》食货七〇之一〇七,中华书局1987年影印本。
③ (宋)吴潜《许国公奏议》卷一《应诏上封事条陈国家大体治道要务凡九事》,《丛书集成初编》本。

之税地,实为优轻。"又说:"本府楼店务地,自来有租赁官司地段全不纳官钱而私以转赁于人,白收赁钱者;有止纳些少赁钱而影射者;有十余丈地而岁纳官钱不能十数文者;有坐据要闹之地三数十丈而分文不纳者;有连甍接栋、跨巷涉里,号为府第之地而不敢过而问者。遂使贫者日偿赁钱,而富者白享厚利。"这里提到的楼店务地及所交纳的"官地钱",即是城郭地产税中的官地税,而府第之地属私产,当交纳地税。据《宝庆四明志》卷六载,嘉定十七年(1224年),楼店务地钱约2000贯。从庆元府城的情况来看,自南宋绍兴(1131—1162年)年间推行经界法以来,楼店务地税根据坐落地段均定,地分三等,第一、二等分上、中、下三则,第三等则有上、中、下、末四则,共三等十则。根据宝祐六年(1258年)统计,府城6厢年纳地段钱为13738贯911文。

此外,明州(庆元)的榷酒、榷茶、牙契税和商税等负担也十分繁重。以酒税为例,熙宁(1068—1077年)初,明州城内及奉化、慈溪、定海、小溪五务酒税租额为83154贯,熙宁十年(1077年),又于租额之外增买扑钱25479贯。绍兴元年(1131年)、绍兴六年,南宋政府又先后在明州创置比较务与户部赡军库,辗转增价。至宝庆年间(1225—1227年),都酒务、比较务、赡军库收息钱达62009贯609文,慈溪、奉化、小溪三务息钱16470贯299文,定海务水军库抱认净息钱19310贯,林村、下庄、象山三酒务息钱16307贯904文,诸县人户买扑坊场钱31571贯965文,香泉酒库人户抱认净息钱69000贯,慈福库日纳抱认净息钱4贯,年息钱约1460贯,醋酒库收息钱1500贯,合计约为218070贯901文。又如商税,宝庆年间,都税院额35662贯475文,府城诸门引铺税钱10912贯5文,奉化、慈溪、定海、小溪、石碶、宝幢、澥浦七税场税额达40530贯。①

两宋时期,明州的差役负担也相当繁重。宋代差役又称为职役、色役,按户等轮差乡村主户,有州、县、乡役三类,名目繁杂。应役者主

---

① (宋)《宝庆四明志》卷五《叙赋上》,《宋元方志丛刊》本,中华书局1990年版。

要承担赋税催征、维护地方治安、仓库管理、税物运输、衙门公事和各级官员的公私杂差等事务。马端临《文献通考》卷一二《职役考一》所云"国初循旧制,衙前以主官物,里正、户长、乡书手以课督赋税,耆长、弓手、壮丁以逐捕盗贼,承符、人力、手力、散从官以供奔走驱使。在县曹司至押录,在州曹司至孔目官,下至杂职、虞侯、拣搯等人,各以乡户等第差充",即其大要者。王安石变法,改差役为募役,民户按户等出钱,由官府募人充役。元祐更化,一度实行差募兼顾的役法,至哲宗亲政又大体恢复了熙宁免役法。入南宋后,民户除输纳比旧额更重的免役钱外,又逐渐使百姓重新担负起全部乡村职役义务。[1] 根据《宝庆四明志》卷五《叙赋上》所载,嘉定十七年(1224年),庆元府征收的免役钱77921贯76文,其中除部分用于雇募外,相当一部分被调拨他用。百姓重新负担乡役的事实,说明免役钱已演变为封建王朝增加财政收入的一种重要手段。

为了避免乡村役户因差充保长、都保正等重役而致废家破产,南宋时期,明州也推行首创于处州松阳县的义役法。其法以都保为单位,按役户多少、职役情况出资置田,以所收谷物助役户应役或募役。但岁久弊生,由于主役上户往往与官吏勾结,上下其手,将原来不系充役者拘入义役,而自家则逃避役差,其结果是"官吏肥,上户肥,而细民则日就穷困灭绝,其强壮则流而为盗贼"。针对这一流弊,从宝祐六年(1258年)开始,在吴潜主持下,明州各县又结合南宋初李椿年的经界法,推行推排法。其法以都、甲为单位,根据民户资产田亩变更情况重新整顿户等,凡民役、义役各与排定七年,"委各县知县提督,并备榜府前、市曹、各县晓示,续改委专官下县置局排结,诸乡各都攒造籍册,每都三本,取押用印,一留府,一留县,一留都,以七年为一界。役册则委司法厅掌之"[2]。

吴潜的役法整顿,在一定程度上改变了因上户规避而导致差役负

---

[1] 参见汪圣铎《两宋财政史》(上),第220—223页,中华书局1995年版。
[2] (宋)《开庆四明续志》卷七《行移始末》,《宋元方志丛刊》本,中华书局1990年版。

担不均的问题,有一定的合理性,但庆元百姓所承担的日益加重的差役负担,并没有因此而减轻。

除差役之外,宋代还有一种直接征调于民的劳役——"夫役"。自唐代实行两税法后,正役与杂徭均并入两税。但到唐末五代,"凡国之役,皆调于民"①,劳役征发现象十分严重。北宋建立后,革除五代之弊,"众役多以厢军给之,罕调丁男"②,百姓的力役负担有所减轻,但征派夫役的现象依然存在。

宋代,明州驻有大量厢军,"类多给役"的厢军确实取代了原来征发民间从事的一些劳役,如修城、兴修水利等。另外,明州水军也常被调遣从事于一些与水利兴建有关的工役,如淳熙四年(1177年)修东钱湖时,就曾"差拨水军同共搬莳积于湖中";淳祐二年(1242年),鄞县修江东碶闸,又差调江东寨水军"开浚河道"。③ 但以兵士充役,并不表明政府不征调民夫服役,事实上,征派民夫现象在宋代始终存在。如建隆年间(960—963年),知州钱亿浚治广德湖,就"于诸县农隙,集乡夫万人为十队,以官吏分董开凿之役"④。此后,随着厢军的日趋衰败,明州较大的水利工程,往往征调民夫充役。如广德湖"堤塘善颓,每一浚筑,则取材调工于并湖之民"⑤。然与前代相比,宋代征调民夫改变了以往役夫自备口粮的做法,大多支付一定的报酬,使役户的生活条件多少有所改善。如淳祐元年浚治它山堰之役,所募通远、光同、句章3乡役夫,每人给米2升、官钱40足文。⑥ 次年,在它山堰建回沙闸时,石匠每工支官会2贯800文、米2升,杂夫每工支官会1贯500文,砌石工每工支官会2贯300文。⑦ 这种方式,在官府手工工场中似

---

① (宋)马端临《文献通考》卷一五六《兵考八》,浙江古籍出版社1988年版。
② (宋)马端临《文献通考》卷一二《职役考一》。
③ (宋)《宝庆四明志》卷一二《鄞县志卷第一·叙水》,《宋元方志丛刊》本,中华书局1990年版。
④ (宋)《乾道四明图经》卷二《鄞县·水》,《宋元方志丛刊》本,中华书局1990年版。
⑤ (宋)《乾道四明图经》卷一〇《水利记》。
⑥ (宋)魏岘《四明它山水利备览》卷上《淘沙》,《四库全书》文渊阁本。
⑦ (宋)魏岘《四明它山水利备览》卷上《建回沙闸》。

乎更为普遍,如宝庆年间(1225—1227年),专门制作军械的作院,就工匠役费作了明确规定:"军匠日支钱三百文、米二升、酒一升;民匠一贯五百文;诸军子弟匠五百文,米、酒视军匠之数。以民匠劳逸不均,则下定海、鄞县、奉化照籍轮差,每四十日一替,起程钱各五贯,回程钱十贯。"①这种"照籍轮差"已清楚表明,民间工匠属征调性质。

除了据户籍按田产家业多少、户等高下差调丁夫外,到北宋中期,夫役中又出现了雇募的现象。雇募又称"和雇",即政府以钱米为雇直,采取有偿雇佣方式募民承役。明州水利工程中,采用募雇法募集劳动力的事例颇多。如绍熙四年(1193年),通判陈耆寿、慈溪县主簿胡大猷募民重建李溪闸。② 宝庆二年(1226年),修东钱湖,胡榘在征调水军充役的同时,又"募七乡之食水利者助役,各给券食"③。淳祐六年(1246年)九月,知府颜颐仲为开浚自桃花渡至定海县西市的河道,"支拨钱米,雇募夫工"。当时所募役人工超过23.9万工,费资达55.7万缗。④ 同样,在修筑城池时,也有采用雇募的。如元丰元年(1078年)曾巩修治明州罗城,"力出于役兵佣夫,不及于民"⑤。虽然,民间自愿应雇的情况不是不存在,特别是百姓在饥饿驱使下,确有自愿投雇的,但多数情况下,"州县名为和雇,其实于等第人户上配差"⑥,受雇者并无不受雇的自由。因此,名为和雇的劳动力征发,实即差雇,仍带有强制性色彩,并没有摆脱其封建劳役的根本性质,⑦所谓的雇值,也只不过是象征性的报酬,而不是劳动力价值的货币体现。

总之,北宋自仁宗朝以来,随着内忧外患局面的形成和经费开支的日趋庞杂,财政状况总体上已呈滑坡趋势。南宋以后,由于境土日

---

① (宋)《开庆四明续志》卷六《作院》,《宋元方志丛刊》本,中华书局1990年版。
② (宋)《宝庆四明志》卷一六《慈溪县志卷第一·叙水》,《宋元方志丛刊》本,中华书局1990年版。
③ (宋)《宝庆四明志》卷一二《鄞县志卷第一·叙水》。
④ (宋)《宝庆四明志》卷四《郡志·叙水》。
⑤ (宋)曾巩《曾巩集》卷后《附录一·行状》,中华书局1984年版。
⑥ (宋)李焘《续资治通鉴长编》卷四三八哲宗元祐五年二月辛丑条,上海古籍出版社1986年版。
⑦ 梁太济《两宋的夫役征发》,徐规主编《宋史研究集刊》,第15页,浙江古籍出版社1986年版。

蠹,财政更加依赖于东南州郡,而统治者解决财政危机的主要手段便是巧立名目以增加赋税收入;加之各级地方官府苛征杂敛,官吏从中盘剥,使得百姓的处境日益恶化。对此,统治集团内部的有识之士不无忧虑地指出:"盖东南民力,几三百年,腌削日深,生息无几,直至近岁,殚穷见底,可为痛哭!"①"呜呼! 东南民力竭矣。"②从明州(庆元)百姓所承担的日趋加重的赋役征派情况来看,大体反映了这一趋势。

　　沉重的赋役负担,不仅使广大百姓的再生产能力遭到破坏,封建政府财源趋于枯竭,更为严重的是,随着百姓赖以生存的基本条件的丧失,他们或以闹荒、抗交租税等形式进行抗争,或揭竿而起,直接走上了武装起义的道路。在明州地区,较有影响的有南宋时期象山、昌国等沿海地区被统治阶级视为"海盗"、"海寇"的渔民起义。隆兴元年(1163年),渔民朱百五等聚众数千,攻城略地,频繁出没于定海、昌国沿海。朝廷为之惊恐,急调沿海制置使、知明州赵子潚领殿司军2000人前往镇压。一年后,这场起义才告平息。③ 乾道六年(1170年),葛明等又起事海上,后为沿海制置司、明州知州赵伯圭招降。④ 德祐元年(1275年)春,慈溪鸣鹤东、西盐场的亭户,因庆元府茶盐分司官吏贪婪无度,积年得不到盐本钱,饥困之极,在徐二百九、叶三千四等人率领下,"群起为盗"⑤,不少饥民也加入了斗争行列,浙东为之震动。虽然这次抗暴斗争最后被残酷镇压,但也迫使统治者不得不作出一些让步,如尽数散还拖欠亭户的旧钱,宽缓盐课等,使亭户的生活处境暂时得以改善。总之,明州地区渔民、亭户和饥民的这些规模不等的抗暴斗争,与其他各地百姓的反抗斗争一样,在一定程度上动摇了南宋政权的统治基础。

---

① (宋)吴潜《许国公奏议》卷一《应诏上封事条陈国家大体治道要务凡九事》,《丛书集成初编》本。
② (宋)文天祥《文天祥全集》卷三《对策·御试策一道》,中国书店1985年影印本。
③ (宋)《宝庆四明志》卷七《叙兵·制置司水军》,《宋元方志丛刊》本,中华书局1990年版。
④ (宋)楼钥《攻愧集》卷八六《皇伯祖太师崇宪靖王行状》,《丛书集成初编》本。
⑤ (宋)黄震《黄氏日抄》卷七七《申免茶盐分司状》,《四库全书》文渊阁本。

第二章
宋代宁波的社会经济

- 农业与渔业
- 手工业
- 商业

两宋时期,明州地区人口的增长,劳动力的增加,耕地面积的不断扩大和生产技术的进一步提高,为社会经济的发展提供了有利条件;而广大佃农地位的提高,又使劳动者的生产积极性大为增加。在百姓的辛勤劳动下,明州的农业、渔业、手工业和商业有了显著的发展,呈现出繁荣景象,从而在两浙经济中占据着举足轻重的地位。

第一节　农业与渔业

农业是宋代社会最主要的生产部门。两宋时期,随着明州地区水利工程的兴建与水利网络格局的基本形成,其农业生产的发展,主要表现在耕地面积的扩大与土地利用率的提高,耕作制度与耕作技术的改进,农作物品种的多样化与商业性经济作物的广泛种植及亩产量的增加等方面。与此同时,以海洋捕捞为主的渔业开始从农业中分离出来,成为居民的重要副业之一。

一、水利工程的兴修和灌溉网络的形成

水利是农业的命脉,发达的水利事业不仅是区域经济得以开发的重要前提,更是农业生产保持持续发展的基础。明州濒海枕江,地势低平,常受海潮侵袭,一旦汛期来临,江纳海潮,则泛滥成灾。因此,修

筑海塘与河堤以捍潮,成为当时水利建设的重点;另一方面,明州的地势特征,又极易造成雨季则"涧壑交会,出为漫流,无以潴之,其涸可立而待"①,一旦失时不雨,则干旱立至。因此,修建堰碶陂塘以拦蓄河水,同样是水利建设的重点。这样,在两宋时期,修筑海塘、浚治湖泊、修建堰埭碶闸成为明州水利建设的主要内容。

自唐中叶后,宁波平原的北部沿海地带已开始修筑海塘。两宋时期,明州海塘的修筑主要集中在余姚、慈溪、定海3县沿海地带。余姚海堤绵亘8乡,广袤140里,由于年久失修,沿海农田常遭海潮冲荡之患。庆历八年(1048年),县令谢景初利用农隙,征调民夫修筑自云柯乡(今余姚历山)至上林乡(今慈溪桥头)约2800丈的姚北海堤,使"海水潮汐不得冒其旁田"②。北宋末年,由于水患频发,余姚县旧有的60里海堤被冲毁殆尽,当地百姓深受其害。县令汪思温又征民修筑,"堤成,而七乡并海之田,桑麻粳稌之饶,尽复其故"③。南宋以来,余姚海堤受海潮侵蚀,颓毁严重,仅淳熙四年(1177年)毁堤就达2560余丈。庆元二年(1196年),县令施宿又发民修筑自上林乡(今慈溪市桥头)至兰风乡(今余姚临山一带)间海堤共4200余丈,其中石堤为570丈。与此同时,鉴于堤防随建随毁现象严重,他又经营海涂,开垦旷地,得田1600余亩,建海堤庄,以其租入作为护堤经费,"随时补苴,力不困下,而堤益固,自是岁省民夫十有二万"④。在慈溪县,嘉祐二年(1057年),慈溪县令游烈、县尉成立率民在鸣鹤乡滨海地带建海塘石碶闸,蓄泄以时,使民得以耕稼,"自是一乡无复水旱之患"⑤。定海县

---

① (宋)《宝庆四明志》卷四《郡志·叙水》,《宋元方志丛刊》本,中华书局1990年版。
② (宋)王安石《临川文集》卷八二《余姚县海塘记》,《四库全书》文渊阁本。
③ (宋)孙觌《鸿庆居士集》卷三七《宋故左朝议大夫直显谟阁致仕汪公墓志铭》,《四库全书》文渊阁本。
④ (宋)楼钥《攻愧集》卷五九《余姚县海堤记》,《丛书集成初编》本。参见(宋)施宿等《嘉泰会稽志》卷一〇《海堤》,《宋元方志丛刊》本,中华书局1990年版;(清)光绪《余姚县志》卷一六《金石上》,《中国地方志集成》本,上海书店出版社1993年版。
⑤ (宋)《宝庆四明志》卷一六《慈溪县志卷第一·叙水》。

东、南、北三面环海,"稍失堤防,风潮冲击,则平田高岸悉为水乡"。因此,修筑堤防尤显重要。淳熙年间(1174—1189年),县令唐叔翰与水军统制王彦举、统领董珍仿效治钱塘江例,垒石甃塘岸602丈5尺。嘉定十五年(1222年),县尹施廷臣、水军统制陈文又增筑520丈,使"塘有峻坂,捍御甚固"。其后,又将石塘延伸,筑土塘360丈。①

明州湖泊众多,面积较大的有广德湖、东钱湖、小江湖等。两宋在唐代基础上,对湖泊进行了大规模的整治,使其充分发挥蓄洪防涝抗旱等作用。

广德湖在鄞县西约12里处,旧称莺脰湖。唐大历八年(773年),县令储仙舟加以修治后,改名"广德"。贞元元年(785年),刺史任侗浚而广之,使湖区周回达百里,灌溉400顷。大中年间(847—859年),广德湖灌溉耕地达800顷,为鄞县西南诸乡农田所赖。北宋建隆年间(960—963年),钱亿奏准朝廷,集乡夫万人,进行了一次较大规模的修浚,使湖区面积达12871丈,虽"骄阳铄石,无旱暵之患",修浚工作颇有成效。大中祥符年间(1008—1016年),苏耆知明州,以湖区坏漏不修,又浚治之。② 天禧二年(1018年),为阻止吏民侵占湖田,知州李夷庚始正湖界,并修筑湖堤18里。康定年间(1040—1041年),鄞县主簿曾公望又整治之。到熙宁元年(1068年),因湖经20余年未得治理,鄞西七乡百姓常以旱情诉诸官府,县令张峋到任后,即亲自考察湖境,计工赋材,并"择民之为人信服、有知计者使督役,而自主之,一不以属吏,人以不扰而咸劝趋"。治理工作从当年十一月动工至次年二月竣工,经过近四个月的全面修治,环湖筑堤9134丈,堤宽1丈8尺,高8尺,"广倍于旧,而高倍旧三之二";又沿湖筑碶闸9座,塍20座,并种植柳树3万余株以护堤。广德湖经此番修浚,灌溉面积达2000顷,较唐代大中年间的800顷,增加了2.5倍,使"田不病旱,舟不

---

① (宋)《宝庆四明志》卷一八《定海县志卷第一·叙水》,《宋元方志丛刊》本,中华书局1990年版。
② (宋)《乾道四明图经》卷二《鄞县·水》,《宋元方志丛刊》本,中华书局1990年版。

病涸,鱼雁菱苇、果蔬水产之良皆复其旧,而其余及于比县旁州"①。受其利者除鄞西老界、阳堂、翔凤等7乡外,还有奉化县金溪乡与定海县崇邱乡。

东钱湖又名万金湖、东湖、钱湖,在鄞县东25里,周回80里。唐天宝三年(744年),经县令陆南金开浚,灌溉农田曾达500余顷。唐末五代以来,因年久失修,湖泥淤积已十分严重。北宋天禧元年(1017年),李夷庚浚治之,因旧废址建钱堰、大堰、莫枝堰、高湫堰、栗木堰、平水堰、梅湖堰等7堰,并建4闸,水入则蓄之,旱涸则开闸放水,溉田50万亩,②自是七乡之民"虽甚旱而无凶年忧"③。庆历八年(1048年),县令王安石浚治湖界,"起堤堰,决陂塘,为水陆之利"④,湖区面积逐渐稳定。嘉祐间(1056—1063年),湖中开始建立碶闸。治平元年(1064年),复修6堤。但此后因东钱湖长期未得浚治,渐趋湮废,湖内菱苇丛生,加之地方豪强包占湖塘,种植菱荷,使湖区蓄水面积萎缩,灌溉能力大为下降,"旧年于湖内取水灌注田亩一岁凡三次,今止放得一次,不能遍及,郡人病之"。乾道五年(1169年),知州张津曾奏准朝廷,除葑浚湖,修筑湖堤埂岸。淳熙四年(1177年),魏王恺守明州,朝廷出内帑会子5万贯、义仓米1万石为浚湖经费,州府摊派有田之家出丁夫、工具,分为四隅,差官负责役事,并征调水军搬运葑草,共清理葑草21213余亩。但当时因菱葑未及时搬运出湖,不久,堆积在湖中的菱葑又被平摊入湖,湖复淤塞。嘉定七年(1214年),程覃守明州,奏准朝廷拨府库32000贯,置田1000亩,以所收租谷为浚湖之资;并创办开湖局,派县丞、县尉重新订立湖界,掘开被盗种强占的湖田。但由于继任者经营无方,筹措的资金大多仍存留在府库中,而部分已购置田地的租税收入又被挪作修路等用,因此,不久后,"湖益湮"。宝

---

① (宋)《乾道四明图经》卷一〇《广德湖记》,《宋元方志丛刊》本,中华书局1990年版。
② (元)脱脱等《宋史》卷九七《河渠志七·东南诸水下》,中华书局1985年版。
③ (宋)《宝庆四明志》卷一二《鄞县志卷第一·叙水》,《宋元方志丛刊》本,中华书局1990年版。
④ (元)脱脱等《宋史》卷三二七《王安石传》。

庆二年(1226年)九月,知府胡榘请命于朝廷,得封椿库支拨度牒100道(一道折合钱八百贯)、浙东提举司支拨常平义仓米15000石作为浚湖经费,由通判蔡范任开湖局提督官,具体负责治湖事宜。十月,浚湖工程动工,"命水军番上迭休,且募七乡之食水利者助役",次年十月竣工。同时,胡榘又将浚湖余款置办田亩,以田租收入为经费,募渔民随时清理湖中茭荇。淳祐二年(1242年),知府陈垲再次治理东钱湖,与胡榘不同的是,陈垲采用了买荇之策,即"不差兵、不调夫,随舟大小,荇多寡,听其求售,交荇给钱",而所收荇草,"率以佐郡家支遣"①。至此,湖区得以大治。

除鄞县外,明州各县也纷纷浚治湖泊。如庆元年间(1195—1200年),慈溪县主簿周常在唐刺史任侗基础上,募民修治县西北的杜湖,鸣鹤一乡农田因赖以灌溉,"为利尤博"②。在定海县,淳熙九年(1182年)六月,因度支员外郎姚述尧之请,开掘凤浦、沈窖两湖沿岸围田,使"旱干灌注之利"③,溉田达260余顷。而富都、彭城两湖,则分别溉田200顷与100余顷。④ 庆元五年(1199年),余姚县令施宿整治县东北的烛溪湖(又名明塘湖),使其灌溉农田达1000余顷,并于湖中开凿山骨闸,使"每放湖水,势不桅,人皆便之"⑤。这些湖泊的浚治,对灌溉农田,发展当地农业经济起了积极的作用。

两宋时期,明州除较大的水利工程得到修治外,与河网、湖泊整治相配套的堰埭碶闸等中小型水利工程也普遍兴建。

鄞县在唐代已修筑了它山堰、仲夏堰、行春碶、乌金碶、积渎碶等,其中以它山堰工程最为著名。它山堰集阻咸、蓄淡、引水、泄洪诸种功能于一体,它截断鄞江,将下游咸潮阻于堰下,而将上游淡水引入内渠

---

① (宋)《宝庆四明志》卷一二《鄞县志卷第一·叙水》,《宋元方志丛刊》本,中华书局1990年版。
② (宋)《宝庆四明志》卷一六《慈溪县志卷第一·叙水》。
③ (清)徐松《宋会要辑稿》食货六一之一二七,中华书局1987年影印本。
④ (宋)《宝庆四明志》卷一八《定海县志卷第一·叙水》。
⑤ (宋)施宿等《嘉泰会稽志》卷一〇《湖》,《宋元方志丛刊》本,中华书局1990年版。

南塘河,灌溉着鄞西平原数千顷农田。在南塘河下游,又建有行春碶(俗名南石碶)、乌金碶(一名上水碶)、积渎碶(一名下水碶),三碶涝时泄水,旱时则利用潮汐顶托开闸纳淡水以补充灌溉用水。南塘河又东北流经州城南甬水门进入城内,蓄为日、月二湖,成为城区居民的主要生活用水。故这一水系工程的兴建,被视为"民食之所资,官赋之所出,家饮清泉,舟通货物,公私所赖,为利无穷"①。南宋嘉定年间(1208—1224年),行春、乌金、积渎三碶再修。淳祐二年(1242年)秋,陈垲鉴于它山堰上游泥沙流失严重,至小溪水常为之不流,以致井泉斥卤,农田失于灌溉,于是在位于小溪之冲的吴家桥建回沙闸,以魏岘总其事,安刘、林元君佐之。回沙闸建成后,"水泛则不拘早夜,集众力急下版,相水高下,版随以增减,常令水自上入溪,沙隔于外。水平去版,通舟如故"②,从而保证了小溪的水流量和水质。同时,陈垲在县城北半里处又修建保丰碶,为闸两间,立石柱三,并造板桥于浦口,以便往来。保丰碶的建成,改变了西管水自石塘碶以下 30 里无碶泄水的状况,并缓解了州城三喉的泄水压力。宝祐六年(1258 年),知府吴潜又在距它山 1 里外的洪水湾修建了 3 座堤坝,其中一坝濒江以御狂澜,一坝濒河以御罅漏,另一坝则介于其间,为表里之拓。开庆元年(1259 年)夏,又在保丰碶右侧建永丰碶,碶为五柱四门,门阔 3 丈 6 尺,深 4 尺余,整个工程费钱 47916 多万贯、米 137 石。③ 在鄞县东乡,淳祐二年,陈垲在城外 1 里原大石桥碶下作平水石堰,而于浦口立闸造桥,使之内可以泄水,外可以捍潮。同年,又征调水军疏浚江东石碶,重修浦口、疏水二闸门,改造浦东桥、澄波桥,使之各增高 2 尺,并于浦口桥北创置淘河闸官舍,驻官监临闸门的启闭。④ 宝祐五年,吴潜又重修手界乡林家堰,垒以石,培其高,浚其深,"自是民田有灌溉之

---

① (宋)魏岘《四明它山水利备览》卷上《它山水源》,《四库全书》文渊阁本。
② (宋)《宝庆四明志》卷一二《鄞县志卷第一·叙水》,《宋元方志丛刊》本,中华书局1990年版。
③ (宋)《开庆四明续志》卷三《水利》,《宋元方志丛刊》本,中华书局1990年版。
④ (宋)《宝庆四明志》卷一二《鄞县志卷第一·叙水》。

益,舟楫无险阻之虞,里之任役者亦免岁时修治筑塞之劳"①。而东钱湖七堰,"水入则蓄,雨不时则启闸而放之"②,充分发挥了控制蓄泄的功能。

在奉化县,天禧二年(1018年),县令萧世显于长寿乡开凿塘河5里,引水溉田,③后人称之"萧公堰"。熙宁年间(1068—1077年),邑人王元章之祖出资于县北25里处兴建刘大河碶(又名王家碶)。建炎三年(1129年),王元章又请于官府,复重修。绍兴年间(1131—1162年),徽猷阁待制仇悆率乡民治理天宁塘,修筑塘堤700余丈,并于塘北"伐石为碶",新建沙堰碶。④绍兴十三年(1143年),又重修位于县东北30里的进林碶,使之灌溉长寿乡、金溪乡及鄞县茅山乡、鄞塘乡农田达数千顷。⑤绍熙四年(1193年),郡丞陈耆寿筹钱150万贯,米百斛,于县东南1里处修筑方胜碶,该碶汇叶家溪、西锦溪诸水,"潦则泄水入大溪,旱则蓄水以灌田",⑥周围农田尽受其利。

象山县自唐代以来就在县南修筑了朝宗、理川、灵长、会源4碶,而朝宗碶处于汇水要冲,最为重要。北宋初,瑞龙寺僧日蔡"始伐木为闸,以时启阖,若简而甚利"。治平年间(1064—1067年),县令林旦复修之。元祐年间(1086—1094年),县令叶授始作石碶,"自是无水旱之忧"。南宋时期,朝宗碶等又历经两次大修:一次在绍兴八年,由县令宋砥亲自主持。他筹集库钱300万,"不避盲风苦雾之毒,躬即其地,以勉民作,浚其流泉,增其堤围,尽发旧址,革而新之,余堰例加修治"⑦,为民所称颂。一次在隆兴元年(1163年),在县尉兼主簿赵彦

---

① (宋)《开庆四明续志》卷三《水利》,《宋元方志丛刊》本,中华书局1990年版。
② (明)徐光启《农政全书》卷一六《水利·浙东水利·东钱湖浚议》,《四库全书》文渊阁本。
③ (清)光绪《奉化县志》卷一八《名宦传·萧世显》,《中国地方志集成》本,上海书店出版社1993年版。
④ (清)光绪《奉化县志》卷六《水利》。按:《宝庆四明志》卷一四载,重修刘大河碶在建炎二年,待考。
⑤ (宋)《宝庆四明志》卷一四《奉化县志卷第一·叙水》,《宋元方志丛刊》本,中华书局1990年版。
⑥ (清)光绪《奉化县志》卷六《水利》。
⑦ (宋)《乾道四明图经》卷一〇《修朝宗石碶记》,《宋元方志丛刊》本,中华书局1990年版。

逾的主持下,用新石易其旧材,并加固碶板,同时在碶内外植松椿数千棵以挡风潮。① 后又在碶旁置寨立屋,每年差僧居之,视水旱启闭。嘉定十二年(1219年),县令赵善晉又重修会源碶。②

在慈溪县,淳熙十三年(1186年),主簿赵汝积令西屿乡乡民"凡田于西者,亩出钱三百",撤彭山堰旧闸址,悉以石为之,建彭山石闸,又修斗门,蓄水以灌溉西乡之田,并惠及旁乡。绍熙四年(1193年),通判陈耆寿与主簿胡大猷募民重修德门乡李溪闸,潴文溪、香山之水以灌溉民田,"为利甚博"③。宝祐五年(1257年),吴潜于德门乡修建茅针碶。茅针碶又名茅砧、茅洲碶,始建于乾道年间(1165—1173年),因年久失修,民间患之。于是,吴潜先于碶西5里外买民田,浚为管山河,使西江200余里之水悉汇诸碶之上;又于旧闸基之旁再建新闸1座,阔3丈4尺,立五柱,分四眼,眼阔7尺6寸。茅针碶闸的修成,使鄞县甬东的水源得到保证,定海县清泉、灵绪二乡民田也均沾其利。除此之外,吴潜在慈溪还修建了黄泥埭、新堰、黄家堰、支浦闸等。④

在定海县,庆历七年(1047年),王安石为鄞县令时,在东南海晏乡穿山凿山筑堤,建通山碶,⑤这就是后来的穿山老碶。

总之,就两宋时期明州的水利事业言之,经过仁宗、神宗、宁宗、理宗四个时期的集中治理,一方面,唐代以来不少旧的灌溉工程得到浚治;另一方面,新的水利工程不断兴建,从而在宁波平原北部建成了以慈溪、余姚、定海三县为中心的沿海防潮体系,东部平原的东钱湖灌溉水系,西部平原的它山堰灌溉水系及南部平原以奉化江、白杜、横溪为中心的灌溉水系,形成了海塘—湖泊—河网为特色的水利网络格局。

---

① (宋)《乾道四明图经》卷一〇《重修朝宗石碶记》,《宋元方志丛刊》本,中华书局1990年版。
② (宋)《宝庆四明志》卷二一《象山县志·叙水》,《宋元方志丛刊》本,中华书局1990年版。
③ (宋)《宝庆四明志》卷一六《慈溪县志第一·叙水》。
④ (宋)《开庆四明续志》卷三《水利》,《宋元方志丛刊》本,中华书局1990年版。
⑤ (宋)《宝庆四明志》卷一八《定海县志卷第一·叙水》。

水利灌溉系统的完善,使农业生产抵抗自然灾害的能力大为增强,同时为进一步利用土地、推动区域经济发展奠定了坚实的基础。

二、耕地面积的扩大

两宋时期,为缓解人口增加而造成的对耕地的压力,明州百姓竞相开垦土地。如当时的鄞县西乡,"十分田有九分辟"①。于是,与山争地、与海争地、与湖争地而形成的耕地,如山田、涂田、湖田等大量增加。所谓山田,即是利用山坡开辟田地,类似梯田。如奉化县右山左海,因土少人稠,百姓"日以垦辟为事,凡山巅小湄,有可耕者,累石堑土,高寻丈而延袤数百尺,不以为劳"②。象山县倚山环海,可耕地有限,民多"垦山为田"③。宁海县介山海之间,山地百姓"翦木垦壤,治田畴"④。鄞县百姓也是积极开垦山地,据《宝庆四明志》卷十三《田亩》载,到宝庆年间(1225—1227年),鄞县已垦山地达149005亩,当时其他耕地为746029亩,山地占该县总田亩数17%。这一比例,已相当可观。

在明州,更多的则是把海涂、湖泽洼地开垦成涂田和湖田。涂田是利用海边浅滩筑堤阻潮、在堤内积泥为田的一种土地利用方式。明州地处沿海,十分有利于开发海涂,如定海县东南北三面环海,山势盘旋,"潮泥积淤,善经理之,皆可为田"⑤。因此,开垦涂田十分普遍。大观年间(1107—1110年),昌国县普慈禅院在富都乡开垦海涂,"岁得谷千斛"⑥。绍兴年间(1131—1162年),阿育王寺内僧徒及外来问

---

① (宋)《开庆四明续志》卷一〇《吟稿下·高桥舟中》,《宋元方志丛刊》本,中华书局1990年版。
② (宋)《宝庆四明志》卷一四《奉化县志卷第一·风俗》,《宋元方志丛刊》本,中华书局1990年版。
③ (宋)《乾道四明图经》卷一〇《修朝宗石碶记》,《宋元方志丛刊》本,中华书局1990年版。
④ (明)崇祯《宁海县志·风俗》,明崇祯五年刊本。转引俞福海《宁波市志外编》,第655页,中华书局1998年版。
⑤ (宋)《宝庆四明志》卷一八《定海县志卷第一·叙水》。
⑥ (宋)《乾道四明图经》卷一〇《普慈禅院新丰庄开请涂田记》。

法者逾六千,人多乏食,住持宗杲于是上奏朝廷,获赐附近海涂闲地,他"募缘及捐衣盂,合缗数十万",筑海塘,创涂田1700亩以养其徒,名"般若庄"。① 庆元年间(1195—1200年),余姚县令施宿在征民修筑海堤的同时,又经营海涂,开垦旷地,得田1600余亩建海堤庄,以其租入作为修堤经费,"随时补苴,力不困下而堤益固,自是岁省民夫十有二万"②。宝祐五年(1257年),知府吴潜于省务旧址创广惠院,以收养外六厢鳏寡孤独、喑聋跛躄而无所依倚者,由官府经办。当时广惠院在奉化的官置田产中,即有"涂田六十九亩三角四十二步,收租米七十二硕九斗";在定海田产中,有海塘田1335亩,岁收"米三百八硕七斗四升,共折钱一万四千八百一十九贯五百二十文十七界"③。又开庆元年(1259年),吴潜下令将汪登道籍没官田充作学校养士田产,其中即有涂田680余亩。④

湖田即围湖或填塞湖泊为田,这是两浙地区最为常见的土地利用方式。明州地区围湖造田始于南朝。西晋末年,因北方战乱不休,导致人口大量南迁,其中相当部分涌入宁绍平原西部地区,为解决人地矛盾,宋孝武帝下令徙部分人口于余姚、鄞、鄮三县,"垦起湖田"⑤。此后,随着明州地区人口的增加,尤其是入宋后,围垦湖泊为田的现象已较为普遍。如广德湖,民间从利用浅淀盗耕,到后来逐渐发展为豪强勾结州县强吏盗湖为田,以致"久不能正"⑥。仁宗庆历(1041—1048年)后,占湖为田现象日趋严重。如皇祐元年(1049年),知余姚县谢景初上奏说,余姚县陂湖31所,"并系众户植利荫田,内二十一所见于

---

① (宋)《宝庆四明志》卷九《叙人中·仙释》,《宋元方志丛刊》本,中华书局1990年版。参见阿育王寺编《阿育王寺新志》卷二《沿革》,1989年版。
② (宋)施宿等《嘉泰会稽志》卷一〇《海堤》,《宋元方志丛刊》本,中华书局1990年版。参见(宋)楼钥《攻愧集》卷五九《余姚县海堤记》,《丛书集成初编》本;(清)光绪《余姚县志》卷一六《金石上》,《中国地方志集成》本,上海书店出版社1993年版。
③ (宋)《开庆四明续志》卷四《广惠院》,《宋元方志丛刊》本,中华书局1990年版。
④ (宋)《开庆四明续志》卷一《学校》。
⑤ (南朝)沈约《宋书》卷五四《孔季恭传》,中华书局1974年版。
⑥ (宋)《乾道四明图经》卷一〇《广德湖记》,《宋元方志丛刊》本,中华书局1990年版。

图经,其间有被形势豪强人户请射作田纳租课,后来遂废水利去处"①。于是朝廷下令:"江淮、两浙、荆湖路州军,如有陂湖,明置簿籍拘管,永为众户贮水荫田,更不许人户以起纳租税为名辄行请射,仍令知县常行检察,如违,其所请人及所给付官司各重置于法。"②朝廷的禁令和地方官员的正湖界、禁民侵占等举措,对侵湖行为起了一定的遏制作用。

徽宗政和(1111—1118年)后,由于人口骤增,人地矛盾加剧,扩大耕地成为整个社会的迫切需求,围湖增田成为江南百姓与水争地的主要手段。故《文献通考·田赋考六·水利田门》说道:"圩田、湖田多起于政和以来。"明州自政和以后,由于人口倍僧,围垦湖泊之风日盛。一方面,政府为解决经费困难,公开准许废湖为田。最为典型的是,政和七年(1117年),朝廷为解决接待高丽使者的经费,最终同意郡人楼异的建议,围垦广德湖,造官田近800顷。另一方面,地方豪强、寺院及百姓也加入了盗湖之列,纷纷围垦湖边的浅滩以扩大耕种面积,或种植荷、莲等以求利。如东钱湖因茭葑涨塞,民间"皆托嘱请佃,或恃强侵占为己业,种荷裹田"③。围湖、盗湖的结果,导致不少中小型湖泊被湮塞。如昌国县富都湖,原湖面方圆达30里,到南宋后期,已"皆为田,潴水之所狭甚"④。至于慈溪的鸡鸣湖、云湖、凤凰湖、永明湖等,则围垦成为耕地。⑤

围湖造田扩大了耕地面积,减缓了人地矛盾,在一定程度上增加了赋税收入。但湖田以填塞湖塘水泊为代价,过度围垦,势必破坏水系及水利设施功能的发挥,导致灾害频发,农田产量减产,其危害性也是显而易见的。因此,随着围湖之风的兴起,朝野上下要求复湖的呼声也日益高涨。在明州,废湖与复湖之争主要集中在鄞县的广德湖。

---

① (清)徐松《宋会要辑稿》食货七之一二,中华书局1987年影印本。
② (清)徐松《宋会要辑稿》食货七之一三。
③ (宋)《宝庆四明志》卷一二《鄞县志卷第一·叙水》,《宋元方志丛刊》本,中华书局1990年版。
④ (宋)《宝庆四明志》卷二〇《昌国县志·叙水》。
⑤ (宋)《宝庆四明志》卷一六《慈溪县志卷第一·叙水》。

广德湖存废之争由来已久,据地方志记载,自唐贞元(785—805年)以来,即有民上书"请湖为田"。太平兴国间(976—984年),又有人进状请废湖,朝廷下其事于州,从事郎张大有经考察后,力言湖不可废。元祐年间(1086—1094年),废湖之议又起。时闲居乡里的直龙图阁舒亶力斥废湖之妄,使议者"无敢鼓动"。后俞襄复陈废湖之议,又遭知州叶棣反对而无果。但到政和七年(1117年),朝旨准许围广德湖为田。次年,在楼异主持下,围湖工程基本完成,广德湖"卒废为田"①。围湖为田后,初以田租收入作为接待高丽使者的经费。高丽罢使后,则充作养兵之费,"岁起发上供,自水军驻扎定海、江东两寨,朝廷科拨专充粮米"②。可见,广德湖的围垦,确实给宋廷带来了一定的经济利益,缓解了政府财政上的压力。故主张废湖者认为:"湖之为田七百顷有奇,岁益谷无虑数十万斛,输于官者什二三,斗大之州,所利如此,讵可议哉?"但广德湖被废为田后,鄞西水利系统遭到严重破坏,导致七乡"无岁不旱,异时膏腴,今为下田"③。这样,到南宋初年,要求复湖的呼声又随之而兴。绍兴五年(1135年)闰二月,知湖州李光奏言:政和以来,明、越二州大量围湖造田,使民户岁被水旱之患,并危及常赋收入,请求朝廷"专委漕臣遍行郡邑,延问父老,考究汉唐之遗利,检举祖宗之成法",将明、越两州湖田,特别是广德湖、鉴湖、湘湖三湖已围湖田,"尽行废罢"④。绍兴九年五月,权发遣明州周纲在上奏中算了一笔细账。他说:自广德湖废为田,募人请佃,得租米为10090余石;自绍兴七年知州仇愈改由官府经营,佃户径纳官租,增租米为45000余石。但湖未废前,七乡民田每亩收谷六七硕,废湖后,民田失灌溉之利,每亩所收不及前日之半。现七乡之田不下2000顷,累计则失谷物无虑五六十万石,得不偿失。因此,周纲力促朝廷下令复湖。

---

① (宋)《宝庆四明志》卷一二《鄞县志卷第一·叙水》,《宋元方志丛刊》本,中华书局1990年版。
② (宋)《宝庆四明志》卷六《叙赋下·湖田》。
③ (宋)《宝庆四明志》卷一二《鄞县志卷第一·叙水》。
④ (清)徐松《宋会要辑稿》食货七之四三,中华书局1987年影印本。

宋廷对复湖之议也颇为重视,在李光、周纲等上奏后,即下诏地方转运司疾速措置,并申报尚书省。但结果是,地方上或以广德湖"既已为田,即无复可为湖之理"①为托词,或持观望态度,很少有实际行动。此后,"议者虽称合废,竟仍其旧"②。复湖之所以未能见效,其原因是多方面的。首先,复湖需要大笔经费和人力投入,当时的南宋政府根本无力出资,地方也难以筹集。其次,侵占湖田者,多为地方强宗豪右,如广德湖,"请田人多是新旧权势之家"③。余姚县请射21所陂湖者,同样也是豪强人户。这些豪宗大姓为围湖、改良土壤已投入相当资金,且在承佃官田中获利丰厚,为利益所驱,自然百般阻挠,不可能在还田为湖上予以配合。第三,一旦复湖,因利益重新调整,农户失去耕地而可能引发的社会问题,也是地方政府所不得不面对的。这一问题,在复湖之议中已露端倪,如绍兴十三年(1143年),明州上奏称,广德湖复湖议案提出后,民间私自冒种者增多,"非惟每年暗失官租三千余硕,而元佃人户词讼终无(田)止息,又因缘有争占斗讼,愈见生事",请求朝廷"依旧为田,令元佃人户耕种",朝廷不得已而下诏"从之"。④再者,地方官府将湖田开发权交由地方豪强后,无须投入资本而从中坐收租米,也获取了部分利益,因而出现了"州县官往往利为圭田,顽猾之民应而献计侵耕盗种,上下相蒙,未肯尽行废罢"⑤的现象。由此可见,对围湖带来的危害,朝廷不是没有认识,但复湖并非易事,它涉及社会各方利益,特别是地方政府与豪强的利益,因此,复湖之议最终还是不了了之。

但鉴于围湖及侵湖盗耕带来的危害,南宋以后,明州地方政府还是采取了一些积极的措施。如广德湖废后,加强了对它山堰、仲夏堰

---

① 以上见(清)徐松《宋会要辑稿》食货七之四五、四六,中华书局1987年影印本。
② (元)脱脱等《宋史》卷一七三《食货志上一·农田》,中华书局1985年版。
③ (清)徐松《宋会要辑稿》食货七之三七。
④ (清)徐松《宋会要辑稿》食货七之四六。
⑤ (清)徐松《宋会要辑稿》食货七之四三。

的浚治与管理,并在湖北面的西塘、南面的中塘开挖运河以弥补鄞西农田灌溉用水的不足;在浚治湖泊、提高水资源利用率的同时,屡下禁令以限制民间的侵湖行为。如嘉定七年(1214年),郡守程覃整治东钱湖,尽行开掘非法围垦葑地,并出榜告民:"今后不许复有侵占,如或违戾,仰本府追人根勘,具情犯申尚书省,内命官取旨镌责,其官、民户定重作施行。"宝庆二年(1226年),胡榘再治东钱湖时重申:"今后如有官民户、寺观复行侵占并种植荷莲,违戾之人许人陈首,即仰将犯人送狱根勘,具情节申尚书省,命官取指挥重行镌黜,余人定行决配。"① 这些禁令,使滥行围垦的势头暂得以遏制。

除了开辟山田、涂田、湖田外,地方史籍中还载有其他土地利用方式,如淘湖田、葑田、砂岸田等,从而使两宋时期明州地区的土地利用率大大提高,耕地面积有所增加。至宝庆年间(1225—1227年),史籍有记载的鄞县、慈溪、定海、象山四县官方统计田亩数分别为746029亩、469158亩、356750亩、131920亩(民田),合计1703857亩。② 但需要指出的是,上述统计的各县田亩数仅是近似数,因为山地及寺观土地并没有计算在内。

三、农作物品种的多样化与耕作水平的提高

以种植业为主的农业,其发展的程度与水利灌溉工程的建设和耕作技术的变革密切相关,而农作物性能的改变,品种的多样化,使农业生产地带由原来的低地、洼地等河谷中心向较为干旱的丘陵、山区地区延伸,从而使农作物的种植面积不断扩大,产量不断增加,推动着区域经济持续发展。两宋时期,随着明州海塘湖泊、堰埭碶闸等水利工程的大规模兴建和灌溉系统的完善,耕地面积的不断扩大、农作物品种的多样化及耕作技术的进步,农作物单位面积产量大大提高。

---

① (宋)《宝庆四明志》卷一二《鄞县志卷第一·叙水》,《宋元方志丛刊》本,中华书局1990年版。
② (宋)《宝庆四明志》卷一三、一七、一九、二〇。

水稻向来是四明地区的主要粮食作物。明州倚山面海,平原上河网密布,其冲积土壤又十分有利于种植水稻,故在中唐以前便形成了"食鱼与稻,以渔猎为业"①的生活习俗。到宋代,随着稻种的引进、自然变种和不断改良,水稻品种大大增加。其中原产于越南中南部的优良稻种占城稻的引入及广泛种植,对明州水稻种植业的发展意义最为重大。占城稻的引入时间约在北宋大中祥符五年(1012年)五月,当时,北宋政府以江、淮、两浙农田稍遇干旱即歉收,"遣使福、建州,取占城稻三万斛,分给江、淮、两浙三路转运使,并出种法,令择民田之高仰者分给种之"②。占城稻属耐旱品种,故又称之"旱稻",其特点是"穗长而无芒,粒差小,不择地而生"③,宜于广泛种植。奉化人舒璘曾把它与当时流行的稻种作了比较:"有大禾谷,有小禾谷,大禾谷今谓之粳稻,粒大而有芒,非膏腴之田不可种;小禾谷今谓之占稻,亦曰山禾稻,粒小而谷无芒,不问肥瘠皆可种。"④可见,占城稻的引入,十分有利于扩大水稻种植面积。到南宋时期,占城稻经过长期的种植和改良,并与明州地区原有的品种相结合,又培育出了一批新的地方性水稻品种。据《宝庆四明志》载,当时稻种按性质分,有籼稻、粳稻和糯稻三大系列,其中籼、粳稻有早黄、晚青、矮白、大白、细白、大赤、占城、金城、穞穧、赤穧、乌穧、九里香、赤转稻、冷水红等14种;糯稻有早糯、黄糯、白糯、丁香糯、赤糯、鼠牙糯、虎皮糯、麻糯、杭州糯、九日糯、青秆糯等11种。两者合计,水稻品种已有25种之多。上述品种按播种的时间分,又有早中晚之分:"谷之有早禾,有中禾,有晚禾。早禾以立秋成,中禾以处暑成,中最富,早次之。晚禾以八月成,视早益罕矣。"⑤结合郡守吴潜《喜雨二解》诗中"乌穧新春玉粒堆,齐头穞穧又相催"⑥,《喜

---

① (宋)《乾道四明图经》卷一《总叙·风俗》,《宋元方志丛刊》本,中华书局1990年版。
② (清)徐松《宋会要辑稿》食货一之一七,中华书局1987年影印本。
③ (元)脱脱等《宋史》卷一七三《食货上一·农田》,中华书局1985年版。
④ (宋)舒璘《舒文靖集》卷下《与陈仓论常平》,《四库全书》文渊阁本。
⑤ (宋)《宝庆四明志》卷四《叙产》,《宋元方志丛刊》本,中华书局1990年版。
⑥ (宋)《开庆四明续志》卷一〇《吟稿下》,《宋元方志丛刊》本,中华书局1990年版。

雨》诗中"已卜晚青催出穗,且将早赤急春粮"①,可以认为,随着品种的多样化,明州百姓已能根据季节的变化合理安排不同稻谷品种的种植,水稻种植已采用一年两熟的间作制。

  北宋初,麦的种植主要在北方地区,南方极少。太宗端拱年间(988—989年),有言者上奏:"江北之民杂植诸谷,江南专种秔稻,虽土风各有所宜,至于参植以防水旱,亦古之制。"于是朝廷下诏:"江南、两浙、荆湖、岭南、福建诸州长史,劝民益种诸谷,民乏粟、麦、黍、豆种者,于淮北州郡给之;江北诸州,亦令就水广种秔稻,并免其租。"②谓江南专种秔稻,可能过于绝对,但江南地区极少种麦却是事实。北宋末、南宋初,随着北方人口的大量南迁,使得对小麦的需求量大增,南方地区开始大面积种植小麦。"建炎之后,江浙、湖湘、闽、广,西北流寓之人遍满。绍兴初,麦一斛至万二千钱,农获其利,倍于种稻。而佃户输租,只有秋课,而种麦之利独归客户。于是竞种春稼,极目不减淮北。"③"春稼"即指麦、豆等春播作物。

  由于种麦获利倍于种稻,农户的生产积极性大大提高,同时,宋廷为了防范每年春夏之际农户因粮食不续而引发饥荒,导致赈济负担增重,也多次下诏地方长官劝民种麦。如淳熙七年(1180年),即诏两浙、江、淮诸路帅、漕臣督守令"劝民种麦,务要增广"。此后劝农种麦成为政府每年的常规性诏令,"自是每岁如之"④。在需求与价格的刺激下,四明地区开始普遍种植麦子。《开庆四明续志》载,淳熙三年,魏王恺判明州时,象山西南陇有麦穗两歧,县令高子莫以祥瑞之物献于郡府。开庆元年(1259年)四月,奉化县圣姑亭山又出现三穗麦。这些都说明象山、奉化已经种麦。⑤郡守吴潜《劝农翠山赋唐律二首》中

---

① (宋)《开庆四明续志》卷九《吟稿上》,《宋元方志丛刊》本,中华书局1990年版。
② (元)脱脱等《宋史》卷一七三《食货上一·农田》,中华书局1985年版。
③ (宋)庄绰《鸡肋篇》卷上《各地食物习性》,中华书局1983年版。
④ (元)脱脱等《宋史》卷一七三《食货上一·农田》。
⑤ (宋)《开庆四明续志》卷八《瑞麦》。参见《宝庆四明志》卷二一《象山县志·纪异》,《宋元方志丛刊》本,中华书局1990年版。

的"麦缘少地锄山种,水怕多流垒石防"反映了当时山地种麦的情况;而其《高桥舟中》诗中的"小麦青青大麦黄,海乡风物亦江乡",《水云乡和制机刘自昭韵》"天外惨舒云黑白,陇头大小麦青黄"①,以及《出郊再用韵赋三解》中的"树蔬人要畦畦润,种麦农便陇陇干"②等诗句,则反映出近郊平原不但种麦,而且还根据不同季节种植大、小麦。在两浙地区稻麦连种已十分普遍的情况下,明州应当实行了稻麦轮种与麦蔬间作等耕作制。

除稻、麦外,粟、黍等适宜于旱地种植的农作物在明州仍继续种植。如吴潜《九用喜雨韵》诗:"逢却年饥堪煮否,移民移粟定旁皇。"《劝农》诗:"因见他乡黍稷收,令人乡思转悠悠。"③这些都证实了粟、黍等在明州的种植。这些粮食作物,同样是百姓赖以生存的重要辅助食粮之一。

两宋四明地区土少人多,虽然百姓勤以垦辟,但人口的增长速度远远高于耕地的增长速度。如定海县自政和六年(1116年)以来,户数"几增半之",口数"更逾昔数之半",但"垦田所加,才三十之二"。④宝庆年间(1225—1227年)定海县在籍户为19119户,而耕地为356750亩,户均亩数只有18.6亩。其他诸县可以量化统计的,情况大体也是如此。如鄞县同一时期的户数为41617户,耕田746029亩,户均亩数17.9亩,即便算上149005亩山地,也不过21.5亩。慈溪县户数为20000户,耕地为469158亩,户均亩数23.5亩。粗率统计,明州户均亩数在20亩上下,人均可耕地3亩左右。这样,在土地资源有限的情况下,如何提高生产力和耕地利用率,增加单位面积产量,便成为解决人地矛盾的一个主要问题。

农业生产力水平的高低,生产工具和耕作技术是一个重要的衡量

---

① (宋)《开庆四明续志》卷一〇《吟稿下》,《宋元方志丛刊》本,中华书局1990年版。
② (宋)《开庆四明续志》卷九《吟稿上》。
③ (宋)《开庆四明续志》卷九《吟稿上》。
④ (宋)戴栩《浣川集》卷五《定海七乡图记》,《四库全书》文渊阁本。

标准。陈旉在《农书》中说："工欲善其事，必先利其器，器苟不利，未有能善其事者也。"①说明宋人已充分认识到农具在农业生产中的重要作用。宋代两浙地区生产工具的改良和耕作技术水平已走在前列，这在鄞县人楼璹所进呈给朝廷的《耕织图》中充分得到反映。《耕织图》为楼璹在任职于潜县令期间，"感念农夫蚕妇之苦，究访始末"而作。它把耕作与蚕织各个主要步骤以图文的形式予以解释说明，"耕自浸种以至入仓，凡二十一事；织自浴蚕以至剪帛，凡二十四事。事为之图，系以五言诗一章，章八句"。鄞县人楼钥对它的评价是："农桑之务，曲尽情状，虽四方习俗间有不同，其大略不外于此。"②据后人研究，在浸种、耕、耙耨、耖、碌碡、布秧、淤荫、拔秧、插秧、一耘、二耘、三耘、灌溉、收刈、登场、持穗、簸扬、砻、舂碓、筛和入仓这21幅耕图组画中，出现了龙骨水车、桔槔、戽斗、镰刀、秧篮、犁、耖、碌碡等30余种农具图像，其中用于平整耕地的耖始见于宋代。③《耕织图》是对两浙地区特别是浙西农民耕织经验的总结，但由于作者生长于明州，因此部分内容实际上也反映了明州的农业生产情况。如《耕织图·插秧》诗中的"溪南与溪北，啸歌插新秧。抛掷不停手，左右无乱行"，在描绘农民用手插秧情景时，作者表示："我将教秧马，代劳民忽忘！"据此推测，明州地区极有可能已使用秧马这一新式插秧工具。至于耕图中提到的桔槔、犁等，更是明州农家的常用生产工具。如吴潜《劭农》："场圃事兴杷朳冗，田畴功毕桔槔残。"④《高桥舟中》："篮铺蚕种提归急，肩夯牛犁出去忙。"⑤都证实了这一点。结合楼钥跋中"虽四方习俗间有不同，其大略不外于此"之语，可以说，《耕织图》大体也反映出了明州地区农具的使用情况。

---

① （宋）陈旉《农书》卷上《器用之宜》，《丛书集成初编》本。
② （宋）楼钥《攻愧集》卷七六《跋扬州伯父耕织图》，《丛书集成初编》本。
③ 沈冬梅、范立舟《浙江通史·宋代卷》第六章，第182页，浙江人民出版社2005年版。
④ （宋）《开庆四明续志》卷九《吟稿上》，《宋元方志丛刊》本，中华书局1990年版。
⑤ （宋）《开庆四明续志》卷一〇《吟稿下》。

明州耕作技术水平的提高,突出体现在精耕细作上。两浙地区的农业生产十分讲究精耕细作,《耕织图》反映的是南宋初年的农作情况。到南宋后期,蜀人高斯得认为,自古以来号为天府之国的四川,在精耕方面已不及两浙,他说:"浙人治田,比蜀中尤精。土膏既发,地力有余,深耕熟犁,壤细如面,故其种入土,坚致不疏。苗既茂矣,大暑之时,决去其水,使日曝之,固其根,名曰'靠田';根既固矣,复车水入田,名曰'还水',其劳如此。"[1]明州地区的耕作情况大体也是如此。咸淳八年(1272年)春,时任抚州知州的慈溪人黄震为劝当地百姓勤于农耕,在《劝农文》中曾把浙江与江西抚州两地的农作风俗作了对比。他说:

浙间无寸土不耕,田垅之上,又种桑种菜;今抚州多有荒野不耕,桑麻菜蔬之属皆少,不知何故?浙间才无雨便车水,全家大小,日夜不歇;去年太守到郊外看水,……见溪水拍岸,岸上田皆焦枯坼裂,更无人车水,不知何故?浙间三遍耘田,次第转折,不曾停歇;抚州勤力者耘得一两遍,懒者全不耘。太守曾亲行田间,见苗间野草反多于苗,不知何故?浙间终年备办粪土,春间夏间常常浇壅;抚州勤力者斫得些少柴草在田,懒者全然不管,不知何故?浙间秋收后便耕田,春二月又再耕,名曰耕田;抚州收稻了,田便荒版,去年见五月间方有人耕荒,田尽被荒草抽了地力,不知何故?虽曰千里不同风,抚州不可以浙间为比,毕竟农种以勤为本。

这里,黄震所说的"浙间"是一种笼统说法,由于黄震长期生活在慈溪,并"亲曾种田,备知艰苦"[2],后又求学于余姚、鄞县,直到中年后才仕宦于外,因此,其中所描述的浙间农事,更多反映的是明州地区的耕作情况。从文中可以看出,在作物的种植及耕耘、施肥、用水等方

---

[1] (宋)高斯得《耻堂存稿》卷五《宁国府劝农文》,《四库全书》文渊阁本。
[2] (宋)黄震《黄氏日抄》卷七八《咸淳八年劝农文》,《四库全书》文渊阁本。

面,明州地区的精耕细作程度已相当高,并形成了成熟的水田耕作技术体系。

由于农田水利的兴修,优良稻种的培育和推广,生产工具的改善和耕作技术的提高,特别是水田耕作技术体系的形成,诸多因素整合在一起,使明州地区的水稻单位面积产量大大提高。北宋政和(1111—1118年)以前,广德湖周围的民田每亩谷物产量达到六七石,①根据"稻子二石折米一石"②比例,折算成米约为3—3.5石,而浙江地区平常年份的亩产为"上田收米三石,次等二石"③,因此,这一产量已达到了同时期两浙地区水稻亩产的最高纪录。

四、经济作物的广泛种植

作为小农经济的重要补充,明州百姓在垦荒种粮,扩大粮食耕作面积的同时,充分利用不同的地理条件,种植桑、麻、茶、棉花、席草、水果等多种经济作物,使经济作物的生产在两宋时期有了较快的发展。

桑、麻的种植是传统男耕女织小农经济赖以存在的基础,由于桑、麻适应性强,山地和平原都能种植,因此,很早以前就在明州栽植。舒亶曾有诗云:"百粤喧哗外,三江指顾中。耕桑遗俗在,草木故城空。"④说的便是原在阿育王山之西、鄮山之东的鄮县城郭,虽因唐代宗大历年间(766—779年)县治的迁徙而衰败,但耕桑风俗却在当地沿传下来。他的另一首寄马粹老长句诗,在歌颂王元晖治理它山水利、民受其利的功绩时,其中有"桑麻被野禾连畴"⑤之语,描绘了桑、麻在

---

① (清)徐松《宋会要辑稿》食货七之四五,中华书局1987年影印本。
② (清)徐松《宋会要辑稿》食货六三之二一七。
③ (宋)陈傅良《止斋先生文集》卷四四《桂阳军劝农文》,《四部丛刊初编》本。
④ (宋)《乾道四明图经》卷八《和马粹老四明杂诗聊记里俗耳十首》,《宋元方志丛刊》本,中华书局1990年版。
⑤ (宋)《乾道四明图经》卷八《奉寄粹老长句》。

鄞西平原种植的情况。但在宋以前,明州还是"俗不甚事蚕桑纺织",①蚕桑生产在经济中所占的比重并不大。入宋以后,蚕桑的种植面积有所扩大,如王安石《天童山》中的"村村桑柘绿浮空,春日莺鸣谷口风"②诗句,反映了鄞县东乡已普遍种植桑。而在余姚沿海一带,北宋末年因大规模修堤筑塘,"桑麻粳稌之饶,尽复其故"③,说明桑、麻在余姚县也有大量种植。另外,宝祐五年(1257年)知府吴潜主持创办的广惠院官置田产中,有34亩土地以麻皮为租,其中鄞县周复孙砂地26亩1角48步,租为麻皮298斤9两;任允详、张庆三、僧行林等3户人家的田地,租为麻皮99斤。奉化张庆三地3角55步,租为麻皮8斤。④ 桑、麻的广泛种植,为丝织业、麻织业的发展奠定了基础。

　　茶叶是明州地区重要的经济作物。明州多丘陵、山地,加之气候温和、雨量充沛,极宜茶叶生长,故自唐代以来,已成为浙东著名的产茶地之一,在当时的知名度仅次于越州,与婺州齐名。宋代,随着寺院和士大夫阶层中饮茶风气的兴起,茶叶需求量不断增大,种植范围进一步扩大。如舒亶《游承天寺望广德湖》诗中的"华山逋客来何迟,隐隐茶林隔烟水"之句,便描写了广德湖边茶树成林的景色;而另一首《题天童》诗中的"晓润芝篆挑秀茁,午香茶灶煮苍芽"⑤,则说明鄞县天童一带也出产茶叶,太白山茶开始崛起。据户部左曹在绍兴三十二年(1162年)的统计,明州慈溪、定海、象山、昌国、奉化、鄞六县的茶叶产量为510435斤,绍兴385060斤,台州19258斤,温州56511斤,衢州9500斤,婺州63174斤,处州19082斤⑥,明州的产茶量雄居浙东路榜首。余姚县也是著名的产茶地之一,其化安山瀑布泉岭蒸造的仙茗在

---

① (宋)《宝庆四明志》卷四《叙产》,《宋元方志丛刊》本,中华书局1990年版。
② (明)杨明《天童寺集·附录》,《四库存目丛书》本。
③ (宋)孙觌《鸿庆居士集》卷三七《宋故左朝议大夫直显谟阁致仕汪公墓志铭》,《四库全书》文渊阁本。
④ (宋)《开庆四明续志》卷四《广惠院》,《宋元方志丛刊》本,中华书局1990年版。
⑤ (宋)《乾道四明图经》卷八,《宋元方志丛刊》本,中华书局1990年版。
⑥ (清)徐松《宋会要辑稿》食货二九之二,中华书局1987年影印本。

唐代已十分有名,宋代则称之化安瀑布茶。① 据《嘉泰会稽志》卷五《课利·茶》载,余姚县官府额定的年批发茶为14600斤,住卖茶300斤。这一产量在绍兴府也仅次于会稽县。宁海的丘陵、山区也广植茶树,如县东北的盖苍山因产茶而又名之茶山。治平年间(1064—1067年),茶山宝严院僧宗辩曾携所产茶叶到开封,献于蔡襄。蔡襄品后,大为赞叹,认为其品质在会稽名茶日铸茶之上。② 明州出产的雨前茶更因其品质上乘而为商人大量收购,"雨前茶更好,半属贾船收"③。作为经济作物,明州的茶叶被商人贩运到全国各地,并远销至日本和朝鲜半岛。

　　棉花俗称吉贝,是重要的纺织原料,它在浙东的种植大约在南宋中叶以后。宝祐年间(1253—1258年),胡三省在《资治通鉴》载梁武帝"身衣布衣,木棉皂帐"条下注曰:"木棉,江南多有之,以春二三月之晦下子种之。"④并详细介绍了其生长过程,以及当地人用竹弓弹棉、用车纺织的工具和程序。元世祖至元二十六年(1289年)四月,"置浙东、江东、江西、湖广、福建木棉提举司,责民岁输木棉十万匹,以都提举司总之"⑤。又《元典章》记载,元贞二年(1296年)江浙行省上书中书省,指出南宋灭亡前夕,江南地区的夏税已交纳木棉、布、绢、丝、绵等,秋税交纳粮食,请求"如今江浙行省所管江东、浙西这两处城子里,依着亡宋例纳"⑥,为中书省批准。从这些相关史料记载及元初浙东已出产大量棉花的情况来看,地处浙东的庆元地区也应该在南宋后期开始种植,故今人所编《慈溪农业志》第三篇《棉花》与《鄞县志》第五编

---

① (宋)施宿等《嘉泰会稽志》卷一七《日铸茶》,《宋元方志丛刊》本,中华书局1990年版。
② (宋)陈耆卿等《嘉定赤城志》卷二九《寺观门三·寺院》,《宋元方志丛刊》本,中华书局1990年版。
③ (宋)《乾道四明图经》卷八《和马粹老四明杂诗聊记里俗耳十首》(其十),《宋元方志丛刊》本,中华书局1990年版。
④ (宋)司马光《资治通鉴》卷一五九武帝大同十一年,中华书局1987年版。
⑤ (明)宋濂等《元史》卷一五《世祖本纪十二》,中华书局1995年版。
⑥ (元)不著撰人《大元圣政国朝典章》卷二四,诵芬室丛刊初编本。

《种植业》中,均把两县棉花的种植定在南宋时期。木棉的引入和种植,为元代庆元棉织业的兴起奠定了基础。

席草又名灯心草、蔺草,是明州著名的特产,以此加工编织而成的草席,闻名遐迩。南宋初,席草在鄞县西乡已广为种植,民间编织盛行,史载"人业以织,著名四方,曰'明席'"①。宋代"明席"不仅销于国内市场,而且出口海外。据日籍《吾妻镜》载,文治元年(1185年)十月,在源范赖献给后白河法皇的物品清单中,除唐锦、唐绫等外,其中列有唐席50张。所谓的唐席,即多为经明州港输入日本的明州草席。

明州地处亚热带,气候温和湿润,适宜多种果蔬生长。两宋时期,随着人口的增长,人们对水果、蔬菜的需求量不断增加,从而促进了明州果蔬种植业的发展。当时,明州较为著名的果类有杨梅、香榧、甘蔗等。宋代,绍兴萧然山杨梅名闻天下,但奉化金峨山南所产的杨梅并不亚于绍兴,当地民户或以姓氏谱其种,如邵家乌、金家乌、许家乌、韩家晚等;或以其形状名之,如大荔枝、小荔枝等。其中以韩家晚品种为最佳。鄞县小溪、东湖一带也出产杨梅,与奉化杨梅呈紫黑色不同,小溪杨梅呈红色;东湖杨梅"酪密脚"呈白色。明州的翠山、香山、雪窦山则出产香榧,实细而味甘,其中以雪窦山所产最为著名。② 明州也是甘蔗的重要产地,宋人洪迈曾说:"甘蔗所在皆植,独福唐、四明、番禺、广汉、遂宁有糖冰。"③百姓不仅充作果品食用,而且把它加工制作成糖霜。明州的荸荠也很有名,《宝庆四明志》卷四《叙产》在"凫茨"条注:"一名荸荠,最大者与闽中地栗形质相似,而甘脆差减,俗谓之土地栗。"说明原产于印度的莎草科作物荸荠,已开始在明州平原地区普遍种植。

除以上经济作物外,明州人民还因地制宜,种植燕笋、柿、栗、山

---

① (宋)《宝庆四明志》卷四《叙产·草之品》,《宋元方志丛刊》本,中华书局1990年版。
② (宋)《宝庆四明志》卷四《叙产·果之品》。参见(清)全祖望撰、朱铸禹汇校集注《鲒埼亭集内编》卷三《金峨山晚杨梅赋》,《全祖望集汇校集注》(上),上海古籍出版社2000年版。
③ (宋)洪迈《容斋随笔·五笔》卷六《糖霜谱》,上海古籍出版社1995年版。

芥、薯药等山地作物及菱、芡、荷、莼等多种湖荡水产经济作物。

经济作物的广泛种植,表明明州的农业经济由单一的粮食种植走向了多种经营的道路,这对促进农业经济商品化和手工业生产的发展,增强区域经济活力意义重大。

五、捕捞业与养殖业的兴起

明州东南滨海,境内河湖密布,江海相通,加之气候条件和水质又非常适宜于鱼类的生长繁衍,故渔业资源十分丰富。据《宝庆四明志》卷四《水族之品》载,其海鱼类有海鲈鱼、石首鱼、春鱼、比目鱼、带鱼、鳗鱼、华脐鱼、鲟鳇鱼、鲨、短鱼、魟鱼、乌贼、章巨、白鱼、梅鱼、火鱼、肋鱼、箭鱼、银鱼、马鲛鱼、鲻鱼、鲞鱼、箬鱼、黄滑鱼、泥鱼等;贝类有螺、蛤、蛎房、蚶子、蛏子、淡菜等;甲壳类则有蟳蛘、螃蟹、虾等,种类近60种;另外,在湖泊及海淡水潮汐交汇的奉化江则有鲵鱼(一名河豚)、吐哺鱼、湖虾等。入宋后,渔户、"业海人"等专业捕鱼者的称呼已大量见诸史载,渔业开始从农业经济中分离出来,在整个经济中所占的比例逐渐加大。

就淡水渔业而言,由于明州河湖众多,发展渔业的条件优越。如北宋时期的广德湖,"菰蒲凫鱼,四时不绝,凡村落城市之民无田以耕、无钱以商者,莫不仰食于此"①。较之淡水捕捞,明州的海洋捕捞业则更为发达。由于沿海地区土地贫狭,于是靠海吃海,从事海洋捕捞成为居民重要谋生手段之一。如奉化县,"濒海小民业网罟舟楫之利,出没波涛间"②。不仅奉化,定海、昌国、鄞县、象山等县的情况大体也是如此。宋代明州捕捞业的最大变化是,随着民间造船技术的进步,海洋捕捞水域进一步扩大,开始从浅海滩涂、沿海江汊地带向周边海域延伸。同时,渔民们在长期的生产作业中积累了丰富的经验,掌握了

---

① (宋)《乾道四明图经》卷一〇引舒亶《水利记》,《宋元方志丛刊》本,中华书局1990年版。
② (宋)《宝庆四明志》卷一四《奉化县志卷第一·叙县》,《宋元方志丛刊》本,中华书局1990年版。

鱼汛和各种鱼类的活动情况。如他们掌握了石首鱼(即大黄鱼)"顺时而往还"的规律和出没地点,每年三、四月间,便成群结队地往洋山海面捕捞石首鱼,"以潮汛竞往采之,曰'洋山鱼',舟人连七郡出洋取之者多至百万艘"。又如春鱼(小黄鱼)的捕捞季节在三月,故每年的这个时候,"业海人竞往取之,名曰'捉春'"。其捕捞规模,"不减洋山之盛",声势也十分壮观。

海洋捕捞业的发展,使海产品产量大增,渔民们除将部分鲜货直接投放周边市场外,大部分则通过特殊加工予以贮存,从而使海产加工业随之兴起。当时,鱼类食品的加工主要采用腌制、干制,或腌制后再曝干,成为腌腊食品。如石首鱼,"盐之可经年,谓之郎君鲞";鲨鱼"夏初曝干,可以致远"。短鱼、魟鱼、鲟鳇鱼等也多制作成鲞或鲊。[①]此外,也有将海产品加工成酱类食品的,如昌国县岱山制作的鲨酱,以风味独特而出名,"鲞酱独珍,他所虽有之,味皆不及此"[②]。

宋代,随着浙东人口的增加,对水产品的需求量也随之上升,而据《宝庆四明志》卷四《叙产》载:"若夫水族之富,濒海皆然,而亦有荒有熟。"这就促成了水产养殖业的兴起。明州近海居民至迟在宋代已开始从事滩涂养殖业,如他们掌握了海蛤"每一潮生一晕"的生长周期,并"苗栽泥中,伺其长"[③]。江珧是肉用价值很高的珍贵海产品,以明州沿海所产品质最好。南宋时明州百姓掌握了养殖江珧的技术,如陆游就说道:"明州江瑶柱有二种,大者江瑶,小者沙瑶。然沙瑶可种,逾年则成江瑶矣。"[④]周必大在嘉泰三年(1203年)作诗云:"东海沙田种蛤珧,南烹苦酒濯琼瑶。"并注曰:"四明江珧自种而大。"[⑤]这为以后海贝类的大量养殖奠定了基础。

---

① (宋)《宝庆四明志》卷四《叙产·水族之品》,《宋元方志丛刊》本,中华书局1990年版。
② (宋)《宝庆四明志》卷二〇《昌国县志·叙产》。
③ (宋)《宝庆四明志》卷四《叙产·水族之品》。
④ (宋)陆游《老学庵笔记》卷一,《四库全书》文渊阁本。
⑤ (宋)周必大《文忠公集》卷四三《周恩卿江西美刘棠仲各赋江珧诗牵强奉答用一字格》,《四库全书》文渊阁本。

第二节 手工业

在中国封建社会,农业是手工业赖以发展的基础。两宋时期,明州农业经济的发展,为手工业的进一步发展奠定了扎实的基础;而人口的持续增长,消费总量的不断扩大和海外贸易的繁荣,在为手工业各部门提供了充足劳动力的同时,也刺激了手工业生产规模的扩大、内部分工的细化和生产技术的进一步提高,从而使明州的手工业在唐、五代的基础上有了进一步的发展。这一时期,明州手工业的发展,首先表现为手工业门类的日趋齐全,如造船业、丝织业、酿酒业、煮盐业、制瓷业、刻书业等多种行业并存;其次,不少手工业生产部门在经营规模和制作工艺水平在唐五代基础上都有了扩大和提高,在两浙地区甚至在全国享有盛名。

一、造船业

造船业是明州最发达的手工产业。明州东南滨海,境内湖泊河流纵横交错,故舟楫不仅是居民对外联系的主要交通工具,而且也是重要的生活资料,故造船业历来比较发达。两宋时期,随着海外贸易和内地运输业的发展,明州的官私造船业突飞猛进。早在仁宗皇祐年间(1049—1054年),北宋政府在明州设立官营造船场,并配置专职的造船官或监官以及供于工役的厢军——船场指挥营。当时造船场设在甬东厢,约城外1里处;监官厅设在桃花渡。大观二年(1108年),温州造船场并入明州,明州买木场并入温州,各置官2员,分别管理造船和买木事务。政和元年(1111年),明州又设造船场与买木场,各置官2员。次年,因明州"无木植,并就温州打造,将明州船场兵级、买木监官前去温州勾当"。政和七年,知州楼异为应办高丽贡使船只,复请移船场于明州,但不久又归温州。宣和(1119—1125年)以后,又移官镇江府、秀州通惠镇,但造船场仍在明州。南宋建立后,复置造船监官于明州。① 经考古调查和发掘材料证实,造船场在今姚江南岸的江心寺到江东庙一带,监官厅在今江右街南昌巷。另外,在定海招宝山下和灵桥门旁的市舶务也设有船厂。②

官营造船场主要打造漕运船、使船和海防船。北宋天禧年间(1017—1021年),全国打造漕运船的有处州、吉州、明州、婺州、温州、台州、楚州、潭州、鼎州、凤翔斜谷、嘉州11处,岁造漕船2916艘,其中明州定额为177艘。③ 此后,明州的打造数量不断增加,到元祐五年(1090年),在江西、湖南等地漕船打造额大幅下降的情况下,明州与温州额定的造船数分别达到600艘,④造船数已跃居国内前列,成为宋朝漕运船只的打造中心。正因如此,当徽宗打算恢复京师货物场时,有人就提议借用明州等地船只来运输货物。⑤

使船主要供政府使团出访时使用。宋代官方出使人员乘坐的大型船只,即万斛船,多在明州打造。如神宗元丰元年(1078年),安焘、陈睦奉诏出使高丽,所乘凌虚致远安济、灵飞顺济两艘"神舟"即打造于明州。两神舟"自定海绝洋而东,既至,国人欢呼出迎"⑥,轰动高丽。徽宗宣和五年(1123年),路允迪、傅墨卿等出使高丽,所乘鼎新利涉怀远康济、循流安逸通济两艘"神舟"也造于明州,据随使人员徐兢描述,这两艘神舟:"巍如山岳,浮动波上,锦帆鹢首,屈服蛟螭",其船体之庞大,装饰之豪华,"超冠今古",故到达高丽都城之日,"倾国耸观,而欢呼嘉叹"⑦,同样在当地居民中引起了轰动。据研究,这类龙

---

① (宋)《宝庆四明志》卷三《叙郡下·造船官》,《宋元方志丛刊》本,中华书局1990年版。
② 林士民《三江变迁——宁波城市发展史话》,第97页,宁波出版社2002年版。
③ (清)徐松《宋会要辑稿》食货四六之一,中华书局1987年影印本。
④ (清)徐松《宋会要辑稿》职官五〇之四。
⑤ (元)脱脱等《宋史》卷一八六《食货志·商税》,中华书局1985年版。
⑥ (元)脱脱等《宋史》卷四八七《高丽传》。
⑦ (宋)徐兢《宣和奉使高丽图经》卷三四《神舟》,《丛书集成初编》本。

舟的载重量可达2万石,折合1100吨左右。① 而与之伴行的"客舟",体积和载量也不少,"略如神舟,具体而微,其长十余丈,深三丈,阔二丈五尺,可载二千斛粟",故其航行海上,"不畏深,惟惧浅搁"。②

　　海防船主要在沿海巡防、作战时使用。南宋建立后,出于控扼海道的需要,海防任务突出,沿海地区开始打造海防船,且数量有所增加。建炎元年(1127年),南宋政府下诏沿海巡检依民间鲀渔船式样打造战船,其船面宽1丈2尺、长5丈,船头方小,船尾阔,船底狭尖如刀刃,可载兵士50人。据绍兴二十八年(1158年)福建路安抚转运司一份报告中所说,"鲀渔船乃是明州上下浅海去处,风涛低小,可以乘使"③,可见该战船船体较小,适宜于近海使用。1979年4月,宁波市古代海运码头遗址出土了一艘头狭、底尖、尾方、三桅的宋代海船,经过论证,古船的总长为15.50米,排水量53吨。有学者在研究后认为:"根据古船的形状和结构来看,它很可能就是史籍中所记载的明州地区鲀渔船的前身"④。乾道五年(1169年),定海水军统制官冯湛结合湖船与海船的优点,设计出新型的多桨战船,其船体长8丈3尺、面阔2丈,有桨42支,可载兵士200人。这种江海两用战船,操作简便,性能远远超过鲀渔船,"江海淮河,无往不可",于是朝廷令明州依样打造50艘,作为御敌之用。⑤

　　由于海运业的发展,明州民间造船业也相当发达。民间造船业主要以制造海船和商船为主,这类船只大小不等,"大者五千料,可载五六百人;中等二千料至一千料,亦可载二三百人;余者谓之'钻风',大小八橹或六橹,每船可载百余人"⑥。建炎三年十一月,高宗从越州逃

---

① 王曾瑜《谈宋代的造船业》,《文物》1975年第10期。
② (宋)徐兢《宣和奉使高丽图经》卷三四《客舟》,《丛书集成初编》本。
③ (清)徐松《宋会要辑稿》食货五〇之八、一八,中华书局1987年影印本。
④ 徐英范《浙江古代航海木帆船的研究》,中国海外交通史研究会、宁波市文物管理委员会编《宁波港海外交通史论文选集》,第219页,1983年铅印本。
⑤ (清)徐松《宋会要辑稿》食货五〇之二二、二三。
⑥ (宋)吴自牧《梦粱录》卷一二《江海船舰》,浙江人民出版社1984年版。

到明州，准备出海避敌。提领海船张公裕在短短的 10 天内，就筹到渔舟千艘。① 这些筹集到的船只，当以明州及附近地区的民间海船为主。自嘉熙（1237—1240 年）以后，南宋朝廷开始直接征调明州、温州、台州三地民船用于防守定海并分成淮东、京口，岁以为常。宝祐五年（1257 年），明州知府兼沿海制置大使吴潜改立义船法，庆元府六县登记在籍民船共 7916 只，其中一丈以上 1728 只，一丈以下 6188 只。时属台州府的宁海入籍民船 2809 只，其中一丈以上 288 只，一丈以下 2521 只。② 这些民船成为南宋后期海防力量的重要组成部分。此外，伴随使船出访的客舟，部分也是从民间雇募而来。这些都充分反映出明州民间造船业的雄厚实力。

  两宋时期，明州不仅能打造大型的航海船只，而且船体的结构、性能、装备均已十分先进。以最具代表性的客舟为例，其船体"上平如衡，下侧如刃"，呈"V"形，从而提高抗波性，便于舟船破浪而行；运用隔舱法，以防船体因一处破漏而危及整船，提高抗沉能力；采用多桅多帆，以便灵活借用风力；安装指南针，以辨别航向，"若晦冥，则用指南浮针，以揆南北"③。这些设施，大大提高了船只的航海能力。值得一提的是，1979 年，宁波古代海运码头出土的宋代海船已应用了现代海洋船舶普遍装设的舭龙骨。舭龙骨安装在船体舭部，由半圆木构成，最大宽度 90 毫米，贴近船壳板处的厚度为 140 毫米，残长达 7.10 米，用两排间隔 400—500 毫米的参钉固定在第 7 和第 8 列壳板的边接缝上。这一装置大大减缓了船只航行时的左右摇摆，从而增强了船体的稳定性。前苏联学者勃拉歌维新斯基曾在《船舶摇摆》中说道："开始使用舭龙骨是在 19 世纪的头 25 年，即在帆船时代。"④而宁波出土的海船说明，北宋时期，我国已实际应用了这项技术，这比国外大约要早

---

① （宋）李心传《建炎以来系年要录》卷三〇建炎三年十二月己卯条，上海古籍出版社 1992 版。
② （宋）《开庆四明续志》卷六《三郡隘船》，《宋元方志丛刊》本，中华书局 1990 年版。
③ （宋）徐兢《宣和奉使高丽图经》卷三四《海道一》，《丛书集成初编》本。
④ （苏）勃拉歌维新斯基著、魏东升译《船舶摇摆》，第 422 页，高等教育出版社 1959 年版。

700年。① 明州船只所具备的良好性能,充分证明其造船技术在当时已处于国内外领先地位。

二、酿酒业

明州酿酒业在历史上向来较为发达。入宋以后,随着明州地区农业经济的发展,酿酒的规模和水平都有了进一步的提高。宋初对酿酒业实行禁榷制度,对酒的生产、收购、运输和销售实行垄断经营,各地的酒务和榷场既是酿酒作坊,又是卖酒店铺,兼作税收机构。太宗淳化(990—994年)以后,鉴于官营作坊经营不善,官府获利不多而民间又怨声不绝,于是朝廷在一些地区开始允许募民自酤,推行买扑制。买扑,又名扑买,是私人向官府承包经营酒坊、河渡、商税场之类的一种方式。买扑酒坊,即私人以一定数额的产业作抵押,承包酒坊经营权,同时向官府缴纳课利。神宗熙宁五年(1072年)以后,买扑制进一步在全国推行,形成了官府自酿和民户买扑两种经营方式并存的局面。南宋乾道(1165—1173年)以后,朝廷允许所有酒坊均可采用买扑,官营作坊逐步退出酿造和销售领域,酿酒业的商品经济性质进一步增长。② 宋代酒业政策的变化,无疑促进了明州酿酒业的发展。

与全国各地一样,在宋初,官府对明州地区的酿酒业也实行禁榷制度。如天禧五年(1021年),在郡城美禄坊建都酒务,置监官6名,全面管理明州酿酒生产。在经营方式上,则采取官府自酿和民户买扑承包两种形式,即"官既自酤,亦许民般酤"。同时在销售上,允许民间百姓出钱购买一定区域的经营权,"募民能分其利,即官给要契,许酤于二十里外而岁输其直"。此后,又相继建奉化、慈溪、定海、小溪4酒务。到熙宁十年,五务税课与买扑钱收入已达108633贯。

南宋建立后,又于郡城设比较务、赡军务,分管酒课。绍兴年间

---

① 席龙飞《中国造船史》,第172—176页,湖北教育出版社2004年版。
② 参见张其凡《宋代史》,第351页,澳亚周刊出版有限公司2004年版。

(1131—1162年),比较务、赡军务归并都酒务,合称三酒务,又称内省务;慈溪、奉化、小溪、定海四务为外省务。此外,还有隶属籴买场经营的林村、下庄、象山三酒务。宝庆年间(1225—1227年),

宋都酒务出土的酒瓶(选自林士民《三江变迁》,宁波出版社2002年版)

仅十酒务的息钱就达114098贯。乾道二年(1166年),知州张津又在郡城外设香泉库,下辖西门、江东、盐仓门、东渡门、鄞江门、南门、新门、北门8个子库,最多时岁入达72000贯。至宝庆年间,人户抱认净息钱为69000贯,所收息钱全部用于添助官兵俸料。绍熙(1190—1194年)以后,在香泉子库江东库的基础上又建江东慈福库。端平三年(1236年),在郡府东门建醋酒东库。① 宝祐间(1253—1258年),知府吴潜又新建醋酒西库、江东赡军库、鲒埼库、宝溪子库等。②

在明州,经营酿酒业务的买扑坊场(店)遍布于乡野村落。据《宝庆四明志》各分县志中的《叙赋》统计,宝庆三年(1227年),庆元六县乡村买扑酒坊达121处,其中鄞县阳堂、翔凤、手界、丰乐、鄞塘五乡有29处,奉化25处,慈溪31处,定海16处,昌国15处,象山5处,各县人户买扑坊场钱达31571贯965文。而在熙宁十年(1077年),明州的买扑钱收入为25479贯。③ 坊场买扑收入的增加,从一个侧面反映了南宋明州酿酒业的繁荣。

---

① (宋)《宝庆四明志》卷五《叙赋上·酒》,《宋元方志丛刊》本,中华书局1990年版。
② (宋)《开庆四明续志》卷四《兴复省并酒库》,《宋元方志丛刊》本,中华书局1990年版。
③ (宋)《宝庆四明志》卷五《叙赋上·酒》。

明州制作的酒多用糯米或粳米做原料,用麦子造曲。在长期的酿酒实践过程中,明州的酿制水平也有了很大提高,生产出了双鱼、十洲春、玉醅、金波等多种名酒。双鱼酒又名双印酒,因酒味清冽而为民间所喜好,如舒亶的记里俗诗中就有"酒罂双印贵"①之句。清人全祖望在《湖语》中则说道:"(月湖)北有酿泉,其甘如蜜,当时酒务,于此焉设。曲车沉沉,双鱼最冽,贡之天子,御尊所列。"②显然,双鱼酒属上贡品。又宋人周密《武林旧事》卷八《诸色名酒》把十洲春、玉醅列入名酒之列。朱弁《曲洧纪闻》卷七在说到名酒时,也提到了明州的金波。故在全祖望的历代四明贡物诗中,又有"玉醅香,金波嫩"之句,并把十洲春、玉醅、金波酒列为宋代贡物。③

三、制盐业

明州地处沿海,独特的地理位置,使制盐业较早成为该地区的主要手工产业之一。唐、五代时期,余姚盐场、鄞县大嵩盐场、昌国富都盐场等已是著名的盐场。宋代,随着人口的增长,食盐的需求量大大增加,加之统治者对盐课的重视,明州的制盐业得到了进一步的发展。

两宋时期,明州除奉化县外,各县都有大小不等的盐场。昌国县有正监(有甬东子场)、东江(有晓峰子场)、岱山、高南亭、芦花等盐场;象山有玉泉、玉女溪盐场;定海有清泉、龙头、穿山、长山盐场;慈溪有鸣鹤盐场;鄞县有大嵩盐场。元符年间(1098—1100年),因慈溪鸣鹤盐场经营不善,盐课亏损,拨归越州管理。④ 至宝庆年间(1225—1227年),明州共有12个盐场。各盐场均有为数不一的岁课额,向朝

---

① (宋)《乾道四明图经》卷八《和马粹老四明杂诗聊记里俗耳十首》(其四),《宋元方志丛刊》本,中华书局1990年版。
② (清)全祖望撰、朱铸禹汇校集注《鲒埼亭集内编》卷四《湖语》,《全祖望集汇校集注》(上),上海古籍出版社2000年版。
③ (清)全祖望撰、朱铸禹汇校集注《句余土音》卷上《十洲春》,《全祖望集汇校集注》(下)。
④ (元)脱脱等《宋史》卷一八二《食货志下·四》,中华书局1985年版。

廷交纳海盐,如开禧(1205—1207年)以前设立的昌国、岱山、东江、玉泉、大嵩、清泉6个盐场的额盐达46920袋;开禧以来创建的龙头、穿山、高南亭、玉女溪、长山、芦花6个盐场额盐为16237袋,共计63157袋。按当时每袋300斤标准换算,南宋中期庆元府的盐额近19万斤。当时属台州府的宁海长亭盐场,开禧以后归庆元府管理,其额盐也达5000袋。①

宋代明州盐的生产,大多炼以海水,部分刮碱淋卤,不但产盐量高,而且质量上乘。元丰年间(1078—1085年),两浙提点刑狱、专门负责两浙盐事的卢秉给两浙盐场各定了分数:"钱塘县杨村场,……与越州钱清场等,水势稍淡,以六分为额。杨村下接仁和之汤村为七分;盐官场为八分;并海而东为越州余姚县石堰场、明州慈溪县鸣鹤场,皆九分;至岱山、昌国,又东南为温州双穗、南天富、北天富场为十分。"而其分数所据,则是"约得盐多寡而为之节"。这是因为,不同地方海水的含盐度是不同的。另外,盐的质量也会因海水的清浊程度不同而受到影响,"盐官、汤村用铁盘,故盐色青白;杨村及钱清织竹为盘,涂以石灰,故色少黄;石堰以东近海水咸,故虽用竹盘,而盐色尤白"②。可见,明州绝大部分盐场,特别是余姚石堰至昌国沿海一带的诸场,盐的质量是非常好的。正因如此,明州盐深受青睐。如北宋时期,昌国东、西两监的年销盐量达201000石,居当时浙东诸盐场销盐量首位,在两浙,仅略低于浙西的秀州场。③

由于食盐是百姓日常生活中的必需品,为攫取最大利益,使"天下盐利皆归县官"④,两宋朝廷对盐的生产和管理同样实行禁榷制度,垄断经营。在经营管理上,官府往往提供煎盘、草荡、盐本钱等部分生产

---

① (宋)《宝庆四明志》卷六《叙赋下·盐课》,《宋元方志丛刊》本,中华书局1990年版。
② (元)脱脱等《宋史》卷一八二《食货志下·三》,中华书局1985年版。参见(宋)施宿等《嘉泰会稽志》卷一七《盐》,《宋元方志丛刊》本,中华书局1990年版。
③ (元)脱脱等《宋史》卷一八二《食货志下·四》。
④ (元)脱脱等《宋史》卷一八一《食货志下·四》。

资料和资金,让盐场内的亭户从事生产,而所产盐,无论是"正盐"还是"浮盐",均由官府按不同的价格统一收购,严禁亭户私自出售。这就是所谓的"灶户鬻盐,与官为市"①。为催办盐额,禁绝私贩,各盐场都设有管理机构,置场官管理。场官初称支盐场官,政和四年(1114年),又"置仓,置支盐官二员,其盐场并改作买纳盐场,添差监官并押袋官"。此后历经变易,至绍兴二十八年(1158年),朝廷下诏:"浙东路复置州仓,诸场官或一员,或二员,率视剧易为增损。"②自此后,明州诸场官的设置大体遵此。如宝庆年间(1225—1227年),庆元府即置有支盐仓,设文武官员各一员,所有盐场或置官一员,或二员,视事务繁简而定。在食盐的运销上,明州也长期实行"官般官卖法",从运输到销售均由官府垄断经营。崇宁三年(1104年),朝廷始行钞法,"罢两浙、淮南官般官卖,盐听客人、铺户任便兴贩"③,明州开始推行盐钞法。商人只要向榷货务交纳钞引钱,并向主管司交纳裹名钱,即可领取钞引,凭钞引到盐仓支取食盐,然后到限定的区域内进行销售。这与茶法的演进有着相似之处。

四、纺织业

明州的纺织业在唐、五代基础上也有了明显的发展。唐代明州即以上贡吴绫、交梭绫出名。④ 宋代,随着桑、麻种植面积的扩大,丝织业、麻织业逐渐成为人们的主要副业。据张和《双登堂记》载,北宋初,宁海妇女施氏,在丈夫去世后,誓不改嫁,从事纺织以养家糊口,"宁甘纺织,织纴为生,鞠育其子"⑤。宋末大儒王应麟在其《四明七观》中也

---

① (元)脱脱等《宋史》卷一八二《食货志下·三》,中华书局1985年版。
② (宋)《宝庆四明志》卷三《叙郡下·盐官》,《宋元方志丛刊》本,中华书局1990年版。
③ (宋)《宝庆四明志》卷六《叙赋下·盐课》。
④ (宋)欧阳修等《新唐书》卷四一《地理志五》,中华书局1975年版。
⑤ (明)崇祯《宁海县志》卷一〇《艺文》,崇祯五年刊本。

说道："其下桑土,蚕缂茧纯,红女织枲,交梭吴绫。"①将种植蚕桑与从事丝织视为四明地区的一大社会风俗,表明在民间经济生活中,从事纺织活动已成为普遍现象。

同时,明州的纺织业,在技术上也有了很大提高,如奉化出产的绔,"密而轻,如蝉翼,独异他地"。象山的苎麻织布"女儿布",更是以细密精巧而出名。② 体现在赋税征派上,乾道五年(1169年),明州夏税中的正税加上和买额,分别为绢49624匹、䌷14044匹、绵110000两;到宝庆年间(1225—1227年)为绢57866匹、䌷16877匹、绵137943两,比乾道五年分别增加了8242匹、2833匹和27943两。除常赋外,据《宝庆四明志》载,明州还得岁贡绢14057匹、䌷2724匹、绵18053两、绫(大花绫)10匹。③ 纺织品列入朝廷常赋课目与征派额度的增大,从一个侧面反映了明州丝织业发展水平的提高。

五、制瓷业

明州制瓷业在唐、五代时期已进入繁盛期,入宋以后,以余姚为中心的越窑青瓷承其余绪,在制作技术和生产规模上都有一定的提高和发展。考古调查表明,越窑青瓷在北宋的生产地主要集中在慈溪、余姚和鄞县3县。慈溪越窑由上林湖、白洋湖、里杜湖、古银锭湖4个窑区组成,在已发现的171处窑址中,其中为五代至南宋时期的为16处,可认定为宋代窑址的约44处。余姚县的生产地主要分布在姚江沿岸的丘陵地区,有窑基山、窑头山、橡头山等窑址19处,其中年代为五代至宋的为3处,两宋16处。鄞县生产地主要分布在东钱湖四周,有屋后山、窑岙山、郭家峙、窑头山等窑址18处,其中五代至北宋时期

---

① (元)马泽修、袁桷纂《延祐四明志》卷一《沿革考·土风考》,《宋元方志丛刊》本,中华书局1990年版。
② (宋)《宝庆四明志》卷四《叙产·布帛之品》,《宋元方志丛刊》本,中华书局1990年版。
③ (宋)《宝庆四明志》卷六《叙赋下·朝廷窠名》。

的有11处,北宋窑址5处。除此之外,奉化有五代北宋窑址6处,宋代窑址3处。象山有宋代窑址1处。宁海有宋代窑址3处。① 这样,明州在两宋时期的瓷窑近130处,其生产规模大大扩大。

北宋前期是越窑青瓷的繁荣期,这一时期生产的瓷器,在胎、釉、装饰、烧制等方面的技术水平均有了进一步的提高,器物胎质细腻,釉层薄而透明,造型丰富多样,并普遍采用垫圈支烧。宋初,上林湖一带继续生产贡品青瓷,如开宝二年(969年)八月,钱弘俶"贡秘色窑器于宋"②。开宝六年二月,

越窑茶盏和盏托

两浙节度使钱惟濬"金棱秘色瓷器五十事"③。北宋中叶以后,越窑青瓷的生产技术已出现裹足不前的迹象,产品质量较以前有所下降,但商品瓷的生产规模依然可观。

北宋晚期至南宋初年,越窑的产品存在三种类型,即传统越窑青瓷、非传统越窑青瓷和乳浊釉青瓷。传统越窑青瓷中虽然还有一定数量的精品,但明火叠烧产品已占多数。而非传统越窑青瓷和乳浊釉青瓷的增烧,由于引入了北方青工瓷的部分工艺技术,其产品类型、装饰手法和题材有所丰富,技术水平有所提高。④ 但总的来看,随着北宋后期龙泉青瓷的迅速崛起和南宋中期临安官窑的设立,越窑青瓷已明显趋于衰落。

宋代明州的制瓷业的生产性质主要有官窑、民窑两种。光绪《余姚县志》卷六载:"秘色瓷,初出上林湖,唐、宋时置官监窑。"所谓"置

---

① 徐定宝《越窑青瓷文化史》,第114页,人民出版社2001年版。
② (清)吴任臣《十国春秋》卷八二《吴越六·忠懿王世家下》,中华书局1983年版。
③ (清)徐松《宋会要辑稿》蕃夷七之四,中华书局1987年影印本。
④ 徐定宝《越窑青瓷文化史》,第247—249页。

官监窑",即朝廷委派官员,管理瓷窑事务,主要任务是保证贡窑和官府用瓷的生产数量和质量。民窑则主要生产碗、罐、壶、盘等日常生活用瓷。

六、造纸与刻印业

两宋时期,特别是宋室南迁后,随着政治、经济和文化教育事业的发展,社会上对纸的需求与日俱增,从而使四明地区的造纸业迅速崛起。据《宝庆四明志》,奉化、鄞县、象山三县生产的盐钞纸,属"朝廷窠名"之一,太府寺交引库每年要收买 79300 幅。① 余姚一带用嫩竹制作的"竹纸",则以光滑、宜笔锋、不褪墨等特点而名闻天下。竹纸中的上品,如"姚黄"、"学士"、"邵公"等,尤为书画家所贵,米芾、薛道祖等多有诗文称颂。而当地不少百姓也因制作竹纸而"赖以致饶"。② 此外,宁海县出产的"黄公"纸也有一定的知名度。③

明州造纸业的发展,为刻印业的兴盛奠定了基础,而四明文化教育事业的发展、社会经济的繁荣则又起了推波助澜的作用。当时官刻书以府学为中心,遍及各县县学。如宝庆年间(1225—1227 年),庆元府学即置有《四明尊尧集》、《了斋先生亲笔》、《通鉴要览》等 28 种书版,④刻印规模之大可以想象。另据《日本藏宋人文集善本钩沉》、《日本见藏中国丛书目初编》等,绍兴年间(1131—1162 年),明州还曾刊印《六臣注文选》、《徐文公文集》等书籍,其中《六臣注文选》系绍兴二十八年(1158 年)修本,《徐文公文集》为绍兴十九年(1149 年)刊本,

---

① (宋)《宝庆四明志》卷六《叙赋下·朝廷窠名》,《宋元方志丛刊》本,中华书局1990年版。
② (宋)施宿等《嘉泰会稽志》卷一七《纸》,《宋元方志丛刊》本,中华书局1990年版。
③ (宋)陈耆卿等《嘉定赤城志》卷三六《风土门·货之属》,《宋元方志丛刊》本,中华书局1990年版。
④ (宋)《宝庆四明志》卷二《叙郡中·学校》。

两书均署"明州公库刊印"。① 南宋明州的私家刻印也有一定规模,如绍兴年间(1131—1162年)奉化王庆曾、王伯序父子就刻了不少书籍,今存其所刻《大藏经》8册,每册均印有"明州奉化县忠义乡瑞云山参政大师王公祠堂大藏经,永充四众看"字样。②

值得一提的是,除上述手工业生产部门外,明州各地还分布着各类规模不等的手工作坊。这些作坊既有官营的,也有民营的,为官府和居民生产武器、工具和各类生活用品。

在明州城内,规模最大的作坊是坐落在月湖西圣功寺东专门制造军器的"作院"。作院内有大炉作、小炉作、穿联作、磨铤作、摩擦结裹作、头魁作、熟皮作、头魁衣子作、弓弩作、箭作、漆作、木弩椿作、木枪作等13个作坊,分工细密。生产者除军匠外,还有按籍差雇的民匠。③

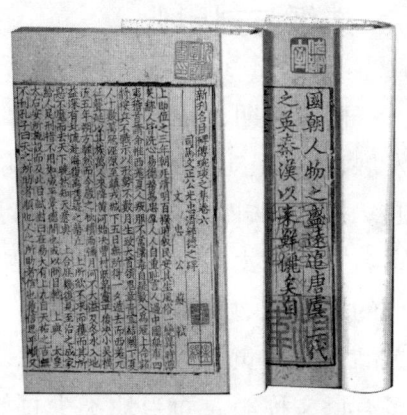

宋刻本《名臣碑传琬琰集》(天一阁博物馆藏)

随着酿酒业的发展,明州的制醋业也有所发展。当时州城美禄坊酒务之东有西醋库,灵桥门外有东醋库,专门负责醋的生产和管理。另外,《宝庆四明志》卷五载,奉化、定海、象山三县岁纳醋息钱1020贯文于公使库,说明这三县也有规模不等的制醋作坊。

明州也是两浙地区主要的产铁中心之一。鄞县西南通远乡灌顶山产铁,嘉定年间(1208—1224年)豪民唐执中曾"冒佃鼓铸"。④ 宁海

---

① 贺宇红《宁波与中日海上书籍之路》,李英魁主编《宁波与海上丝绸之路》,第315—316页,科学出版社2006年版。
② 沈津《美国所藏宋元刻佛经经眼录》,《文献》1989年第1期。
③ (宋)《开庆四明续志》卷六《作院》,《宋元方志丛刊》本,中华书局1990年版。
④ (宋)《宝庆四明志》卷一二《鄞县志卷第一·叙山》。

境内则有梅岙铁场、一都铁场、六都铁场、紫溪铁场等。① 此外,通过贸易,福州、漳州、泉州等地的生铁也经海商贩运入境,②从而使明州铁器加工业有了较大发展。当时,州城内的铸冶巷一带,便是冶铁作坊的集中地。

此外,明州城内蜃池之西、盐仓门之东有造袋局,专门负责生产各种织袋。城内的车油巷、石板巷、棺材巷等巷名,则指示着这里集中着相关的专业手工作坊。③

第三节　商业

农业、手工业的发展是商品经济繁荣的基础,众多的农副产品和手工业产品投入流通领域,必然给商品经济带来新的繁荣。两宋时期,随着农业、手工业产品商品化,明州地区的商业进一步发展,突出表现为市镇的迅速兴起、城区商贸的繁荣和跨区域贸易的进一步拓展等几个方面。

一、市镇的兴起

市,又称草市,原指乡村和城郊地区自为聚落、私相贸易的一种较为固定的集市,其交换活动集中于约定俗成的定期集日,是小生产者之间调剂余缺的交易场所。到宋代,由于一些集市所在地人口聚集,人们开始开肆设店,于是逐渐发展成为日日开市的商业性居民点;镇,中唐以前多指军镇,为军事设防处,后因人口渐聚,商业发展,性质逐渐发生变化。到北宋中期,"民聚不成县而有税课者,则为镇,或以官

---

① (宋)陈耆卿等《嘉定赤城志》卷七《公廨门四》,《宋元方志丛刊》本,中华书局1990年版。
② (宋)梁克家《淳熙三山志》卷四一《土俗类·物产》,《宋元方志丛刊》本,中华书局1990年版。
③ (宋)《开庆四明续志》卷七《楼店务地》,《宋元方志丛刊》本,中华书局1990年版。

监之"①,镇完全成为居民商业的聚集地。因市、镇性质趋于相同,故后人通称之为"市镇"。

两宋时期,随着明州农产品的商品化和手工业的发展,城乡之间、城镇之间的商品交换日趋频繁,作为商品交换的中心,市镇迅速崛兴。据《宝庆四明志》分县志《叙赋》载,当时鄞县有小溪镇、横溪市、林村市、甬东市、下庄市、东吴市、小白市、韩岭市、下水市,共1镇8市;奉化有公塘镇、鲒埼镇、泉口市、白杜市、南渡市、袁村市,共2镇4市;慈溪曾有丈亭镇、门溪(一作文溪)市、大隐市、黄墓市、蓝溪市、车厩市、渔溪市,共1镇6市,后丈亭镇废,实存6市;定海有澥浦镇、城西市、江南市、石湫市,共1镇3市;象山曾有象山镇、弦歌市,因象山镇当时已废,实存1市;昌国有岱山镇。这样,到宝庆年间(1225—1227年),庆元府共有5镇22市,镇、市比例为1∶4.4。这些市镇或分布在海岸线上,如澥浦镇、城西市、江南市、鲒埼镇等,或分布于包围宁波平原的山地和平原的交界处,如鄞县的下庄、小白市、韩岭市、下水市、小溪镇,奉化的公塘镇、泉口市、白杜市,慈溪的门溪市、大隐市、黄墓市、蓝溪市、车厩市、渔溪市,定海的石湫市等,②各自凭借独特的地理位置优势,成为城乡之间交换农副产品、水产品和手工业产品的集散中心。

市镇的形成往往以周边较好的经济环境为条件,因而各有千秋。如岱山镇以盐业的发达为存在基础;下庄市、小溪市设有为城中酒务提供糯米、麦曲的籴卖场,是地方集市与明州城之间的物资中转市镇;黄墓市、车厩市、渔溪市等则因地处交通要冲而成为州际间商品的转运性市镇。但转运性市镇多分布在水陆交通线上,其兴衰取决于商品的流通量,一旦交通线路发生变化,就会受到很大影响,如丈亭镇的衰落,直至最后被废即是例子。奉化的鲒埼镇则是依托海洋渔业经济而兴起的商业市镇。在庆元市镇的形成过程中,鲒埼镇具有典型意义。

---

① (宋)高承《事物纪原》卷一《州郡方域部》,《丛书集成初编》本。
② (日)斯波义信著,方健、何忠礼译《宋代江南经济史研究》,第493页,江苏人民出版社2001年版。

鲒埼地处县南60里,倚山濒海,因"居民环镇者数千家,无田可耕",人们不得不另谋生路,"居廛者则懋迁有无,株守店肆;习海者则冲冒波涛,蝇营网罟"。由于经营捕捞业,加工海产品,很快成为远近闻名的海产品交易市场,"并海数百里之人,凡有负贩者皆趋焉"①。对此,《宝庆四明志》载:"奉化县管下地名鲒埼、袁村,皆濒大海,商舶往来,聚而成市,十余年来,日益繁盛,邑人比之临安,谓小江下。"鲒埼的迅速崛起,也引起了统治集团的高度重视,嘉定七年(1214年)十二月,在郡守程覃等人的建议下,朝廷以"防海道"、"镇犷俗"为由,下诏在鲒埼置镇、寨,令从事郎吴邦献改差监鲒埼镇兼烟火公事,成忠郎程奕世改差鲒埼镇巡检,正式置官管理。② 可见,鲒埼镇完全是一个基于商品交换而迅速发展起来的商业市镇,在庆元乃至整个江南市镇发展史上极具代表性。

市镇的兴起和繁荣是社会分工和商品经济发展的产物,是地区商业经济发展的结果。作为乡村市场,市镇既是周边农副产品向外运销的起点,又是外地贩入的乡村居民日用消费品的销售终点,承担着本地与外地经济联系的纽带作用,这对推动地方商品经济的发展具有重要意义。南宋中后期庆元27个市镇的出现,表明该地区的基层商业网络已初步形成,从而为商品经济的进一步发展开辟了更为宽阔的道路。

二、州城商贸的繁荣

两宋时期,随着四明地区农业、手工业和对外贸易的发展,作为府州中心城市的明州,其市场的空间布局发生了重大变化,商业经济迅速崛起,并呈现出了前所未有的繁荣景象。

州城商贸的繁荣首先基于自身手工业与各类加工产业的发达。

---

① (宋)吴潜《许国公奏议》卷三《奏禁私置团场以培植本根消弭盗贼》,《丛书集成初编》本。
② (宋)《宝庆四明志》卷一四《奉化县志卷第一·官僚》,《宋元方志丛刊》本,中华书局1990年版。

宋代明州城的手工业和各类加工产业主要有官营和民营两大类。官营手工业主要有造船业、军器制造业、织造业、酿造业、制药业等,虽然官营手工业主要为官府服务,如生产的漕船、兵器并不投放市场,不属于商品,但酿造业中的酒、醋类及药局生产的各类药品等,除极少数上贡外,基本上投入市场。民营手工业多以坊、店的方式经营,虽然在资金投入与生产规模上大多不及官营手工业工场,但其产品完全面向市场,为社会上不同阶层的群体生产各种日常生活用品和消费品。从《开庆四明续志》卷七《楼店务地》所提到的竹行、花行、鲞团、车油巷、石板巷、棺材巷、铸冶巷、车桥、盐蛤桥等名称来看,当时城内有各类竹木器、铁器、石材、榨油、海产品、车具等加工作坊。城市手工业的发展,为其商业的繁荣奠定了基础。

其次,城市周边制作原料、农副产品与各类手工产品源源不断输入城内,促进了城区商贸的繁荣。城内加工坊场的生产原料,如酿酒生产所需糯米,竹木器加工所需竹料、木材等,无疑依赖于周围地区的供给,而城区居民生活所需要的水产品、水果蔬菜等,同样也依赖于周边地区的输入。如嘉定六年(1213年),程覃在上奏中说道:"窃见庆元府乃濒海之地,田业既少,往往以兴贩鲜鱼为生,城市小民以挑卖生果度日,理宜优恤。已出榜市曹关津晓示,除淹盐鱼虾等及外处所贩柑橘、橄榄之属收税外,所有鲜鱼、蚶、蛤、虾等及本府所产生果,悉免本府在城收税。"宝庆二年(1226年),知府胡榘重申:百姓携鲜鱼、蚶、蛤、虾及本地所产生果、萝卜、芋子等入城交易,悉免征税钱。① 这些官府告示,既从一个侧面反映了城区贸易的情况,同时也反映出官府为推动交易,除了外地产品仍需课税外,对本地所产水产品与农副产品已逐步实行免税政策。当然,上述提到的仅是城市居民的部分必需消费品,各地输入的商品远远不止这些。周边乡镇农副产品和手工业品的大量输入,不仅使郡城的物资供给得到保障,而且推动了城区商业

---

① (宋)《宝庆四明志》卷五《叙赋上·商税》,《宋元方志丛刊》本,中华书局1990年版。

经济的繁荣。

再者,明州港对外贸易的兴盛,对州城商贸的繁荣同样起到了有力的推动作用。自北宋中叶以后,随着明州港上升为中部沿海地区对外贸易的主要贸易港口,大量中外物品在城内进行贸易:一方面,来自日本、高丽及南海诸国的商品经市舶抽解后,在城内各个市场出售;另一方面,来自沿海与内地的各类商品在这里进行交易,然后经商人转销海外。正是这种双向贸易,使得"有司资回税之利,居民有贸易之饶"①,官府和百姓从中各享其利。不仅如此,连明州地方政府税收额的高低,也得视贸易情况而定,"庆元司征尤视海舶之至否,税额不可豫定"②,足见海外贸易对明州商业的影响之大。因此,明州港对外贸易的发展,是郡城商贸繁荣的一个重要原因。

上述种种因素的结合,使宋代明州城市商业经济迅速兴起,并很快成为浙东地区的一大商业中心。两宋时期,明州城市商业经济的繁荣,具体表现为市场的分布由城市中心向城郊延伸,"行"、"团"等行业组织的大量出现,各种与商业活动有关的服务性行业兴起,交引铺的出现与商税额的增加等方面。

就郡城市场分布而言,随着人口的增多和商品交换的发展,交易场所从固定的商业区"市"渗透到居民区"坊",并逐渐扩展到城外,市场因贸易的发展而重新组合、布局。到南宋中期,城区中心的大市、城东北的后市以及南宋中期后纳入甬东厢的甬东市,是最大的货物交易市场,市内所附设的"市廊",即是货物的交易之处。而处于东、西、南、北城郭与乡村交界的"草市",则是仅次于大市、后市的城乡货物交易场所。据舒亶《和马粹老四明杂诗聊记里俗耳十首》(其十)所述"草市朝朝合"③,这类草市也是每天开张,热闹非凡。这样,中心市与周边

---

① (宋)《宝庆四明志》卷六《叙赋下·市舶》,《宋元方志丛刊》本,中华书局1990年版。
② (宋)《宝庆四明志》卷五《商税》。
③ (宋)《乾道四明图经》卷八《和马粹老四明杂诗聊记里俗耳十首》(其五),《宋元方志丛刊》本,中华书局1990年版。

草市构成了州城的市场网络。这表明，随着城市商业活动的扩散，附郭草市已被纳入城市市场系统之中，城市与城郊逐渐连为一体。与日趋频繁的商业活动相适应，"行"、"团"等商人同业组织也纷纷出现，如竹行、花行、米行、鲞团、西止团、后团以及由城内波斯商人组成的"波斯团"等。对于"行"、"团"等组织在宋代的出现，宋人吴自牧说："市肆谓之'团行'者，盖因官府回买而立此名，不以物之大小，皆置为团行，虽医卜工役，亦有差使，则于当行同也。"①可见团、行是商户为应付"官府回买"而建立的同业组织，它在应付政府科配的同时，又起着维护市场秩序、加强同业者之间的联系等功能。团、行负责有关商品的货源组织、价格标准的制订，并以此供应给分散在城市内外的大大小小的零售店铺。这样，遍布城市各个角落的各类店铺与流动于街头巷尾的各类货摊，又构成了密集的商品零售网络。市场、店铺与各类货摊的大量出现及其商业网点的密集化，反映了明州城市商业贸易正趋于成熟。

随着城市商业的发展，与商业活动有关的各类服务性行业，如旅店业、餐饮业等也随之兴起。《开庆四明续志》卷七《楼店务地》提到，当时城内从事旅店业的有郑允客店、吴可献客店、边家客店等；从事餐饮业的有宋端仁食店，并出现了饭行这一行业组织。同时，与临安、湖州等商业比较繁华的城市一样，明州城内也出现了"瓦子"之类的商业性娱乐场所，娱乐业开始产生。此外，城内的月湖，经过多次整修，已成为旅游观光的胜地，吸引着大量游人前来游赏，"湖山之胜，岂惟当与邦人共之，虽远方之好游者亦使至焉"②，旅游业也开始兴起。上述新兴行业在当时虽说仅仅是辅助性产业，但它们的兴起，在一定程度上改变了城市的经济结构，且对支撑城市商业活动、推动城市商贸的进一步繁荣，其作用是不容低估的。

伴随着商品交换活动的日益频繁，南宋时期，明州地区专门经营

---

① （宋）吴自牧《梦粱录》卷一三《团行》，浙江人民出版社1984年版。
② （宋）《宝庆四明志》卷三《叙郡下·公宇》，《宋元方志丛刊》本，中华书局1990年版。

茶、盐等交引买卖和担保业务的交引铺也开始出现。所谓交引，即商人在缴纳金银、钱帛、粮草后，按值到指定场所领取现钱或运销某些商货的凭证。由于商人在领取现金，或换易交引于产区领取茶、盐等物时，朝廷为防止冒名支请，规定须有人户作担保；同时茶、盐商有时因急需现金，难免要变卖交引。交引铺便是经营这种担保和换易交引业务，从中获取担保酬金，或从交引转手专卖中牟取利润的中介机构。据《宝庆四明志》卷五《叙赋上》记载，当时城内、城郊设有西门、南门、沈店、宋招桥、望春桥、江东6个交引铺，每年向朝廷缴纳的税额为10912贯5文，其中江东引铺2642贯210文，南门引铺2636贯667文。交引铺的出现，是城市商业经济繁荣的一大表现，同时又对商业活动起了积极的推动作用。

明州府城商贸的繁荣，最为直接的体现是在商税额上。据《宋会要辑稿》"商税杂录"条载，熙宁十年（1077年），明州商税总数为27837贯，其中州城税额为20220贯，约占总税额72.6%。[①] 到南宋中期，都税院额为35662贯，加上交引铺税额，府城的商税额达到46574贯。而同时期，奉化、慈溪、定海、小溪、石碶、宝幢、澥浦七税场总税额为40530贯。[②] 州城税额仍占总税额的53.5%。这一比例，充分说明了州城在地区商业经济中的中心地位。

三、跨区域贸易的进一步拓展

明州地处两浙沿海中部，自古以来与沿海地区就有十分便利的海上贸易通道，其内陆水路航运，则可通过浙东河直抵临安，并通过大运河与长江中下游的内陆市场相连接，甚至可以深入到更远地区，因此，尽管其僻处海滨，却是沿海中部地区沟通海陆、连接南北的交通要冲。两宋时期，特别是入南宋后，随着明州人口的增长、商品专业化水平的

---

① （清）徐松《宋会要辑稿》食货一六之八，中华书局1987年影印本。
② （宋）《宝庆四明志》卷五《叙赋上》，《宋元方志丛刊》本，中华书局1990年版。

提高和周边交通设施条件的改善,以跨区域为特点的远距离贸易进一步发展。

明州城作为地区性商业中心和最大的消费市场,充分发挥着流通枢纽和物流调节的功能。一方面,它在吸纳、消费外地产品的同时,并将部分输入品逐级向周边县镇、草市等市场分销;另一方面,它又集聚本地商品,将本地商品销往外地市场。就输入商品而言,粮食无疑是大宗物品。由于明州人口的增加和酿酒业的发展,使粮米需求量有增无减,然据《宝庆四明志》卷四《叙产》载:"一岁之入,非不足赡一邦之民也,而大家多闭籴,小民率仰米浙西。浙西歉,则上下皇皇,劝分之令不行,州郡至取米于广以救荒。"可见百姓日常粮食消费仍相当紧张,平常年份尚需从浙西调粮。而一旦浙西歉收,只能从遥远的两广地区输入。如朱熹在任职浙东路时,曾在明州"雇备人船出海,往潮、广丰熟州军收籴米斛"①;同时,"印榜遣人散于浙西、福建、广东沿海去处,招邀客贩"②,通过招徕米商以增加供应量。由于长途贩粮有利可图,加之两广地区地广人稀,粮价低贱,于是,"二广之米,舻舳相接于四明之境"③。两浙商人的足迹甚至远涉海南岛,琼州"自泉、福、两浙、湖广来者,一色载金银匹帛,所直或及万余贯"④。

由于明州港又是当时粮米的中转地,也有一些北方商人前来贩籴。如建炎四年(1130年)七月,京东路密州、海州"米麦贵踊",商人纷纷前来贩籴,南宋朝廷因担心当地"积粟之家利其高价,皆倾廪以鬻之",从而造成新的粮荒,更担心运粮于北,"耗吾国计以资寇粮",于是下诏规定:"明、越州禁山东游手之来贩籴者。"⑤同时又规定明、越等州"有海船民户及尝作水手之人,权行籍,定五家为保,毋得发船往

---

① (宋)朱熹《晦庵先生朱文公文集》卷一七《奏明州乞给降官会及本司乞再给官会度牒状》,《四部丛刊初编》本。
② (宋)朱熹《晦庵先生朱文公文集》卷二一《乞禁止遏籴状》。
③ (宋)朱熹《晦庵先生朱文公文集》卷二六《上宰相书》。
④ (宋)李焘《续资治通鉴长编》卷三一〇元丰三年十二月庚申条,上海古籍出版社1986年版。
⑤ (宋)李心传《建炎以来系年要录》卷三五建炎四年秋七月己未条,上海古籍出版社1992年版。

京东,犯者并行军法",禁止当地商贩通过海船将粮米贩入京东地区。①这类记载虽不多,但通过朝廷下令以禁止,则表明这一贩运活动仍有一定的规模。

除商品粮外,从福建、广南通过海路返运而来的还有生铁、木材、香料等,这些商品部分经明州港流通至其他地区,部分则在明州当地销售。如《淳熙三山志》卷四十一《物产》载,福建宁德、永福等县的生铁,早在北宋初,商贾就"通贩于浙间"。庆历三年(1043年),因福建严行禁法,不准私人贩运生铁下海,两浙转运司遂上奏:"当路州军自来不产铁,并漳、泉、福等州转海兴贩,逐年商税课利不少,及官中抽纳折税收买,打造军器。乞下福建运司晓示,许有物力客人兴贩。"最终福建路只得重新规定,允许商人贩铁于两浙路。这条记载既反映了两浙地区铁器生产原料的对外依赖性之重,而"逐年商税课利不少",又反映出这种贩运情况在当时已相当频繁。《至正四明续志》卷五所载"生铁出闽、广,船贩常至,冶而器用"②,说的便是从福建、广南贩运来的生铁在明州冶炼加工成各种日用品的情况。

此外,随着人们对水果需求量的增大,周边地区的水果产品也不断输入明州。范成大任明州知州时,曾作《新荔枝四绝》云:"鄞船荔子如新摘,行脚何须更雪峰?"又云:"趱泊飞来不作难,红尘一骑笑长安。"自注:"四明海舟自福唐来,顺风三数日至,得荔子,色香都未减,大胜戎涪间所产。"③可见,荔枝是来自福建的外地水果。嘉定六年(1213年),知府程覃又出榜市曹关津,规定外地贩入柑橘、橄榄之属均要收税。④当时温州、浙西诸郡盛产柑橘,因此,输入明州的柑橘,可能就来自这些地区。明州不出产橄榄,但橄榄在明州却有较大市场,

---

① (宋)李心传《建炎以来系年要录》卷三六建炎四年八月壬申条,上海古籍出版社1992年版。
② (元)王元恭修,王厚孙、徐亮纂《至正四明续志》卷五《土产·器用》,《宋元方志丛刊》本,中华书局1990年版。
③ (宋)范成大《石湖诗集》卷二一,《四库全书》文渊阁本。
④ (宋)《宝庆四明志》卷五《叙赋上·商税》,《宋元方志丛刊》本,中华书局1990年版。

如《宝庆四明志》就载有沿海渔民常用橄榄"以解鱼毒"。①

在远距离贸易中,明州输出的商品则有各类水产加工品和手工业品。明州地处沿海,海产资源丰富,各类海产品除了供应当地市场外,更多地经过鲞、腊、鳔、糟等工艺加工处理后销往外地。《梦粱录》载,"明、越、温、台海鲜鱼蟹鲞腊等货,亦上浐通于江、浙"②。当时,杭州城南浑水闸有鲞团"招客旅,鲞鱼聚集于此",专门收购鲞货,然后批发给城内外上百家的鲞铺进行销售。其中鲞类中的郎君鲞、短(鱼)鲞等不少贩自明州。③ 明州的海产加工品不仅销往以杭州为中心的江浙市场,一些商人为了牟取暴利,甚至将明州所产的鳔胶经巴蜀贩运至荆襄地区。④

明州多山区,鄞县、慈溪、奉化县盛产毛竹,品种有龙髯竹、紫竹、斑竹、四季竹等。这类竹子经特殊加工后,制作成焙笼后销往外地。⑤ 另外,明州的特产品,如越窑、明席、草鞋、奉化绉、女儿布、金波酒、双鱼酒、铁器、铜器等,也超越本地域而被运销到各地。⑥

以跨区域为特点的远距离贸易是封建时代商品流通的最高形式,其产生基于区域内商品经济的发展,是区域内商品生产专业化的产物,同时与自然条件造成的地域分工密切相关。虽然,两宋时期明州的绝大部分商品还是在当地市场网络内流通,作为远距离流通的商品,基于自然条件的差异,大多属于地方土特产品,真正与专业分工为基础的商品生产在整个经济中所占的比重还不是很高,但与唐、五代时期相比,跨区域贸易的范围已大大扩大,以专业分工为基础的商品

---

① (宋)《宝庆四明志》卷四《叙产·水族之品》,《宋元方志丛刊》本,中华书局1990年版。
② (宋)吴自牧《梦粱录》卷一二《江海船舰》,浙江人民出版社1984年版。
③ (宋)吴自牧《梦粱录》卷一六《鲞铺》。
④ (宋)廖行之《省斋集》卷五《论军须禁物商贩透漏乞责场务照验税物申明法禁札子》,《四库全书》文渊阁本。
⑤ (元)王元恭修,王厚孙、徐亮纂《至正四明续志》卷五《土产》,《宋元方志丛刊》本,中华书局1990年版。
⑥ (日)斯波义信著,方健、何忠礼译《宋代江南经济史研究》,第495页,江苏人民出版社2001年版。

生产发展趋势已经充分显示,这为以后商品经济的进一步发展奠定了坚实的基础。

第三章

宋代宁波的海外贸易

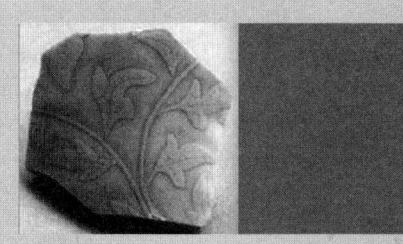

- 明州的市舶管理机构
- 明州与高丽的贸易
- 明州与日本的贸易
- 明州与东南亚及其他地区的贸易

两宋时期，伴随着明州地区经济的进一步发展、造船和航海技术的进步以及政府对海外贸易的日趋重视，明州（庆元）港的对外贸易进入了一个新的繁荣期，"海外杂国，时候风潮，贾舶交至"，"万里之舶，五方之贾，南金大贝，委积市肆，不可数知"，港口贸易盛况空前。这一时期，明州不仅与东亚高丽、日本的贸易空前繁荣，而且由于南海航线的拓展，与东南亚、波斯湾沿岸的贸易也大大加强。明州港逐渐取代了杭州在两浙路诸港口对外贸易中的鳌头地位，并一跃成为与广州、泉州齐名的东南三大贸易港。

第一节 明州的市舶管理机构

五代时期，吴越国鉴于"江淮不通"，积极从事与中原地区的海道贸易，设立了类似市舶机构的"博易务"，以管理民间交易活动。[①] 吴越"纳土"后，北宋朝廷一度迁两浙市舶司于明州，后又于明州独立设市舶司。明州市舶司（务）的建立和管理体制的趋于成熟，客观上有利于推动明州地区对外贸易的发展。

---

① （宋）欧阳修《新五代史》卷三〇《汉臣传第十八》，中华书局1995年版。

一、市舶机构的建制沿革

宋太祖开宝四年(971年)六月,北宋朝廷在平定南汉割据政权后,在广州设立市舶司,由潘美、尹崇珂兼市舶转运使,这是宋代设置的第一个市舶机构。约在太宗太平兴国三年(978年)至端拱二年(989年)间,宋廷始设两浙市舶司于杭州,全面管理两浙路的对外贸易事务。淳化三年(992年)四月,两浙市舶司移驻明州定海县,旋迁至明州城内。次年,因主持市舶司工作的监察御史张肃"上言非便",又移司回杭州。真宗咸平年间(998—1003年),北宋朝廷又令"杭、明州各置司,听蕃客从便,若舶至明州定海县,监官封船,荅堵送州"①。然在咸平二年(999年)九月,两浙转运副使王渭在奉命考察杭、明州市舶司后,上奏:"奉敕相度杭、明州市舶司,乞只就杭州一处抽解。"但朝廷还是下诏:"杭、[明]州各置市舶司,仍取蕃官稳便。"②王渭的建议并没有被采纳。由此可知,随着明州港的崛起,宋廷在经过反复权衡利弊后,在咸平元年至二年(998—999年)间,最终决定在两浙市舶司辖下,杭州、明州各置司,实行相对独立的管理模式。自此开始,明州正式有了自己的市舶机构。

明州市舶司自建立到北宋灭亡,中间有过两次短暂废罢。《文献通考》卷二十《市籴一》载,仁宗时"诏杭、明、广三州置市舶司,海舶至者,视其所载,十算其一而市其三"。这表明,仁宗以前曾一度废罢杭州、明州、广州三处市舶司。据《宋会要辑稿》职官四四之四,真宗天禧四年(1020年)六月,右谏议大夫李应机曾上书议及广州市舶官员的铨选问题,而朝廷下诏:"其市舶依所请施行。"可见,广州市舶司在这一年仍正常运作。到仁宗天圣四年(1026年),又见有"明州言市舶司牒"之云云。因此,如果《文献通考》所记不误,那么,第一次废罢时间

---

① (清)徐松《宋会要辑稿》职官四四之一,中华书局1987年影印本。
② (清)徐松《宋会要辑稿》职官四四之三。

当在真宗天禧五年(1121年)至仁宗天圣三年(1125年)之间。又徽宗崇宁元年(1102年)七月,朝廷下诏:"杭州、明州市舶司依旧复置,所有监官、专库手分等依逐处旧额。"①在此之前,似又曾废罢。按:早在熙宁九年(1076年),给事中、集贤殿修撰程师孟就提议"罢杭州、明州市舶司,只就广州市舶一处抽解",时中书门下令程师孟赴三司"同共详议利害以闻",着手准备罢司事宜。但当时朝廷"恐逐州有未尽未便事件,令更取索,重详定施行"②,对是否废罢明州市舶司一事犹豫不决。到哲宗元祐年间(1086—1094年),旧党执政,刘挚、苏轼等官员皆竭力反对王安石新政时期所推行的"联丽制辽"外交政策,主张中断与高丽的外交往来。这股排斥高丽的浪潮,至元祐五年(1090年)达到高峰,朝廷对商人往高丽贸易的限制也日趋严格,由此可能直接导致了杭州、明州市舶司的第二次废罢。到徽宗继位,出于对付辽国的需要,又调整外交政策,主动修好与高丽的关系,故又下诏恢复杭州、明州市舶司,重新开展双边贸易。

南宋建炎初,金兵南下攻掠,"所过燔灭一空"③,两浙不少市舶场务因此而遭到破坏。绍兴二年(1132年)三月,宋廷下诏:"两浙市舶移就秀州华亭县置司。"④将两浙市舶司从杭州迁到未受战乱破坏的秀州华亭县。与此同时,杭州、明州两市舶司也降格为市舶务,与原秀州、温州、江阴市舶务并为五务,归两浙市舶司统辖。孝宗乾道二年(1166年),因有大臣反映两浙市舶司置官冗蠹、官吏扰民,朝廷下令:"罢两浙路提举市舶司,所有逐处抽解职事委知、通、知县、监官同行检视而总其数,令转运司提督。"⑤即五务独立经营,抽解由所在地方官员负责,两浙转运司督察市舶事宜。这实际上是将提举市舶权划归于转

---

① (清)徐松《宋会要辑稿》职官四四之八,中华书局1987年影印本。参见(元)脱脱等《宋史》卷一八六《食货下八·互市舶法》,中华书局1985年版。
② (清)徐松《宋会要辑稿》职官四四之六。
③ (宋)孙觌《鸿庆居士集》卷三四《朱公墓志铭》,《四库全书》文渊阁本。
④ (清)徐松《宋会要辑稿》职官四四之一四。
⑤ (清)徐松《宋会要辑稿》职官四四之二八。

运司。光宗、宁宗时期,杭州、江阴、温州、秀州四务曾相继废罢,"光宗嗣服之初,禁贾舶至澉浦,则杭务废。宁宗皇帝更化之后,禁贾舶泊江阴及温、秀州,则三郡之务又废",于是,"凡中国之贾高丽与日本,诸蕃之至中国者,惟庆元得受而遣焉"①,明州(庆元)市舶务一度成为两浙地区唯一从事对外贸易的管理机构。理宗朝以后,两浙路其他港口诸务废置不常,而明州市舶机构则始终存在,直至德祐元年(1275年)五月,在元军大兵压境的情况下,恭帝下诏:"罢市舶分司,令通判任舶事。"②庆元市舶务废罢。

关于明州市舶司(务)的方位与布局,《宝庆四明志》卷三《制府两司仓场库务并局院坊园等》载,市舶司(务)在子城东南,左倚罗城,由库、务两部分组成。嘉定十三年(1220年)市舶司毁于火,通判王梴重建。宝庆三年(1227年),郡守胡榘又捐楮券3288余缗,委托通判蔡范主持翻新,"重其厅事,高其闬闳"。经此次修建,市舶司已具相当规模:其内厅扁曰"清白堂",后堂存其旧名曰"双清堂"。市舶务厅的东西前后有四个市舶库,胪分二十八眼,以"寸地尺天皆入贡,奇祥异瑞争来送,不知何国致白环,复道诸山得银瓮"为号。两夹道东、西各有门,东门与来安门通。出来安门为城外通衢,通衢南北各设小门。隔衢面对来安

《宝庆四明志》关于市舶务的记载

---

① (宋)《宝庆四明志》卷六《叙赋下·市舶》,《宋元方志丛刊》本,中华书局1990年版。
② (元)脱脱等《宋史》卷四七《瀛国公纪》,中华书局1985年版。

门,又立大门,濒江的来远亭(宝庆二年更名来安亭),为检核贾舶货物之处。市舶务的前门则近灵桥门。根据发掘证实,明州市舶务大致范围为:东至东渡路,西至车桥街,北至咸通街,南近现工人俱乐部,占地面积为1.2万平方米左右。①

二、市舶司的管理机制及其职能

关于市舶司的运作情况,《宝庆四明志》卷六"市舶"条载:"初以知州为使,通判为判官,既而知州领使如劝农之制,通判兼监而罢判官之名。元丰三年(1080年),令转运兼提举。大观元年(1107年),专置提举官。三年,罢之,领以常平司,而通判主管焉。政和三年(1113年),再置提举。建炎元年(1127年),再罢,复归之于转运司。二年,复置。乾道三年(1167年),乃竟罢之,而委知、通、知县、监官同行检视,转运司提督。"由此可知,明州市舶司与各地市舶机构一样,初设时由知州兼领市舶使,通判为市舶判官,即由地方长官兼领市舶事务。不久,知州领使如劝农之制,通判兼监市舶司。到元丰时期(1078—1085年),随着市舶收入的增加,开始由两浙路转运使兼提举官,从而结束了"州郡兼领"的管理体制。崇宁初年,两浙、福建、广南三路各专置市舶提举官。此后,又一度废罢市舶提举官。至大观元年复置。在经过多次反复后,到南宋中期,最终确立了两浙转运司提督、知州兼使的管理机制。

市舶司作为对外贸易管理的机构,其职责是"掌蕃货、海舶、征榷之事,以来远人,通远物"②。具体地说,即负责接待贡使、招徕蕃商;登记管理进出境(港)从事贸易的船舶及搭载人员;负责舶货的抽解、博买及抽博货物的送纳与出售、舶货贩易的管理;执行海禁和缉防走私贸易等具体事务。由于明州港地处沿海中部,这一特殊的地理位置,

---

① 宁波市文物考古研究所《浙江宁波市舶司遗址发掘简报》,《浙东文化》2000年第1期。
② (元)脱脱等《宋史》一六七《职官志七》,中华书局1985年版。

使其成为进出口贸易的一大集散地,"南则闽、广,东则倭人,北则高句丽,商舶往来,物货丰衍"①。同时,由于受当时政治格局的影响,明州市舶司除了管理与高丽、日本及东南亚诸国海外贸易事务外,还扮演着航海外交这一特殊角色。

简言之,明州市舶机构的建立,是中唐以后两浙地区经济持续发展、海外贸易不断拓展的必然结果,而两宋朝廷对海外贸易的重视与鼓励,客观上也有助于明州海外贸易的发展。但需要指出的是,由于封建王朝对经济的干预和复杂的内外部政治局势,一定程度上也影响和制约着明州海外贸易的进一步发展。

第二节 明州与高丽的贸易

两宋时期,宋与高丽的贸易交往主要有两种形式:一是建立在朝贡基础上的以交换物品为特点的"贡"、"赐"贸易;一是基于两国商人之间往来的民间贸易。自北宋中叶明州被宋廷指定为与高丽交往的港口,明州港不仅成为宋与高丽官方经济往来的唯一通道,而且成为民间贸易往来的主要中转站。

一、明州在宋丽官方贸易中的作用

官方贸易,或称国家贸易,它是随国家间外交关系的建立而形成的一种经济交往方式。宋太祖建隆三年(962年)十二月,高丽国王王昭遣使者李兴祐入宋进贡。次年春,宋政府亦派使者前往高丽,册封王昭为高丽国王,两国外交关系正式建立。由于高丽接受宋廷册封,行宋年号,承认宋的宗主国地位,故双方的官方贸易活动又在传统的

---

① (宋)《乾道四明图经》卷一《总叙·分野》,《宋元方志丛刊》本,中华书局1990年版。

"贡"、"赐"名义下进行。这种含有政治、外交性质,以交换礼物形式而进行的官方贸易关系,又可直接称之为贡赐贸易。

北宋建立后,东北有契丹建立的辽,这样,宋丽之间的陆路交通完全被切断,两国只能依靠海路进行交往。关于海路,《宣和奉使高丽图经》卷三《封境》载:"若海道,则河北、京东、淮南、两浙、广南、福建皆可往。"但受季风影响,高丽来宋,大致走南、北两条航线:北航线,从朝鲜半岛西海岸的礼成江出航,抵达山东半岛北岸的登州或莱州;南航线,从朝鲜半岛西海岸出发,抵达长江下游地区的扬州或明州。这两

《开庆四明志》关于高丽礼宾省与明州关系之记载

条航线,各有迂航线和直航线之分:北路迂航线沿朝鲜半岛西海岸北上,经过辽东半岛东南沿海的长山列岛和登州北部的庙岛等岛屿;直航线则横渡瓮津半岛西海面抵达山东半岛北岸。南路迂航线从瓮津半岛西南海面横渡至山东半岛南岸,再沿海由北向南,抵达扬州;直航线则沿着朝鲜半岛西海岸南下,经黑山岛附近海域,朝西南方向横渡至明州。

南路航线虽在北宋建立前已为商人们所利用,但在宋初,官方往来的通道仍是北航线。高丽使者来宋,多在登州或莱州登陆,再改陆路往开封。这是因为,北航线远比南航线要便捷得多,如风潮顺向,整个海上航程仅需3天。到神宗熙宁七年(1074年),这一状况了发生了变化。史载:"往时高丽人往反皆自登州,七年,遣其臣金良鉴来言,

欲远契丹,乞改途由明州诣阙。"①高丽提出改道南路赴宋的要求,同样也符合宋方的意愿。自太宗两次北伐失利后,宋对辽已完全采取守势;而随着辽控制高丽后,更增添了宋廷对北路航线的担忧。如仁宗朝时,大臣富弼上奏云:"臣又尝闻契丹议曰:'我与元昊、高丽连衡攻中原,元昊取关西,高丽取登、莱、沂、密诸州。'又曰:'高丽隔海,恐不能久据此数州,但纵兵大掠山东官私财物而去,我则取河东三十六州军,以河为界。'臣闻此久矣,万一果如此说,臣谓朝廷亦无以制之。"②对此,仁宗皇帝亦忧心忡忡。他说:"新罗、高丽诸国,往年入贡,其舟船皆自登州海岸往还。如闻女真、三韩已为契丹所并,倘出不意,则京东诸郡何以应敌?"③这样,当高丽提出改道明州的要求时,宋方欣然接受。从此,北路航线趋于衰落,明州成为宋丽官方贸易的主要进出港。

宋神宗时期,北宋与高丽出于牵制辽国的共同需要,双方使者频繁往来,官方贸易也随之进入了黄金时期。但神宗去世后,宋廷内部保守派得势,因顾忌契丹,"待高丽礼数,亦杀于前"④,对高丽的态度有所改变。哲宗亲政,特别是徽宗登位后,出于对付辽国的需要,宋廷又主动修好于高丽,两国关系再度升温,"政和以来,人使岁至"⑤。入南宋后,高宗先欲联合高丽抵御金人,后又想借道高丽求和于金,但均遭高丽方面的婉言拒绝。此后,南宋因担心金人利用高丽由海道入侵,加强了对高丽的防范,双方关系基本处于若即若离的状态。绍兴和议签订后,南宋对金称臣,至此,南宋与高丽都成了金的附属国,两国外交几乎断绝。孝宗初,南宋政府与高丽虽有过几次接触,如隆兴

---

① (元)脱脱等《宋史》卷四八七《高丽传》,中华书局1985年版。按:关于高丽使者金良鉴、卢旦使宋时间,郑麟趾《高丽史·世家》卷九载是文宗二十七年(1073年)八月丁亥;李焘《续资治通鉴长编》卷二四九载:熙宁七年(1074年)正月乙丑,神宗皇帝接见高丽使于垂拱殿。其间相距四月,为路途耽搁时间,故《宋史》记载正确。(宋)马端临《文献通考》卷三二五《四裔考二·高句丽》记为熙宁十年,误,浙江古籍出版社1988年版。
② (宋)李焘《续资治通鉴长编》卷一五〇庆历四年六月戊午条,上海古籍出版社1986年版。
③ (宋)李焘《续资治通鉴长编》卷一五八庆历六年五月丁未条。
④ (宋)李焘《续资治通鉴长编》卷三六一元丰八年十一月癸巳条。
⑤ (元)脱脱等《宋史》卷四八七《高丽传》。

二年(1164年)高丽遣使臣赵冬曦、朴光通等赴宋报聘。乾道九年(1173年),宋使臣进武副尉徐德荣奉使高丽等。但此后两者间不再有使节往来,官方关系断绝。

宋与高丽的官方交往虽因受外部局部的影响而屡次中断,但基于相近或相似的政治和文化制度,双方在交往期间均十分重视维护传统的友好关系,无论是出使人员的选派,外交文书的撰写,还是对外交人员的招待,双方都极为重视。如宋神宗就指出:"高丽其俗尚文,其国主颇识礼义,虽远在海外,尊事中朝,未尝少懈。朝廷赐予礼遇,皆在诸国之右。"①这样,每逢高丽使者抵达明州,朝廷往往派引伴官前往迎接,到达开封同文馆后有馆伴使相随,返程则又派送伴使护送,可谓礼遇备至。同样,高丽对宋使的接待也是如此。每次宋使前往,高丽国王总是派大臣出迎陪伴,厚礼相待;归还之日,赠以厚礼。如元丰元年(1078年)陈睦、安焘等奉使高丽,"高丽迎劳,馆饩加契丹数等"②,国王王徽还诏改别宫为顺天馆以待之,并谕告臣下:"凡百执事各扬尔职,馆待之事罔有阙遗,勤谨著能者当行超抉,怠劣有过者别论贬黜。"③两人在返回时,除获例赠衣带、鞍马外,另获金银、宝货、米谷、杂物无数,以致舟不胜载,不得不在开城就地将物货变卖,据说"折价贸银甚多"④。

双方使臣的频繁往来,使贡赐贸易迅速发展。由于贡赐贸易的主要对象是帝王及官僚贵戚,故贸易物品多为生活奢侈品、精制工艺品和上等的土特产。具体而言,高丽所贡物品,多为价格昂贵的香油、松子、人参、生平布等土特产及金银宝物、兵器与高级工艺品。宋朝的回赐,除诏书奖谕、加册、官爵外,主要有礼服、金器、银器、漆器、乐器、礼器、绢、缎、绫、缯、锦、龙凤团茶、御酒和各种高档药材,此外还有大量

---

① (宋)李焘《续资治通鉴长编》卷三二三元丰五年二月丁卯条,上海古籍出版社1986年版。
② (元)脱脱等《宋史》卷三二八《安焘传》,中华书局1985年版。
③ (朝鲜)郑麟趾《高丽史》卷九《世家》文宗三十二年四月辛未条,韩国亚细亚文化社1992年版。
④ (朝鲜)郑麟趾《高丽史》卷九《世家》文宗三十二年七月乙未条。

的书籍。元丰三年(1080年),宋神宗曾下诏规定回赐物品的数量:"高丽国王每朝贡,回赐浙绢万匹,须下有司估准贡物乃给,有伤事体。宜自今国王贡物不估直回赐,永为定数。"①这一回赐数额,已相当丰厚。但事实上,在此前后所赐的各种物品,已远远超过"浙绢万匹"这一额度。如元祐元年(1086年)正月,高丽遣使贺登宝位,并贡方物;作为答谢,宋廷除按例回赐外,另赐高丽国王马3匹,银鞍勒一副,衣2袭,金带2条,锦、绮、罗共150匹,衣着500匹,绢1万匹,银器5300两;此外,使者、随从亦"各赐物有差"②。如果再算上接待费用,开支确实不少。这无疑加重了宋政府的财政负担。对此,苏轼曾指出:"高丽人使每一次入贡,朝廷及淮、浙两路赐予、馈送、燕劳之费约十余万贯,而修饰亭馆、骚动行市,调发人船之费不在焉。除官吏得少馈遗外,并无丝发之利。"③若单从经济角度考虑,苏轼所说并非全无道理。但作为朝贡国的高丽,从入贡的次数、物品及对宋使的接待、赠物等来看,也很难像苏轼所说的那样"获不赀之利"④。贡赐贸易作为一种特殊的贸易形式,具有极强的政治色彩,经济利益倒在其次。因此,对这种贸易的评估,应更多地从政治角度来考察。

高丽莲瓣纹碗

另外,在贡赐贸易下,还存有着一种高丽使臣及其随从人员在宋境内进行的"互市"贸易,或称附带贸易。当时,高丽来华使团十分庞大,有时多达200余人。如元祐五年八月,随同高丽使者李资义等来

---

① (清)徐松《宋会要辑稿》蕃夷七之三六,中华书局1987年影印本。
② (宋)李焘《续资治通鉴长编》卷三六四元祐元年正月丁未条,上海古籍出版社1986年版。
③ (宋)李焘《续资治通鉴长编》卷四八一元祐八年二月辛亥条。
④ (宋)苏轼著,孔凡礼点校《苏轼文集》卷三〇《论高丽进奉状》,中华书局1986年版。

宋的人员竟达269人。他们凭借舟楫之利,"多赍辎重"①,自登岸明州之日起,便沿途从事贸易活动。由于附带贸易绝大多数受高丽政府委托,因此,只要交易物品不在违禁之列,宋政府通常皆予以保护和特殊的关照。如高丽使团每至一处州县或镇寨,朝廷即令地方官府"皆预差诸色行户各以其物赍负,迎于界首,日随之,以待其所卖买,出境乃已"②。同时,沿途州郡皆建造高丽馆、亭供其停歇,并"别为库,以储供帐什物"③。这种贸易活动看来规模不小,以致宋政府常担心他们在途中耽搁时间太久,在汴河河口封冻前无法赶到开封而密令引伴使催促其赶路。通过附带贸易,高丽不仅可购到所需工艺品和土特产,而且还从国子监、民间书坊购得大量的文化典籍。

宋明州高丽使馆遗址发掘现场(宁波市文物保护管理所提供)

这一时期,明州作为宋丽官方贸易的主要港口,首先,地方官府要

---

① (宋)朱彧《萍洲可谈》卷二《元丰待高丽人最厚》,《丛书集成初编》本。
② (宋)李焘《续资治通鉴长编》卷四五二元祐五年十二月乙未条,上海古籍出版社1986年版。
③ (宋)叶梦得《石林燕语》卷三,中华书局1984年版。

承担接待高丽贡使的任务并兼理救助高丽漂流民的工作,任务十分艰巨。元丰初,为接待高丽贡使,神宗下诏在明州及定海县建高丽贡使馆,并赐名"乐宾亭"、"航济亭"。乐宾亭的具体方位今不详,至于航济亭,《宝庆四明志》卷十八《定海县志一·公宇》载:"元丰元年建,在县东南四十步,为丽使往还赐燕之地。"起初,宋政府对明州的接待和修建费用时有财政拨款,如元丰二年(1079年),神宗下诏"赐两浙路度牒百五十,修高丽使亭馆"①,又"增明州公使钱为二千六百缗"②。徽宗政和年间(1111—1118年),由于来宋高丽使大增,楼异建议于明州"置高丽司曰来远局,创二巨航、百画舫,以应办三韩岁使"。然而当时北宋财政已十分拮据,据造船场监官晁说之反映,明州船场一度处于"无钱致木"的境地。为解决经费,楼异请求围垦明州西面的广德湖为田,以田租收入作为接待费用;同时又请移温州船场于明州,以便工役。徽宗采纳其说,并"出内帑缗钱六万为造舟费"③。根据《宝庆四明志》卷三"都酒务"条载,绍兴五年(1135年)"务迁于子城南平桥下街西高丽行衙。淳熙七年(1120年),有旨以其地赐相臣史浩,今之宝奎精舍,即其地也"。经考古调查证实,使馆的地址,大致在月湖菊花洲宝奎里,即今临月湖的东面地段至宝奎巷。④ 高丽使馆自建成到乾道九年(1173年),宋与高丽关系中断,期间一直是接待高丽使团的主要场所。

救援遇难外国商船,则是宋政府怀柔远人、招徕外商的一项重要工作。鉴于与高丽有着特殊的外交关系,宋政府对遭遇风暴而漂流到宋境的高丽船只更是积极援救,抚恤有加。真宗大中祥符九年(1016年)二月,宋政府特地诏令明州地方政府:"自今有新罗舟漂至岸者,据口给粮,倍加存抚,俟风顺遣还。"⑤并将此"著为例",此后,明州地方

---

① (宋)李焘《续资治通鉴长编》卷二九八元丰二年六月庚子条,上海古籍出版社1986年版。
② (宋)李焘《续资治通鉴长编》卷三〇一元丰二年十二月癸丑条。
③ (宋)《宝庆四明志》卷六《叙赋下·市舶》,《宋元方志丛刊》本,中华书局1990年版。参见(元)脱脱等《宋史》卷三五四《楼异传》,中华书局1985年版。
④ 林士民、沈建国《万里丝路——宁波与海上丝绸之路》,第189页,宁波出版社2002年版。
⑤ (宋)李焘《续资治通鉴长编》卷八六大中祥符九年二月甲辰条,上海古籍出版社1986年版。

政府便依例行事,并且"准例给遣讫以闻",将慰问与救济情况上报朝廷备案。① 如,元丰元年(1078年),高丽人崔举因船只遇风暴沉没,漂流至泉州界,后由泉州地方政府派人护送来明州候船归国。时任明州知州的曾巩,"为置酒食犒设,送在僧寺安泊,逐日给予食物,仍五日一次,别设酒食,具状奏闻"②。又宝祐六年(1258年)十月,有高丽船只因遭海风漂流至明州石衢山洋面,船上6名人员为明州巡防水军所救。水军司一面将此事奏闻朝廷,一面从司中拿出钱米,"日支米各二升、钱一贯"。待其归国之日,又支"回程钱六百贯、米一十二硕",③作为途中费用。据两国文献记载,两宋时期高丽船只涉海遇风而漂至宋境的达20次,有商船、民船,也有贡使船,其中漂至明州沿海洋面的有9次。他们的救济、遣返工作大都由明州地方政府负责。④

其次,明州还负责筹措宋使出访高丽的一些具体工作。自元丰(1078—1085年)以后,使者出使高丽,"皆由明州定海放洋,绝海而北"⑤。而当时宋使所乘船只,或由明州负责打造,或在明州修饰一新后出海。如元丰元年(1078年),安焘、陈睦出使高丽,所乘凌虚致远安济、灵飞顺济二艘"神舟",即由明州负责打造。宣和五年(1123年),路允迪、傅墨卿等奉使高丽,所乘鼎新利涉怀远康济、循流安逸通济二艘"神舟"也造于明州。至于随往"客舟",虽招募于福建与两浙地区,但"复令明州装饰"⑥,即经明州整修加工后再出海。当然,其中可能也有部分客舟在明州打造。

另外,自明州成为宋丽官方交往的唯一通道后,由于受复杂的政治环境影响,明州地方政府还充当着极为重要的外交角色,"本府与其

---

① (宋)李焘《续资治通鉴长编》卷九五天禧四年二月丙午条,上海古籍出版社1986年版。
② (宋)曾巩《曾巩集》卷三二《存恤外国人请著为令札子》,中华书局1984年版。
③ (宋)《开庆四明续志》卷八《收养丽人》,《宋元方志丛刊》本,中华书局1990年版。
④ 参见姚礼群《宋代明州对高丽漂流民的救援措施》,杨渭生《宋丽关系史研究》,第475—483页,杭州大学出版社1997年版。
⑤ (宋)徐兢《宣和奉使高丽图经》卷三《封境》,《丛书集成初编》本。
⑥ (宋)徐兢《宣和奉使高丽图经》卷三四《客舟》。

礼宾省以文牒相酬酢,皆商舶通之"①。如神宗元丰元年(1078年)明州教练使顾允恭的出使,哲宗元祐八年(1093年)黄仲的出使,徽宗崇宁十年(1103年)张宗闵、许从的出使,大观三年(1109年)都知兵马使任郭的出使,高宗建炎元年(1127年)教练副使张诡的出使,绍兴八年(1138年)吴迪的出使,绍兴三十二年都纲侯林的出使等,都是持明州牒文前往的,负有特殊的外交使命。如顾允恭往高丽,通报了宋神宗将遣使通信的消息;商人吴迪往高丽,向高丽国王通报徽宗及宁德皇后崩于金的消息;都纲侯林等则通报当时宋与金国的战况。这些沟通政治信息的外交活动,显然经宋廷的授意或默许,由明州地方政府来组织而通过商人来完成的。

由上可知,明州作为连接宋丽两国往来的纽带,在双方的官方交往与贸易中扮演着十分特殊的角色,并起了十分重要的作用。

二、明州与宋丽民间贸易

唐末五代以来,中原地区军阀混战,政治动荡,而吴越统治的两浙地区则相对安定,朝鲜半岛与中国的贸易,其重心开始由山东半岛向以长江下游为中心的江南地区转移。而明州地区经济的发展和独特的地理优势,为对外贸易提供了广阔的市场空间和经济腹地。这样,伴随着宋代造船业的发展和航海技术的进步,特别是北宋中叶后,宋廷指定明州为对高丽贸易的唯一港口,明州与高丽的民间贸易进入了一个新的繁荣期。

北宋政权建立后,即推行"招诱奖进"的贸易鼓励政策,对招诱有功的官员和商人给予不同的奖励,对外商住舶亦多方予以慰劳。宋廷这样做的目的,除了想从贸易中获取奢侈消费品这一因素外,更多的则是视其为政府财源所在,并借此达到"柔远"之意。宋神宗对发运使

---

① (宋)《宝庆四明志》卷六《叙赋下·市舶》,《宋元方志丛刊》本,中华书局1990年版。

薛向的一番话,可谓是宋廷鼓励海外贸易动机的集中体现。他说:"东南利国之大,舶商亦居其一焉。昔钱镠窃据浙广,内足自富、外足抗中国者,亦由笼海商得术也。卿宜创法讲求,不惟岁获厚利,兼使外蕃辐辏中国,亦壮观一事也。"①宋室南迁,偏安于东南,财政困难加剧,故更倚重市舶收入,"南渡后,经费困乏,一切倚办海舶"②。绍兴七年(1137年),高宗曾说:"市舶之利最厚,若措置合宜,所得动以百万计。"③这样,南宋政府对招诱有功的纲首、外商和官员,时常予以补官、迁转的奖励。两宋政府的贸易鼓励政策,无疑对宋丽民间贸易起了推动作用。

宋初,随着两浙市舶司的建立,规定商人出海贸易,须于两浙市舶司"陈牒请官给券以行,违者没入其宝货"④。自明州市舶司建立后,中外商人的进出口贸易,不少经明州签证后放洋。元丰二年(1079年),宋政府又明确规定:商人往高丽贸易,资本达5000缗者,明州"籍其名,岁责保给引发船,无引者如盗贩法"⑤,即要在明州市舶司登记姓名、籍贯、贸易对象国,并有当地保人担保,在确认无携带违禁物品后,市舶司方发给出海凭证。元丰三年八月,朝廷再次规定:非广州市舶司辄发过南蕃纲舶船,非明州市舶司而发过日本、高丽者,以违制论。⑥从此,明州港不仅成为宋丽官方往来的唯一通道,而且也成为民间贸易往来的主要港口。

但由于两宋和高丽之间的关系先后受到北方辽、金、蒙古的影响,宋政府对民间商人前往高丽贸易又屡有禁令或限制。从元祐五年(1090年)苏轼所上的奏文来看,仁宗朝颁布的《庆历编敕》、《嘉祐编

---

① (宋)杨仲良《续通鉴长编纪事本末》卷六六《神宗皇帝·三司条例司》,《宋史资料萃编》本,台北文海出版社1967年版。
② (明)顾炎武《天下郡国利病书》卷一二〇《海外诸蕃入贡互市》,上海图书集成局铅印本。
③ (清)徐松《宋会要辑稿》职官四四之二〇,中华书局1987年影印本。
④ (清)徐松《宋会要辑稿》职官四四之二。
⑤ (元)脱脱等《宋史》卷一八六《食货下八·互市舶法》,中华书局1985年版。
⑥ (宋)苏轼著,孔凡礼点校《苏轼文集》卷三〇《论高丽进奉状》,中华书局1986年版。

敕》,神宗初年的《熙宁编敕》及哲宗时期的《元祐编敕》,均严禁商人前往高丽贸易,其主要目的是防范商人"因往高丽,遂通契丹之患"①。这些限制性条令,虽在特定时期内对宋丽私人贸易产生了一定的负面影响,但总体来说,作用并不大。这是因为:首先,中国东南海岸线漫长,为巨额利润所驱,商人们往往想方设法犯禁出海,"禁人私贩,然不能绝"②;其次,宋廷在实施贸易禁令的同时,又不能不顾及与高丽的关系及市舶税收所带来的经济利益,故贸易禁令往往半途而废,实际实施的时间并不长。韩国学者全海宗在《论丽宋交流》一文中,依据《高丽史》有关记载,以览表的形式,罗列了从咸平元年(998年)至祥兴二年(1279年)宋商往高丽贸易的情况。③ 就表中所及,宋商往高丽约150次,每次人数少则数十,多则上百人。当然,实际次数肯定不止这些,但凭此也可想象当时民间贸易之盛了。这一趋势一直到乾道九年(1173年)后,随着两国外交的断绝而逐渐衰退,但仍然延续了较长一段时间。

对高丽来说,民间贸易不仅可以给统治者带来各种生活奢侈品、书籍和文化用品,而且还可从中得到在官方贸易中无法获取的物品。因此,高丽政府对民间贸易也相当重视。当时,王城开京专门建有清州、忠州、四店、利宾四所客馆以接待宋商。④ 到高丽从事贸易的宋商,有时还会得到国王的赐宴。如文宗九年(1055年)二月寒食节,高丽国王于娱宾、迎宾、清河三馆犒劳宋商,与会商人竟达285人之多。⑤ 当时,每年滞留于高丽的福建、两浙(主体为明州、台州)商人有数百人之多,一些商人甚至在那边组建家庭或担任官职。⑥

---

① (宋)苏轼著,孔凡礼点校《苏轼文集》卷三一《乞禁商旅过外国状》,中华书局1986年版。
② (元)脱脱等《宋史》卷四八七《高丽传》,中华书局1985年版。
③ (韩)全海宗著,金善姬译《论丽宋贸易》,《中韩关系史论集》第266—272页,中国社会科学出版社1997年版。
④ (宋)徐兢《宣和奉使高丽图经》卷二七《馆舍》,《丛书集成初编》本。
⑤ (朝鲜)郑麟趾《高丽史》卷九《世家》文宗九年二月戊申条,韩国亚细亚文化社1992年版。
⑥ (元)脱脱等《宋史》卷四八七《高丽传》。

然而,有关高丽商人来宋贸易的情况,史籍记载却极其缺乏。韩国学者全海宗认为:"可以考虑高丽对宋民间贸易存在的可能性,而笔者暂且还不能找出积极的根据。"①但据孝宗乾道三年(1167年)四月明州知州姜诜奏文中提到的"每岁夏汛,高丽、日本、外国舶船到来"②,以及理宗宝庆三年(1227年)知府胡榘榜文中所规定的"高丽、日本船纲首、杂事十九分抽一分,余船客十五分抽一分"③,可以断定,高丽商人与宋的民间贸易确实存在,但往返次数倒是不会很多。之所以出现这种情况,主要是由于南路直航线过于险恶。明州与高丽的南路海上单向航程,如果顺利,仅需6天左右时间。然由于航途暗礁密布,风大浪高,船行海上,险象环生,"触礁则摧,入洋则覆,又有黑风海动之变,遇之则天地晦冥,波涛鼎沸"④。徐兢曾以亲身经历描述了海道之艰险,他说:"海道之难,甚矣。……方其在洋也,以风驭为适从,若或暴横,转至他国,生死瞬息。又恶三种险:曰痴风,曰黑风,曰海动。痴风之作,连日怒号不已,四方莫辨;黑风则飘怒不时,天色晦冥,不分昼夜;海动则彻底沸腾,如烈火煮汤。洋中遇此,鲜有免者。"⑤如此险恶的航程,除了要求航海人员必须具备丰富的经验外,对海船的质量和航海装备技术提出了更高要求。宋代当时民间造船业高度发达,而高丽的造船业则相对落后,"其制度简略,不甚工致"⑥,以致船体抗击海浪的能力较差。这样,在双边远距离海上贸易竞争中,高丽商人自然处于劣势,而宋商则扮演了主角。

宋与高丽的民间贸易货物十分丰富。据《宝庆四明志》卷六《叙赋下·市舶》载,高丽输入明州的有:一、细色,即银子、人参、麝香、红

---

① (韩)全海宗著、金善姬译《论丽宋贸易》,《中韩关系史论集》,第277页,中国社会科学出版社1997年版。
② (清)徐松《宋会要辑稿》职官四四之二九,中华书局1987年影印本。
③ (宋)《宝庆四明志》卷六《叙赋下·市舶》,《宋元方志丛刊》本,中华书局1990年版。
④ (宋)马端临《文献通考》卷三二五《四裔考二·高句丽》,浙江古籍出版社1988年版。
⑤ (宋)徐兢《宣和奉使高丽图经》卷三九《礼成港》,《丛书集成初编》本。
⑥ (宋)徐兢《宣和奉使高丽图经》卷三三《舟楫》。

花、茯苓、蜡等；二、粗色，即大布、小布、毛丝布、紬、松子、松花、栗、枣肉、榛子、椎子、杏仁、细辛、山茱萸、白附子、芜夷、甘草、防风、牛膝、白术、远志、姜黄、香油、紫菜、螺头、螺钿、皮角、翎毛、虎皮、漆、青铜、铜器、双瞰刀、席、合蕈等。其中以人参、药材为多。经明州输入高丽的物品大致亦可分为二类：一类是中国出产的物品，如茶叶、丝织品、瓷器、书籍、文具和各类奇花异草等；一类是出产于东南亚、南亚等地，经宋商转贩的物品，如香药、犀角、象牙等。其中以丝织品、茶叶为大宗。《宣和奉使高丽图经》卷二三《杂俗二》载，高丽"不善蚕桑，其丝线织纤，皆仰贾人自山东、闽、浙来"。同书卷三二《茶俎》载，高丽风俗颇喜饮茶，虽然也出产茶叶，然"味苦涩，不可入口，惟贵中国腊茶并龙凤赐团"；所用茶具，如金花乌盏、翡色小瓯、银炉汤鼎，也"窃效中国制度"。这些茶叶、茶具虽可通过官方贸易获取，但远远不能满足消费需要，故"商贾亦通贩"。瓷器是明州港输出的重要物品，书籍则更为高丽人所珍爱。据说，高丽宣宗王治嗜好书籍，"每贾客市书至，则洁服焚香对之"①。当时，除官方渠道外，高丽还通过僧人、留学生和民间贸易来购买中国书籍。因贩书有利可图，宋商也纷纷携带书籍前往，如元祐二年（1087年）三月，泉州商人徐戬等至高丽献新注《华严经》板。②绍熙三年（1192年）八月，宋商又献《太平御览》，获高丽国王厚赐白金60斤。③民间商人这种互通有无的贸易活动，大大丰富了两国人民的物质文化生活。

简言之，两宋时期，中国与高丽的贸易往来达到了顶峰。经济交流由于常常伴随着政治和文化上的交流，因此，不仅丰富了两国人民的物质文化生活，而且也大大加深了两国间的传统友谊。这一时期，明州港作为连接两国往来的枢纽，无疑起了十分重要的推动作用。

---

① （宋）马端临《文献通考》卷三二五《四裔考二·高句丽》，浙江古籍出版社1988年版。
② （朝鲜）郑麟趾《高丽史》卷一〇，韩国亚细亚文化社1992年版。
③ （朝鲜）郑麟趾《高丽史》卷二〇。

第三节 明州与日本的贸易

中日两国隔海相望，彼此交往的历史十分悠久。至迟到唐、五代时期，两国之间的东海南路航线已经开辟。进入宋代后，伴随着中国古代经济、政治重心的南移，明州港在成为宋与高丽贸易的主要港口的同时，也成为中日之间贸易的主要口岸，中日贸易又进入了一个新的发展时期。

一、明州与日本民间贸易的兴盛

与隋唐时期日本大量派遣隋使、遣唐使情况不同，两宋时期，明州地方政府虽与日本太宰府因贸易关系而屡有信札往来，但中日之间并没有建立正常的外交关系。这样，官方贸易形态基本消失，双方贸易仅单一地表现为民间贸易。

宋建立后，宋政府实行贸易鼓励政策，积极推动对外贸易的发展。相反，日本在藤原时期对海外贸易采取了消极的闭关锁国政策，严禁本国居民私自出海贸易。如后冷泉天皇永承二年（1047年），筑前人清原守武因私自赴宋一事败露，受到严惩：货物没官，本人流放佐渡，随从人员处以徒刑。[①] 但日本政府并不禁止宋商前去贸易，故这一时期往来于中日航线的大多是中国商队。据不完全统计，仅北宋160余年间，中国赴日本的贸易商船，载入文献的就有六七十次。尤其是朱仁聪、孙忠、周文裔、周文德、郑仁德、李充等，多次往来于中日之间，为日本人所周知。[②]

从南宋开始，日本的体制由公卿政治向源氏和平氏的武家政治转

---

① （日）木宫泰彦《日中文化交流史》五代北宋篇，第244页，商务印书馆1980年版。
② 林士民《海上丝绸之路的著名海港——明州》，第72页，海洋出版社1990年版。参见王晓秋、大庭修编《中日文化交流大系·历史卷》，第138页，浙江人民出版社1996年版。

变,他们执政后,在对外政策上,一改前朝的锁国政策,大力鼓励海外贸易。特别是平清盛上台后,他看到贸易所带来的利益,大力加强日本与南宋的往来。如为便于商船往来,他修筑兵库港,开通音户的濑户码头。他甚至不顾一些大臣的反对,招揽宋商到摄津的福原别墅,并特地邀请后白河法王到场。平清盛的这些举措,无疑激发了两国商人的热情,日本商船开始频繁出没于中日东海航线上,"倭人冒鲸波之险,舳舻相衔,以其物来售"①,从而形成了日商来华和宋商去日同时并存的贸易景象。

中日之间的贸易交往与统治集团的贸易政策有关,但与彼此间的政治态度也不无关系。从现有史料来看,宋朝统治者对日本有所了解始于日僧奝然来华。宋太宗太平兴国八年(983年)八月,奝然搭乘宋商陈仁爽、宋仁满的船只入宋,在朝拜天台山后,于十二月入宋都开封,晋谒太宗。在这次会谈中,太宗了解到日本当时的政治、经济以及风土人情,并对日本的皇位和贵族世袭制钦慕不已,说:"此岛夷耳,乃世祚遐久,其臣亦继袭不绝,此盖古之道也。"表示:"朕虽德惭往圣,常夙夜寅畏,讲求治本,不敢暇逸。建无穷之业,垂可久之范,亦以为子孙之计,使大臣之后世袭禄位,此朕之心焉。"②同时,对奝然厚加招待,赐给紫衣与法济大师称号。太宗皇帝表现出对日的友好态度,这为两国间的交往奠定了基础。真宗祥符年间(1008—1016年),中方史籍如《皇朝类苑》、《佛祖通纪》均有日本派贡使来华的记载。又《宋会要辑稿》职官四四之四、《宋史·日本传》等载,仁宗天圣四年(1026年)十月,明州地方官上奏,称日本国太宰府派使者周良史送来物品,但宋政府以其无国书,诏令明州地方官婉言拒之。然而,上述记载并不见于日本国史。据日本史籍《日本运上录》载,三条天皇长和二年(1013年)宋廷有牒文送往日本,日本政府令式部大辅高阶积善起草复牒。但这条记载同样不见于中国史籍。故后人推测,这些可能是日本太宰

---

① (宋)《开庆四明续志》卷八《蠲免抽博倭金》,《宋元方志丛刊》本,中华书局1990年版。
② (元)脱脱等《宋史》卷四九一《日本传》,中华书局1985年版。

府官员的私人行为和明州地方官为招徕日商所为。

日本和宋朝有官方的联系大约始于宋神宗熙宁时期（1068—1078年），即日本的白河天皇时代。据《宋史·日本传》载，熙宁五年（1072年），日僧成寻（一作诚）一行在台州登陆，参拜天台国清寺；台州地方官将此事奏报朝廷，成寻一行因得获准进京。成寻等献给神宗银香炉、白琉璃、紫檀及青色织物绫等，神宗则回赠成寻一行紫方袍及绢帛等。但日籍《百炼抄》载，次年六月，在成寻弟子赖缘、快宗等5人搭乘宋商孙忠船回国时，托他们带给日本朝廷御笔国书，并赠金泥《法华经》和锦20段。但赖缘等归国后，日本朝廷围绕着是否接受宋廷所赠礼物争论纷纷，主要因为文书中有"回赐日本国"字样，但最终还是决定接受并予以回复。白河天皇承历元年（1077年）五月，日本朝廷令长季朝臣撰写复信，并于次年正月派通事僧仲回携赠品织绢200匹、水银5000两搭乘宋商孙忠船入宋。此事在《宋史·日本传》中得到了印证："元丰元年，使通事僧仲回来，赐号慕化怀德大师。明州又言得其国太宰府牒，因使人孙忠还，遣仲回等贡绢二百匹、水银五千两，以孙忠乃海商，而贡礼与诸国异，请自移牒报，而答其物直，付仲回东归。从之。"从这条记载看，仲回等并没有得到宋朝皇帝的接见，回赠的礼物及牒文经朝廷同意，由明州地方官以政府名义送给太宰府，故回牒中有"赐日本太阳宰府"字样。此后，两国之间虽互有牒文往来，但宋朝方面基本上都是明州地方官借朝廷名义发往，而日本则多以太宰府名义复牒。因此，从严格意义上讲，这一时期的日宋交往还算不上是政治交往。这种局面的形成，显然与两国特定的历史环境有关。就宋朝而言，长期来，由于北部边患严重，其主要精力在经略北方，这样，政治上与其有交往的，往往与此相关。高丽国便是一个典型例子。而日本远在天边，与宋朝安危尚无直接关联，在这种情况下，宋朝政府与日本的交往自然缺乏政治动机。同样，当时日本国内经济、文化繁荣，保守思想又占据统治地位，也无意与宋朝建立政治关系。正因如此，这一时期，宋朝与日本基本没有实质性的官方外交往来。然而，宋政府出于"柔远人"的政治动机以及希望通过贸易收入以弥补财政不足,对日本的态度还是积极友好的。如皇帝多次召见日本名僧、馈赠物品等,便是最好的证明。即便是明州地方官府发往日本的牒文,在高度集权的宋朝,仍然也为朝廷所默认。同样,日本在推行锁国政策期间,并不禁止宋商入境贸易;而在武士阶层兴起后,对外政策随之发生明显变化,对宋朝的交往也变得十分积极主动。因此,宋日之间虽然缺乏政治外交,但彼此间的友好姿态,对推动经济交流无疑有其积极作用。

宋代中日贸易主要走唐末五代以来开辟的南路航线,即从两浙诸港口出发,横越东海,先到日本肥前松浦郡的值嘉岛,然后转航到筑前的博多,或深入日本海到接近都城的郭贺。南路航程十分便捷,顺风时航程不过一周,一般也不超过 10 天。由日本到中国,一般都在三、四月间,利用东北季风;由中国赴日本,则多利用五六月间的西南季风。由于航程较短,民间商船一般都是小型帆船,除运载货物外,还能搭乘六七十人。[1] 自北宋中期明州被宋政府指定为对日本和高丽的贸易港口后,东南地区,如台州、温州及福建泉州一带的商人到日本贸易,必须到明州市舶司登记,办理手续,领取出海贸易的"公凭"(或称"公据"、"公验")后,方可出海从事贸易活动。

宋商在横渡波涛汹涌的东海抵达日本后,依例由警固所向太宰府报告,太宰府随即派府使、通事等官员前往查验,令商人出示公凭、搭乘人员名单、载货清单等,并据实奏报朝廷。朝廷则围绕是否准许其交易进行讨论,如其符合规定,则准许其贸易;不然,则拒绝其入境,令其返航。从日本史籍的记载来看,宋商船之所以被遣返,多因往返过于频繁而导致日方招待费用难以承受所致。因此,从一条天皇时起,日本便对宋商到日经商的年限上作了规定。如宽弘二年(1005 年),当宋商曾令文到日本时,日籍《小右记》有这样的记载:"八月二十一

---

[1] (日)木宫泰彦《日中文化交流史》五代北宋篇,第 243 页,商务印书馆 1980 年版。

日,左大臣、右大臣、左兵卫督议云:宋人来朝,应定年期,业给官府有案。其不待期早来而应逐回者,是否应按官府逐回?如有宋人申请候得便风便行罢归,因而获得许可者,虽有逐回之名,因循一二年,实无异于安置。若然,则应否一律予以安置?二十四日庚子,左头中将赖定来谈云,宋人应予以安置。"由此可知,为了牟取巨额利润,确有宋商在不到规定期限便前往日本贸易的,故《小右记》、《百炼抄》均载有宋商船只被责令载着原封货物返航的事例。但如果因风向不便,宋商提出在当地等候季风的话,日本朝廷还是允许其滞留,并给予妥善安置。正因宋商到日本贸易有日期限制,因此,为避免遭到拒绝而返航,宋商往往借口遭遇风暴而漂流到日本,以获取日方的特殊处理。如后朱雀天皇长历元年(1037年)五月到日本的慕晏诚,宽德元年(1044年)五月到日本的张守隆及后冷泉康平三年(1060年)八月到日本的林养、俊政等。[①] 另外,宋商到日本后,也经常会携带一些如孔雀、鹦鹉、羊、鹅等观赏性动物,以及药材或书籍等献给天皇或朝廷权贵,以求得当权者的庇护,为其贸易提供便利。

宋商一旦获准在日本贸易,便会被安顿在博多鸿胪馆内,并供给衣食住行,同时,京城派出交易唐物使具体处理贸易事宜。在贸易活动程序上,一般来说,先由太宰府出面与宋商进行交易,以满足达官贵人对中国商品的需求,然后准许宋商与其普通国民进行交易。

日本商船频繁驶入明州从事贸易活动大约始于南宋中期,这在中日史籍记载中得到印证。如日籍《平家物语》"无纹金渡"条载,高仓天皇治承年间(1177—1181年),筑前国宗象家之子许斐忠太妙典在入道前,平重盛曾派遣他到明州育王山布施黄金。而据《太宰府考》所引《宗象记》,妙典曾七次入宋,凡宗肩氏赴宋的公事船和商船等,均由其筹划。《吾妻镜》则说到,后深草天皇建长六年(1254年)四月,幕府曾下令规定,凡驶往宋朝的船只以5艘为限,其余悉予毁弃。[②] 据此推

---

① 以上参见(日)木宫泰彦《日中文化交流史》五代北宋篇,第244页,商务印书馆1980年版。
② 以上参见(日)木宫泰彦《日中文化交流史》南宋元篇,第294—295页。

测,以前驶往中国的日本商船可能要更多一些。而《开庆四明续志》载,每年夏汛,"倭人冒鲸波之险,舳舻相衔,以其物来售"①。可见,日本商船在当时已频繁穿梭于日本与明州之间了。

日本商船驶入明州后,市舶司官员依例要亲自检查,货物则暂时封存于市舶司,等候抽解和博买。所谓抽解,即以实物形式征收进口税;博买,就是政府根据需要,优先收购某些进口货物。抽解和博买根据物品的价值分为粗色和细色两大类。粗色一般指重量、体积较大,价值较低的货物;细色则为轻便、价值相对较高的珍贵物品。在宋代,抽解和博买按比例进行,但波动较大。因为,政府为增加收入,总是千方百计提高抽解和博买的份额;而商人则希望这部分比例低一点,以保证获得足够的利润,一旦感到抽解和博买比例过高,无利可图,便会请求政府降低抽解比例,甚至铤而走险从事非法贸易,迫使政府作出让步。因此,在抽买比例波动的背后,往往反映着政府和商人的利益之争。

明州市舶司对日本及高丽商船的抽解和博买额,在宝庆二年(1226年)以前是"细色五分抽一分,粗色货物七分半抽一分",后因抽解额过重,海商不至,在地方官员的请求下,改为"不分粗细,优润抽解,高丽、日本船纲首、杂事十九分抽一分,余船客十五分抽一分起发上供"。"市舶"条中还提到旧例抽解时,"各人货物分作一十五分,舶务抽一分,起发上供;纲首抽一分,为船脚靡费;本府又抽三分,低价和买;两倅厅各抽一分,低价和买。共已取其七分,至给还商旅之时,止有其八,则几于五分取其二分"。据此可知,除市舶司要对货物抽解外,地方官府也要进行抽买,且往往低价收买。抽解过重、和买过多,无疑损害了商人的利益,于是客商"宁冒法犯禁透漏,不肯将出抽解",或者干脆就不来贸易,这反而影响了正常的市舶收入。故胡榘在任明州知府后,请准户部,揭榜告示海商:"本府断不和买分文,抽解上供之

---

① (宋)《开庆四明续志》卷八《蠲免抽博倭金》,《宋元方志丛刊》本,中华书局1990年版。

外,即行给还客旅。"由于海商的利益得到保护,商船又纷纷驶入明州,"舶货之价顿减,而商舶往来流通"。①

日商在经过抽解、博买后,便可携带物货从事贸易活动。但在贸易过程中,商人还得向当地有关部门缴纳商品交易税。《宝庆四明志》卷六说道:"本府僻处海滨,全靠海舶住泊,有司资回税之利,居民有贸易之饶。"其中所谈到的"回税",即是交易税。宋代海外贸易的抽解收入须上缴朝廷,而对"回税",地方政府则有一定的支配权。如吴潜在任庆元知府时,曾申准朝廷蠲免对日本金子的抽博,而原先3万贯文的年抽博额,则在每年所收的市舶回税钱内代为支付。② 在宋代,市舶收入归中央财政,在市舶司所在地出售抽博货物所得也得上交国库,地方官府所能支配的仅是"纲脚糜费",即运输费用部分。这部分即便有所盈余,也往往被充作招待外商的"馈送之资"③,所剩无几。但关键在于,贸易活动给当地经济所带来的影响却十分重大,"居民有贸易之饶"仅是一个方面,而由此产生的交易税,对充裕地方财政则起着举足轻重的作用。如《宝庆四明志》卷五"商税"条说到,庆元府的商税征收要"视海舶之至否,税额不可豫定"。正因如此,明州地方官府对海外贸易表现出了前所未有的积极态度,如地方官员不断通过海商携带牒文给日本朝廷,显然是出于推动双方的贸易需要,而对遇难日商的照顾、请求朝廷蠲免部分商品的抽博等,目的亦在于赢得日商的好感,吸引他们前来贸易。这些举措,对推动明州与日本的贸易,其作用也是不能忽视的。

二、明州与日本的贸易物品

中日民间贸易货物相当丰富,据《宝庆四明志》卷六载,当时经明

---

① (宋)《宝庆四明志》卷六《叙赋下·市舶》,《宋元方志丛刊》本,中华书局1990年版。
② (宋)《开庆四明续志》卷八《蠲免抽博倭金》,《宋元方志丛刊》本,中华书局1990年版。
③ (宋)《宝庆四明志》卷六《叙赋下·市舶》。

州港从日本输入的物品,其细色有金子、沙金、珠子、药珠、水银、鹿茸、茯苓等,粗色有硫黄、螺头、合覃、松板、杉板、罗板等。

日本境内出产黄金,《宋史·日本传》载,其"东奥州产黄金,西(别)[对]岛出白银,以为贡赋"。宋代黄金的价格比较日本高,因此,日本的黄金也大量输入中国。理宗宝祐时期(1253—1258年),庆元府一年之间由日本商人输入的黄金总额约四五千两之多,而当时南宋的年产量仅数千两,远远超过了黄金岁课总数。① 据《开庆四明续志》卷八记载,明州在南宋后期每年对黄金的抽博所得约二三万贯。由于当时日商大多为贵族,而黄金则是商人自己携带的物品,为了躲避抽解,往往"深藏密匿,求售于人",这样就有了所谓的漏舶之金。据载,宝祐五年(1257年),明州市舶官员检查出的漏舶之金竟高达67000余贯。据此可知,未经抽博的黄金私下贸易,其数量还是不少的。然而,由于人地生疏,日商的这种私下交易往往为当地的牙侩所操纵,受尽欺诈和盘剥之苦,甚至为奸牙所吞没;而官府一经发现,又要罚纳税款,以致常"怀憾而去"。宝祐六年,知府吴潜上奏朝廷,认为如此有失"远人向化之心",得不偿失,请求免去对日本黄金的抽博。这一建议,为朝廷所接受。自此后,日商携带的黄金便可与民间自由贸易。黄金的输入,有利于促进商品经济的发展。

硫黄既是火药配方,又是一种常用药物,故极受宋廷重视。据《宋史·日本传》载,早在太宗端拱元年(988年),奝然遣徒向太宗献物,其中就有"石流黄(硫黄)七百斤"。神宗元丰七年(1084年)二月,明州地方官曾奏准朝廷"募商人于日本国市硫黄五十万斤"②。就连因担心铜钱大量外流而反对宋日贸易的包恢也说:"惟硫黄可供军需者,许其博易抽解。"③李心传《建炎以来系年要录》卷一百五十四载,高宗绍兴十五年(1145年)十一月,一艘满载硫黄和布匹的日本商船因遭

---

① (日)加藤繁《中国经济史考证》(第二卷),第247—251页,商务印书馆1963年版。
② (宋)李焘《续资治通鉴长编》卷三四三元丰七年二月丁丑条,上海古籍出版社1986年版。
③ (宋)包恢《敝帚稿略》卷一《禁铜钱申省状》,《四库全书》文渊阁本。

飓风,漂泊至温州平阳县仙口港,这是日商贩运硫黄的有力证明。直到南宋后期,硫黄一直是大宗贸易物品之一。

日本盛产木材。《宝庆四明志》卷六载:"日本即倭国,地极东,近日所出,最宜木,率数岁成围。"其中以松板、杉木、罗板最为著名。日本的木材在南宋时也通过僧侣赠送或商人贩运大量流入中国,如荣西入宋师事明州天童寺虚庵怀敞时,恰好该寺修建千佛阁,回国后,即运来大批良材;曾到过阿育王寺的重源,听说该寺欲建造舍利殿,特地从日本周防国运来木料;东福寺的开山圆尔辨圆在博多承天寺时,听到杭州径山寺遭火灾消息后,劝承天寺开山谢国明募化木材运去;泉涌寺的湛海在明州时,目睹当地白莲教寺荒废,借乡人往来之机,运来木材数千,并亲自督工,修复其门廊殿阁。日本木材也用于宫殿建造,如孝宗皇帝在杭州宫中修建的翠寒堂等,即使用日本松木。① 诗人陆游《放翁家训》曾提到:"四明、临安,倭船到时,用三十千,可得一佳棺。"正因如此,明州官员吴潜说:"倭商每岁大项博易,惟是倭板、硫黄颇为国计之助。"② 可见,当时的明州港输入了大量木材,是木材交易的主要市场。

另外,日本的工艺品,如金银莳绘制品、螺钿制品和屏风、笔、墨、砚、扇、刀等也大量输入中国,深受中国士大夫喜爱。螺钿是将螺贝的外壳加工成片状,制成各种图案,再嵌入木板、金属和漆层的一种工艺。11世纪,日本将莳绘(描金)与螺钿有机结合在一起,在制作工艺上有了惊人的发展。宋初,螺钿工艺品开始输入中国,如《宋史·日本传》载,奝然遣弟子喜因向太宗回献物品,其中所列就有螺钿花形平函、金银莳绘筥、金银莳绘砚、金银莳绘扇筥、螺钿梳函、螺钿书案、螺钿书几、金银莳绘平筥、螺钿鞍辔等。宝祐三年(1255年),前关白藤原实经为报答亡母准三后太夫人之恩,在东福寺圆尔辨圆的劝告下,

---

① (宋)楼钥《攻愧集》卷五七《天童山千佛阁记》,《丛书集成初编》本。参见(宋)李心传《建炎以来朝野杂记》甲集卷一《孝宗恭俭》,《丛书集成初编》本。
② (宋)《开庆四明续志》卷八《蠲免抽博倭金》,《宋元方志丛刊》本,中华书局1990年版。

督率同族的儿女昆弟等亲手抄写《法华经》4部共32卷,装在镂金螺钿的分层匣中,施舍给杭州径山的正续院。① 对日本的螺钿工艺,宋人极为欣赏,称誉其"物象百态,颇极工巧"②。

日本的扇绘、屏风(或称倭绘)也在同一时期传入中国。如奝然弟子献给宋廷的物品中,即有桧扇20枚、蝙蝠扇2枚、倭画屏风1双。③北宋诗人苏辙有诗咏之:"扇从日本来,风非日本风。风非扇中出,问风本何从?风亦不自知,当复问太空。空若是风穴,既自与物同。同物岂空性,是物非风宗。但执日本扇,风来自无穷。"④邓椿也赞叹日本折扇的制作精致和画技的巧妙,"倭扇以松板两指许,砌叠亦如折扇者,其柄以铜靨钱环子黄丝绦,甚精妙。板上罨画山川人物、松竹花草,亦可喜",同时提到"竹山尉王公轩,惠恭后家,尝作明州舶官,得两柄"。⑤ 可知明州也是重要的输入港口之一。

日本宝刀短小而便于佩带,制作工艺也十分精美。司马光《和钱君倚日本刀歌》中说:"昆夷道远不复通,世传切玉谁能穷。宝刀近出日本国,越贾得之沧海东。鱼皮装贴香木鞘,黄金间杂锗与铜。百金传入好事手,佩服可以禳妖凶。"⑥另一文人梅尧臣中也有诗作云:"日本大刀色青荧,鱼皮帖欚沙点星。东胡腰鞘过沧海,舶帆落越栖湾汀。"⑦南宋人郑心南在《心史大义》中则谈到"倭刀极利"。

总之,这一时期的日本工艺品因精美而深为中国文人墨客所喜爱,在中国颇有市场。

宋朝通过明州向日本输出的货物,主要是铜钱、瓷器、香料、药材、书籍及丝织品等。

---

① (日)木宫泰彦《日中文化交流史》南宋元篇,第303页,商务印书馆1980年版。
② (宋)方勺《泊宅编》卷中,中华书局1983年版。
③ (元)脱脱等《宋史》卷四九一《日本传》,中华书局1985年版。
④ (宋)苏辙《栾城集》卷一《杨主簿日本扇》,《四部丛刊初编》本。
⑤ (宋)邓椿《画继》卷一○《杂说》,《四库全书》文渊阁本。
⑥ 傅璇琮等《全宋诗》卷四九九,北京大学出版社1992年版。
⑦ (宋)梅尧臣《宛陵集》卷五五《钱君倚学士日本刀》,《四库全书》文渊阁本。

宋代的铜钱因铸造精美而受日本国人的青睐,加之日本自平安后期始,由于商业日趋发达,钱币需求量大幅度增加,而国内铸钱业又一度中断,这使贩运钱币变得有利可图。史称日本商人"所酷好者,铜钱而止","一船可载数万贯文而去"。① 虽然宋廷因国内"钱荒"加剧而多次下令禁止中外商人博易铜钱,且日趋严厉,但"法禁虽严,奸巧愈密,商人贪利而贸迁,黠吏受赇而纵释,其弊卒不可禁",以致境内金银铜铁,所失良多,而"铜钱之泄尤甚"。② 宋钱大量流入日本国内,并进入商品交换领域,自然也引起了日本朝廷的关注。日籍《玉叶》治承三年(1179年)七月二十五日载:"近来输入宋钱,随意卖买。私铸钱者处八虐。此举虽非私铸,但行同私铸,应令停止。"将输入宋钱比同私铸。又《法曹至要抄》中"出举"条载,后鸟羽天皇建久四年(1193年)七月四日的朝廷宣旨中说道:"今后应永远禁绝宋朝钱货事。右左大臣奉敕宣旨:如不制止钱币买卖,焉能在交易中稳定物价? 仍仰检非违使及京职,自今以后永加禁止。"③宋钱输入引起朝廷如此重视,可以想象对当时日本经济的影响之大。据近时不完全统计,日本境内28处出土的中国钱,自唐至明共为55.3万余枚,其中北宋钱占82.4%,这些钱绝大部分是南宋时输往日本的。④

宋代瓷器产量和烧制水平胜过前代,通过海外贸易遍销于东亚、东南亚和非洲各地,其中日本是需求大国之一。当时,输入日本的除越窑青瓷外,还有大量的白瓷。在日本《朝野群载》卷二十《太宰府附异国大宋商客事》中存有一份崇宁四年(1105年)六月泉州商李充经明州市舶务抽解后,准许往日本贸易的"公凭",其货物栏中,除象眼、生绢、白绫等丝织品计70匹外,内有瓷垸200床、瓷碟100床。考古

---

① (宋)包恢《敝帚稿略》卷一《禁铜钱申省状》,《四库全书》文渊阁本。
② (元)脱脱等《宋史》卷一八六《食货下八·互市舶法》,中华书局1985年版。
③ 转引(日)木宫泰彦《日中文化交流史》南宋元篇,第300—301页,商务印书馆1980年版。
④ (日)小叶田淳《改订增补日本货币流通史》第一章。转引徐规《宋代浙江海外贸易探索》,《仰素集》第523页,杭州大学出版社1999年版。

发掘材料充分证实了文献记载的真实性,如 1978 年日本福冈(旧称博多)港曾出土了大批青、白瓷器和"元丰通宝"、"绍圣通宝"等钱币。①又日本镰仓海岸不断发现的宋代青瓷碎片与宁波宋代海运码头出土的大批越窑、龙泉瓷器基本一致,有的器物完全一致。② 同时,这一时期的日本瓷器生产也大量模仿宋瓷,如部分猿投窑、八和田窑、南山窑和广久手窑,即以无釉形式模仿宋朝的白瓷玉缘碗;兵库县的绿风台窑模制白瓷水注;濑户窑开窑后,其模本便是白瓷四耳壶、瓶子水注和黄釉盘,为日本濑户窑的崛起奠定了基础。③

香料和药材也是中国出口日本的大宗商品之一。自唐代以来,尤其是到宋代,沉香、麝香、丁子、衣比、甘松、龙脑等香料及金益丹、银益丹、巴豆、雄黄、槟榔子等药材大量输入日本,④这些香料和药材虽有中国所产,但绝大部分是从南海诸国流入中国,再经商人由明州等港口转贩到日本。由于当时日本寺院及社会各阶层盛行用香,然"其地乃绝无香",故"尤以为贵"。⑤

日本福冈出土的北宋青瓷执壶

丝织品仍是宋代输出的重要商品。虽然日本也"产丝蚕,多织绢,薄致可爱"⑥,但远远不能满足国内贵族们的消费需要,故"得中国绫绢则珍之"⑦。这刺激着商人纷纷将

---

① 新华社专稿《悠久友谊的见证》,《光明日报》1978 年 11 月 29 日。
② 林士民《海上丝绸之路的著名海港——明州》,第 74 页,海洋出版社 1990 年版。
③ 王勇、上原昭一《中日文化交流大系·艺术卷》,第 166—167 页,浙江人民出版社 1996 年版。
④ 陈高华、吴泰、郭松义《海上丝绸之路》,第 71 页,海洋出版社 1991 年版。
⑤ (宋)周密《癸辛杂识》续集卷下《倭人居处》,中华书局 1997 年版。
⑥ (元)脱脱等《宋史》卷四九一《日本传》,中华书局 1985 年版。
⑦ (宋)周密《癸辛杂识》续集卷下《倭人居处》。

丝织品运往日本以牟取巨利。如日籍《小右记》"长元二年(1029年)三月二日条"载,是年,台州商人周文裔到日本,带去的货物就有翠纹花锦、小纹丝殊锦、大纹白绫、丝鞋等丝织品。上文提到的崇宁四年(1105年)泉州商人李充,其经由明州港赴日贸易携带的货物中也有象眼40匹、生绢10匹、白绫20匹。又《吾妻镜》载,文治元年十月,源范赖献给后白河法皇的高档物品中,有唐锦、唐绫等120匹。这些唐锦、唐绫,显然是经商人带入日本的。

书籍作为商品之一,在这一时期也不断流入日本。如宋太宗雍熙三年(986年)七月,日僧奝然从明州搭乘宁海商人郑仁德船回国时,即带走宋大部头雕版印本《大藏经》,藏于京都法华寺。景德四年(1077年),宋商曾文令为结交日本左大臣藤原道长,除赠送醇酒、苏木、碗碟等物品外,还赠以《白氏文集》及五臣注《文选》。高宗绍兴二十年(1150年),商人刘文仲赴日,也携去《新唐书》、《新五代史》赠送给日本左大臣藤原赖长。①

此外,作为明州特产之一的草席,也通过贸易而输入日本。如《吾妻镜》载,安德天皇文治元年十月,在源范赖献给后白河法皇的礼单中,其中就列有"唐席"50张。② 而当时明州江东一带盛产席草,史称"人业于织,著名四方,曰'明席'"③。可以认为,"唐席"即是闻名遐迩的明州特产"明席"。

总之,两宋时期,以明州港为中心的中日民间贸易在唐代基础上有较大的发展。与宋丽之间的民间贸易相比较,明州与日本的贸易交往活动较少地受到外部政治因素的干扰而显得相对稳定。两国间这种互通有无的贸易往来,对促进两国间的友谊,改善和提高两国人民的物质生活和精神生活,无疑具有积极意义。

---

① 徐规《宋代浙江海外贸易探索》,《仰素集》第525页,杭州大学出版社1999年版。
② 转引[日]木宫泰彦《日中文化交流史》南宋元篇,第300页,商务印书馆1980年版。
③ (宋)《宝庆四明志》卷四《叙产·草之品》,《宋元方志丛刊》本,中华书局1990年版。

第四节　明州与东南亚及其他地区的贸易

两宋时期,由于政府大力鼓励海外贸易以及海道的拓展和海上交通的便利,中国与东南亚、非洲各国的贸易有了进一步发展。据南宋周去非《岭外代答》和赵汝适《诸蕃志》等记载,这一时期,与宋代有贸易往来的国家和地区有50多个,而宋人海舶直接到达的有20多个,其中重要的贸易对象有交趾(越南北部)、占城(越南中南部)、真腊(柬埔寨)、蒲甘(缅甸中部)、麻逸(菲律宾)、勃泥(加里曼丹北部)、阇婆(爪哇)、三佛齐(苏门答腊东南部)、大食(阿拉伯)、层拔(非洲中部东海岸)等。正是在这样的大背景下,明州与东南亚及以远地区的贸易有了较大的发展。

一、明州与东南亚诸国贸易的拓展

在宋代,因地理位置的原因,以广州为中心的广南地区和以泉州为中心的福建地区仍然是东南亚及以远地区与中国进行贸易的主要区域。但随着长江中下游地区经济的发展,以杭州、明州等为中心的两浙地区,其对外贸易迅速崛起,并开始向东南亚、西亚地区拓展。太宗端拱二年(989年),宋廷下诏:"自今商旅出海外蕃国贩易者,须于两浙市舶司陈牒,请官给券以行,违者没入其宝货。"[①]到真宗咸平年间(998—1003年),宋廷再次下诏规定:杭、明各置市舶司,与广州市舶司,"凡大食、古逻、阇婆、占城、勃泥、麻逸、三佛齐诸蕃国并通货物,以金银、缗钱、铅锡、杂色帛、瓷器,市香药、犀象、珊瑚、琥珀、珠琲、镔铁、鳖皮、玳瑁、玛瑙、车渠、水精、蕃布、乌樠、苏木等物。"[②]明州与杭州、广

---

① (清)徐松《宋会要辑稿》职官四四之二,中华书局1987年影印本。
② (元)脱脱等《宋史》卷一八六《食货下八·互市舶法》,中华书局1985年版。

州三市舶司并列成为中国商船前往东南亚和东南亚诸国蕃商前来贸易的登记机构和集散地,足见地位之重要。

从现有史料来看,东南亚诸国与明州的贸易交往,既有在朝贡名义下进行,也有私商之间直接进行的。如淳化三年(992年)八月,阇婆国王穆罗茶遣使陀湛、副使蒲亚里等携象牙、珍珠、绣花销金、檀香、玳瑁槟榔盘、金银装剑等朝贡物品,在宋商毛旭的引导下到达明州定海县,朝廷"令有司优待,久之使还,赐金币甚厚,仍赐良马戎具,以从其请"①。又如天禧元年(1017年),大食国商人麻思利等打着上京"进奉"名义,以规避明州市舶司的抽解,沿途却从事私人商易,购回大量物品,并要求免除"缘路商税"。对此,三司官员验实后,认为不应免税,但朝廷还是下诏"特蠲其半"②,给予了特殊的照顾。由于外商经常打着"进奉"之名,规避抽税,到元丰时期(1078—1085年),北宋朝廷规定,以后外商进奉物,在舶司所在地出售,市舶机构不得再签证令其发往京城开封。徽宗宣和四年(1122年),再次申明:"蕃国进奉物,如元丰法,令舶司即其地鬻之,毋发至京师,违者论罪。"③

当时,不少东南亚地区及波斯、阿拉伯等国商人长期在明州居住、经商。如孝宗乾道年间(1165—1173年),真里富(真腊属国或属邑)有位商人在明州经商老死,知州赵伯圭令官府备棺收敛,并让其同伴将其棺材连同遗产护归故里,深得真里富人好感。④ 由于不少波斯商人在明州经商,从而在城内泥桥下形成了有一定规模的"波斯团"这一行业组织。⑤ 考古挖掘已证实,两宋时期有一批波斯、阿拉伯商人集中居住在市舶务附近,当时舶务边的狮子桥以北的清真寺,即建于北宋咸平年间(998—1003年);明州东渡门内的波斯巷,亦由此而得名。⑥

---

① (元)脱脱等《宋史》卷四八九《外国传五·阇婆国》,中华书局1985年版。
② (清)徐松《宋会要辑稿》职官四四之三,中华书局1987年影印本。
③ (元)脱脱等《宋史》卷一八六《食货志下八·互市舶法》。
④ (宋)楼钥《攻愧集》卷八六《皇伯祖太师崇宪靖王行状》,《丛书集成初编》本。
⑤ (宋)《开庆四明续志》卷七《楼店务地》,《宋元方志丛刊》本,中华书局1990年版。
⑥ 林士民、沈建国《万里丝路——宁波与海上丝绸之路》,第240页,宁波出版社2002年版。

在抽解额上，明州市舶司对海南、占城、西平、泉州、广州船有明确规定："不分纲首、杂事、梢工、贴客、水手，例以一十分抽一分，般贩铁船二十五分抽一分。"而对"外化蕃舶"，则"遇到，申上司候指挥抽解"，即要报上级部门来确定抽率。这一区分，反映了明州港与东南亚、波斯湾诸国的实际通商情况，说明明州与泉州、广州及东南亚诸国的贸易活动比较频繁，有直接的贸易往来，因而有统一的抽税率。而对南亚及以远地区，直接的贸易活动仍相对较少，加之贸易方大都以"进奉"名义而来，带有政治交往色彩，明州市舶司尚无权决定抽税率。这样，直到南宋后期，明州对"外化蕃舶"的贸易还没有形成统一的抽税率。

二、明州与东南亚诸国的贸易物品

关于东南亚及波斯、阿拉伯等地区输入明州的物品，《宝庆四明志》卷六《叙赋下·市舶》"外化蕃舶"条载，其细色有银子、鬼谷珠、朱砂、珊瑚、琥珀、玳瑁、象牙、沉香、笺香、丁香、龙涎香、苏合香、黄熟香、檀香、阿香、乌里香、金颜香、上生香、天竺香、安息香、木香、亚湿香、速香、乳香、降真香、麝香、加路香、茴香、脑子、木札脑、白笃耨、黑笃耨、蔷薇水、白豆蔻、芦荟、没药、没石子、槟榔、胡椒、硼砂、阿魏、腽肭脐、藤黄、紫矿、犀角、葫芦瓢、红花、蜡等48种；粗色有生香、修割香、香缠札、粗香、暂香、香头、斩锉香、香脂、杂香、卢甘石、窊木、射木、茶木、苏木、射檀香、椰子、赤藤、白藤、皮角、鳖皮、丝、簟等22种。又同卷"海南、占城、西平、泉、广州船"条载，抽解细色为麝香、笺香、沉香等17种；粗色为暂香、速香、桂皮、生铁等61种。从这些名目繁多的品种可以看出，输入的物品以香料为大宗，其次是名贵药材、木材、宝货及布匹、矿石等特产。

经明州港输出的物品，主要有瓷器、丝织品，其次为金银铜铁等金属制品。宋代浙东越窑瓷与东南地区龙泉青瓷、华南白瓷一样，因其制作精巧、大方耐用而为东南亚和西亚各国广泛使用,或作为生活器皿,或作为装饰品,有的甚至用于宗教和祭祀活动。考古发掘表明,在东南亚、南亚、西亚以及非洲,凡中国商船所到之处以及与宋朝有贸易往来的国家和地区,都有数量不等的宋瓷发现。①

菲律宾出土的唐四系罐和北宋盒、执壶等越窑瓷器

丝织品是宋代仅次于瓷器的出口商品。据《诸蕃志》记载,东南亚的占城、真腊、三佛齐、阇婆、凌牙斯、勃泥、三屿等国家和地区,不仅喜欢中国纺织品,而且主要依赖于中国商人的大量输入。如真里富,"其所用绯红罗绢、瓦器之类皆本朝商舶到彼博易"②。由于东南亚地区织染技术相对落后,一些地方"得中国红艳子,皆折取色丝,而自以织衫"③。

宋代的铜钱也伴随着贸易交往而大量流入海外各国。张方平曾言:"钱本中国宝货,今乃与四夷共之。"④尽管宋廷多次下诏禁止铜钱外流,但效果甚微。而东南亚等地无疑是宋钱流入的主要地区之一,据《诸蕃志》卷上载,当时往来于东南亚的中外商人,"往往冒禁,潜载铜钱博换",以致出现了"入蕃者非铜钱不往,而蕃货亦非铜钱不售"

---

① 黄纯艳《宋代海外贸易》,第36—37页,社会科学文献出版社2003年版。
② (清)徐松《宋会要辑稿》蕃夷四之九九,中华书局1987年影印本。
③ (宋)周去非《岭外代答》卷六《安南绢》,中华书局1999年版。
④ (宋)张方平《乐全集》卷二六《论钱禁铜法事》,四库全书文渊阁本。

的现象。① 交趾在大量购入宋代铜钱的同时,甚至规定:"小平钱许入不许出。"②宋代铜钱还流入印度、阿拉伯、非洲等地,在南印度、霍尔木兹岛、肯尼亚和坦桑尼亚等地均有大量宋钱出土。③ 除铜钱之外,金、银、铁等金属及其制品的外流也相当惊人,史称:"金银铜钱、铜器之类,皆以充斥外国。"④"南渡后,舶司岁入充盈,然金银铜铁,海舶飞运,所失良多。"⑤金银铜铁的大量外泄,一定程度上加重了宋代的"钱荒",对宋代社会经济无疑有一定的负面影响,但从一个侧面反映了宋代海外贸易的繁荣。

需要指出的是,由于政府对金银铜铁的出口限制日趋严格,这些金属制品主要通过民间走私贸易这一途径输出,尽管数目不少,但在宋代与东南亚、南亚诸国的贸易活动中,瓷器与丝绸仍然是大宗物品。另外,上述物品除经明州流入东南亚等地外,东南沿海地区的其他港口,如广州、泉州等也有大量的输出。

总之,明州繁荣的港口贸易,使宋代朝廷市舶收入大增,对充裕中央财政起到了一定的作用。同时,通过对外贸易,也使地方政府和百姓从中获利。知州胡榘在上奏札子中所说的"本府僻处海滨,全靠海舶住泊,有司资回税之利,居民有贸易之饶"⑥已清楚地说明了这一点。更为重要的是,海外贸易范围的不断扩大和外销商品需求量的增加,为明州的商品开拓了广阔的国外市场,极大地推动了明州地区手工业和农产品经济的发展及商品化进程,加速了以明州为中心的浙东区域市场体系的形成。

---

① (清)徐松《宋会要辑稿》刑法二之一四四,中华书局1987年影印本。
② (宋)李心传《建炎以来系年要录》卷六九绍兴三年十月戊戌条,上海古籍出版社1992年版。
③ 黄纯艳《宋代海外贸易》,第45页,社会科学文献出版社2003年版。
④ (清)徐松《宋会要辑稿》刑法二之一四四。
⑤ (元)脱脱等《宋史》卷一八六《食货志下八·互市舶法》,中华书局1985年版。
⑥ (宋)《宝庆四明志》卷六《叙赋下·市舶》,《宋元方志丛刊》本,中华书局1990年版。

第四章
宋代宁波的城市建设与管理

- 明州的城防建设
- 城市基础建设与管理
- 月湖的浚治与人文景观

城市建设是城市经济发展、人口增长的必然,同时与其在政治、军事上的地位密切相关。两宋时期,随着明州地区社会经济的发展,城市人口的增加,尤其是南宋建都临安后,其作为东南要郡的地位更加突出,城防和城市基础设施的建设,城市人口的管理日益为中央和地方政府所重视。

第一节 明州的城防建设

唐穆宗长庆元年(821年),浙东观察使薛戎以明州州治"北临鄞江,地势卑隘",奏准朝廷移置于三江口鄮县治所,是为子城(内城)。唐昭宗乾宁间(894—898年),刺史黄晟又在子城外围修筑罗城(外城),明州城至此初具规模。五代十国时期,吴越王钱氏以宗室镇守明州,对州城又进行了一番加固,"城郭增壮自此始"[1]。入宋以后,特别是宋室偏安东南以来,两浙为畿辅,明州作为"浙左股肱之郡",[2]在政治、军事、经济上的地位日益突出,统治集团更加重视明州的城防建设,并将其作为京城临安的东南屏藩。经过多次修建,明州城的面貌焕然一新,成为闻名遐迩的东南港口城市。

---

[1] (宋)《乾道四明图经》卷一《总叙》,《宋元方志丛刊》本,中华书局1990年版。参见(宋)《宝庆四明志》卷三《叙郡下·城郭》,《宋元方志丛刊》本,中华书局1990年版。
[2] (宋)《开庆四明续志》卷五《烽燧》,《宋元方志丛刊》本,中华书局1990年版。

一、子城建设

自唐穆宗长庆元年(821年)刺史韩察筑子城,移州治于三江口,明州逐渐成为四明地区的政治中心。然而,由于文献记载匮乏,宋代子城具体的修建情况难以得知。考古挖掘表明,宋代时期,曾在唐子城的基础上至少进行过两次大修。第一次大修在北宋初,当时维修的

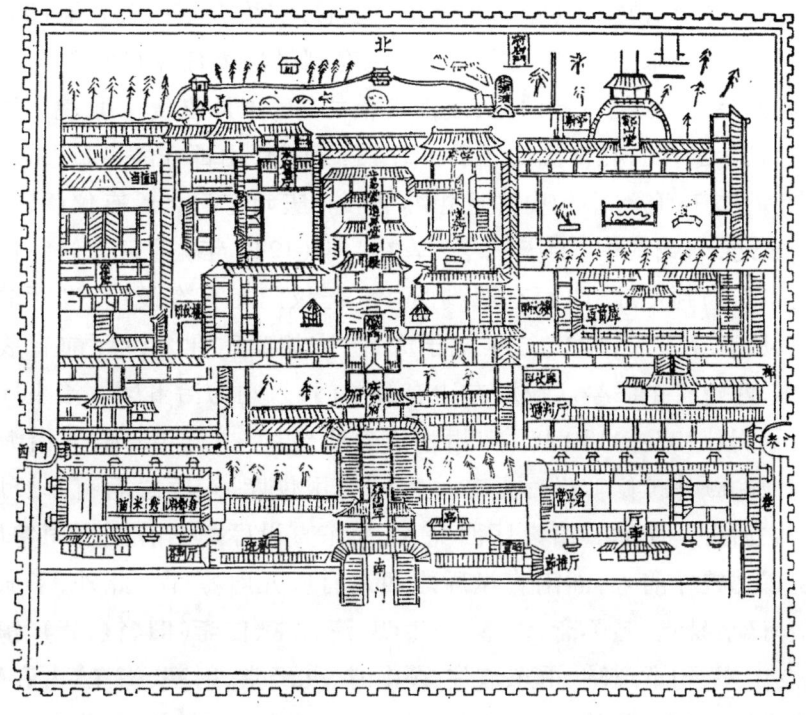

宋子城内建筑布局(选自林士民《三江变迁》,宁波出版社2002年版)

重点是加固修补城墙,凡经过这一次整修的城基,叠砌有序,明显得到加宽、加厚。第二次是南宋时期,在唐代夯土城墙基础上,将城基包砖改为1米左右,全部用加工过的条石错缝砌筑,厚度为50厘米左右;

其上部分为包砖砌筑。①

综合现存的《乾道四明图经》、《宝庆四明志》和《开庆四明续志》可知,南宋时期明州的子城周回为420丈。其建筑布局以子城门奉国军门(谯楼)为中心轴线,设置官署建筑和道路。在奉国门外之左建有宣诏亭,之右为晓示亭。宝庆三年(1227年),经胡榘组织重修后,左右分别为颁春亭和晓示亭。奉国门内又有东西二门,各建有门楼,"两楼对峙,巍巍翼翼"。东门在常平仓之后,宝庆三年,胡榘费楮券1121缗重建;西门在苗米仓(或称府都仓)之后,宝祐五年(1257年)四月,因西门城楼久未修葺,毁坏严重,庆元府判吴潜委任船场官赵与陆负责修治,"级之故阙者赤白之,漫漶者治之"②,大体恢复了原貌。子城重门为庆元府门,在奉国门正后,旧门额"明州"由郡守潘良贵书,升庆元府后,郡守何澹、宰相史弥远相继书额。庆元府门之后有仪门,有二子门翼之,列戟其中,宝庆三年、淳祐六年(1246年)进行重修。仪门外之东有通判东厅,西面有通判西厅。与仪门相直有设厅,设厅前有庭院,后有穿堂屋,宝庆二年圮于大风,守胡榘重建。设厅前有戒石亭,东、西建有茶酒亭。设厅左边有狮子门,入则为治事厅。治事厅为建炎年间(1127—1130年)知州张汝舟所建,淳祐五年知府兼沿海制置副使颜颐仲扩修。设厅前二庑之间有甲仗库,东庑之后有军资库,西庑之后有公使库。由设厅西庑入,面东直设厅之西有制置司签厅;由制置司签厅前入,面南直设厅之西北有庆元府签厅。此外,子城内有横舟、平易堂、羔羊斋、锦堂、公生明、清暑堂、仁斋(旧名东斋)、镇海楼、友山亭、句章道院、甬东道院、鄮山堂、九经堂、射亭、梅庄、占春亭、更恭亭、传觞亭、芙蓉堂、清心堂、明秀楼、茅亭、熙春亭、百花台、真瑞堂、老香堂、苍云堂、生明轩等。

在道路铺设上,根据1997年发掘的部分材料,道路路面在砌筑前,均用泥浆、瓦砾夯实夯平,然后有规则地铺上小长方形年糕砖,道

---

① 林士民《三江变迁——宁波城市发展史话》,第80—81页,宁波出版社2002年版。
② (宋)《开庆四明续志》卷一《城郭》,《宋元方志丛刊》本,中华书局1990年版。

路两边均有凹槽形的明水沟,砌筑规整,高低一致,窨沟构筑十分讲究。①

子城四周为壕沟,通过桥梁连接外城。史载淳祐三年(1243年)春,因"民居跨濠造浮棚,直抵城址,不惟塞水道,碍舟楫,有缓急亦无路可以运水,邦人病之",于是知府陈垲出钱、酒,令建棚者自行拆除,使环绕子城的道路得以畅通无阻。同时,立子城东水同街坊牌和子城西城街坊牌,重修子城,以限隔内外。②

子城作为州府衙门所在地,内有官府、仓库、公宇和亭台楼阁等,是制置使、知州(府)、通判理政和休息的主要场所。

二、罗城建设

明州罗城四面环水,奉化江自南来限其东,慈溪江自西来限其北,西面与南面皆它山之水环绕,是典型的江南水城。根据已有文献记载,宋代对罗城至少作过三次大规模的整修。第一次是宋神宗元丰元年(1078年)曾巩知明州任内。时"有诏完城,既程工费,而会公至,初度城周二千五百余丈,为门楼十,故甓可用者收十之四,公为再计,城减七十余丈,门当高丽使客出入者,为楼二,收故甓十之六,募人简弃甓可用者,量酬以钱,又得十之二,凡省工费甚众,而力出于役兵佣夫,不及于民"③。据此可知,此次修缮的明州城,其材料多利用旧城砖砌成,周回约2500丈,计18里左右。

第二次是理宗宝庆年间(1225—1227年)胡榘兼知庆元府任内。此次重修罗城,除了对望京、灵桥、东渡三门进行翻新外,其他城郭楼门均埤薄为厚,增卑为高,补罅易圮,历时近两年,所费楮券达12500余缗。经此次大修后,明州10座城门的名称及布局便有了明确的记

---

① 林士民《三江变迁——宁波城市发展史话》,第82—83页,宁波出版社2002年版。
② (宋)《宝庆四明志》卷三《叙郡下·城郭》,《宋元方志丛刊》本,中华书局1990年版。
③ (宋)曾巩《曾巩集》卷后《附录一·行状》,中华书局1984年版。

载:东面有灵桥门、来安门(旧呼市舶务门)、东渡门,东南面有鄞江门,南面有甬水门,西面有望京门(原名朝京门),西北有郑堰门,北有盐仓门、达信门,东北面有渔浦门。其中灵桥门曾于绍定元年(1228年)正月毁于火灾,后重建,垒城高5尺,衡缩2间,纵加3尺,楼门制度与望京门相等。重建后的灵桥门与望京门东西遥相呼应,极为雄壮。东渡门亦被火毁于绍定元年正月,后复重建。鄞江门、渔浦门、达信门后均关闭。①

第一期宋城(北宋)清理情况(南-北)
(选自林士民《再现昔日的文明》,上海三联书店2005年版)

第三次是在理宗宝祐四年(1256年)至开庆元年(1259年)吴潜判庆元府任内。史载,因长期疏于管理且多年未得修治,"郡人有凭城而楼观者,巡徼之途塞焉。甚而败阙不理,跬步可越,诸门倾欹穿漏,凛凛欲压",城门、城楼毁废十分严重。于是,吴潜在上任后即上奏朝

---

① (宋)《宝庆四明志》卷三《叙郡下·城郭》,《宋元方志丛刊》本,中华书局1990年版。

廷,在得到密旨后,先全面修治城墙,"芟夷荆榛,复仍城壁旧贯,阙者补,圮者植,低者、薄者崇且益",并重新建立巡铺制度,加强对城楼的巡防和管理,使"雉堞焕如"。修建工程历时3年,共费钱69620贯,米170余石。从开庆元年(1259年)夏开始,吴潜又着手重建望京门、郑堰门、下卸门(即盐仓门)城楼,并修缮甬水门(城南门)、灵桥门(城东右门)、东渡门(城东左门)门楼,使"楼橹粲然,万目易视"。工役之费为钱99800贯、米367石。此后,又迁下卸门于近东造袋局之侧,更楼名为和义(城北东门);改郑堰、望京门为永丰(城北西门)、朝京门(城西门)。①直至元代,除朝京门易名迎恩门外,这一格局基本未变。

宋罗城墙(选自林士民《再现昔日的文明》,上海三联书店2005年版)

第二节　城市基础建设与管理

　　城区的基础建设包括坊巷与街衢整治、河道疏浚及桥梁道建设等;城区管理则包括对城市居民的管理及对道路交通设施、治安、防火、水资源的管理等。两宋时期,随着城市人口的增加和城区的拓展,

---

① (宋)《开庆四明续志》卷一《城郭》,《宋元方志丛刊》本,中华书局1990年版。

城市的基础建设与管理也提上议事日程。

一、坊巷建设与管理

在唐代,城市实行严格的坊市制,一般城市划分为政治区(子城)、居民区(坊)、商业区(市)三部分。到宋代,随着社会经济的发展,城市的这一格局被彻底打破。在明州,子城虽仍为政治中心,但诸多仓、场、库、务、局、院、坊、园等管理机构已设置于坊巷之中;作为居民区的"坊",其名虽存,但"坊"中有市,居民区和商业街市彼此交织,严格意义上的坊市界限已不复存在。城市居民聚居单位不再是旧坊区,而是按坊巷所在组成新的基层单位。同时,随着城市人口的增加,城郊居民的城市化,城市区域已不断向外延伸。这样,一种新的适应城市发展需要而出现的管理体制——厢坊制应运而生。

城邑为坊,田野为村,"坊"作为城市管理基本单位,由来已久。而关于"厢"之名,王应麟曾说:"左右厢起于唐,本用李靖兵法,诸军各分左右厢统之。"又说:"朱梁以方镇建国,遂以镇兵之制用之京师。京师兵有四厢,而诸军两厢,其厢使掌城郭烟火之事,而军旅渐有厢军之名。"① 由此推测,城市中厢的划分,可能源于对驻军防地的划分,后来逐渐成为一级市政管理机构。

明州城的坊巷建设以及厢坊划分情况,《宝庆四明志》有较详细的记载。志中称:"此邦生齿既繁,侵冒滋多,甚至梁水而槛,跨衢而宇,往来间阻,舆马尤病。"由于人口浩繁,居民"知广其屋宅,而不知自为不利",违章搭建、侵街情况十分严重,以致常常造成交通堵塞。更为严重的是,由于民宅槛宇相连,接栋跨巷,一旦发生火灾,极难扑救。如绍定元年(1128年)正月大火,灭火人员面对火势,束手无策,整个东北厢焚毁殆尽,并殃及东南厢,损失惨重。于是,知府胡榘到任后,

---

① (宋)王应麟《玉海》卷一三九《兵制四·宋朝四厢军》,江苏古籍出版社1990年影印本。

在奏准尚书省严禁居民违章搭建的同时,"凡街衢巷陌经火者,悉从厘正"①。经此次清理后,明州城内4厢51坊的分布与名称如下:

东南厢14坊:锦勋坊,嘉熙四年(1240年)制帅赵以夫为宗室赵善湘奉旨立;握兰坊,与西南厢交界,新桥东;清润坊,与西南厢交界,新桥南;连桂坊,施家巷口;余庆坊,与西南厢交界;重桂坊,新寺巷口,嘉定七年摄守程覃为孙枝、孙起予父子同榜及第立;兴廉坊,洗马桥下;进贤坊,洗马桥南;吉祥坊,破石桥下;康乐坊,皂角庙巷口;锦乐坊,淳祐五年(1245年)制帅黄壮猷为余天锡奉旨立;迪教坊,车桥南,绍定元年(1228年)郡守胡榘于火灾后重立;积善坊,小江桥南,绍定元年火后重立;状元坊,在天封塔下,嘉泰三年(1203年)由郡守黄由为新科状元傅行简立。

东北厢9坊:千岁坊,南湖头,与西南厢交界;安平坊,天庆观前;阜财坊,小梁街巷口;开明坊,鄞县前;拱星坊,廊头巷口;富荣坊,能仁寺巷口,与西北厢交界;广慧坊,大梁街巷口;泰和坊,县河下;宣化坊,魏家巷口。东北厢诸坊均由郡守胡榘于绍定元年火灾后重立。

西南厢15坊:纯教坊,府桥西;美禄坊,四明桥西;迎凤坊,四明桥东;问俗坊,史府前;史君坊,史府前;众乐坊,均奢桥西;释褐状元坊,均奢桥南,嘉泰三年守黄由为两优释褐宣缯立;行春坊,宝云寺西;灵应坊,宣府前;符桂坊,汪运使桥西,嘉定七年郡守程覃为汪立中立;昼锦坊,楼府东,以王周领乡郡立;振名坊,仓桥北;顺成坊,仓桥下;绶带坊,崇教寺后;惠政坊,天宁寺南。

西北厢13坊:宜秋坊,应家巷口;寿宁坊,虹桥北;崇孝坊,路分衙侧;永济坊,奉国楼前;恤仁坊,佛阁下,绍定元年于火后重立;广仁坊,白衣寺巷口;朝士坊,戴家巷口;修文坊,孝文巷口;影泉坊,蔡家巷口;儒行坊,鉴桥下;朝桂坊,顶戴桥下,为宝庆二年(1226年)进士刘炳立;状元坊,鉴桥下,为嘉定七年(1214年)状元袁甫立;状元坊,府学

---

① (宋)《宝庆四明志》卷三《叙郡下·坊巷》,《宋元方志丛刊》本,中华书局1990年版。

前,为淳熙五年(1178年)状元姚颖立。

每坊均立有坊表,史载:"鄞郡甲东浙,生齿浩繁,阛阓填溢。坊有扁,所以植表旗也。"宝祐六年(1258年)冬,知府吴潜鉴于坊匾"岁久漫弗治",除释褐状元、锦勋、锦乐、昼锦、朝桂、符桂6坊因坊匾丹雘尚新而不复改作外,其余45坊匾皆"撤而新之"。坊匾均悬挂于桥上,桥四周设立表楹,"贯桥居市中,设四楹于桥隅,且上刻华表鹤"。这次坊匾改作,共耗资10572贯。① 对照《宝庆四明志》、《开庆四明续志》所载仍为4厢51坊,但4厢辖坊及部分坊名已有变化,如东南厢原辖14坊,现重桂坊划归东北厢,辖13坊;东北厢原辖9坊,因划入重桂坊,辖10坊;西南厢原辖15坊,现在湖西史府前增衮绣坊,辖16坊,但不久西南厢四明桥北的美禄坊易名衮绣坊,与湖西衮绣坊合而为一,因此仍是15坊;西北厢辖13坊不变,但两个状元坊取消,新设衍庆(后庵前)、阅武(贡院桥下)两坊。后东南厢的广慧坊改名万寿坊,西北厢的恤仁坊改名施仁坊。

除上述4厢外,《开庆四明续志》卷七《楼店务地》、卷八《赈济》中明确提到庆元府尚有甬东厢和府西厢。关于两厢的方位,《宝庆四明志》卷三"造船场"条下注:"城外一里,甬东厢。"同卷"雪窨"条下注:"在甬东厢法云寺后。"按:法云寺(院)在鄞治东7里,宋太祖乾德六年(968年)建号甬东浴院,英宗治平二年(1065年)赐额。② 据此可知,甬东厢在府城东北。至于府西厢,宋志虽无明言其具体方位,但据其名可推测当在府城西面。《延祐四明志》卷八在记及录事司方位时说:"城西隅,在迎恩门外。"因元代的隅制大体承袭宋代的厢制,而迎恩门即由朝京门(城西门)易名,由此可进一步断定,府西厢就在州城西面。从宝祐六年庆元府为征收楼店务地税而重新核实的土地面积来看,甬东厢为5000余丈,仅次于东北厢;府西厢虽据六厢之末,但也

---

① (宋)《开庆四明续志》卷一《坊巷》,《宋元方志丛刊》本,中华书局1990年版。
② (元)马泽修、袁桷纂《延祐四明志》卷一七《释道考中·鄞县律院》,《宋元方志丛刊》本,中华书局1990年版。

有 2600 余丈。这从一个侧面反映出城郊两厢的规模与城内四厢相差不大。

甬东、府西二厢建置的出现,具有十分重要的意义,它标志着南宋中叶后,明州在城市化道路上已迈出了重大的一步,城市活动已突破城墙的限制向城郊辐射,城郊地带逐渐成为城市的有机组成部分。虽然二厢的地位在当时尚不能与城内四厢等量齐观,但在一些管理上,如地税的征收、官府的赈济放免、渠堰碶闸的整治等,已趋合一。

然而,南宋时期的明州方志对厢坊的管理如何运作,如厢级机构官吏的设置、职权、归属等均无记载。一般认为,厢坊官由吏部差注大小使臣(兵官)充任,负责厢区日常防火和治安等管理工作,明州的情况应该也是如此。

二、城区河渠疏浚与碶闸桥梁建设

明州素有泽国之称,州城濒海枕江,依三江之势而筑,由于地势特殊,"水难蓄而善泄"[①],一旦失时不雨,城内即池井皆竭,居民至饮江水。因此,从唐代建城开始,地方官员都十分重视以蓄水、排涝为中心的水利工程建设。特别是唐鄮县县令王元暐在城西南建它山堰并引水入城,刺史于季友开凿河渠并筑仲夏堰,因工程浩大,造福一方而载入史册,流芳后世。入宋以后,随着城市人口的增加,居民的用水量也随之增加,这样,地方政府在继续治理上流水源的同时,也加强了城内河渠的疏浚、利用与管理。

明州城的水源主要有二:一自它山堰经仲夏堰入南门,一自大雷山经广德湖入西门,然后汇于城中日、月二湖。然而,自唐大中(847—859年)以来,由于围湖造田之风渐兴,广德湖开始遭到破坏。入宋后,广德湖虽经丘崇元、李夷庚、曾公望、张峋等地方官吏的治理而得

---

① (宋)《乾道四明图经》卷一《水利》,《宋元方志丛刊》本,中华书局1990年版。

以暂存，但到北宋末年，最终还是被填为耕地。废湖为田后，虽在北面的西塘、中塘开挖运河以导水入日湖、月湖，但水量极不稳定。这样，它山水系就成为明州城的主要水源。它山水系在宋代经钱亿、虞大宁、刘淑、张必强、龚行修、刘珵、魏岘、胡榘等地方官员的多次治理，尤其自刘珵后，为经久之计，置田收租以为治水经费，并加强管理，从而保证了上流河道的畅通，也使得城内居民的用水基本得到保障。

明州城内，位于城西南隅的日湖和月湖容纳它山诸水，成为城中水源所在，"湖之支派缭绕城市，往往家映修渠，人酌清泚"①。因此，地方官员大多十分重视对日、月二湖与河渠的疏浚，而其中以元祐年间（1086—1094年）知州刘淑的浚治工作最为彻底。这次整治，不但扩大了月湖的蓄水量，而且，通过在湖四周及湖中岛屿中种植松柳花草，又达到了固堤和保护水质的目的，故"湖遂大治"。② 此外，官府对妨碍水道的搭建物也及时予以整治，如陈垲对环子城壕河浮棚的清理，胡榘禁止在有碍水道处立屋等。这些举措，对保证城内河道的畅通起了一定的作用。

当时，城内众多支流又被"引之于城北隅，凿两池以潴之。淫潦泛溢，则城之东北隅有食喉、气喉二碶以泄于江"③。两池，即指城北盐仓门附近的蛟池和蜃池，主要用于州城北隅的蓄水防旱。食喉、气喉二碶，则用于涝时泄水。然而，《宝庆四明志》卷十二在论及修复城西外保丰碶的重要性时说："石塘碶回环而北，三十里间无一碶可以泄水，每遇霖潦，往往汇于城下，反借城中三喉传送，三喉穴城为水道，仅通一线，所泄能几？此保丰碶之不可不复也。"可知城内实有三喉泄水。三喉即水喉、食喉与气喉，其中水喉闸在东北隅东渡门墙下，都税务前；食喉闸在东南隅灵桥门墙下，市舶务前；气喉闸在东南隅鄞江门墙

---

① （宋）《宝庆四明志》卷四《叙水》，《宋元方志丛刊》本，中华书局1990年版。
② （宋）《乾道四明图经》卷一〇《西湖记》，《宋元方志丛刊》本，中华书局1990年版。
③ （宋）《宝庆四明志》卷四《叙水》。

下,狮子桥东。① 南宋后期,为了保证泄水畅通,明州地方政府也严禁居民在泄水碶闸附近建屋。

为了控制水位,合理掌握蓄泄,理宗宝祐至开庆年间(1253—1259年),吴潜通过实地勘察水位,并结合陈垲在它山堰回沙闸、城东大石桥碶立平水尺控制闸门启闭的经验,在城内平桥下建水则亭,立水则碑:"伐石为准,榜曰水则,而大书平字于下方。暴雨急涨,水没平字,戒吏卒请于郡,亟启钥;若四泽适均,水露平字,钥如故。"②即视水面处于"平"字的位置以启闭郡城各闸:水没"平"字则启闸放水,水露"平"字则闭闸蓄水。平桥水则的设立,大大缩短了水位变化与操纵碶闸启闭的时间差,反映出四明人民对水资源的管理与利用已达到了相当高的水平。

与城内水利活动密切联系的是桥梁建设,史称:"日、月湖之水,酾为支流,可濯,可湘,可载,可沿。徒杠舆梁,政所宜举。人繁屋比,则家自为之矣。"③作为水乡城市,随着人口的增多与经济活动的日趋频繁,兴建桥梁成为维系与缓解交通的主要手段。这些桥梁主要由官府出资营建,但"人繁屋比,则家自为之",也有由家族、巨室筹资建造。"巷陌随桥曲,闾阎占水穷"④,桥梁与坊巷纵横交错,成为明州城市的一大特色。据《宝庆四明志》,当时城内的主要桥梁及分布为:

东南厢:市心桥,南湖头南,西南厢交界;吴栏桥,市心桥南,西南厢交界;奉化桥,一名捧花桥,龙舌头南,西南厢交界;水月桥,延庆寺前,西南厢交界;洗马桥,新寺后门;泥桥,新牌桥东;车桥,灵桥门西;行香桥,旧名焚香桥,采莲桥东;采莲桥,南寺前;狮子桥,兴教寺南;新

---

① (元)王元恭修,王厚孙、徐亮纂《至正四明续志》卷四《山川·河渠》,《宋元方志丛刊》本,中华书局1990年版。参见(清)徐兆昺著、桂心仪等注《四明谈助》卷一四《北城诸迹四下·东门碶闸》,宁波出版社2000年版。
② (宋)《开庆四明续志》卷三《平桥水则记》,《宋元方志丛刊》本,中华书局1990年版。
③ (宋)《宝庆四明志》卷四《叙水·桥梁》,《宋元方志丛刊》本,中华书局1990年版。
④ (宋)《乾道四明图经》卷八《和马粹老四明杂诗聊记里俗耳十首》(其五),《宋元方志丛刊》本,中华书局1990年版。

牌桥,泥桥头南;塔下桥,连桂坊东;破石桥,吉祥寺后;古石桥,禁军二十九营前;小港桥,积善坊;邱家桥,迪教坊南;兴教桥,景清巷口东;贺都监桥,新门头;戚家桥,南寺后门;明州桥,南寺前;南寺后桥,戚家桥南;黄家桥,东河际;行宫桥,袁尚书宅西;砖桥,龙舌头北;石桥,赵府前;史学士桥,龙舌头;王家桥,连桂坊南;陆家石桥,连桂坊西;史府桥,景德寺侧;石桥,汪家巷口;林家桥,禁军全捷营前;马家庄桥,新门头;王家桥,袁尚书宅前;袁尚书桥,袁尚书宅前;孙家石桥,戚家桥南;马家石桥,东河际;马家庄石桥,黄家桥南;马家石桥,白龙王庙前;吴家桥,沙泥巷口;新门里石桥,冯计院宅前;汪家木桥,景德寺东;黄鉴桥,戚家桥东。凡42桥。

东北厢:千岁桥,旧名万岁桥,又名贯桥,府东南,西南厢交界;皇封桥,府东南;开明桥,一名通明,鄞县衙前;积善桥,鄞县衙东;生姜桥,鄞县衙东;盐蛤桥,府东南;萧家桥,市中心;回途桥,魏家巷口;余庆桥,鄞县衙东;琅琊桥,鄞县衙东;做絮桥,市廊头;团桥,东渡门里;都税院桥,东渡门里;张家桥,咸塘口;四港桥,市舶司后;市舶司后桥,咸塘东;葛家桥,姚家巷口;洗麸桥,东寿昌寺北;洞桥,新河头;泰和坊桥,鄞县衙前;隐仙桥,天庆观后;柴家桥,广慧寺后;广慧桥,大梁街。凡23桥。

西南厢:清澜桥,俗称府桥,奉国军门前;四明桥,府南;憧憧桥,府西南,在众乐堂之东,俗称东湖桥、西湖桥;湖心石桥,府西南,有大小二桥;清洞桥,旧称甬水门里桥;葱行桥,府东南;迎凤桥,府东南;锦照桥,大庙前;仓桥,振名坊南;福明桥,景福寺东;新桥,景福寺西;锦里桥,旧名五马桥,在竹洲西;廨院桥,旧名通安桥;曾家汇南;君奢桥,湖桥东;酒务桥,崇教寺侧;众乐桥,湖桥侧;竹行桥,千岁坊西;章耆巷桥,千岁坊南;永安桥,曾家汇西;四柱桥,曾家汇南;木栏桥,廨院前;韩家桥,廨院侧;牢家桥,铸治坊巷;文博桥,铸治坊巷;汪运使桥,大庙前;昼锦桥,大庙前;褚家桥,蒋家带;宣家桥,千岁坊南;周家桥,铸治坊巷;感圣寺桥,绍定元年(1228年)史府重建;普照桥,距府二里半,具体方位未载。凡31桥。

西北厢：迎恩桥，一名仁安，望京门里；虹桥，寿宁坊南；河利桥，项家巷口；惠政桥，俗称天宁桥，报恩光孝寺前；永济桥，路分衙前；董孝桥，一名渡母桥，报恩观西；府东门桥，距府二十步；府西门桥，距府三十步；阮家桥，一名斜桥；鉴桥，状元坊；西上桥，府西北；东上桥，府西北；石碶桥，府东北；盐仓桥，盐仓门；贡院桥，府学西；府后桥，桃源洞后；中上桥，高侍郎新巷口；顶戴桥，朝桂坊下；祝都桥，报恩寺后；林鲚鱼桥，高侍郎宅前；方家桥，报恩寺后；杨家桥，报恩寺后；乌黯桥，忠顺官寨前；府社坛桥，望京门里。凡24桥。

《宝庆四明志》在详列各厢桥梁的同时，又补充说道："创置岁月载旧经者不敢废，今增创过倍，姑识其大者。"也就是说，上述120座桥梁仅是"识其大者"，城区实际桥梁数还不止这些。但即便以120座桥统计，其中为《乾道四明图经》等"旧经所载"者，计43座，约占总数36%；从乾道（1165—1173年）以后到宝庆（1225—1227年）的60年内，新建桥梁77座，约占总数的64%。桥梁的大量建造，不但有助于缓解交通，促进联系，而且大大减少了城内因水运过于密集而造成的河道阻塞，对保护市内河渠的畅通和水质也具有重要作用。

第三节 月湖的浚治与人文景观

"四明之所以得名者，以有日月两湖，月湖之所以奇绝者，以其中有十洲。"[①]作为明州城市的一大标志，日、月两湖有着十分重要的地位。两湖位于州城西南隅，湖水相通，南隅为日湖，又称细湖、小江湖、竞渡湖；西隅则为月湖。两湖形成于唐代，至宋代，因日湖"久湮仅如

---

① （宋）《宝庆四明志》卷三《公宇》，《宋元方志丛刊》本，中华书局1990年版。

污泽",已基本淤塞,故方志中说"日月湖又曰西湖"①,或笼统称之"南湖"②,其主体即指月湖。两湖南北350丈,东西40丈,周围730丈有余。两宋时期,月湖得到了进一步的开发和建设。

一、月湖的浚治

宋真宗天禧年间(1017—1021年),知州李夷庚建憧憧东桥、憧憧西桥以连接湖内岛屿,然当时的月湖,因僻在一隅,"初无游观,人迹往往不至"。仁宗嘉祐年间(1056—1063年),知州钱公辅鉴于月湖"颓圮坏隳,存者一毫",于是疏浚河道,筑堰月堤,修缮憧憧东、西两桥,并在桥之东西建长廊20丈,于廊中造众乐亭。众乐亭深广几十丈,前后有庑,左右有室,由守吕溱书额,寓以与众同乐之意。同时,环亭岛屿皆植以花木。至此,月湖成为州人四时胜赏之地,尤其是每年春夏之时,桃红柳绿,"士女相属,鼓歌无虚日",更是热闹非凡。

哲宗元祐八年(1093年),因月湖多年未经治理,而沿湖居民又"缘堤以植菱芡之类,至占以为田,淀淤芜没,几不可容舟",知州刘淑在下令严禁私家占湖的同时,予以疏浚,"增卑培薄,环植松柳,复因其积土,广为十洲,而敞寿圣之阁,以其名名之,盖四时之景物具焉,湖遂大治"。③然据诗人王亘云,哲宗绍圣年间(1094—1098年),知州刘珵因旱季水涸,"浚治湮塞,因其余力补葺废坠,而湖上之景为之一新。岛屿凡九,作一成十,随景命名"④。两者对"十洲"的最后形成时间与命名者虽有出入,但"十洲"之名相同,即:柳汀、雪汀、芳草洲、芙蓉洲、菊花洲、月岛、松岛、花屿、竹屿和烟屿。

---

① (宋)《宝庆四明志》卷四《叙水》,《宋元方志丛刊》本,中华书局1990年版。
② (宋)《乾道四明图经》卷八《众乐亭二首·序》,《宋元方志丛刊》本,中华书局1990年版。
③ 参见(宋)《乾道四明图经》卷十《西湖记》、卷九《众乐亭记》。按:憧憧东、西桥,俗称东湖桥、西湖桥,《宝庆四明志》卷四《叙水》记为真宗天禧五年僧蕴臻建。
④ (宋)《乾道四明图经》卷八《律诗》。

宋室南迁后,作为东南要郡的明州又成为畿辅之地,历代郡守在理政之闲,更加重视对月湖的治理和建设。

高宗绍兴十四年(1144年),知州莫将因敬仰唐代诗人贺知章,以李白曾呼贺氏为"四明逸老"之故,而在众乐亭之南建"逸老堂",并绘其像于堂上,以供祭祀。孝宗乾道五年(1169年),知州张津曾重修。①理宗宝庆三年(1227年),知府胡榘又筹集楮券5300余缗予以翻新,使逸老堂"视旧益坚壮而轩敞"。次年,又绘夏黄公像与之合祠,更名为"隐德堂"。② 开庆元年(1259年),知府吴潜因其"岁久尽圮",进行重修,并访求贺知章像于绍兴,绘而祠之,复名"逸老堂"。此番整修后,其规模"视昔增壮"③。又乾道四年,张津出府库资财,委僧人宗选、如相负责修治众乐亭及憧憧东、西桥,"凡竹石瓦木与夫取庸传力,官吏初无所预"。次年二月,"桥成而屋之,翼以石栏,檐楹飞舞,与波上下,壮丽坚致,可支百世",被誉为"一郡之伟观,前此所未有"。④ 此外,徽宗政和年间(1111—1118年),知州楼异又在松岛上筑锦照堂、怀绶轩。南宋初年,锦照堂毁于兵火,至孝宗隆兴二年(1164年),知州赵子潚重建,更名竹洲。淳熙元年(1174年),魏王赵恺判明州时,又在众乐堂之后建涵虚馆,作为招待宾客之所。理宗宝庆二年胡榘重修。⑤ 开庆元年(1259年),吴潜在重修逸老堂时,对涵虚馆及憧憧东桥、憧憧西桥一并缮治,使"轮奂丹艧,皆粲然华美"⑥。

关于宋代月湖十洲名称的变化及方位,清人徐时栋曾说:"十洲三岛,大家多变置,不可尽考,而景象犹存。"⑦全祖望《鄞四湖十洲志》则据时人诗作,参以志乘,作了考辨和勾勒:"鄞西湖之胜,至宋元祐间而

---

① (宋)《乾道四明图经》卷二《祠庙》,《宋元方志丛刊》本,中华书局1990年版。
② (宋)《宝庆四明志》卷三《叙郡下·公宇》,《宋元方志丛刊》本,中华书局1990年版。
③ (宋)《开庆四明续志》卷二《驿亭桥路》,《宋元方志丛刊》本,中华书局1990年版。
④ (宋)《乾道四明图经》卷一〇《西湖重修湖桥记》。
⑤ (宋)《宝庆四明志》卷三《叙郡下·公宇》。
⑥ (宋)《开庆四明续志》卷二《逸老堂记》。
⑦ (宋)《宝庆四明志》卷四《叙水》"日月二湖"条夹注。

极盛。南渡以后,十洲皆遭变置。约略考定:大抵中央得四,而东西两岸各分其三。寿圣院为十洲首,即花屿也;逸老堂即柳汀也;芳草洲后改名碧沚;松岛即真隐观,后名竹洲。是中央之四址也。由松岛绝湖而东为竹屿,竹屿之下为月岛,月岛之下为菊(花)洲,史氏宝奎里在焉。是东岸之三址也。由松岛绝湖而西为烟屿,烟屿之下为雪汀,雪汀之下为芙蓉洲,是西岸之三址也。"[1]这样,就把月湖十洲的大致方位搞清楚了。

二、月湖人文景观

经过宋代历任地方官的治理,月湖景色愈胜于昔,吸引着大量游客纷纷前来观光:"湖山之胜,岂惟当与邦人共之!虽远方之好游者亦使至焉。"[2]众多文人墨客在此应酬唱和,留下了大量的诗词佳作。如王益柔《众乐亭》诗描绘湖中之景说:"偃月堤成车马道,湖光如截天如抱。鸳鸯瓦影乱凫鹥,绿柳环堤花映岛。珠宫贝阙竞来还,泉客鲛人争献宝。春风浩荡波涛起,仿佛仙人骑赤鲤。金盘下筯饱鲈鱼,尘事茫茫隔烟水。都人士女从如云,绿竹清音两岸闻。饮酣落笔歌绿水,烂漫天葩飘远芬。"此外,如王安石、司马光、舒亶、王亘、刘珵、胡宗愈等,都争相讴歌月湖十洲的湖光水色之秀,亭台院阁之妙,至譬作人间仙境。不仅如此,随着月湖知名度的与日俱增,不断有仕宦徙居于此,从而使月湖又成为名人学士的荟萃之地。

仁宗庆历年间(1041—1048年),朝廷诏令州县立学,世居奉化的楼郁(? —1078年),应聘掌教郡学,并徙家居城中。皇祐五年(1053年),楼郁登进士第,调庐江县主簿。但楼氏无意于仕进,终以大理寺

---

[1] (清)徐兆昺著、桂心仪等注《四明谈助》卷一六《南城诸迹一下·西湖十洲》,宁波出版社2000年版。全氏《鄞四湖十洲志》全文见(清)全祖望撰、朱铸禹汇校集注《鲒埼亭集外编》卷四九《杂著二》,《全祖望集汇校集注》(中),上海古籍出版社2000年版。

[2] (宋)《宝庆四明志》卷三《叙郡下·公宇》,《宋元方志丛刊》本,中华书局1990年版。

评事致仕,复主郡学,与杨适、杜醇、王致、王说并为"庆历四明五先生"。① 据载,楼郁的讲舍便建在竹洲上。② 楼氏后代以科举兴业,代有显人,在政治和学术领域颇有作为。如楼异,元祐三年(1088年)登进士第,徽宗时期连任两届明州知州,积官至朝议大夫,赠太师,封楚国公。楼钥,登隆兴元年(1163年)进士第,累官国子司业、给事中、同知枢密院、参知政事等职。楼氏自迁入明州后,世居西南厢昼锦坊,成为沿湖最有影响的家族之一。

宋高宗时期,月湖上居住着一位著名学者高闶。高氏家族世居月湖,在唐代时曾出过宰相,在宋代有"衣冠最盛"之誉。高闶学宗程颐,师从二程高弟杨时,以治《春秋》闻名于世,所作《春秋集注》,"发明圣人褒贬义例,远过于胡文定公(安国),至今说《春秋》者以为大宗"。高闶弱冠入太学,绍兴元年(1131年)以上舍选,赐登士第。历任秘书省正字、权礼部员外郎兼史馆校勘、著作佐郎、国子司业、礼部侍郎,因忤权相秦桧而被罢职致仕。回归故里后,他在湖西设讲堂,"以其师说日与诸生发明之",多有功于洛学,故全祖望称其"力肩正学,百世之师",以为"吾乡学派导源庆历诸公,至于伊、洛世系,则必自宪敏(高闶谥号)始"③,视其为四明地区"洛学"的最早传播者。

淳熙十年(1183年),名相史浩告老还乡,孝宗赐府第于竹洲。他在竹洲筑真隐观,礼贤下士,延纳沈焕、沈炳兄弟讲学授徒于真隐观中,并割府宅以居之。时金华吕祖俭监明州苗米仓,朝夕来湖上与沈焕、沈炳相与讲学,切磋道艺,号"竹洲三先生"。同时,史浩又延请杨简讲学于芳草洲。而居住于城南精舍的袁燮,也常来月湖与学友相聚、讲学。在此之前,杨简、袁燮、沈焕、舒璘已名满天下,号"四明四先

---

① (宋)楼钥《攻愧集》卷八五《高祖先生事略》,《丛书集成初编》本。参见(宋)《宝庆四明志》卷八《叙人上·先贤事迹上》,《宋元方志丛刊》本,中华书局1990年版。
② (清)全祖望撰、朱铸禹汇校集注《句余土音》卷上《史忠定公洞天》,《全祖望集汇校集注》(下),上海古籍出版社2000年版。
③ (清)全祖望撰、朱铸禹汇校集注《鲒埼亭集外编》卷一六《长春书院记》,《全祖望集汇校集注》(中)。参见(元)脱脱等《宋史》卷四三三《高闶传》,中华书局1985年版。

生",因当时舒璘出外为宦,甬上学者又称杨简、袁燮、沈焕、吕祖俭为"四先生"。宁宗嘉定间(1208—1224年),史浩之孙史守之,因不满其叔父史弥远所为,避世远嫌,在真隐观之东筑宅碧沚,并隐居于此。他从杨简、袁燮游,又学古文于楼钥,以闻道讲学为事。史守之亦酷爱藏书,其家藏书量极富,宁宗曾御书"碧沚"赐之。湖上藏书之家,可与之媲美者,唯有楼钥。楼钥为楼异之孙,庆元年间(1195—1200年),乞归故里,于月湖南岸建"东楼",以藏书、校书为乐,史称其"聚书东楼,逾万卷,皆手校雠,号善本,客有愿传录者,辄欣然启帙以授人"①。"东楼"与"碧沚"并峙月湖南北两岸,是当时明州城内影响最大的私家藏书楼,故全祖望说:"藏书之富,南楼北史,宛委之山,不过尔尔。"②

南宋末年,著名学者、东发学派的创始人黄震从慈溪鸣鹤乡徙居于月湖。③ 史氏家族后代、静清学派的创始人史蒙卿也曾居于城西南独善坊与袁桷论学。④

与此同时,不仅佛教寺观,而且乡士大夫也纷纷营造台馆于此,"今洲之大者,为寺,为观,为台馆"⑤。寺观、游人、讲堂书院,构成了月湖一道独特的人文景观。

---

① (元)马泽修、袁桷纂《延祐四明志》卷五《人物考中》,《宋元方志丛刊》本,中华书局1990年版。
② (清)全祖望撰、朱铸禹汇校集注《鲒埼亭集内编》卷四《湖语》,《全祖望集汇校集注》(上),上海古籍出版社2000年版。
③ (清)万斯同《宋季忠义录》卷一〇,《四明丛书》本。
④ (元)袁桷《清容居士集》卷二八《静清处士史君墓志铭》,《丛书集成初编》本。
⑤ (宋)《宝庆四明志》卷三《叙郡下·公宇》,《宋元方志丛刊》本,中华书局1990年版。

第五章

宋代宁波的文化

- 教育
- 哲学思想
- 宗教
- 史学成就
- 方志编纂
- 文学艺术
- 科学技术

北宋的建立,结束了唐末五代以来长达百年的分裂割据局面,为文化的发展奠定了良好的社会基础。而统治者长期奉行"右文"政策,重视文化教育和科举取士,客观上也有利于推动文化的发展。两宋时期在文化上的成就,正如陈寅恪在论述我国文化的发展时所说:"华夏民族之文化,历数千载之演进,造极于赵宋之世。"①正是在这种社会背景下,伴随着区域经济的发展,明州的文化也呈现出了前所未有的繁荣局面,无论是文化教育的普及、文学艺术的繁荣,还是学术思想的活跃、科学技术的进步等,均达到了前所未有的高度,对后世产生了深远的影响。

第一节 教育

宋代明州文化发展的缘起,或者说对明州文化发展起直接推动作用的,是自仁宗庆历四年(1044年)开始直至北宋末年的三次兴办官学运动。北宋政权建立后,为了加强中央集权,统治者对科举都极为重视,相对而言,对学校教育则重视不够。为改变这一局面,从仁宗庆历开始到北宋末年,北宋朝廷相继掀起了三次大规模的兴学运动。正

---

① 陈寅恪《邓广铭〈宋史职官志考证〉序》,《金明馆丛稿二编》第245页,上海古籍出版社1980年版。

是在兴学运动的推动下,明州的教育事业步入了一个新的发展期。

一、北宋明州教育的勃兴

庆历新政,百事更张。庆历四年(1044年)三月,在范仲淹等人的建议下,宋政府下诏:"诸路州府军监除旧有学外,余并各令立学,如学者二百人以上,许更置县(学)。"[①]在政府的倡导与地方官员的重视下,明州各地开始大规模兴办学校,并涌现出一批教学工作者,文教活动日趋成风,明州的文化教育开始兴起。

(一)州县官学的兴起

太宗淳化元年(990年),朝廷下诏颁赐《九经》于新附各郡。"逮太宗朝,诸所僭伪悉归舆地。车书既同,乃改元淳化,诏颁国子监《九经》于新附诸郡。"而知明州陈充又于子城东北隅建九经堂以贮赐经,"郡人知尊经学,谈王道,实始于兹"[②]。这是北宋政府在明州地区推行儒家教化之始。

北宋明州的历任地方守令,对学校教育大多十分重视。早在太宗雍熙元年(984年),慈溪县令李昭文即在县西学宫建先圣殿。[③] 在定海县,雍熙二年主簿李齐建先圣殿于县东;至道元年(995年),县令冯璉又予以增修。[④] 在宁海县,真宗大中祥符五年(1012年),县令苏季成就县东先圣庙建学宫。[⑤] 庆历兴学,明州的官学教育全面兴起。

明州府学兴起于真宗天禧年间(1017—1021年)。天禧二年,知州李夷庚将自从唐后期以来便荒废的明州州学与孔庙合在一起,改建

---

① (清)徐松《宋会要辑稿》崇儒二之四,中华书局1987年影印本。
② (宋)《乾道四明图经》卷九《修九经堂记》,《宋元方志丛刊》本,中华书局1990年版。
③ (宋)《宝庆四明志》卷一六《慈溪县志卷第一·学校》,《宋元方志丛刊》本,中华书局1990年版。
④ (宋)《宝庆四明志》卷一八《定海县志卷第一·学校》。
⑤ (宋)陈耆卿等《嘉定赤城志》卷四《公廨门一·先圣庙》,《宋元方志丛刊》本,中华书局1990年版。

于子城东北。从此，明州的官学正式恢复，官学教育开始发展。对此，雍正《浙江通志》称自李夷庚之后，宁波"由是贤才辈出"①可见，对他作了很高的评价。可以说，宋代明州官学的兴起是从李夷庚开始的。

继李夷庚后，对明州教育具有直接推动作用的人物是王安石。王安石，字介甫，抚州临川人（今江西临川）。宋仁宗庆历七年（1047年）至皇祐二年（1050年），王安石任鄞县知县。在任期间，他不仅积极督修地方水利，在青黄不接之际将官仓存粮贷给农民以减少高利贷的盘剥，而且对学校教育极为重视。在"天下不可一日无政教，故学不可一日而亡于天下"②思想指导下，他上任不久，便将唐元和年间（806—820年）建于县东的先圣庙改建为县学，并礼聘"庆历五先生"之一的杜醇为县学讲师，积极倡导学校教育。

在李夷庚、王安石的推动和影响下，明州各县掀起了一股兴学的浪潮。

庆历八年，慈溪县令林肇徙慈溪县学于县东南，并聘杜醇为师，王安石为之作记。仁宗景祐间（1034—1038年），奉化县令于房废石夫人庙以建学宫。英宗治平三年（1066年），县令裴士尧迁建奉化县学于县东，继任县令周因又重建之。③ 嘉祐年间（1056—1063年），象山县令顾方不仅修建学舍，而且还"率子弟之秀者教之，亲为讲解，诱掖使进于善。逾年，民大化服"。英宗治平年间（1064—1067年），县令林旦又重修象山县学。④ 就连熙宁七年（1074年）刚建立的昌国县，也于次年在县令张懿文的带动下兴建了县学。一时间，"山林特起之士，卓然为一乡师表，或授业乡校，或讲道闾塾"⑤，教书讲学，蔚然成风，一批又一批的青年学子开始接受系统的文化教育，这对明州文化的发展

---

① （清）李卫等雍正《浙江通志》卷一五二《名宦·七》，中华书局2001年版。
② （宋）王安石《临川文集》卷三五《悼王致处士》，《四库全书》文渊阁本。
③ （宋）《宝庆四明志》卷一四《奉化县志卷第一·学校》，《宋元方志丛刊》本，中华书局1990年版。
④ （宋）《乾道四明图经》卷六《象山县》，《宋元方志丛刊》本，中华书局1990年版。参见（宋）《宝庆四明志》卷二一《象山县志·学校》。
⑤ （宋）王应麟《四明文献集》卷一《先贤祠堂记》，《四库全书》文渊阁本。

无疑起了促进作用。

(二)明州私学

官学教育以讲授儒家经典为主,学子所学内容为四书五经。但由于受官学的规模以及封建等级制度的制约,进入官学的毕竟是少数,因此,在兴办官学的同时,明州的私学教育也随之兴起。

私学源于春秋,在漫长的封建社会进程中未曾间断。宋代私学的发展,在整体上已超过唐代。私学主要有师授与家传两类形式。其中师授私学又可分两种类型,一种称家塾、族塾、义塾、书塾等,从事以识字和习字为主的启蒙教育,同时在教学过程中进行伦理道德和日常行为规范教育;另一种形式则为师授私学,即一些名宦大家通过延聘讲师,对其子弟进行与官学内容相似的教育。这是私学教育的高级阶段,是官学教育的重要补充。家传私学即家长亲自教授子女,也大体包括两种:一种是因家境贫寒,无力为子女缴纳学费,只好自己教子;另一种则是世代大儒之家,对子弟进行家学传授。如出身儒学世家的著名学者吕祖谦,家学渊源极为深厚,其学"本之于家庭,有中原文献之传"[①],从其祖上吕公著起,七代中入《宋元学案》者达17人,是家传私学的典型代表。

北宋明州私学教育情况,可从"庆历五先生"的兴教活动中得知梗概。如杨适隐居大隐山40年,乡里弟子纷纷投于门下;王致以道义教化乡里,弟子达200多人;楼郁晚年也以授学自娱,众多学子投列门墙。从这些情况来看,五先生除了从事官学教育活动外,同时又是明州私学教育的积极推动者。其中最突出的应是王说,他在北宋熙宁年间(1068—1077年)广聚生徒,并创建了桃源书院。又如姚颖家族,自曾祖姚阜于城南创必庆堂,办书塾,延硕师聚宗族子弟入学,家族成员姚持、姚大任同登政和八年(1118年)进士。这一家族,后来也因科举

---

① (元)脱脱等《宋史》卷四三四《吕祖谦传》,中华书局1985年版。

兴族而成为明州著姓。① 因地方志书对北宋时明州私学教育的内容、形式和组织规模等缺乏详细的记载，可以认为，北宋明州的私学教育尚处于初兴时期。

（三）庆历五先生与明州教育

"庆历五先生"又称"明州杨杜五子"，是指杨适、杜醇、王致、王说和楼郁。五先生自仁宗庆历（1041—1048年）以来积极从事教育实践活动，成为推动明州教育和学术发展的先驱性人物。

杨适，字安道，一作韩道，慈溪人，学者尊称为大隐先生。杨适为人淳厚介特，不恋名利，为学究治乱之源，以学识渊博、德行高洁闻于乡里，为学子所仰慕。杨适先与林逋为友，后来又结交王致、杜醇，结伴讲学。仁宗皇帝访天下遗逸，知州鲍轲以名闻，赐予粟帛。嘉祐六年（1061年），知州钱公辅又表奏其高节，仁宗授予将仕郎、试太学助教之职，他辞而不受。范仲淹守越州，曾慕名而将其接入府中，敬重有加。但杨适淡然无求，最终归隐山里。

杜醇，慈溪人，学者尊称为石台先生。杜醇为学精深，学问渊博，黄宗羲对他十分崇敬，誉其"理学造韩王之奥，文章追班马之趾"②，评价极高。杜醇不仅学识渊博，而且志节崇高，《宝庆四明志》称其"经明行修，不求闻达"③，以学识和道德为乡人所敬，被视为学者楷模。王安石建鄞县县学，礼聘杜醇为讲师。后来，慈溪县令林肇重建慈溪县学，他又任教于慈溪。故袁桷称鄞县、慈溪二县文风之盛，自杜醇开始，④给予了极高的评价。

王致，字君一，鄞县人。王氏祖先桐庐人，其祖父仁镐因任后周四

---

① （宋）袁燮《絜斋集》卷一五《通判平江府校书姚君行状》，《四库全书》文渊阁本。
② （清）黄宗羲著、全祖望补《宋元学案》卷六《士刘诸儒学案》，中华书局1989年版。
③ （宋）《宝庆四明志》卷八《叙人上·先贤事迹上》，《宋元方志丛刊》本，中华书局1990年版。
④ （元）马泽修、袁桷纂《延祐四明志》卷四《人物考上·慈湖杜先生》，《宋元方志丛刊》本，中华书局1990年版。

明节度推官,始定居于鄞。王致幼年嗜学,后与杨适、杜醇为友,传道授业达40余年,被称为鄞江先生。王安石为鄞县令时,曾亲自登门拜访,且以师礼尊之。王致安贫乐道,行高德重,"以道义化乡里,诸生子弟师尊之"①,深受乡里尊敬。死后,王安石为之作悼诗,云:"处士生涯水一瓢,行年七十更萧条。老妻稻下分遗秉,弱子松间拾堕樵。岂有声名高后世,遂无饘粥永今朝。"②对他安贫乐道的精神和浩然高洁的品格深表敬佩。同时,王安石还为他作墓志铭,称"四明立言之士,自王致始"③,给予了极高的评价。

王说,字应求,鄞县人,王致之子。他既受学于其父,同时求学于大隐先生杨适。王说隐居乡里30余年,安贫乐道,长期从事教学工作。此外,他还著有《五经发源》50卷,奏疏诗文等200余篇,是一位著名的学者和教育家。他先在妙音院讲学,从学问道者不绝于道,后将自家旧宅"酌古堂"改建为书院,宋神宗亲书"桃源书院"四字以赐之,王说也因此被尊称为"桃源先生"。在王说的影响下,鄞县学风大盛,人称"小邹鲁",对明州文化的发展起了重要作用。

楼郁,字子文,号城南,人称西湖先生,奉化人,后迁居鄞县。楼郁为学以穷理为先,志操高厉,深为乡人所尊重。他掌教鄞县县学数年,后来又教授郡学,从事教学活动前后达30余年。仁宗皇祐五年(1053年),楼郁中进士,后调任庐江主簿,因丁母忧而返乡。此后,他绝意仕进,以授学为娱。楼郁学行俱佳,一时英俊之士多投于门下,如丰稷、舒亶、罗适等,后皆成为知名的学者。

"庆历五先生"以明州官学教育的开拓者而扬名后世,其中除楼郁因中举做官而间断过教育活动外,其余4人都始终从事教育工作。由于五先生的著述皆已失传,因此,对于他们的教育内容、方法及教育思想难以全面阐析,但从《宋元学案》和志书所提供的材料中仍可窥其大

---

① (清)黄宗羲著、全祖望补《宋元学案》卷六《士刘诸儒学案》,中华书局1989年版。
② (宋)王安石《临川文集》卷三五《悼王致处士》,《四库全书》文渊阁本。
③ (清)黄宗羲著、全祖望补《宋元学案》卷六《士刘诸儒学案》。

端。如杨适"善言治道,究历代治乱之源","治经不事章句,黜浮屠、老氏之说","为学要行乎己,惟恐为人所知,毁誉荣辱不以动其心"①。又"明律历,晓兵法"②。杜醇学以为己,穷究经书,深造理学。楼郁"学以穷理为先"。而王氏叔侄则联络杨适、杜醇、楼郁,因就妙音院立孔子像,讲贯经史,倡为有用之学,"学者宗之"③。"庆历五先生"推崇孔子,注重对经学义理的阐发,同时重视学以致用。这种既重义理,又重实用的教育思想和治学方法,与宋初"湖学"创始者胡瑗的思想十分接近。对此,全祖望在《宋元学案》中说:"庆历之际,学统四起。齐鲁则有士建中、刘颜夹辅泰山而兴。浙东则有明州杨、杜五子。……皆与安定胡学相应。"同时对五先生的声望和影响也作了生动描述:"五先生皆隐约草庐,不求闻达,而一时牧守来浙者,如范文正公、孙威敏公,皆抠衣请见,惟恐失之。最亲近者,则王文公。乃若陈(执中)、贾(昌朝)二相,非能推贤下士者也,而亦知以五先生为重。……年望弥高,陶成倍广,数十年以后,吾乡遂称邹、鲁,丘樊缊褐,化为绅缨,其功为何如哉!"④因此,"庆历五先生"是把宋代以来儒家学统传入明州的关键人物。他们的讲学实践活动,为明州地区培养了大批人才,提高了明州的文化发展水平。

"庆历五先生"在从事教育的同时,勤于著述,如楼郁著有《唐书解题》,王致有《鄞江集》30卷,王说有《五经发源》50卷和《遗稿》10卷等,从而开启了明州学人著书立说的先河。他们的学术活动,也为浙东学派的诞生奠定了根基。

---

① (清)黄宗羲著、全祖望补《宋元学案》卷六《士刘诸儒学案》,中华书局1989年版。
② (宋)《宝庆四明志》卷八《叙人上·先贤事迹上》,《宋元方志丛刊》本,中华书局1990年版。
③ (清)黄宗羲著、全祖望补《宋元学案》卷六《士刘诸儒学案》。
④ (清)全祖望撰、朱铸禹汇校集注《鲒埼亭集外编》卷一六《庆历五先生书院记》,《全祖望集汇校集注》(中),上海古籍出版社2000年版。

(四)北宋明州的藏书

北宋是明州藏书文化崛起的重要时期。自"庆历五先生"教化经史、倡导"有用之学"于乡里,明州的文教活动日趋活跃,文化事业日益发展。在这种浓厚的文化氛围影响下,藏书作为一种风尚,得以延续和发展,并成为明州的一大文化特色。

教育活动和学术研究的开展,推动了学校教育和私家藏书的发展,这为明州藏书文化的发展提供了契机。同时,浙东又是刻书业和文具业较为发达的地区,这更为藏书文化的发展提供了极大便利。明州的藏书文化便是在这些有利条件下开始兴起。这一时期,比较著名的藏书家有鄞县的楼郁、陈谧、王瓘等。楼郁博览群书,人称其无所不读,家中藏书达万卷。陈谧是徽宗朝名臣陈禾的父亲,博学而性喜藏书,死后,舒亶为其作挽章,有"尘埃满匣空鸣剑,风雨归舟只藏书"[①]之语,足见其喜欢藏书程度。不仅如此,陈家自陈谧起,累世登科,其后代皆癖好藏书。如陈禾之子陈曦,聚书万卷,全祖望《句余土音·陈文介公二灵山房》中"佳儿聚书过万卷",指的便是他。陈曦不但自己喜欢读书、藏书,还作《藏书记》告诫后人勿坠其家素业,陈氏家族也因此成为宁波较早见诸记载的藏书世家。王瓘是"庆历五先生"之一的王说之子,以文行著称,喜藏书。上述几位藏书家,是宁波藏书事业的开拓者和垂范者,此后,宁波的藏书风气日趋兴盛,[②]成为明州读书人家世代相传的一种事业。

(五)北宋明州科举

北宋时期,随着官学和私学的发展,明州学子在科举上的成就开始引人注目。宋代科举制度与唐代相比,发生了显著的变化。唐代士子考取进士或明经科后,仅仅是获得了做官的资格,此后还须赴吏部参加身、言、书、判的考试,即铨选,合格后方可擢用。而宋代则取消了

---

① (宋)《宝庆四明志》卷八《叙人上·先贤事迹上》,《宋元方志丛刊》本,中华书局1990年版。
② 参见虞浩旭《智者之香》,第1—3页,宁波出版社2006年版。

吏部试,举子一旦及第,即可直接授官,而且及第者的官职升迁也远较其他出身要快,有的甚至在十年左右的时间就位至宰辅。宋代这一把科举考试由唐代的资格考试变为任用考试的做法,不但是科举制度的重大变化,更成为笼络士子的高明手段。从此,读书—科举—做官成为读书人孜孜以求的目标,读书与科举开始紧密结合。

  在科考种类上,宋代主要有常举、制举、武举和童子举四类,其中以常举最为重要。宋初常举一般每年举行一次,仁宗时改为两年到四年不等。至哲宗元祐三年(1088年),又改为三年一次,此后相沿不改,遂为定制。贡举考试分为三个步骤或级别,首先是州郡、开封府、国子监的解试,因考试时间一般安排在秋季,故又称"秋试"。考试分科进行,进士科由判官主持,其他科则由录事和参军主持。根据考生的成绩逐场决定取舍,合格者参加下一步的省试。

  省试即礼部试,因由尚书省礼部主持而名。参加礼部试的,即那些因发解试合格而选送到礼部的"贡士"。省试多在春季正月或二三月举行。关于省试的考试科目,宋代有几次较大的变动。宋初基本沿袭唐代旧制,分进士、九经、五经、三礼、三传、学究、明法等九科,其中进士科最重要,考试内容有诗赋、论、策及贴经、墨义等。神宗熙宁四年(1071年),根据王安石的建议,对考试内容进行了改革,其中进士科不再考诗赋、贴经、墨义,而以《诗》、《书》、《易》、《周礼》、《礼记》和《论语》、《孟子》为"本经"和"兼经",分四场分别考经义、论和时务策等,其目的是为国家选拔经世致用的人才。哲宗元祐三年,又把进士科分为经义进士和诗赋进士两科,分别考试,名额也平分秋色。哲宗亲政后,则又取消了诗赋进士,仍旧归并为经义进士科,恢复了神宗时的制度。此后这两科时分时合,直到高宗绍兴三十一年(1161年),进士科分经义和诗赋两科成为定制。

  省试之后为殿试,亦名廷试,又称御试。殿试一般在省试后随即举行,其内容最初为诗赋,哲宗亲政后定为对策,此后终宋之世不变。殿试对试卷的评阅一般分五等,学识优长、词理精纯者为第一等;才思该通、文理周率者为第二等；文理俱通者为第三等；文理中平为第四等；文理疏浅为第五等。然后唱名赐第，分别予以优待。真宗景德二年（1005年）后，分三甲五等发榜成为惯例，第一、二等为第一甲，赐进士及第；第三等为第二甲，赐进士出身；第四、五等为第三甲，赐同进士出身。殿试的第一名即为"状元"。士子们在通过这一系列的严格考试后，便可踏上仕途。

制举是为选拔在某一方面有才学或德行的人而特设的考试制度。制举并非常设，且应试者不多，因此影响远不及常举。武举为选拔武学人才而设置，但宋代武举的影响十分有限。除此之外，宋代还有一种专为儿童应试而设置的童子科，又称童子举。童子科也属于非常设科目，而且数量有限，因此其影响也甚微。总之，无论是考试制度的严密性、重要性，还是对士子们的影响，常举都无可争议地占据着最重要的地位，因此士子读书应举，也对常举趋之若鹜。

宋代明州学子在科举上的成就，也即指贡举而言。北宋初期，明州学子登科举者寥寥无几。据《宝庆四明志·叙人下》记载，自太宗端拱二年（989年）杨说登科起，直到仁宗宝元元年（1038年）的王异，在这半个世纪的时间里，明州仅出了16名进士。但自庆历兴学后，明州学子在科举上有了较大起色。自庆历二年（1042年）的沈起、申屠会、周造3人，到徽宗宣和六年（1124年）的王璧、曹粹中、林孝友，明州登科人数达到108人，是前期的近7倍之多，占到北宋明州登科总数124人的87%。其中著名者有舒亶、丰稷等人。"庆历五先生"对明州教育和人才培养的贡献，由此亦可见一斑。

二、南宋明州教育的繁荣

南宋定都临安后，两浙成为政治、经济和文化中心，而明州作为畿辅之地，经济的繁荣加之地理条件的优越，又为其教育和文化的发展提供了机遇和条件。这一时期，明州的文化教育在北宋时期长期积累的基础上迅速发展,呈现出空前繁荣的景象。

(一)州县官学的发展

北宋后期,由于统治集团的腐朽没落,官学教育呈现出衰落之势。宋室南迁后,随着政局的暂趋稳定和统治者的重视,地方州县学宫纷纷得以复建,官学教育有了新的发展。

首先,由于明州地方官员的重视,府学的建设力度大大超过北宋。建炎年间(1127—1130年),由于金兵南侵,明州州学"阁毁经亡",破坏严重。金军撤离后,郡人林昕率先捐资数十万,予以修建,使学宫大体恢复。绍兴七年(1137年),明州郡守仇念"斥公帑百六十万,又丐于耆旧乡老,得钱八十万,始益赋入助其供给。复以估榷废材瓦木竹杆凡十九万六百有奇,益以调度之余四百万钱,以为梓匠丹垩之费",建仪门、泮宫门,扩建讲堂和东、西斋舍,使讲肄有所,"于是泮宫之制具体克备"。① 绍兴十九年,郡守徐琛又增建稽古堂。此后,郡守姜师仲、张津、赵伯圭等相继作了整修。淳熙十三年(1186年),郡守岳甫与明州籍名流汪大猷、史弥大等又对州学宫进行大规模的修建,"自阁之外,堂庑重门皆为一新,增置成德斋于上达之后"②。嘉定十六年(1123年),郡守赵师岩又复修御书阁和诸学斋。理宗宝庆(1225—1227年)以后,官员齐硕、蔡范、胡槩等又对府学加以整修。经过历次修建,明州府学巍峨壮观,甲于东南。对此,《开庆四明续志》卷一《学校》说道:"世之言郡泮者,必曰一漳二明,盖漳以财计之丰裕言,明以舍馆之宏伟言也。巍堂修庑,广序环庐,槐竹森森,气象严整。旧额生徒一百八十人,其后比屋诗礼,冠盖如云,春秋鼓箧者率三数千,童卯执经者亦以百计,著录浸倍而帑庾则不差,多于昔。"生动反映出当时府学规模及学子云集的盛况。府学的兴盛,从一个侧面反映了当时明州教育事业的发展。

---

① (宋)《乾道四明图经》卷九《重建州学记》,《宋元方志丛刊》本,中华书局1990年版。
② (宋)《宝庆四明志》卷二《叙郡二·学校》,《宋元方志丛刊》本,中华书局1990年版。

其次,南宋明州的县学建设也是有声有色。鄞县县学在建炎四年(1130年)毁于兵火。嘉定十三年(1220年),县令俞建和主簿吕康年重新选址修建。宝庆二年(1226年),胡榘、蔡范又拨款,加之乡贤捐助,终于建成。①

慈溪县学在高宗建炎初被金兵烧毁。绍兴十二年(1142年),县令毕瑛重新建殿宇斋居。淳熙四年(1177年),节度推官宋南强摄慈溪县令,又劝里士陈公达等加以重修,斋居、门庑等轮换一新。淳熙八年,县令唐仲温又建讲堂成德堂、直舍及本仁、明义、约礼、崇智4斋。淳祐二年(1242年),知府陈垲又拨钱米,县令曹郘建杨简祠堂于成德堂之右。②

奉化县学在建炎初毁于战火。绍兴九年,奉化县令荣彝重新创建县学大殿。庆元二年(1196年),县令宋晋之联合奉化士人汪伋、汪份鼎和董安嗣等,又修建了侧殿。嘉定七年,县令冯多福又予以扩建,并置田产以周济贫困学子。③

在定海,绍兴年间,县令章汝翼在县城东北重建县学。庆元元年,县令韩永德新建大成殿,历经三任县令始完成。嘉泰四年(1204年),县令商逸卿重建明伦堂。嘉定四年,县令崔端学创立育英、养贤、升俊、达材4斋及庖、廪、库等。嘉定八年,郡守程覃捐资委主簿摄县事戴栩建仪门、直舍和小学斋。嘉定十二年,赵珌夫又拨官产以助学。④

此外,象山、昌国县学也在地方官员和乡绅士人的倡导与资助下,进行了一系列的修建工作。如象山县学在隆兴元年(1163年)由县令胡琦重建,后经韩元礼、赵善晋修建,讲堂、四斋、门庑、大成殿等焕然一新。⑤ 昌国县学在绍兴五年开始置田养士,后经县令郑伯谦、赵大忠

---

① (宋)《宝庆四明志》卷一二《鄞县志卷第一·学校》,《宋元方志丛刊》本,中华书局1990年版。
② (宋)《宝庆四明志》卷一六《慈溪县志卷第一·学校》。
③ (宋)《宝庆四明志》卷一四《奉化县志卷第一·学校》。
④ (宋)《宝庆四明志》卷一八《定海县志卷第一·学校》。
⑤ (宋)《宝庆四明志》卷二一《象山县志·学校》。

等不断扩修,"学校始具体"①。

由于官府的重视和乡贤大族的捐助,这一时期明州官学的基础设施日趋完善,教育经费基本得到保障,官学教育继续向前发展。

(二)私学的兴盛

南宋时期,明州的官学教育继续发展,但在普及教育与培育人才中,其作用已逐渐让位于私学。私学崛起、书院兴盛是这一时期明州文化教育的一大特点。

北宋时期,明州私学已呈现出异军突起之势。入南宋后,随着科举的发展,明州士子求学热情日趋高涨。为适应文化普及和迎合科举考试需要,一些官场失意的仕人及闲居民间的乡先生,或利用书院旧址,或选择山林胜地,筑学庐,构精舍,聚徒讲学,由此推动了明州私学的进一步发展。如乾道六年(1170年),太府卿沈恒辞官还乡,在慈溪一村河之南建"海隅书屋"(地在今师桥)。② 一些家族也纷纷兴办族塾或家塾,聘任名师教育子女。如明州望族史氏家族成员史浚,"尤笃于教子,招延名士,宗族子弟之愿学者,皆预勉以修身之要"③。史浩时又"恭迎圣像于家塾"④。与此同时,一些平民也设家塾,延师教子。如光绪《鄞县志·人物传二》载,郑覃后代郑若冲,"自置书塾,聚书数千卷,延师训子,虽卧病不废"。后其子郑清之登进士第,位至宰相。

南宋时期,明州私学的突出表现则是书院教育的昌盛。书院多为私人创办,它从产生之日起便与官学和其他形式的私学并存,是官学的重要补充。北宋中后期,一些理学家把书院作为探讨学术和传播理学的基地,他们在此讲学聚会,探讨学问,阐明学术见解,讲求身心修养,议论时政,使书院成为切磋学艺和培养人才的重要场所。

---

① (宋)《宝庆四明志》卷二〇《昌国县志·学校》,《宋元方志丛刊》本,中华书局1990年版。
② 曹屯裕《浙东文化概论》,第159页,宁波出版社1997年版。
③ (宋)楼钥《攻愧集》卷一〇五《朝请大夫史君墓志铭》,《丛书集成初编》本。
④ (宋)史浩《鄮峰真隐漫录》卷四二《入赐弟谒先圣祝文》,《四库全书》文渊阁本。

宋室南迁后,随着理学南传,南方地区的学术思想迅速发展,精舍、讲堂、书院等一时大盛。当时,明州的一些著名学者或教育家,如高闶、杨简、史浩、王应麟、黄震等,大多有书院教育的经历。他们著书讲学,不仅对推动文化教育作出了重要贡献,而且对传播宋代各个学派的思想,促成明州学术从逐渐成形到发展为独立的学术群体起了至关重要的作用。四明心学、深宁学派、东发学派的形成,无不与书院有着密切关系。当时,明州著名书院有:

长春书院,建于郡城内长春门旁,亦称高闶讲堂,为著名教育家高闶所建。

甬东书院,在鄞县县东3里,理宗朝丞相郑清之创建,纪念明州著名学者楼昉,有理宗赐额。后为静清书院。

城南书院,原为"正议楼公讲舍",楼郁迁居后,为其高足袁毂世居。后袁燮以为家塾。

菊坡书院,在鄞县县治东30里,宋枢密陈卓建。

慈湖书院,在慈溪县东北1里,度宗咸淳七年(1271年)由制使刘黼上奏建于慈溪普济寺之右,以祭祀乡贤杨简。

石坡书院,在慈溪县东,创建年代不详。杨简的学生桂万荣曾经向杨简问学于此,因而建书院以纪念。

龙津书院,在奉化县东4里,乾道年间(1165—1173年),朱熹出使至奉化,奉化士人在此拜会他,因立书院以作纪念。

广平书院,在奉化县东6里,原为舒璘家塾,元朝时改称今名。

登瀛书院,在奉化县南60里松林乡,咸淳年间(1265—1274年)由乡人集资创建。

此外,尚有翁洲书院、岱山书院、焦征君讲舍、沈端宪讲舍、楼昉讲舍等。①

---

① 以上见(清)全祖望撰、朱铸禹汇校集注《鲒埼亭集外编》卷一六《记一》,《全祖望集汇校集注》(中),上海古籍出版社2000年版。参见鄞县地方志编委会《鄞县志》,第二十八教育编第1511—1512页,中华书局1996年版。

总之,私学教育的迅速发展,使南宋明州地区的教育水平有了极大提高,为区域文化的繁荣奠定了雄厚的基础,四明学术文化的发展由此进入了鼎盛期。

(三)高闶的教育思想

高闶,字抑崇,号息斋,谥宪敏,鄞县人。绍兴元年(1131年)赐进士第,累官至礼部侍部。高闶一生以从事教育为主,他既是一位教育家,又是一位经学家。其所著《春秋集注》,不仅对当时浙东义理经学的发展具有开创之功,而且影响后世。对此,全祖望说道:"吾读宪敏《春秋集注》,其发明圣人褒贬义例,远过于胡文定公,至今说者以为大宗。"又说:"吾乡学派导源庆历诸公,至于伊、洛世系,则必自宪敏始。"①

高闶对学校教育十分重视,认为教育的作用在于培养人才,因此,人君在兴造土木时,应以建学校为先,"崇学校以养人之材,兴廉耻以励人之行"。在高闶的教育思想中,道德人伦教育始终占据优先地位。他说:学校育人应以节义为先,"其义修,其节立,虽未试之事而治民之端已见,虽未授以位而爱君之义已彰。如是而用之,凡在位者皆忠臣也"。即学校教育当以培养孝于家、忠于君的道德人才为首要任务。高闶也重视家庭及环境在道德养成中的作用,他说:"为人父者义方以训其幼少,师友以范其成人,不示之以诈以起其奸伪之端,不临之以慢以开其干犯之渐,未孝而已慈,未恭而已惠,如是而积之,凡在家者皆孝子也。"②他认为,人不教不善,教之则可为忠臣孝子;不教则可为逆子叛臣而"灾其君,坠其祀"③,后果将不堪设想。

在教育过程中,高闶十分重视教育的防微杜渐作用。他认为,历

---

① (清)全祖望撰、朱铸禹汇校集注《鲒埼亭集外编》卷一六《长春书院记》,《全祖望集汇校集注》(中),上海古籍出版社2000年版。
② (宋)高闶《高氏春秋集注》卷二,《四库全书》文渊阁本。
③ (宋)高闶《高氏春秋集注》卷五。

史上的臣弑君、子弑父等篡逆事件,并非是在一朝一夕之间就发生的,其根源由来已久,原因在于没有及早地加以分辨。因此,在教育过程中,对不良思想及习惯的辨别是十分重要的,否则,"忠贤则不亲而小人之与从,忠义则不教而邪僻之使习,积久不已,殃及其身。于是乎君而见弑于臣,父而见弑于子"①,最终导致社会伦理的丧败。

高闶有浓厚的封建正统思想,同时也怀有强烈的民本意识。他强调国以民为本,民以食为天,认为:"为民立君,所以养之也。养民之道,在爱其力。力足则生养遂,生养遂则教化行而风俗美,故为政以民力为重。"②因此,他主张统治者要慎用民力,要满足百姓对基本生存的要求。他呼吁统治者要以民力为重,反对使民失时的害民之政,这些都反映他以民为本的政治思想。在这一思想基础上,高闶的治学与教育思想均体现出鲜明的经世致用风格,他重视经学义理和道德体系在现实政治中的实践,因此显得平实而厚重,也有益于矫正空谈心性的弊病。他的教育思想对后世有较大的影响,得到了后世学者的崇敬。

(四)王应麟与蒙学教育

南宋时期,随着教育的普及,启蒙教育愈来愈引起学者的广泛关注。他们纷纷编写蒙学教材,从而推动了宋代蒙学的发展。明州著名学者王应麟,可谓是其中的一位杰出代表。

王应麟(1223—1296年),字伯厚,晚年自号深宁老人,学者尊称厚斋先生、深宁先生、鄞县人。王应麟的曾祖王安道是河南开封府人,南宋建炎初随高宗南渡,孝宗乾道年间(1165—1173年)定居于鄞县。其父王撝是嘉定十六年(1223年)进士,曾为徽州知州,因为官清廉,被徽州人称为清白太守,积官至实录院检讨兼崇政殿说书、直秘阁,赠正奉大夫。

在其父亲的教诲下,王应麟9岁通六经,18岁登进士第。但王应

---

① (宋)高闶《高氏春秋集注》卷二,《四库全书》文渊阁本。
② (宋)高闶《高氏春秋集注》卷二。

麟并未满足于此,而是以通儒自期,他说:"今之事举子业者,一切委弃,制度典故漫不省,非国家所望于通儒。"①于是发愤闭读,致力于典章制度之学,于宝祐四年(1256年),如愿中博学鸿词科。他在考中进士后,历任西安主簿、监平江百万东仓、浙西提举常平茶盐主管帐司、扬州州学教授、主管三省枢密院架阁文字、国子录,进武学博士、太常寺主簿。景定元年(1260年),因言边事忤丁大全,出添差通判台州。不久,迁至著作佐郎,累迁起

王应麟像

居舍人,兼权中书舍人。咸淳元年(1265年),又因上书忤贾似道,出知徽州。后复起用,积官至礼部尚书兼给事中。德祐元年(1275年),因多次弹劾左丞相留梦炎未果,愤然东归故里。宋亡后,隐居不仕,以教授子孙、著书立说自娱。

  作为一位贯通经史的学者,王应麟一生编有蒙学读物5部,其中《小学讽咏》4卷、《蒙训》44卷已佚。《小学绀珠》10卷,分天道、律历、地理、人伦、性理、人事、艺文、历代、圣贤、名臣、氏族、职官、治道、制度、器用、儆戒、动植17类,凡2257条。该书"采掇载籍,拟锦带书,始于三才,终于万物"②,内容十分广博,而且体例上颇有特色,四库馆臣称其"分门隶事,与诸类书略同,而每门之中,以数为纲,以所统之目系于其下",故而"为类书别创一格"③。《姓氏急就篇》2卷,该书仿史游《急就篇》体,虽以记录姓氏为主,但胪列名物、组织典故,融会贯通,且于每句之下,注明受氏之源,与历代知名之士,必一一标注所据之

---

① (清)黄宗羲著、全祖望补《宋元学案》卷八五《深宁学案》,中华书局1989年版。
② (宋)王应麟《小学绀珠》卷首《小学绀珠序》,中华书局1987年影印本。
③ (清)永瑢等《四库全书总目》卷一三五《子部·类书类一》,中华书局1992年影印本。

书,极为详密,故后人誉其"文词古雅,不减游书","可为小学之资"。①《三字经》则是王应麟所编启蒙读物的代表作。② 据清代王相注本,《三字经》用三言韵语写成,全文共384句(后人有增补),在识字启蒙的基础上涵盖了天文、地理、历史知识与传统伦理道德规范及学习方法等内容,以通俗浅近、知识丰富而为社会所推崇,被视为"蒙学之津逮,大学之滥觞"③,长期成为儿童启蒙的必读之书。

在王应麟的蒙学教育思想中,首先在于他强调知识教育的重要性。他说:"君子耻一物不知,讥五谷不分,七穆之对以为洽闻,束帛之误谓之寡学,其可不素习乎!"④经世致用是王应麟主要的学术宗旨,因此,他在教育中也主张把引导儿童读书识字、通晓自然与社会常识作为教育的主要目的,并贯穿于其蒙学著作中。如《小学讽咏》,向儿童传授的即是天地万物之名数,同样,《三字经》、《姓氏急就篇》也涉及大量社会和自然科学方面的基本知识。

其次,突出"蒙以养正",重视伦理道德教育。他强调:"尊名节、崇礼教、重伦纪、厚风俗,立国之根本也。"⑤为此他不厌其烦地进行伦理道德的说教,以塑造儿童的心灵。如《小学绀珠》录入"人伦类"、"性理类"内容,宣扬忠则顺天、孝则生福的封建伦理。《三字经》里更是大讲特讲君臣朋友之道、夫妇之伦与和兄友弟恭、长幼有序等封建纲常礼义,道德教育的目的十分鲜明。

再者,顺应儿童身心发展规律,重视用符合儿童性情特征的方法进行教育。《三字经》、《姓氏急就篇》、《小学绀珠》将学习内容编排得简单流畅、整齐押韵,使其好读易懂,又便于记忆;同时注意伦理说教与趣味性的结合等,使儿童乐于接受。这些都有利于激发儿童发展的

---

① (清)永瑢等《四库全书总目》卷一三五《子部·类书类一》,中华书局1992年影印本。
② 关于《三字经》的作者,历有争议,有王应麟作、区适子作、黎贞作、粤中逸老作等诸说(参见李良品《〈三字经〉的成书过程与作者归属考略》,《社会科学家》2004年第5期)。本文主王应麟作。
③ (清)王相《三字经训诂·原序》,岳麓书社2002年版。
④ (宋)王应麟《小学绀珠》卷首《小学绀珠序》,中华书局1987年影印本。
⑤ (宋)王应麟《通鉴答问》卷二《田单复齐》,《四库全书》文渊阁本。

学习兴趣,符合启蒙教育规律。

总之,《三字经》、《姓氏急就篇》、《小学绀珠》等启蒙读物,既吸收了前代蒙学教育成果,同时又反映宋代社会对童蒙教育的时代要求,以其融知识性、思想性与趣味性于一体而为社会所推崇。王应麟对推动中国童蒙教育的发展,功不可没。

(五)明州的藏书

南宋是宁波藏书文化蓬勃发展的时期。宋室南渡后,随着儒学的发展和明州文化教育事业的繁荣,加之大批南渡宿儒结庐藏书的影响,宁波的藏书文化迅速发展,不仅藏书家大大增加,而且藏书量也达到空前的程度。当时,甬上藏书有万卷以上的藏书家有王正功、楼钥、史守之、张瑞、赵叔达、高元之、姜浩、曹蛊等十数家。其他如袁燮、姜子谦、林硕、王玠、张和卿等,也是有一定影响的藏书家。

王氏家族是明州世代传学、藏书富有的大族。这一家族从王说开始,便以经史传家,历数代而不绝。王说的曾孙王正己,不仅收藏书籍,而且他还亲自进行雠校,编制书目,"自少至老,聚书六万余卷,多自雠校,为之目甚详"①。王正己的弟弟王正功,同样勤奋好学,喜欢藏书,"性嗜学,多录未见之书,唐诸帝实录略备,今写本及版行者各万余卷"②。王氏家族作为宁波历史上最早的藏书世家,对明州藏书文化的发展起了不可忽视的作用。

这一时期明州私人藏书家中名声最大的则是楼钥与史守之。楼钥,字大防,自号攻愧主人,孝宗隆兴元年(1163年)进士,宁宗嘉定初官至宰相。他从小聪明好学,嗜好读书,不仅精通经史与诸子之学,而且还是一位有成就的诗人。楼钥自炫"书淫",一生不断求书,其东楼藏书超过万卷,而且,他对所藏书籍都亲自加以校勘,世称"善本"。不仅如此,楼钥对自家藏书采取了开明而慷慨的态度,有人向他借阅或

---

① (宋)楼钥《攻愧集》卷五二《酌古堂文集序》,《丛书集成初编》本。
② (宋)楼钥《攻愧集》卷一〇〇《朝请大夫致仕王君墓志铭》。

进行抄录时,总是欣然应允。这种良好的品德,使楼钥成为宁波藏书家的杰出代表。

可与楼钥藏书相匹敌的,就是史氏家族的史守之。史守之是史浩之孙,史弥远之侄,因不满叔父史弥远所为,隐居月湖。他与杨简、袁燮等人相互往来,以读经讲史为乐。所居"碧沚楼"不仅为讲学之地,也成为其藏书之所。据载,史守之清修好学,喜爱藏书,其藏书量可与楼钥的东楼相媲美。史守之的藏书,后多流至江苏,明代江苏文人文征明就说,当时吴中藏书家所收古书,上面印有"旧学史氏"及"碧沚"等字样的就很多。①

除楼钥与史守之外,如袁韶的东西堂、王应麟的汲古堂、黄震的寓亭(寮)等,其藏书也有一定的名气。袁韶,字彦淳,鄞县人,淳熙十四年(1187年)进士,曾积官至参知政事。他早年因家贫无力购书,常抄书自读,为官后"务置书以偿宿昔所志,其世所未有,则从中秘书及故家录以归,于是书始备"②,积累了相当数量的图书。晚年归居故里后,他筑东西堂以贮书,以校书为乐,所校九经最号精善。袁韶之子袁似道继承父业,复筑南园以聚书,且鉴裁得其原委,也是有名的藏书家。③王应麟尤好书,中博学鸿词科后,又利用任职秘书监之便,抄录秘府典籍,聚之汲古堂。其后代王昌世、王厚孙、王宁孙复又聚之,藏书一度达万卷。慈溪学者黄震,晚年曾有别业在日湖;南宋灭亡后,他避地同谷,不复入城中,"所居日湖图籍器物争掠取,亦不问"④。可见,寓亭也是黄震的藏书之处。

王氏和楼氏、史氏都是甬上望族,他们家道殷富,有足够的钱财收藏书籍,但当时一些家境贫寒的读书人,也想方设法抄书、藏书。如光

---

① (明)文征明《甫田集》卷二二《跋宋通直郎史守之告身》,《四库全书》文渊阁本。
② (元)袁桷《清容居士集》卷二二《袁氏旧书目序》,《丛书集成初编》本。
③ (元)袁桷《清容居士集》卷三三《西山阡表》。
④ (元)马泽修、袁桷纂《延祐四明志》卷五《人物考中·黄震》,《宋元方志丛刊》本,中华书局1990年版。

绪《余姚县志·人物传》载,余姚人孙介,"家贫无书,自经史百家,悉手抄要语",晚年,他闭门谢客,"翻书自娱"。又如吴越时期自福建侯官徙居慈溪大隐村的林鼎,好学而喜藏书,"读书必达曙,所聚图书悉由手抄,即残编断简亦手校雠,无所厌倦"①。其后代林硕省吃俭用,蓄钱购书,到南宋时藏书也达万卷,成为甬上藏书名家。② 名门大族和寒门士子的积极藏书,推动了藏书文化的发展,为明州成为文献之邦作出了积极的贡献。

(六)南宋明州的科举

南宋时期,由于教育的发展和书香文蕴的不断熏陶,明州学子在科举业上成绩辉煌,中举者绵延不绝,而且宰执辈出,从而使甬上成为进士之乡和人才荟萃之地。

在科举上,南宋明州的登科人数大大超过北宋,盛况空前。根据《宝庆四明志》、《延祐四明志》统计,南宋一代,明州登科人数达776人(不含特奏名),其中正奏名737人,武进士24人,太学释褐14人,武学释褐1人。这一登科数目,为北宋时期的6倍有余。其间,父子同榜、祖孙甲科的情况每每有之,如孙枝、沈起予父子同登袁甫榜进士,李元白、李以称父子同登吴潜榜进士;王昇与其孙王伯序则分别中吕溱榜、汪应辰榜第一甲第五人。至于兄弟同榜的情况则更多,如王时会、王时叙兄弟同登郑侨榜进士,赵汝述、赵汝达兄弟同登卫泾榜进士,史氏家族成员的史弥忠与史弥忞,史弥应与史弥忞也均为兄弟同榜。同时,明州"科第取数既多,且间占首选",涌现出状元姚颖、傅行简、袁甫,释褐状元宣缯、何大圭和武举状元胡应时。这些都成为宁波科举史上的传世佳话,反映出南宋明州科举之盛。

科举的兴盛,使明州"衣冠文物,甲于东南"③。北宋时期,《宋史》

---

① (清)吴任臣《十国春秋》卷八六《吴越十·林鼎传》,中华书局1983年版。
② (宋)楼钥《攻愧集》卷一○七《林府君墓志铭》,《丛书集成初编》本。
③ (宋)《宝庆四明志》卷一《风俗》,《宋元方志丛刊》本,中华书局1990年版。

立传的明州籍人仅 11 位,且无显赫之家。到南宋时期,《宋史》立传的明州籍人达 32 位,其中史浩、史弥远、郑清之、史嵩之位至宰相,王次翁、史才、魏杞、张孝伯、楼钥、宣缯、袁韶、陈卓、余天锡、应繇、史宅之等位至执政。"满朝朱紫贵,尽是四明人"①,由于大批明州士人通过科举而入朝参政,明州的政治地位大大提高。同时,科举的兴盛,也造就了明州文人、学者一时辈出,如史浩、郑清之、楼钥、楼昉、王应麟、黄震等,无不出身于科举。

南宋明州士人在科举上所以有如此辉煌的成绩,除了统治者重视文化教育、扩大进士录取名额等因素外,与南宋定都临安后,明州成为近畿之地,风教政令畅通顺达直接有关,而大批达官贵人和儒学世家等南下徙居明州,客观上也推动明州"家诗户书"②这一读书风气的形成,促进了明州文化教育事业的迅速发展。此后,明州长期成为东南文化重地,学术流传绵延不绝,其肇基应始于这一时期。

第二节　哲学思想

两宋是浙东学术文化从草昧走向繁荣的重要时期,作为浙东学术的主要组成,明州地区哲学文化的发展明显呈现出这一趋势。早在北宋庆历年间(1041—1048 年),以杨适、杜醇、王致、王说、楼郁为代表的"明州五先生"不仅著书授徒于乡里,开一代风气之先,同时,他们秉承"宋初三先生"之一、理学先驱胡瑗的思想,倡导"学以穷理为先",成为理学传入明州的先驱,为后来四明诸学派的形成奠定了坚实的基础。南宋中叶以后,明州学术文化全面繁荣,涌现出了一批有代表性的学人、学派及传世佳作;其间以四明四先生为代表的心学学派和黄

---

① (宋)张端义《贵耳集》卷下,《四库全书》文渊阁本。
② (宋)《宝庆四明志》卷一《风俗》,《宋元方志丛刊》本,中华书局 1990 年版。

震、史蒙卿为代表的朱子理学学派的出现,是这一时期明州哲学走向繁荣的标志。

一、四明四先生与心学

南宋时期,四明最早形成学派的是以四先生为代表的心学。四先生是指杨简、舒璘、沈焕和袁燮,他们继承和发展陆九渊的心学思想,倡导陆学于东南,使明州地区不仅成为当时陆学的中心,而且呈现出以陆学为主的鲜明的地域风格,史称这一学术派别为"四明学派"。

(一)杨简的哲学思想

杨简(1141—1226年),字敬仲,慈溪人。因晚年筑室于德润湖(慈湖),世称慈湖先生,谥"文元"。杨简年轻时入太学,与袁燮、舒璘、沈焕同为太学生。乾道五年(1169年),杨简中进士,授富阳主簿。时陆九渊路过富阳,杨简问学于陆氏,深受启发,于是拜陆九渊为师,正式入陆门。杨简历任地方官吏,且颇有政绩。任富阳主簿期间,兴学养士,使富阳"文风益振"。治理饶州乐平县,"夜无盗警,路不拾遗"。嘉定元年(1208年),授秘书郎,转朝请郎。迁秘书省著作佐郎,兼权兵部郎官、礼部郎官、国史编修兼实录院检讨官。嘉定三年,杨简以七十岁高龄出任温州知府,为官清廉有声,"在郡廉俭自将,奉养菲薄。常曰:'吾敢以赤子膏血自肥乎?'闾巷雍睦无忿争声,民爱之如父母,咸画像事之。迁驾部员外郎,老稚扶拥缘道,倾城哭送"①。入京城后,又任工部郎官、秘阁修撰等职,最后以耆宿大儒任宝谟阁直学士,赠阶朝奉大夫。杨简一生著述颇丰,据近人张寿镛《慈湖著述考》订定,共有30种之多。现存重要的有《慈湖遗书》、《慈湖诗传》、《杨氏易传》等,其中以《慈湖遗书》内容最为丰富。

---

① (元)脱脱等《宋史》卷四〇七《杨简传》,中华书局1985年版。

杨简哲学思想的最大特点,是将佛教思想引入心学,并利用对儒家经典的注疏来实践陆九渊的"六经注我"论,从而把陆学的主观唯心主义向唯我论方向发展。作为心学理论的创始人,陆九渊的哲学思想有着十分鲜明的主观唯心主义特点。"理"或"道"是心学哲学的基本范畴。这个"理"或"道"是精神性的而非物质性的,它既是自然万物的规律,更是先天所固有的仁、义、礼、智等封建伦理纲常的本体。故陆九渊说:"塞宇宙一理耳,学者之所以学,欲明此理耳。此理之大,岂有限量,程明道所谓有憾于天地,则大于天地者矣,谓此理也。"①同时,陆九渊把这一个精神性的"理"又归结到"心",认为"心"是天地万物的本原,因而提出了"心即理也"②的命题,即心学最著名的"四方上下曰宇,往古来今曰宙。宇宙便是吾心,吾心便是宇宙"③的哲学论断。通过一系列哲学性的思辨,陆九渊把"心"论述为与永恒的时间与空间相等同,脱离了人的主观意识而独立存在的绝对精神性的实体,从而完成了心学的哲学本体论命题。

在对心学本体论命题的发展上,杨简进一步把"心"的本原性和主宰性绝对化。杨简是彻底的心一元论者,"心之精神是为圣"④是慈湖心学的核心命题。杨简认为,天地万物都是"吾心"的显现,"心"是一切事物的本原。他认为万象归一,万理归一,生命归一,一是万物、万理和生命的本原,而这个"一"就是心。他说:"天高地下,物生之中,十百千万,皆吾心耳,本无物也。"⑤又说:"天地我之天地,变化我之变化,非他物也。"⑥这样"心"就成了世界万物的绝对主宰。同时杨简认为,"心"不仅仅是天地间的主宰,而且也是人类天生就有的善良本性,具有洞悉宇宙和万象毕现的功能,是一个至高至善、至能至满的精神

---

① (宋)陆九渊《象山全集》卷一二《与赵咏道四》,《四部备要》本。
② (宋)陆九渊《象山全集》卷二《与吴显仲》。
③ (宋)陆九渊《象山全集》卷二二《杂说》。
④ (宋)杨简《慈湖遗书》卷六《送黄文叔侍郎赴三山》,《四明丛书》本。
⑤ (宋)杨简《慈湖遗书》卷一〇《家记四·论论语上》。
⑥ (宋)杨简《慈湖遗书》卷七《家记一·己易》。

实体,是不可损益的存在。这样,杨简就把陆氏心学中存在的与"本心"等同的"理"、"道"成分完全抛弃了。在他的理论中,"心"被看做是不与外物有任何联系的独立存在,是唯一的最高范畴,从而将陆学的"心即理"变成了彻底的心一元论,将主观唯心主义变成了唯我论,把心本体论推向了极端。这种心一元论强调"人"的地位和"人心"的作用,重视个体的存在与发展,在思想史上有其重要意义,但同时也从根本上颠倒了主体与客体、物质与精神的关系,夸大了精神的作用。

在认识论上,杨简对陆九渊的道德修养方式和途径进行了一番更加简明直接的改造,使其认识论比陆九渊更具禅家的顿悟意味。陆九渊认为,认识的过程其实就是人纯善的本心自我认识和自我发现的过程,但由于"此心此理,我固有之"[1],所以,认识的过程即是存心养性以恢复"本心"。陆九渊将这一过程称之为"发明本心"。"发明本心"是心学的根本认识手段,同时又是认识的最终目的。因此,认识的目的与任务合而为一,道德的修养取代认识的任务,是心学认识论的基本特征之一。在具体的修养方式和认识途径上,陆九渊认为,人先天所具有的道德本心之所以没有显现,是因为它被外界的物欲所引诱,为自身的偏执、自以为是所蒙蔽,所以道德修养的过程,就是把这些物欲和私念、邪见等层层剥除,最后露出本来的善良本心。在这个过程中,陆九渊最强调的是"辨志",即自觉地遵循道德伦理的要求,进行道德伦理的修养,最后求得发明本心。陆九渊也讲"格物",只不过他讲的"格物",与道学家今日格一物,明日又格一物,格尽万物以穷万理的方法不同,而是指在日常生活中加强对道德的实践,以锻炼自己的心性意志,不断提高和完善道德修养。因此,陆九渊并不反对读书,只不过他所主张的读书,仅是作为发明本心的辅助而已。

杨简对陆九渊认识论的改造在于,他直接截取了陆九渊发明本心的认识目的,并将其当做唯一的认识手段。他认为"礼在人心"[2],内

---

[1] (宋)陆九渊《象山全集》卷三四《语录上》,《四部备要》本。
[2] (宋)杨简《慈湖遗书》卷九《家记三·论春秋礼乐》,《四明丛书》本。

心的自觉是认识事物和进行道德修养的根本途径,所谓的认识,并不是对外界事物的认知和知识的获取,而是"求其放心"①而已,即内心对道德的自觉省悟和遵循。他指出,学问之道并不在于孜孜以求地观察和剖析外界事物,而是在于"明心",即保持完美内心的清净莹洁,使其不受外物的蒙蔽和侵害。杨简反对外来事物对道德修养的强加力量,认为强制性的外索功夫非但无益,甚至是有害的。他说:"清心、洗心,正心之说行,则揠苗,非徒无益,而又害之。"②在他看来,修养不是一种外加的因素,而是对内心道德的自觉认知。他认为每个人的本性都是清明善良的,之所以有种种不善的行为,是因为各种意念、私心杂虑蒙蔽了这种至善的天性,这就是他所说的:"人心本正,起而为意而后昏,不起不昏。"③于是,他提出了"反观"和"毋意"的心学修养论。所谓"反观",即自我反省。他在注解《履》卦上九"其旋元吉"中说:"所谓'旋',人心逐逐乎外,惟能旋者则复此心矣,岂不大哉!孔子曰:'心之精神是谓圣。'孟子云:'仁,人心也。'某自弱冠而闻先训,启道德之端,自是静思力索十余年,至三十有二而闻象山先生言,忽省此心之清明,神用变化不可度思,始信此心之即道。深念人多外弛,不一反观,一反观忽识此心,即道在我矣。"④所谓"毋意",就是不思不虑。他认为,"人心即《易》之道也",人心如同镜子,只有无思无虑,才能得《易》之道,如同镜之无尘无垢,才能洞照万物。与陆九渊相比,杨简的认识理论更加简单直接,认为所谓"格物"也不过是内心的修养功夫,因为"吾心本无物,忽有物焉,格去之可也。格物则吾心自莹,尘去则鉴自明,滓去则水自清矣"⑤。

杨简的这种认识论与修养方法,与其彻底的心一元论本体论紧密

---

① (宋)杨简《慈湖遗书》卷三《与张元度》,《四明丛书》本。
② (宋)杨简《慈湖遗书》卷二《永嘉郡治更堂亭名记》。
③ (宋)杨简《慈湖遗书》卷一《诗解序》。
④ (宋)杨简《杨氏易传》卷五《履》。
⑤ (宋)杨简《慈湖遗书》卷一〇《家记四·论论语上》。

相关,他比陆九渊更加唯我和直接,使人们能更容易达到道德修养的终极目的,因而与陆学相比,慈湖心学更具有号召力或者说诱惑力,这正是慈湖心学能够广泛传播的主要原因。虽然,这种认识论无视客观事物的存在,忽视对客观知识的探求和客观实践的探索,其本身有着极大的缺陷,但其中也包含着尊重自我、尊重个体主观能动性的积极成分。杨简的心学理论无疑是沟通陆学与王学的桥梁,在心学发展史上有其独特的历史贡献。

杨简不仅是一位心学思想家,而且也是一位政治思想家。在政治上,杨简继承了传统儒家的民本思想,提出了施民以德的政治主张。他强调"为政之道,无出于德"①,认为政事不出于德则非德政,政非德政则会使政局动荡,危乱丛生。杨简说:"人心即道心,心本常。故合乎天下之公心而为政为事,则其政可以常立,其事可以常行。不合乎天下之公心而为政为事,则其政不可以常立,其事不可以常行。"②因此,统治者只有施德政于民,为百姓谋利造福,才能使政事顺利、政权长久。

针对当时内政腐败、边患不断的严峻局势,杨简提出了"治务最急者五事"、"次急者八事"的十三项改革措施,其内容涉及政治、军事、经济、文化和教育等各个方面,集中反映了杨简要求改变现状的强烈愿望:

"谨择左右大臣、近臣、小臣",这是杨简要求革新朝政的首要主张。近贤臣、远小人是历代封建政治家竭力主张的为政之道,杨简也不例外。他深刻认识到近臣对国家治乱的影响,认为国家的治乱之机在于侍臣们的贤德与否,如果近臣贤能清正,朝中自然政风端正。小臣虽然地位低微,但由于他们经常伴随在皇帝身边,久而久之,人主难免会受其影响:"小臣虽卑贱,而人主之德性实熏染渐渍于左右亲近。"因此,只有近贤臣、远小人,朝廷才会有兴旺之基。这就是杨简所说的

---

① 以上见(宋)杨简《慈湖遗书》卷一〇《家记四·论论语上》,《四明丛书》本。
② (宋)杨简《慈湖遗书》卷八《家记二·论书》。

"近治而后远治,近臣贤而后远臣贤"。

"择贤以任中外之官",这是杨简的选官主张。杨简认为,朝廷的内外百官都是政令的具体实施者,如果选举得当,使贤人在朝,那么,国家的恤民政策就能切实施之于民,使百姓真正得到好处;反之,如果选择失当,小人在朝,百姓就会深受其害,最终贻祸国家。因此,选官制度是为政者首先要重视的治国之术。

"罢科举而行乡举里选贤者能者",这是杨简改革选举制度的主张。杨简认为,自汉代以后,上古流传的选贤与能制度已经被遗弃,士子或陷于经书解说,或溺于吟诗作赋,粉饰词藻,唯科举高中是求,这种导致不修德业、不关注现实的选官制度,于治国安民有百害而无一利。他说:"士子所习唯曰举业,不曰德业,高科前列,多市井无赖子弟,笃实端士反见黜于有司,何以德行?为文华而尊荣,相师成风,沦肌浃髓,欲使事君而君获其忠,使临民而民不被其害可得哉?虽间得其人而亦无几。仕宦大概惟群饮,惟求举,惟货,惟色,惟苟且。甚者,民思寝处其皮而食其肉。"他认为科举已成败坏人心之业,应予以废除,如果代之以贤人举贤才的乡举制,天下士心便可"即趋于善"。

"教习诸葛武侯之正兵以备不虞"和"募兵屯田以省养兵之费",是杨简的军事主张。南宋士卒失于教阅,是军队战斗力下降的一个重要原因;而庞大的军费支出又使国家财政困竭、百姓负担加重。杨简对此有着十分清醒的认识,他的这两项主张也是因此而提出的,反映了他对国家政事的关心。

限民田以恢复井田和罢和买、折帛等赋税是杨简的经济主张。杨简认为,贫富不均是造成社会动荡的主要原因,而所以造成贫富不均,是因为废弃了古代的井田良制。他说:"田不井则贫富不均,贫民仰不足以事父母,俯不足以育妻子,乐岁终身苦,凶年不免于死亡。救死不赡,奚暇治礼义?无礼义则乱,乱则国危。"因此,要解决贫富不均,根本之举便是恢复井田制。同时,杨简指出,民为邦本,厚敛于民无异于自掘其根本,最终使民离而国亡。由此,他强烈要求统治者以身作则,裁节浮费；要尊农、重农，使民以时，并采取切实措施以宽民力。他认为，百姓负担已过于繁重，应罢除和买、折帛等赋税，以培植根本，只有根本稳固，国家才能长治久安。

在文化和教育改革上，杨简提出了行太学与邑里之教与修书以削邪说的主张。他认为自孔子后，大道正学沦丧，学者多持异端之说，似是而非，致使圣人之学晦而不传。由此，他建议简选修谨之士，使之聚诸太学或乡学中，接受系统教育，并通过这些贤士，使先王之学代代传承。所谓"修书以削邪说"，则是杨简对教育内容的看法和改革主张。他说："夫聚贤士而教之，固已明圣道之大体，指异说之谬误。而经子史集差失已久，其惑乱人心已深，不修成书，则邪说不衰熄，正道不开明，人心乖乱。人心乖乱，则祸作国危。"可见，"修书"的目的，在于剔除那些惑乱人心的异端邪说，开明正道，弘扬圣贤大体，使人人知孝悌而尽忠信，从而建立起一个人心常善、礼义流行的社会。这正是杨简心学修养和教育思想的最终目的。最后，他语重心长地说："扫云翳，昭日月，斯任至重，非得有道盛德之大贤同寅协心，难乎有就。"①

杨简的改革思想无不渗透着强烈的社会责任感和浓重的心学色彩。他的社会改革主张终极目的是一致的，即发明本心，使正道流行而人知其责，最终实现国家的长治久安。但杨简思想中的局限性也是十分明显的。他主张恢复井田制，反映出他对所谓古圣先王时代的推崇。这种推崇几乎到了盲目眷恋的程度，以致看不到井田制早已随着土地私有制的发展而作古，因此，恢复井田制不过是空想而已，不可能解决贫富不均这一社会现实问题。他对科举制所存在的某些弊端的揭露，不乏灼见，但将吏治腐败的根源归咎为科举制，显然是因噎废食。其实，与以往的察举制、九品中正制相比，科举制度在选拔人才、扩大统治基础等方面恰恰起到了重要的作用，不能简单地视其为累人之具。因此，四库馆臣以为其说"迂阔不达时势"②，不是没有道理的。

---

① 以上见《慈湖遗书》卷一六《家记十·论治务》，《四明丛书》本。
② （清）永瑢等《四库全书总目》卷一六〇《集部·别集类一三》，中华书局1992年影印本。

但尽管如此,杨简毕竟看到了南宋社会的弊病,他的改革政治的主张,还是有其积极的思想成分。

简言之,杨简的学术成就远大于他的政治功绩。在陆门弟子中,杨简的成就最大,影响也最广,"淳熙正学推四公,慈湖先生为最雄"①,故有"陆氏功臣"之称。其文流传至北境,金人尊称其为"江南杨夫子"。② 后世学者论四明心学的源流与传承发散,亦无不谈及杨简。著名心学大师王阳明甚至声称:"慈湖远过于象山。"③杨简无疑是四明心学乃至整个中国心学发展史上的一位关键性人物。

(二) 袁燮

袁燮(1144—1224年),字和叔,鄞县人,学者称絜斋先生,谥"正献"。袁燮少年时即以名节自期。20岁左右入太学,当时陆九渊的兄长陆九龄为太学学录,"望其德容粹盎,肃容起敬,亟亲炙之"。在太学期间,他与沈焕、舒璘、杨简等朝夕以道义相切磋。他与吕祖谦、陈傅良也多有交往,"东莱吕成公接中原文献之正传,公从之游,所得益富;永嘉陈公傅良,明旧章、达世变,公与从容考订,细大靡遗"④。但终以陆九渊之学为归宿,《宋史·袁燮传》说他"后见九龄之弟九渊发明本心之旨,乃师事焉"。淳熙八年(1181年)袁燮中进士,开始了他的仕宦生涯。他先后在中央和地方做官,官秩凡十七迁,累官至礼部侍郎、宝文阁直学士,赠通奉大夫。袁燮为学重体用,是一位博古通今的著名学者和教育家,不仅著述宏富,而且培养了大批后学,为明州的文化

---

① (清)全祖望撰、朱铸禹汇校集注《句余土音》卷中《杨文元公旧里》,《全祖望集汇校集注》(下),上海古籍出版社2000年版。
② (清)黄宗羲著、全祖望补《宋元学案》卷七四《慈湖学案》,中华书局1989年版。参见(元)马泽修、袁桷纂《延祐四明志》卷四《人物考上·慈湖杨先生》,《宋元方志丛刊》本,中华书局1990年版。
③ (清)黄宗羲《明儒学案》卷三七《甘泉学案》,中华书局1989年版。
④ (宋)真德秀《西山先生真文忠公集》卷四七《显谟阁学士致仕赠龙图阁学士开府袁公行状》,《四部丛刊初编》本。

和教育事业作出了重要的贡献。他的主要著作被收入《絜斋集》,此外还有《絜斋家塾书钞》、《絜斋毛诗经筵讲义》、《袁正献公遗文钞》。

  袁燮的哲学思想主要体现在,他继承了陆九渊心学中"心即理"和"人心本善"的命题,提出"心"与天地同本、与圣贤同类,以及"天人一理"①、"君民一体"②的思想。他认为,天、地、人和世间万物是统一的,"此心无天人之殊,天得此而为天,地得此而为地,人得此心而为人"③。由此,他得出了"吾心即道"的结论,说:"吾心即道,不假外求。忠信笃实,是为道本。"④又说:"此心此理,贯通融会,美在其中,不劳外索。"⑤"道不远人,本心即道。知其道之如是,循而行之,可谓不差矣。"⑥

  袁燮这里所说的"道",即是指封建社会的伦理道德。他认为,纲常伦理与生俱来,为人之"本心"所固有,无需外求,人们只要"循而行之"⑦就可以了。与陆九渊、杨简一样,他同样讲究以内省的方式完成道德的修养。袁燮对心学的突出贡献,在于他把"心"与人的社会实践联系起来,认为人的一切社会实践活动都是"心"的具体体现,他说:"古者大有为之君,所以根源治道者,一言以蔽之,曰:此心之精神而已。心之精神洞彻无间,九州四海靡所不烛。"这种精神无时不有、无处不在,"流行发见,无非精神矣"。因此,袁燮特别强调"朝夕警策"、"日进而不止"的主观能动作用。这种主观能动作用一旦得到磨砺,则体现为"号令之精神"、"人才之精神"、"财用之精神"、"军旅之精神"与"民物之精神"。⑧ 更为可贵的是,袁燮重视百姓的实践活动,认为

---

① (宋)袁燮《絜斋集》卷三《论弭咎征宜戒逸豫札子》,《四库全书》文渊阁本。
② (宋)袁燮《絜斋家塾书钞》卷五《太甲中》,《四明丛书》本。
③ (宋)袁燮《絜斋家塾书钞》卷二《大禹谟》。
④ (元)马泽修、袁桷纂《延祐四明志》卷四《人物考上·絜斋袁先生》,《宋元方志丛刊》本,中华书局1990年版。
⑤ (宋)袁燮《絜斋集》卷八《象山先生文集序》。
⑥ (宋)袁燮《袁正献公遗文钞》附录《言行》,《四明丛书》本。
⑦ (宋)袁燮《絜斋集》卷一〇《德斋记》。
⑧ (宋)袁燮《絜斋集》卷一《都官郎官上殿札子》。

劳动者的劳动技艺、生产活动也是"心之精神"的体现。他说:"仆尝论技之精者,与人心无不契合,庖丁之解牛,轮扁之斫轮,疱瘘之承蜩,其实一也。"①这是其他理学家所不及的。正因为袁燮强调了主观性的"心"与客观性实践的联系,认为道德的流行离不开人的主观能动活动,人的思想通过实践转化为具体事物,所以,较之其他心学思想家,袁燮在理论思维上有其独到的贡献。

在政治思想上,袁燮提出了"君民一体"的政治观。他说:"君民一体也,民固不可无君,君亦不可无民。天下之民所以安居而暇食,优游以生死,果谁之力? 人君之为也。是无民君固不能相养也;民为邦本,本固国宁,君而无民,岂能独立于上?"②值得注意的是,袁燮认为,君民一体,只有相须而无尊卑。他说:"君民本一体相须之义。初无尊卑之殊。苟见己之为尊,民之为卑,便是此心不一处,何者? 当其见己之为尊,民之为卑,其心必侈然为大,吾之本心初未侈然自大也,本心未尝有而外加益焉,非不一乎?"③这里,袁燮从君民同"心"的心学角度否认君尊民卑之分,这在当时是极具进步意义的。

袁燮政治思想中突出的一点是,他十分重视民心的作用。他认为,统治者要想长治久安,就要时刻不忘天理,以自身的道德修养和行为去感化百姓,做到人与天合、政与理顺,如此才能使政权长久。而人与天合、政与理顺的内涵,便是要顺应天下百姓之心。故近人张寿镛在《絜斋毛诗经筵讲义序》中说他"上以树君德,下以励臣节,穷源推本,尤在于顺人心"。可以说,顺民心、得民心既是袁燮政治思想的特色,也是其政治理论的出发点。

作为顺应民心的具体政治内容,袁燮认为,南宋君臣应自强不息,以恢复失土为第一要务。他强调统治者在国家危难之际,应以刚健之

---

① (宋)袁燮《絜斋集》卷八《跋林郎中巨然画之轴》,《四库全书》文渊阁本。
② (宋)袁燮《絜斋家塾书钞》卷五《太甲中》,《四明丛书》本。
③ (宋)袁燮《絜斋家塾书钞》卷五《咸有一德》。

心,"法天行健,磨砺精神,破庸人之论,以强中国之势"①。他指出,为抵御外侮而进行的战争是正义的,合乎天理。为救民而举兵,也是为政者顺乎民心的一个表现。他对南宋朝廷苟且偷安、不思进取极为不满,要求统治者胸怀大志,有所作为。他说:"志者,为心之所期也。""所期者大,则其规模亦大;所期者远,则其谋虑亦远。夫惟远且大也,故谓之志。古之人君耻以中常自处,而必欲成大有为之事业,斯可谓人君之志也。"②希望统治者像越王句践那样,卧薪尝胆,胸怀远志,最终收复中原失地。"独以振兴恢复之心望其君"③,是袁燮政治思想的突出特点。

在心学传人中,袁燮的教育思想也是非常突出的。他倡导地方州县积极兴学,并且强调武学的重要性,是一位非常有见地的教育家。与其他心学家有所不同,袁燮十分注重"博通古今"④、"贯穿经史"⑤对道德修养的作用,认为不读书则不能明理。他说:为学要通知古今,以识前言往行,这就是所谓的蓄其德;读书之事不能荒废,用力愈久,则所得学问愈深。他还举例说杨简中年以后重视读书,结果对其成就大为有益。所以他强调:学者但慕高远却不览古今之书,最为害事。对此,王应麟评价说:"昔子朱子有言:子思教人之法,以尊德性、道问学两事为用力之要,陆子静所言专是尊德性。絜斋先生之学,陆子之学也,观其尺牍,皆勉学之要言,盖尊德性实根本于学问,未尝失于一偏。是亦朱子之意也。"⑥全祖望则说:"絜斋教人以自得,而谓吾心与天地相似,精思以得之,兢业以守之,则其全功可知矣。"⑦认为其道德与学

---

① (宋)真德秀《西山先生真文忠公集》卷四七《显谟阁学士致仕赠龙图阁学士开府袁公行状》,《四部丛刊初编》本。
② (宋)袁燮《毛诗经筵讲义》卷一《卷耳篇》,《四明丛书》本。
③ (宋)袁燮《毛诗经筵讲义·案》。
④ (宋)袁燮《絜斋集》卷二二《祭倪尚书文》,《四库全书》文渊阁本。
⑤ (宋)袁燮《絜斋家塾书钞》卷五《太甲下》,《四明丛书》本。
⑥ (宋)王应麟《四明文献集》卷一《跋袁絜斋答舒和仲书》,《四库全书》文渊阁本。
⑦ (清)全祖望撰、朱铸禹汇校集注《鲒埼亭集外编》卷一四《淳熙四先生祠堂碑文》,《全祖望集汇校集注》(中),上海古籍出版社2000年版。

问兼举,绝无道学家所说的有专尊德性之弊,以此驳斥理学家对心学的批评。

(三)舒璘

舒璘(1136—1199年),字元质,一字元宾,谥"文靖",奉化人。舒璘青年时期入太学,广交良友,曾问学于著名理学家张栻,多有获益。朱熹、吕祖谦讲学于金华,他徒步往从之。后与其兄西美、弟元英同受业于陆九渊,躬行愈力,遂为心学传人。乾道八年(1172年),舒璘中进士,后历任信州教授、江南西路转运司干办、新安教授、平阳令、宜州通判等职。其遗著有《舒文靖集》与后人整理的《舒文靖类稿》。

舒璘为学特色在于广收博采,吸纳众长。杨简在《舒元质墓志铭》中称其"于书无所不贯,尤精于毛、郑《诗》。……自磨砺于晦翁、东莱,南轩及我象山之学,一以贯之"①。全祖望也认为:"四先生之中,莫若文靖之渊源为最博,其行亦最尊。"②因此,舒璘心学的特点是以陆学为宗,兼纳朱学和吕学,并将陆学移向平凡的日常生活,从而形成"平实"的学术风格。他自己表白说:"吾非能一蹴而入其域也,吾惟朝夕于是斯,刻苦磨砺,改过迁善,日有新功,亦可以弗叛云尔。"③对此,近人张寿镛认为:"谢山谓淳熙四先生惟先生年事最长,亦惟先生最为平实。'平实'二字既可概其生,平而奇,实而虚,尤足征其神妙,盖其见道之真,得之疏席敝床之中,益之栉风沐雨之下,岂偶然哉!"④

在舒璘的哲学思想中,"心"是世界的本源,"易之极即心之极"⑤是舒璘哲学思想的基本命题。易之极为道,易之极即心之极,也就是说,心之极即是道。这与"心即理"、"心即道"的心学理论一脉相承。

---

① (宋)杨简《慈湖遗书补编·舒元质墓志铭》,《四明丛书》本。
② (清)黄宗羲著、全祖望补《宋元学案》卷七六《广平定川学案》,中华书局1989年版。
③ (宋)袁燮《絜斋集》卷九《舒元质祠堂记》,《四库全书》文渊阁本。
④ (宋)舒璘《舒文靖类稿·张寿镛序》,《四明丛书》本。
⑤ (宋)舒璘《舒文靖类稿》卷一《答沈季父书》。

舒璘认为:"我心无累,此道甚明。"只要保持"心"的清明净洁,那么从"心"中流出的意念自然是善的,按此意念去行事,就是合乎义理、合乎"道"的行为。因此他又说:"本源既明,是处流出,以是裕身则寡过,以是读书则蓄德,以是齐家则和,以是处事则当。"①他在这里所说的"道",就是指社会伦理道德,即人道、人伦。

舒璘认为,"道"是至善的,道德伦理是天赋予人的"理义之常"②,因此,道德修养的目的,就在于维持"心"的至善本性,只要本心不失,就可使斯道常明。他说:"人之良心,本自明白,特患无所感发。一朝省悟,即心志所向,莫非至善。"③而使人省悟的途径,就在于在简单平常的日常生活中启发其本性良心,使其行为符合道德伦理规范。这样天长日久,就会达到与圣贤相同的境界。需要指出的是,在道德教育过程中,舒璘很少对抽象的本心之善发表议论,而是立足于日常的社会生活中讨论道德修养的意义和过程。他往往从自己为学、修身的实践中来谈论对"心"、"道"的理解和感受,这种平实的风格是他的最大特点,在心学派成员中尤其突出。

与笃实的为学风格相一致,舒璘十分关心现实,关注时局。他对南宋君臣偏安一隅、不思进取的现状深表忧虑,指出:"当今事势,深有可忧。士大夫调停之功多而正大之议少,和同之风炽而笃实之意亏。虽有忧国之心,卒未有善后之计。"④又说:"上焉者谈论不切事情,下焉者又只相安于无事,故虽咸有忧国之心,而未有善后之计。窃恐日复一日,机不再来,又成虚度,此则深可忧也。"他告诫南宋君臣:"当今事势,官爵之崇卑,皆不足以吾党贺,而国本之安危,则深有可虑者。"⑤

舒璘忧国忧民的政治思想,还表现在他对百姓疾苦的关注上。对

---

① (宋)舒璘《舒文靖类稿》卷一《答袁恭安书》,《四明丛书》本。
② (宋)舒璘《舒文靖类稿》卷三《谢傅漕荐举札子》。
③ (宋)舒璘《舒文靖类稿》卷一《再与楼大防书》。
④ (宋)舒璘《舒文靖类稿》卷一《与丰郎中书》。
⑤ (宋)舒璘《舒文靖类稿》卷一《通陈郎中英仲书》。

于长期遭受兵祸之苦和封建捐税剥削的百姓,舒璘深表同情和忧虑,他自言对此"触目伤怀,不能自已"①。故为官期间,为民奔波,多有所为。对此,杨简在《舒元质墓志铭》说道:"时世故纷糅,天灾沓臻,国病于需,民艰于食。元质纬不暇恤,忧常在公,于是议常平、商盐政、经荒策、论保长,凡为书若干事,上之刺史守尉,其采而试之,较辄响应。当道廉而贤之曰:文学、政事两擅其优,是为天下第一教官。"②这是对舒璘为政的真实写照。

(四)沈焕

沈焕(1139—1191年),字叔晦,本定海人,后徙居鄞县,学者称定川先生,谥"端宪"。沈焕青年时入太学,并师事陆九龄。袁燮《通判沈公行状》中说道:"始与临川陆公子寿为友,一日尽舍所学,以师礼事焉。陆公极称君志气挺然,有任道之质。"深得陆九龄赞许。沈焕与吕祖谦、吕祖俭兄弟的交往也十分密切,"后与东莱吕公伯仲极辩古今,始知周览博考之益。凡世变之推移,治道之体统,圣君贤相之经纶事业,孜孜讲求,日益广深,君子以是知君胸中之蕴有足以开物成务者矣"。因其为学取各家之长,从而形成了兼收并蓄的学术风格。乾道五年(1169年)沈焕登进士后,历任上虞尉、扬州教授、太学录、高邮军教授、浙东安抚司干办、婺源令、舒州通判等职。他为官清廉正直,多有政绩,袁燮称赞他"终身沉于下位,而声名流于四方,抑之愈高,困之愈坚,死且不陨"③。连朱熹也说他"学问辨博,识度精微,官止龙舒之别乘,而才实执政之有余"④。评价极高。遗著有近人张寿镛所辑《定川遗书》。

沈焕的基本思想属心学体系,"心"仍是沈焕哲学思想的基本论

---

① (宋)舒璘《舒文靖类稿》卷一《与某书》,《四明丛书》本。
② (宋)杨简《慈湖遗书补编·舒元质墓志铭》,《四明丛书》本。
③ (宋)袁燮《絜斋集》卷一四《通判沈公行状》,《四库全书》文渊阁本。
④ (宋)沈焕《定川遗书·附录》卷二《祭南山沈公文》,《四明丛书》本。

题。他认为"心"是人之根本,天赋至善,这种至善的本心可以感通天地万物,"吾观人之一心,精诚多达,虽天高地厚,豚鱼细微,金石无情,有感必通"①。而要使此"心"常存,就要加强对它的保养和磨炼。因此,沈焕认为"存心"是做人的"大本"、"急务"。他说:"吾儒急务,立大本,明大义耳。本不立,义不明,虽讨论时务、条目何为?"②基于此,沈焕主张读书的方法在于"务识大体"、"要而不博"③,这与陆九渊"读书以义理为先"的思想已十分接近。

沈焕强调"心"对于道德修养的作用,但他所谓的"存心"、"立本",并不完全等同于心学派所宣扬的对"心"的自我体认,而是主张要脚踏实地,在实际生活和学习中加强道德品质的修养。他说:"学者功夫当自闺门始,其余皆末也。今人骤得美名,随即湮没者,由其学无本,不出于闺房用力焉。故曰功夫不实,自谓见道,只是自欺。"他赞扬那种虽然不能完全理解文义,但能为之废寝忘食的读书精神,坚决反对虚夸不实的学风,强调:"昼观诸妻子,夜卜诸梦寐,两者无愧,始可言学矣。"④并写诗云:"为学未能识肩背,读书万卷空亡羊。"⑤充分反映出其踏实的学风。故《定川言行编》说他"爱君忧国发于至诚,语及时事,少不合意,常频颦不乐","处心积虑,未尝不在斯世"。⑥

四明四先生作为心学的传人,虽因资质各异而表现出不同的思想风格与特色,但学术旨归则大体相同,他们都在不同程度上继承并开拓了心学的思想内涵:杨简继承了陆氏心学,并且进一步将其完善,他把陆九渊哲学体系中夹杂着的"理"、"气"等理学概念完全抛却,而专言"心",倡导心一元论,以纯主观的"意"代替外物的"气",在治学上反对外索而主张明心见性,对心学进行了深化和萃取,最终形成了体

---

① (宋)沈焕《定川遗书》卷一《净慈寺记》,《四明丛书》本。
② (宋)沈焕《定川遗书》卷二《训语一》。
③ (宋)沈焕《定川遗书·附录》卷二《定川言行编》。
④ (宋)沈焕《定川遗书》卷二《训语一》。
⑤ (宋)袁燮《絜斋集》卷一四《通判沈公行状》,《四库全书》文渊阁本。
⑥ (宋)沈焕《定川遗书·附录》卷二《定川言行编》。

系严密的慈湖心学;袁燮在政治和伦理思想上把心学引向平直笃实的发展方向;舒璘和沈焕则更把心学由空玄的"心"、"道"移向平凡真实的日常生活,使心学朝着关注现实和社会的方向发展。从而对心学的传播、四明学派的形成和明州地区学术的发展都作出了重要贡献。对此,王应麟说:"乾、淳之舒、沈、杨、袁诸公,以尊德性、求放心为根本,阐绎经训,躬行实践。学者知操存持养以入圣贤之域,四先生之功也。"①

四先生倡导陆学于东南,不仅使心学在四明生根开花,盛极一时,而且通过对陆九渊心学的领悟和吸收,进而形成了重实践、重自得的四明心学,从而在心学理论的造诣上超过了处在心学发源地的江西槐堂诸儒。故全祖望说:"槐堂之学,莫盛于吾甬上,而江西反不及逮。"②四明地区俨然成了当时心学的大本营。四先生的思想,对以后浙东学术思想的发展也产生了重大影响,明代的王阳明、刘宗周,清代的黄宗羲、全祖望等,无不受到心学的影响,尤其是阳明学派,更是直接继承了慈湖心学。

二、黄震、史蒙卿与朱学

南宋理宗朝后,由于统治者崇尚程朱理学,褒扬朱熹,四明地区的学术风气发生了重大变化,一度居主导地位的陆学开始衰落,而原本影响不大的朱学则在四明地区迅速崛起,出现了以黄震、史蒙卿为代表的一批朱子后学,他们传播朱学于东南,使四明地区成为浙东朱子学的重镇。

---

① (元)马泽修、袁桷纂《延祐四明志》卷一三《王应麟九先生祠堂记》,《宋元方志丛刊》本,中华书局1990年版。
② (清)黄宗羲著、全祖望补《宋元学案》卷七七《槐堂诸儒学案·序录》,中华书局1989年版。

(一)黄震的理学思想

黄震(1213—1281年),字东发,一字汝震,学者尊称为越公或于越先生,门人私谥曰文洁先生,慈溪人。理宗宝祐四年(1256年),以《诗》学登文天祥榜进士,历任吴县尉、浙西提举常平司主管帐司文字、浙西提刑司同提领镇江府转般仓分司干办公事、行在点检赡军激赏酒库所检察官、史馆检阅、添差通判广德军、添差通判绍兴府、抚州知州、浙东提举常平等职。德祐二年(1276年),元军攻克临安,黄震见国事已无可为,遂屏居山林,誓不仕元,惟求速死以报国。五年后,终因忧愤过度,"以疾终于先祖墓侧精舍"。子孙遵其遗嘱,将其归葬于慈溪县鸣鹤乡(今洋山乡)。① 黄震为学博洽,精于经、史与诸子学,一生著述不少,留传至今的尚有《黄氏日抄》、《古今纪要》、《戊辰修史传》和《古今纪要逸编》4种。其中《黄氏日抄》为其平时阅读经史子集时"疏其精要辨论"②而成,且多"躬行自得之言"③,集中反映了黄震的学术思想。

黄震于理宗端平三年(1236年)春在鄞县学宫从师王文贯,④而王文贯师从余端臣,余端臣又师事朱熹嫡传辅广。这样,四明地区便形成了朱熹—辅广—余端臣—王文贯—黄震这一朱学传承体系。作为朱子后学,黄震继承了朱学体系中重致用的思想,同时对朱学末流之弊及朱学本身的某些虚空倾向进行了纠正和批判,体现出自身的特点与时代特色。黄震的理学思想主要体现在:

在宇宙观上,黄震直接继承了程、朱的天理论,视"理"或"天理"为宇宙间无处不在、无所不包的绝对观念实体。他说:"流行天地间,

---

① 倪士毅、翁福清《贞珉可珍——从〈黄震墓志〉补正〈宋史〉与〈宋元学案〉之误》,《浙江师范大学学报》1987年第1期。
② (元)马泽修、袁桷纂《延祐四明志》卷五《人物考中·黄震》,《宋元方志丛刊》本,中华书局1990年版。
③ (清)黄宗羲著、全祖望补《宋元学案》卷八六《东发学案》,中华书局1989年版。
④ (宋)黄震《黄氏日抄》卷九七《余夫人墓志铭》,参见卷五九《读文集一·韩文》,《四库全书》文渊阁本。

贯彻古今而无不同者,理也。"①此"理"又等同于"太极","天理流行"亦即"太极"之流行。故他又说:"一太极之妙,流行发见于万物,而人得其至精以为心。"②但黄震在继承程、朱"天理流行发育万物"这一天理观的同时,更重视"日用常行皆道"、"道即理"这一类命题。他说:"夫道,即日用常行之理。……凡粲然天地间,人之所常行者皆道也。"③黄震反复强调"道"在人事之中,人事之外别无他"道",实际上是反对人们离开形而下之"人道"去追求形而上之"天道"。他认为,道、理只存在于事物之中,不可须臾分离,"若以道为别有一物,超出天地之外,使人谢绝生理,离形去智,终其身以求之,而终无得焉"④。

这里,黄震一面视"理"为超时空而存在的观念实体,宇宙间万事万物之源,一面又反复强调"道"在事中,否定人事之外别有他"道",逻辑上虽存在着矛盾,但反映出他试图修正程朱理学体系中所暴露出的虚空倾向的思想。

在人性论方面,黄震继承了程、朱的"性即理"的观点。他说:"'性即理也'一语,近世间有疑之者,愚意训义不得不有所托以明之耳。天命本言赋予之自然,然不得不假人为之命令为喻,故曰'命犹令也'。性本指人物之所禀赋,然不得不推所赋之实理为说,故曰'性即理也'。"但黄震在继承程、朱性论的同时,也发表了自己的见解。这主要表现为,他推崇孔子的"性相近"说,反对置孟子"性善"论于孔子"性相近"说之上。他说:"言性之说,至本朝而精,以善者为天地之性,以不能尽善者为气质之性。此说既出,始足以完孟子性善之说。世之学者,乃因此阴陋吾夫子之说,而不敢明言其为非,则曰'性相近'是指气质而言,若曲为之回护者。然则孟子之言性何其精,而夫子之言性何其粗耶?"为此,他专门对"性相近"说作了辨析,指出:"实质孔

---

① (宋)黄震《黄氏日抄》卷五《读尚书·舜典》,《四库全书》文渊阁本。
② (宋)黄震《黄氏日抄》卷九一《书刘拙逸诗后》。
③ (宋)黄震《黄氏日抄》卷五五《读诸子一·抱朴子》。
④ (宋)黄震《黄氏日抄》卷五五《读诸子一·抱朴子》。

子言性,包举大端;孟子言性,特指本源而言。性无出于孔子者矣。"①

黄震如此抬高孔子"性相近"说是有其用意的。他曾说,自天地之性、气质之性一出,"诸儒翻倒得一新说,一方便归之为宗师,孔夫子《论语》反成堂前太公说古老言语,无复顾之者矣。若各师其师,而不以孔子为师,流弊安有穷已哉?"②因此,黄震主张以孔子"性相近"说统一儒家性说,与其纠时弊思想有关。

在认识论上,黄震继承了程、朱"格物致知"这一客观唯心主义的认识论。他称赞朱熹:"晦翁本《大学》致知格物以极于治国平天下,工夫细密。"③他也赞同程、朱"人心有知"、"心具众理"的观点,说:"盖心所以具众理而应万事。"④"心者,吾身之主宰,灵明广大,与造化相流通,所以治事,而非治于事。"⑤在认识主体的涵养功夫上,黄震极力维护二程、朱熹的"主敬"说。他说:"敬也者,尧、舜、禹、汤、文、武、周公以来相传之说,非程子自为之说也。"⑥从而为程、朱"居敬"说编造了历史根据。但黄震在继承程、朱"格物致知"、"居敬穷理"这一认识论的同时,对程、朱及后学者的一些观点也提出了不同的看法。

首先,黄震强调"学而知",反对程、朱的"圣人生而知之"论。他说:"诸儒议论迭出,皆因待圣人过高,谓圣人不待学故也。然圣人亦与人同耳。"⑦即"圣人"同普通人一样,也是由学而知,也有积累之渐的过程,不可能生而知之。黄震否认"圣人生而知之"论,认为在获得"知"的途径中,圣人与凡人一样,皆由后天所学而致,这无疑具有一定的合理因素。

其次,在修养功夫上,黄震赞同"居敬",但反对"静坐"养心。他

---

① (宋)黄震《黄氏日抄》卷五九《读韩文》,《四库全书》文渊阁本。
② (宋)黄震《黄氏日抄》卷八五《回陈总领》。
③ (宋)黄震《黄氏日抄》卷六八《读文集十·叶水心文集》。
④ (宋)黄震《黄氏日抄》卷二《读论语》。
⑤ (宋)黄震《黄氏日抄》卷八六《省斋记》。
⑥ (宋)黄震《黄氏日抄》卷六八《读文集十·叶水心文集》。
⑦ (宋)黄震《黄氏日抄》卷二《读论语》。

说:"心者……所以治事,而非治于事。惟随事谨省则心自存正,不待治之而后齐一也。……人之有心,犹家之有主也。家有主,反禁切之,使一不得有为,其扰者势也,而讶心之难降与?故世有竭平生之力以从事于禅,适足以槁鹹其无用之身,他尚何望?"①他认为,人心具万理而应万事,要灭绝其思虑是根本不可能的,因此,无论是老庄的斋心服形,还是禅学的坐脱立忘,皆属徒劳无益之举。如果学者惑于此,整日瞑目株坐,以静坐为务,则易流入佛、道空虚之域。同时,黄震认为,养心与治事是不可分割的,只要随事谨省则心自正,如果脱离事物、遗弃世事,而专以养心为事,则犹同虚空治心,与圣人教人之旨相悖。因此,他主张实修,即在应物、践履中进行道德修养。

再者,在知行论上,黄震提出了"言之非艰,行之惟艰"的重行观。黄震十分重视"知"对"行"的指导作用,认为:"必使先明义理,辨别是非,然后见之躬行,可免陷入异端之弊。"然而,在知行何为重的问题上,黄震认为知的终极在行,行重于知。这样,体现在言与行问题上,黄震则力主躬行,反对以言为能。他认为孔子教人之旨在躬行,其不得已而见于问答者,也皆为躬行而发,"凡今见于《论语》二十篇者,往往不过片言而止,言之非艰,行之惟艰,圣门何尝以能言为事?"同时,他认为,自孟子以下至韩愈、周敦颐、二程、朱熹,所详于议论者,皆出于辟异端而不得已为之,未尝以言为能。由此,他要求后学者"明吾夫子之训,而深以言之轻出为耻。其形于言也,常恐行有不类,惕然愧耻,而不敢轻于言;其见于行也,常恐不副所言,惕然愧耻,而不敢不勉于行"。如此,"则言日以精,行日以修,庶几君子之归,而不至骎骎陷入虚诞欺罔之域,则可无负于文公知行并进之训矣"②。这里,黄震针对理学家辈徒为空言、不务躬行,视讲学、躬行为二途的现象,把《尚书》中的"知之非艰,行之惟艰"改为"言之非艰,行之惟艰",其理学思想中的重躬行色彩,较之朱熹则要强烈得多。

---

① (宋)黄震《黄氏日抄》卷八六《省斋记》,《四库全书》文渊阁本。
② (宋)黄震《黄氏日抄》卷八二《余姚县学讲义》。

在道统论上，中唐时期，韩愈编制了一个自古以来就有的所谓儒家道统，他说："吾所谓道也，非向所谓老与佛之道也。尧以是传之舜，舜以是传之禹，禹以是传之汤，汤以是传之文、武、周公，文、武、周公传之孔子，孔子传之孟轲。轲之死，不得其传焉。"①这一圣贤次第相传的儒统，为以后的儒家学者所承认，成为宋儒道统说的发端。黄震也是道统论者，他说："道原于天，阐于伏羲，传于尧、舜、禹、汤、文、武、周公，而集大成于孔子。苟有异于孔子者，皆非吾之所谓道矣。"②显然，黄震在继承韩愈道统论的基础上，又作了进一步的发挥，即把儒道与天道联结在一起。他认为，圣贤相传之道，即人道，能见诸后世者，即儒家用于治世的仁义礼乐，此非虚而实。至于"人心惟危，道心惟微，惟精惟一，允执厥中"这十六字，则完全是尧传位于舜，舜传位于禹时的训诫之辞，后世学者视十六字为"传心之要"，实受禅宗传心说影响。由此，他批评那些学者："近世喜言心学，舍全章（'人心惟危'章）本旨而独论人心、道心，甚者单撾'道心'二字，而直谓'即心是道'，盖陷于禅学而不自知，其去尧、舜、禹授受天下之本旨远矣。"③黄震阐述道统，意在批评陆氏心学及纠正程、朱后学流于禅学之失。他承认儒家之道自上古圣人继天立极就存在，但不承认传道之说自古就有，这又部分地修正了程、朱道统说。

黄震对程朱理学的继承与修正以及从中所体现出的重躬行思想，对当时及后世均产生了不小的影响。

首先，黄震探赜朱学之蕴奥，对推动朱学在四明的兴起、振朱学于末流之弊起了积极作用。黄震在陆学盛行之日，不为时尚所动，"独崇朱氏学，其为文悉本之"④。他的传播，对推动朱学在这一地区的流行

---

① （唐）韩愈著，（宋）朱熹校《朱文公校昌黎先生文集》卷一一《原道》，《四部丛刊初编》本
② （宋）黄震《黄氏日抄》卷八八《江西提举司抚州临汝书院山长厅记》，《四库全书》文渊阁本。
③ （宋）黄震《黄氏日抄》卷五《读尚书》。
④ （元）马泽修、袁桷纂《延祐四明志》卷五《人物考中·黄震》，《宋元方志丛刊》本，中华书局1990年版。

起了极为重要的作用。明人谢肃曾说:"宋季,朱子理学既行于天下,而明士犹守杨文元、沈正献二公之说。及文洁先生慈溪黄公稽经考史,一折中于朱子,著书满家,于是士方翕然向风,尽变其所学,始知朱子有以继周、程而接孔、孟,实文洁有以倡之。"①由此可知,黄震是促成四明地区由陆学转为朱学的关键性人物。

其次,黄震对程朱理学的某些修正思想,为明清之际的进步思想家所继承,成为他们反思、批判理学的重要思想资料。如顾炎武《日知录》卷一"艮其限"条、卷十八"内典"条和"心学"条中,大量摘录了黄震对治心之说的批评,以作为批判理学家空言心性的思想材料。又如,颜元认为无论是陆、王的静坐悟理,还是程、朱的静坐养心,"见到处俱同镜花水月"②,都是释氏的虚幻之说。这与黄震反对静坐养心之说,有着相通之处。对此,樊克政指出:"就思想发展的流变来看,……黄震对程朱理学的修正,是与明清之际批判理学的思潮脉络是相通的。"③在中国思想发展史上,黄震的哲学思想有着重要价值,值得后人重视。

(二)史蒙卿的理学思想

史蒙卿(1247—1306年),字景吕,后易字景正,号果斋,自号静清处士,鄞县人。史蒙卿出生于名门,该家族始居城中西湖之上,至八行先生史诏迁居东湖,其鼎盛之时,权倾朝野,声名显赫,"史氏一门宰相三人,执政二人,视执政恩数大臣三人,侍从二人,卿监四人,其余不能悉数也"④。祖父史弥巩从杨简学,官至司

史蒙卿像

---

① (明)谢肃《密庵文稿》壬卷《黄菊东先生墓志铭》,《四部丛刊三编》本。
② (清)颜元《习斋记余》卷六《阅张氏王学质疑评》,《丛书集成初编》本。
③ 樊克政《黄震对程朱理学的继承与修正》,《中国史研究》1984年第1期。
④ (清)全祖望撰、朱铸禹汇校集注《甬上族望表》卷上,《全祖望集汇校集注》(下),上海古籍出版社2000年版。

封郎中,赠中散大夫。父史肯之,官至中大夫荆湖北路提刑兼知常德府,赠太中大夫。他7岁善属文,12岁入国子学,通《春秋》、《周官》学,时国子祭酒江万里以器待之。咸淳元年(1265年)进士及第,授景陵县主簿。咸淳十年(1274年),改江阴府学教授,复改平江府学教授。此后,因不满贾似道玩弄权术,辞官回乡,以讲学授徒、传播朱学为业。① 其著作据载有《易究》、《史氏谱》、《果斋文集》、《静清集》等多种,今佚。

根据袁桷所作的《静清处士史君墓志铭》,史蒙卿在国子学读书期间,曾往荆湖北路省亲,从巴川阳邑学《易》、《春秋》一年。而阳邑师从莲塘晁渊,晁渊又师从朱熹,这样,四明地区又形成了朱熹—晁渊—阳邑—史蒙卿这样一支朱学传承体系。从学术渊脉上看,史蒙卿属朱熹的三传弟子。他亦问学于王应麟,故《宋元学案·静清学案表》又将其列入王氏门下。但据袁桷说,其学"喜奇说,礼部尚书王公(王应麟)多传授之,卒以奇不合于王公"②。对此,全祖望辨析说:"静清虽宗主朱学,而其独探微言,正非墨守《集传》、《章句》、《或问》诸书以为苟同者,正如东发亦宗朱学,而其于先、后天图说攻之甚力,盖必如是而始为硕儒。"认为袁桷以史蒙卿为好奇,"是尤不知静清者"。由此可知,史蒙卿与黄震一样,也是一位学有宗主而不墨守成规的学者。

史蒙卿生活的时代,程朱理学已被统治者奉为正学。作为朱子后学,他的学术思想特色与黄震主于躬行有所不同,体现出"务明体以达用"的色彩。根据《果斋训语》,首先,史蒙卿继承了朱熹"心具众理"的观点,认为:"人心虚灵,天理具足,仁义礼智皆吾固有。圣贤之所以为圣贤者,非自外而得之也。"在他看来,人心得诸天理,是天理的体现,因此人心在本原上是至善的。其次,维护程、朱的"居敬"、"穷理"说。他认为,"敬"是一种修养功夫,其作用在"涵养本原",保持心中

---

① (元)袁桷《清容居士集》卷二八《静清处士史君墓志铭》,《丛书集成初编》本。参见(清)陆心源《宋史翼》卷三四《史蒙卿传》,中华书局1990年影印本。
② (元)袁桷《清容居士集》卷三三《先大夫行述》。

之天理的纯洁,假如人们能"端庄静一以涵养之,则志气清明,义理昭著,而人欲自然退听。以此穷理,理必明;以此反身,身必诚"。因此,在他看来,"居敬"实是"学问之大原"。史蒙卿也强调格物致知的重要性,他说,心虽具备万理,但如果不"稽之圣贤,讲之师友,察之事物,验之身心,以究其精微之极至",则知有所弊,而"行必有所差"。他认为,《大学》讲诚意、正心、修身,必先格物、致知;《中庸》讲笃行,必先博学、审问、慎思、明辨,道理便在这里。这样,通过"居敬"以涵养内心固有之理,与通过格物以穷我本心之知二者便有机地结合在一起了。这与程、朱的认识论完全一致。同时,在问学求道的过程中,史蒙卿也反复强调要笃于"反身"。他说:"既知所以穷理矣,则必以所穷之理,反之于身,以践其实,日用之间,微而念虑,著而云为,其当然者,皆天理之公,其不当然者,皆人欲之私也。"如此谨而察之,行其所当然之天理,去其不当然之人欲,长斯以往,则"圣贤之道,忽不自觉,其实有于我矣"。如此,个体内心的固有之理便与客观世界天地万物之天理上下同流,从而进入圣贤之域。可见,所谓的"反身",实即道德践履功夫。这样,居敬、穷理、反身、尚志,便成为史蒙卿所说的"学问进修之大端"。他平时也是以此教育弟子的。

与黄震一样,史蒙卿传播朱学于明州,对改变四明地区的学风也起了重要作用。在史蒙卿之前,史氏家族皆宗陆学,"先是,吾乡学者,杨、袁之徒极盛,史氏之贤哲,如忠宣公、文靖公、独善先生、和旨先生、鸿禧君、饶州君,皆杨、袁门下杰然者也"①。由于史氏家族政治地位显赫,在地方上极有影响,因此,这一家族成员的长期宗陆,也是陆学在四明"一时崇长昌炽,其说大行"②的重要原因之一。然而,史蒙卿"著书立言,一以朱子为法",不仅使史氏家学改而宗朱,而且也推动了四明地区学风的转变,故黄百家说:"庆元自宋季皆传陆子之学,而朱学

---

① 以上见(清)黄宗羲著、全祖望补《宋元学案》卷八七《静清学案》,中华书局1989年版。
② (元)方回《桐江续集》卷三一《送家自昭晋孙自慈湖山长序》,《四库全书》文渊阁本。

不行于庆元,得史静清而为之一变。"①因此,史蒙卿又是倡导四明地区以朱变陆的重要人物。此后,其弟子程端礼、端学兄弟又将师说加以光大,成为元代浙东朱子学的重要传人。其中,程端礼的理学教育规程《读书分年日程》,被国子监"颁示郡邑校官,为学者式"②。程端学则究心于经学,尤其是《春秋》经研究,成为东南著名的《春秋》学大家。

第三节 宗教

北宋建立后,由于统治者充分认识到佛、道两教有裨政治、有助世教,对维护统治有利,于是在尊崇儒学的同时,兼隆佛、道,这为佛教和道教在两宋的发展创造了良好的社会环境。正是在统治的积极倡导和大力扶植下,明州地区的佛教在吴越时期的发展基础上,迅速走向繁荣;而本来根基不厚的道教,也得到了较大程度的发展。

一、佛教的兴盛

两宋是四明地区佛教最为繁盛的时期,主要表现在天台宗的中兴,禅宗的鼎盛,净土思想的流行和弥勒、观音信仰在民间的进一步传播等几个方面。同时,随着明州港成为东南地区对外开放的主要港口,明州佛教的对外交流日趋加强。

(一)天台宗的中兴

明州天台宗的中兴,应归功于高丽僧宝云义通(927—988 年)。五代汉周之际,义通渡海前来中国求法。他初游天台山德韶法师,契

---

① (清)黄宗羲著、全祖望补《宋元学案》卷八七《静清学案》,中华书局1989年版。
② (明)宋濂等《元史》卷一九〇《程端礼传》,中华书局1995年版。

悟南宗，后受业于螺溪院羲寂法师，受学"一心三观"之旨，精通天台教义。北宋开宝元年（968年），义通准备借道明州归国，因明州郡守钱惟治礼请，为其精诚感动，于是滞留在明州弘法。时其俗家弟子、前福州转运使顾承徽舍宅为寺，名"传教院"，由义通任住持。太平兴国七年（982年），宋太宗赐传教院额"宝云"。义通在明州弘法20年，学传台宗，行归净土，弟子众多，"嗣法二十七人，入室四百七十八人，升堂一千人"[①]，从而为明州天台宗的中兴奠定了基础。他本人也因此被列入天台宗十六世祖，被尊称为"宝云大师"。

继义通之后，其弟子四明尊者知礼和天竺忏主慈云遵式等继续弘扬天台宗，使明州成为传播天台宗的一大中心。知礼（960—1028年），俗姓金，字约言，明州鄞县人。幼年依汴京太平兴国寺洪选出家，15岁受具足戒，钻研律部要义。20岁时，投义通门下习天台教义，成为嗣法门人。淳化二年（991年），受请住持四明乾符寺（后改名承天寺），遂大开讲席，一时学徒云集。不久，因堂舍狭隘，迁城东南保恩寺。咸平六年（1003年），日僧寂照等携带源信有关天台教义的疑问二十七条来问，他依教答释，此即《问目二十七条答释》。天禧四年（1020年），内翰杨亿、驸马李遵勖奏其高行，获赐"法智大师"之号。天禧五年，奉诏修法华忏三日，为国祈福。天圣六年（1028年）正月，趺坐而逝。

知礼一生讲智𫖮的《法华玄义》、《法华文句》、《摩诃止观》等经疏，积极宣扬天台宗的"一念三千"和"圆融三谛"思想。他认为心与色、佛与众生在表面上看有区别，但皆互具三千之法，毕竟是即空、即假、即中。心、色、佛是圆融三谛，本质无二；所谓的迷悟、善恶亦仅仅是观法不同，其本性不二。在此基础上，他进一步提出了"无明"与"法相"也相即不二、圆融无碍观点。当时，杭州慈光寺晤恩注智𫖮《金光明经玄义》略本，作《金光明经玄义发挥记》，只谈法相，而对天台宗

---

① （宋）释志磐《佛祖统纪》卷一二，江苏广陵古籍刻印社1992年版。

"五重玄义"中的"观心"问题则极少论及。在他看来,广本中所讲的"观心",为后人窜入,并不符合智𫖮原意。此论一出,立即遭到知礼的反对。在同晤恩及其弟子奉先源清、孤山智圆等人的辩论中,他注广本《玄义》,作《释宗扶宗记》,着重阐发广本的"观心"教义,认为晤恩强调法性而不讲"观心",是有教而无观,背离了天台宗"教、观并重"的宗旨,并自称"山家",以天台正宗自居,贬晤恩一脉为"山外"。这就是天台宗史上有名的"山家"与"山外"之争。景德三年(1006年),他又把自己与"山家派"反复论辩的书信辑录成《十义书》2卷,并作《观心二百问》1卷,其说于是大行,天台宗蔚然中兴。

知礼一生著述丰富,除上述外,还有《续遗记》3卷、《光明文句》6卷、《观无量寿经疏妙宗钞》3卷、《别行玄记》4卷、《指要钞》2卷、《解谤书》3卷、《金光明三昧仪》1卷、《大悲忏》1卷、《修忏要旨》1卷等。他对天台宗的承扬主要是进一步提出了观忘心说、色心不二说、别理随缘等思想,并与其弟子南屏梵臻、广智尚贤、神照本如等创天台宗"山家派",被视为天台宗嫡系。

遵式(964—1032年),俗姓叶,字知白,台州宁海人。幼善词翰,早年依本邑崇教寺义全出家。20岁时习律学于守初禅师,继入国清寺普贤像前燃一指,誓传天台一宗。宋雍熙元年(984年),往宝云寺礼义通为师。端拱元年(988年),返宁海崇教寺苦修。淳化元年(990年),应众请居宝云寺讲《法华》、《维摩》、《涅槃》、《光明》等经。咸平四年(1001年),寓慈溪大雷山治定《请观音消伏毒害忏仪》。五年复归崇教寺,扩建精舍,率众行台宗仪规,修《念佛三昧》。大中祥符七年(1014年),入杭州昭庆寺讲经。此后长期在杭州传教,获赐号"慈云"。明道元年(1032年)十月,圆寂于下天竺。绍兴二十年(1150年),特谥"忏主禅慧法师"。

遵式积极宣扬天台宗的"缘起真如"思想,强调真如与诸法互为缘起,圆融无碍;真如在诸法之中,诸法皆由法性派生,众生与佛一体都是心之一念的产物。其理论表现出天台圆融教观与禅宗心性论合流的倾向。其法嗣有妙果文昌、明智祖韶、法喜清鉴等25人,俗家弟子有王钦若、崔育才、马亮、胡则等。著作则有《金光明护国仪》、《请观音忏仪》、《炽盛光忏仪》、《小弥陀忏仪》、《法华三昧忏仪》、《大乘止观释要》、《往生净土忏愿仪》、《金光明三昧仪》、《请观音消伏毒害三昧仪》及《金园集》、《天竺别集》等。他的主要贡献在于依据《金光明最胜王经》,撰述《金光明忏法补助仪》,设立十科,对严净道场、清净三业、香案供养、赞叹述意、礼敬三宝、修行五悔、旋绕自归、唱诵金光明典等都作了详尽规定,在天台宗史上地位仅次于知礼。

继知礼、遵式后,天台宗逐渐与禅宗、净土宗相融,明州又出现了以宗晓为代表的倡导台净通融的学问僧。宗晓(1151—1214年),俗姓王,字达先,自号石芝,四明人。18岁受具足戒,从学于月堂慧询,晚年居延庆寺第一座。他在讲经之余,编纂了多部佛教著作,如《金光明经照解》、《宝云振祖集》、《三教出兴颂注》、《法华经显应录》、《乐邦遗稿》等,其中《乐邦文类》、《四明尊者教行录》等较有影响。《乐邦文类》是依柳宗直《西汉文类》体例而编纂的净土类文献总集,成于庆元六年(1200年),共5卷。全书分经、咒、论、序、文、赞、记碑、传、杂文、赋铭、偈、颂、诗、词14门,收录各种文述247篇,是研究自晋至宋净土宗历史、人物、教说、仪式、文学、艺术的重要文献。《四明尊者教行录》收集知礼撰作的著述,以及他人撰作的与知礼有关的各种文疏、辞跋、讲解、问答、书启、谕旨、省牒、使帖、公据、诗颂、记赞,碑铭、实录、年谱而编成,是研究知礼生平和思想的重要资料。

宗晓传教观40余年,倡导台净通融。嘉定七年(1214年)八月示寂。当时明州传播天台宗的寺院除宝庆寺、延庆寺外,还有保国寺、天封寺等。

(二)禅宗的鼎盛

除了天台宗的中兴,明州的禅宗也进入鼎盛期,禅宗思想得到进一步发展。禅宗以教外别传、不立文字、直指本心、见性成佛为宗旨,由于其理论既符合佛教出世求解脱的基本价值取向,又抛弃了传统佛教烦琐的经典说教和修行仪规,因而格外受上层官僚以及知识阶层的青睐,故自唐以来,五家七宗,一时风靡天下。早在五代后期,法眼宗大师永明延寿在雪窦山说法8年,学侣辐辏,使法眼宗在明州盛极一时,对明州禅宗的发展产生了较大的影响。

宋仁宗天圣二年(1024年),云门文偃第三代弟子雪窦重显住持雪窦资圣禅寺,使云门宗在明州迅速崛起。重显(980—1052年),俗姓李,字隐之,号明觉,遂州(今四川遂宁市)人。真宗咸平初,往成都普安院依僧仁铣剃发出家。初习经律,兼涉儒道佛之书。咸平六年(1003年),受具足戒,以戒为本,专习定业。后往随州参谒云门宗智门光祚,礼拜为师,深得智门厚爱。天圣二年,曾会知明州,请重显赴任雪窦山资圣寺住持。在住持雪窦寺期间,他整顿禅寺仪规,修建寺院,远近禅僧前来参谒受法者日众,云门宗风一时大振,号为"中兴"。他本人也被誉为"云门中兴祖",并获赐"明觉大师"之号。重显虚怀若谷,多次前往明州延庆寺、宝云寺拜访,与知礼及"南湖十大弟子"结下深厚的友谊。

重显的主要贡献在于他选编"古德"百则,作《颂古百则》,对禅门中领悟祖师教旨的公案予以颂解,以宣扬云门宗的思想,从而把宋初的颂古之风推向高潮,使"不立文字"、"直指人心"的禅宗转变为以阐扬禅机、"不离文字"的文字禅,开启了一代禅风。他以雪窦寺为据点,传播宗学近30年,使明州成为当时云门宗的一大中心。

重显著述丰富,有《雪窦和尚拈古》一百则、《雪窦和尚颂古》一百则、《瀑泉集》1卷、《祖英集》2卷等流传于世。其中《雪窦和尚颂古》一百则(即《颂古百则》)不仅是禅法著作,而且也是文学作品,后经圆悟克勤加上垂示、著注和评唱,编纂成禅宗第一奇书《碧岩录》而盛行于禅林与社会,称天下绝唱。其门下受法弟子多达150余人,北宋中后期著名的云门宗禅僧多出其法系。

入南宋后,明州的禅宗进一步发展,其中有影响的高僧有大慧宗杲、宏智正觉、长翁如净和大川普济等。

宗杲(1089—1163年),俗姓奚,字昙晦,号妙喜庵主,宋宣州宁国(今安徽宁国县)人。他自幼机敏善辩,17岁时出家,受具足戒于池州景德寺。一日,偶阅云门宗典录,恍若旧习,于是出游四方。先从广教理禅师,继而与曹洞宗诸高僧游,再谒湛堂无准禅师、无尽居士。后经张商英推荐,投临济宗高僧圆悟克勤门下。绍兴十一年(1141年)五月,张九成获罪朝廷,祸及宗杲,被毁弃衣牒,发配充军衡阳、梅阳,直到绍兴二十六年才赦免放回。次年春,奉诏住持阿育王寺,成为阿育王寺第二十代住持。时阿育王寺内僧众及前来问法者达6000人,人众食乏,宗杲乃上书朝廷,获赐本寺附近海涂闲地,命工匠筑海塘,创涂田千顷。一年后,宗杲奉诏住持余杭径山寺。隆兴元年(1163年),赐号"大慧"。八月,圆寂于径山寺,赐谥"普觉",塔名"宝光"。

宗杲以临济为宗,又旁涉曹洞宗,洞识各家宗旨,说禅善于随机开悟,反对拘泥于某一种形式。他推崇颂古,对当时文字禅末流"专尚语言"的风气极为不满,作"颂古"110首,倡导看话禅,以一句公案话头,令学者参究了悟禅理,这就是所谓的"看话头"。他在明州的时间虽然不长,但影响却不小,"参学之人数常千百,丛林之盛无与为比"[①],阿育王寺自此成为浙东著名道场,道法之盛,雄冠一时。

与此同时,曹洞宗第十世祖宏智正觉在天童寺积极倡导"默照禅"。正觉(1091—1157年),俗姓李,隰州(今山西隰县)人。幼年习儒业,11岁时遵父命出家。18岁游方参学,先参汝州香山寺成枯木禅师,后参法于丹霞子淳。建炎三年(1129年),至明州,欲礼普陀,但过天童时,应请为天童寺住持。绍兴八年,受旨住持灵隐寺,但未阅月,又归天童。绍兴二十七年十月,圆寂于天童寺。次年二月,朝廷诏谥"宏智禅师",塔名"妙光"。文人周葵、张孝祥分别为之撰写铭文。

正觉认为:心是诸佛本觉,众生妙灵,只因疑碍昏翳,自作障隔。

---

① (宋)《宝庆四明志》卷九《叙人中·仙释》,《宋元方志丛刊》本,中华书局1990年版。

如能静坐默究,"净治揩磨,去诸妄缘幻习"①,不被一切包裹,便能事多无碍。因此,在修养功夫上,他主张回归静坐看心。他著《默照铭》、《坐禅铭》,提出了与大慧宗杲"看话禅"有别的"默照禅",使默照禅成为与文字禅、看话禅并行的一大禅学流派。

正觉主持天童寺30年,不仅纳僧逾千,殿宇修葺一新,而且大振曹洞宗法,被尊为"天童中兴祖师"。法嗣有嗣宗、法智、法为等280余人。遗著有《颂古百则》(一名《宏智颂古》)、《宏智禅师广录》。

长翁如净(1163—1228年),俗姓俞,号净长,明州人。如净少年出家,学南山律学和天台宗教义。19岁开始云游诸方,颇有领悟。后谒足庵智鉴于雪窦,得授衣拂。南宋嘉定三年(1210年),受请住持华藏褒忠寺。此后又历任建康清凉寺、台州净土寺、临安净慈寺、明州瑞岩寺住持。嘉定十七年,奉敕住持天童寺。如净参禅行持,注重习坐,认为:"参禅打坐,身心脱落,离五欲,除五盖,即不烧香、念佛、修忏、诵经,亦能相见佛祖。"②进一步发展了正觉的"默照禅"。

如净一生六坐道场,两奉朝旨,学众辐辏,范模清亮,佛界以为法式,有"人天导师,一代宗匠"之誉,是南宋中期以后振兴曹洞宗的重要人物。其著述有《如净和尚语录》2卷、《天童山景德寺如净和尚语录》1卷。法嗣有石林秀、孤蟾莹和日僧希玄道元等。

普济,俗姓张,字大川,明州奉化人,为禅宗南岳下第十八世、临济宗杨岐派传人。南宋淳熙十六年(1189年),普济至天童谒净全禅师,为净全所器重。不久,往越州能仁寺参浙翁如琰。如琰受旨住持天童寺,命其整理藏经。嘉定间(1208—1224年),普济浮海至普陀,任宝陀寺住持,倡导"看话禅"。嘉定十年三月,应聘任妙胜寺住持。后移往杭州灵隐寺,召集僧人辑汇道原《景德传灯录》、李遵勖《天圣广灯录》、惟白《建中靖国续灯录》、悟明《联灯会要》、正受《嘉泰普灯录》禅宗5部灯录为《五灯会元》。

---

① (宋)释集成等编《宏智禅师广录》卷六,《大正新修大藏正》本。
② 以上见天童寺志编纂委员会编《新修天童寺志》,第138页,宗教文化出版社1997年版。

《五灯会元》辑录了从过去七佛到唐宋各派禅宗 1200 多位高僧的机缘、行述和禅风,共 20 卷。其编纂特色鲜明:一是条例清晰、叙录简要。原来每部灯录都有 30 卷,计 150 卷,不仅卷帙浩繁,而且所载的世次、人物和机缘语句层见叠出,多有重合,经删并整理后,大大方便了人们的阅读。二是内容丰富。大凡南宋嘉泰四年(1204 年)以前禅僧为启发后学禅机而作的正说、反说、庄说、谐说、横说、竖说、显说、密说,以及瞬目扬眉、擎拳举指、竖拂拈槌、掀床作拜、持叉张弓、辊求舞笏、打鼓吹毛等举止行为多被收录,包含了后世禅宗经常谈论的公案和话头。正因如此,《五灯会元》自问世后,深得好评,如明人马植嘉在《五灯会元续略序》中认为:"大川和尚集《五灯会元》,厥功亦不下班、马。"将其与司马迁撰《史记》、班固撰《汉书》之功相提并论,成为后人研究禅宗史的重要经典著作。

(三)净土思想的流行

宋以前,明州佛教徒中专修净土的极少,大多倡导禅净合一、台净合流。入宋后,净土信仰有了新的发展,佛教中的天台宗、禅宗、华严宗、律宗等宗派的学问僧在修持本宗教观的同时,多兼修净业,如云门宗的天衣义怀及其弟子慧林宗本曾著《劝修净土说》,以禅僧身份劝人修习净土,曹洞宗的长芦清了也有《净土集》行世。对此,宗晓在概述南宋佛教传播情况时说:"历考自古帝王兴隆释教,或建立塔庙者有之,或翻译经论者有之,或广度僧尼者有之,而未尝闻操觚染翰发挥净邦,俾一切人升出五浊如吾圣君者。至今薄海内外宗古立社,念佛之声洋洋乎盈耳。"[①]这表明,净土信仰在宋代已渗入佛教各派。净土思想在明州的流行与天台宗的传播最为密切。宝云义通自称以净土为故乡。其弟子知礼则集道俗近千人,勤劝念佛,"誓取往生",主张"一心观显四净土",把天台宗的一心三观教义与净土思想紧密结合,在教

---

① (宋)宗晓《乐邦文类》卷四,《大正藏》第 47 卷。

理与教行上发展了台净融合的思想。他在晚年时,又结十僧相约修《法华忏》,满三年后,焚身作往生之定业,后因真宗反对而未成。遵式著《往生西方略传》、《晨朝十念法》,自约每天晨起念佛,"尽此一生,不得一日暂废"①。知礼的弟子南屏梵臻、广智尚贤、神照本如及以后的睎颜、惠询、道因、宗晓等也多发愿往生西方净土。

与净土信仰发展的同时,以结社念佛为活动内容的法社也在明州纷纷出现,结社念佛之风盛行一时。如遵式在宝云寺建立念佛会,制订净土忏愿仪,使成规矩。知礼在延庆寺,"述妙宗钞,拜天台观经疏,大彰观心观佛之旨。曾每岁二月望日建念佛施戒会,动逾万人"②。此后,延庆寺住持惠询,因仰慕慧远结社念佛之遗响,聚结18人,"为念佛三昧西归莲社"③。这些都是明州著名的净土结社。而名僧的倡导和王公名儒的推波助澜,再加之帝王的钦许,使念佛、放生、施菩萨戒在明州社会各个阶层中广为盛行。后知礼法孙、定慧尊者介然"修西方净土之法",与慧观、仲章、宗悦在延庆寺东南隅空地建造十六观堂,以延纳净土之士,当时称为净土院。④ 其他如州城内开元寺有子院白莲教,专修净土;鄞县多宝院住持则教人持守戒律,提出"念念常存,净土立至"⑤。当时明州水陆道场之类法会的兴起,就是在净土结社的影响下,融合中国的传统信仰和儒家观念的一个重要结果。它将超度亡灵、孝养父母、净土往生和现世利益合而为一,为民众普遍接受。

(四)弥勒、观音信仰的广为传播

自东汉末年安息僧人安世高译《大乘方等要慧经》,弥勒信仰传入中土,弥勒佛石窟造像开始在中原地区出现。此后,随着弥勒的民间

---

① (宋)宗晓《乐邦文类》卷四,《大正藏》第47卷。
② (宋)释志磐《佛祖统纪》卷二八,江苏广陵古籍刻印社1992年版。
③ (宋)宗晓《乐邦文类》卷二。
④ (宋)《乾道四明图经》卷一〇《延庆寺净土院记》,《宋元方志丛刊》本,中华书局1990年版。
⑤ (宋)《宝庆四明志》卷一三《鄞县志卷第二·叙祠》,《宋元方志丛刊》本,中华书局1990年版。

化和世俗化,弥勒佛本身的形象也由端庄威严的坐像演变为民众所喜爱的布袋和尚了。关于布袋和尚的传说,与崇福院扩建而来的奉化岳林寺有着直接的关系。相传出家于该寺的布袋和尚(俗名契此,自号长汀子),其体态肥胖,大腹袒露,笑口常开,出行无定,能示人祸福,预知水旱。五代后梁贞明二年(916年),作偈岳林寺东廊石上曰:"弥勒真弥勒,分身千百亿。时时示时人,时人自不识。"偈毕坐逝,乡人葬之于寺西2里处。后人以其为弥勒化身,建塔亭曰弥勒庵,塑像供奉之,并建阁藏其所遗锡杖、净瓶等。后周显德六年(959年),镇海也出现弥勒院。北宋时,江西首先出现了布袋和尚的画像和石刻,大中祥符八年(1015年),崇福院因传为布袋和尚的化现之地,赐额"大中岳林寺"。元丰四年(1081年),有人摹刻其像送至岳林寺,奉化县令画此像送至周边八县供养,于是,缁素四众争相临摹、供奉,岳林寺因此成为弥勒道场。元符元年(1098年),哲宗赐号"定应大师"。崇宁三年(1104年),徽宗又赐阁名"崇宁"。① 后国内佛寺多供奉大肚弥勒佛,弥勒信仰在民众中得到了广泛的传播。

南北朝时期,观世音信仰传入中土,出现了《弥勒下生观世音施珠宝经》、《弥勒下生遣观世音大势至劝化众生舍恶作善寿乐经》等。后秦鸠摩罗什译《妙法莲华经观世音菩萨普门品》已有观世音菩萨化身33种的记载,其中有白处尊观世音,即白衣观世音。可见,白衣观世音的形象已在社会流传。② 唐代,观音信仰已传入明州。如大中年间(847—859年),鄞县大梅山上禅定寺复建后即改称"观音禅院"。③ 咸通四年(863年),日本僧慧谔第三次入唐,在五台山请得观音像后归国,舟至普陀山梅岑山洋面,因遇风涛不能前,遂于潮音洞侧诛茅为室,置像而去。后岛民张氏请像供奉于宅,称"不肯去观音",是为普陀

---

① (宋)《宝庆四明志》卷一五《奉化县志卷第二·叙祠》,《宋元方志丛刊》本,中华书局1990年版。
② 参见马西沙、韩秉方《中国民间宗教史》,第53页,上海人民出版社1998年版。
③ (宋)《宝庆四明志》卷一三《鄞县志卷第二·叙祠》。

山供奉观音之始。① 其后,鄞县开元寺僧道载又创建殿宇,迎普陀观音像于寺内,因"邦人祈祷辄应",又称之"瑞应观音"。② 咸通八年(867年),奉化雪窦山瀑布院毁后重建,也改名为"瀑布观音禅院"。③ 入宋以后,观音信仰在明州广为流行,以观音命名或专奉观音的寺庵大大增加,如府城月湖西能仁观音院、白衣广仁寺(供白衣观音)、镇明岭观音堂、鄞县观音庵、大悲院(内供千手眼大悲观音像)、慈溪妙应院(主殿奉观音像)、定海观音院等。南宋后期,律宗、净土宗、天台宗均念观音,寺内大多供奉观音。宋人陈瓘在《开元寺观音记》中说:"南山常念观音,委质净土,二教遍行吴越,十念尤盛于四明。"④其中所说的"十念",即指念观音菩萨名号十遍。对此,黄震曾指出:"惟观音之在佛氏,号大慈大悲,水旱必于此祷,疾痛必于此告,凡有求而不获者,必于此依归,名以灵感,人无敢议。故僧庐佛舍,千窗万宇,必待观音殿成,然后称大备。盖今佛氏之号召人心,莫切于观音矣。"⑤充分反映了宋代观音信仰在明州的盛行。

(五)对外交流的频繁

两宋时期,随着明州港的崛起,明州佛教的对外交流大大加强。早在五代后唐清泰二年(935年),寿昌寺僧、鄞县人子麟赴高丽、百济、日本诸国弘教,并访求天台宗典籍,成为明州历史上最早出国弘法的明州僧人。后晋天福二年(937年),高丽国王派出以张训为首座的佛教考察团入明州,居住于西寿昌寺,次年返国。入宋后,明州佛教的对外交流进一步扩大,天台宗、临济宗、曹洞宗经明州纷纷传入日本、高丽。北宋初,高丽僧人义通将天台宗从天台山传入明州后,明州成

---

① 妙善、鉴定等《普陀洛迦山志》卷三《教况》,第163页,上海古籍出版社1999年版。
② (宋)《宝庆四明志》卷一一《叙祠·寺院》,《宋元方志丛刊》本,中华书局1990年版。
③ (宋)《宝庆四明志》卷一五《奉化县志卷第二·叙祠》。
④ (宋)《乾道四明图经》卷一〇《开元寺观音记》,《宋元方志丛刊》本,中华书局1990年版。
⑤ (宋)黄震《黄氏日抄》卷八八《宝庆院新建观音殿记》,《四库全书》文渊阁本。

为传播天台宗的中心。真宗咸平六年(1003年),日僧寂照至明州,求教源信所托关于天台宗的疑难问题,获知礼《问目二十七条答释》。天圣年间(1023—1032年),日僧绍良携《法华经》,专程到明州求教于知礼法嗣广智,三年后,学成归国。元丰八年(1085年),高丽僧义天求道、搜求经籍。在归国途经明州时,义天以弟子礼拜谒延庆寺住持明智中立,并在延庆寺开设法会。期间又参谒了阿育王寺住持大觉怀琏禅师,听其说法,求教请益。返国后,在松山建造国清寺,开创高丽天台宗。

南宋后,明州佛教的对外交往更趋频繁。绍兴元年(1131年),高丽僧人坦然慕浙东禅风,渡海至明州,入阿育王寺,拜无示介湛为师。学成归国后,坦然继续研读无示介湛《语录》,并将所作《语要》、《四威仪偈》、《上堂语句》等,托人带到明州,转交无示禅师。无示大加赞赏,回寄衣钵,确认这位异国弟子为传人。而这一时期,随着日本禅风的兴起,阿育王寺、天童寺、雪窦寺、景福寺、瑞岩寺等名刹更成为日僧向往的佛教圣地。在众多的入宋日僧中,与明州关系密切的有重源、荣西、俊芿、道元、闻阳湛海等。

重源号俊乘坊,他于乾道三年(1167年)首次入宋,在朝拜天台山、阿育王山后,于次年九月带回宋版《大藏经》等佛教经典以及净土五祖像、十六幅唐版十六罗汉像和为数不少的佛具、佛画等。此后,他又两度入宋,耽留于阿育王寺,专门学习中国的建筑。期间,他设法从日本周防国运来大批优质木材帮助营造阿育王寺的舍利殿。回国后,他负责重建奈良东大寺。当时,他从中国运去大批漆、丹彩和石料等,并特地邀请许多中国工匠前往,其中包括明州著名铸造师陈和卿。通过东大寺的重建,日本培养了一批建筑工匠。重源本人也被认为是把中国天竺式建筑传入日本的第一人。

明庵荣西,备中人。乾道四年四月,他搭乘宋商船只入明州,在参拜了阿育王山、天台山后,于同年九月归国,带回天台新章疏30余部60卷。淳熙十四年(1187年),他再度入宋,从天台山万年寺虚庵怀敞学禅。淳熙十六年(1189年),虚庵移主明州天童寺,荣西随侍移居,终于继承了临济正宗法脉,得宋廷"千光法师"之赐号,于绍熙二年(1191年)返回日本。绍熙四年,荣西为报答"摄受之恩",派人从日本运来木材帮助虚庵营造天童寺千佛阁。荣西在日积极传播禅宗,先后在博多修建圣福寺,在京都创建建仁寺,在镰仓建寿福寺等宋式禅寺。他所宣扬的"三界惟心"、"心外无法",显然继承了中国禅宗的宗旨,但同时他又继承了最澄和空海的"护国主义"思想,如在《兴禅护国论》中,他明确指出其说"专为护国家利众生"而立,把中国的禅宗理论加以发挥。由此可见,荣西融天台宗、密宗、禅宗于一体,从而形成了日本禅宗自身的特点,被尊为日本临济宗创始人。

不可弃俊芿,九州肥后人。庆元五年(1199年),俊芿入宋学天台宗、禅宗和律宗。他先登天台山,后到雪窦寺、临安府径山寺学禅,又从景福寺如庵了宏学律3年。嘉定四年(1211年),俊芿携佛经籍、诗文、儒经2000余卷回国。后在京都东山开创泉涌寺,传播律宗,成为日本律学资持宗祖。

希玄道元,京都人。嘉定十六年三月,道元与师兄明全一起入宋,从长翁如净禅师习曹洞宗,并求学于无际了派、宗月、月堂等著名禅师,尽得曹洞宗奥义。后来,明全留在明州,于宝庆元年(1225年)病寂于天童山了然寮,道元则于宝庆三年秋携明全遗骨及曹洞始祖洞山所著《宝镜三昧》、《五位显诀》归国,在京都建长寺、兴圣寺等地传法。后往越前,得到了波多野义重的支持和布施,建大佛寺,不久改名永平寺,以志祖庭,其禅林轨制,一依天童。道元的禅法,直接继承了曹洞宗天童寺正觉宏智、如净的默照禅风,提倡"只管打坐,身心脱落",主张修证如一,从而成为日本曹洞宗的鼻祖。

闻阳湛海,泉涌寺俊芿弟子。他于嘉熙元年(1237年)首次入宋,学于南湖晦岩,曾寄居于明州白莲教寺数年。淳祐年间(1241—1252年),因仰慕白莲教寺的佛舍利,再度到明州。宝祐三年(1255年)归国后,把所得的白莲寺佛舍利供奉于泉涌寺,并定每年九月八日开舍利会,永以为例。

此外,据木宫氏《南宋时代入宋僧一览表》所列,到过明州寺院的还有圆尔辨圆、摄津三宝寺大日能忍徒弟练中、胜辨,京都东福寺圆尔辨圆弟子无象静照、无修圆证、无外尔然,越前永平寺希玄道元弟子寒岩义尹、彻通义介,京都草河僧海月明心,建长寺僧寂岩了惠,崇福山安乐寺开山祖樵谷惟仙,镰仓建长寺兰溪道隆弟子约翁德俭、不退德温、宗英,日向大慈寺开山祖玉山玄提等。①

与此同时,随着日本禅宗的兴起,应日本政府和僧侣的邀请,明州僧人也纷纷前往日本弘教。绍定元年(1228 年),天童僧寂圆智深(1207—1299 年)与弟子义云东渡日本,历住兴圣寺、永平寺,后得伊自良氏资助而建宝庆寺,创日本曹洞宗第二道场。寂圆住持该寺达 30 余年,直至圆寂。

理宗淳祐六年(1246 年),天童僧兰溪道隆(1213—1278 年)携弟子义翁绍仁、龙江等赴日。他在常乐寺修建禅堂,并上堂开讲,一依宋朝丛林制度,从而使常乐寺成为镰仓第一个宣扬禅宗的道场。后住镰仓建长寺,成为建长寺第一祖。宝祐三年(1255 年)二月,日本执政北条时赖又发起千人募缘,铸造了建长寺大钟,道隆亲自作铭文,自署"建长禅寺住持宋沙门道隆谨识",日本自此有了禅寺称号。他在日本弘法 32 年,弟子多达 20 余人,其中以苇航、桃溪、无及、约翁等名望最显,有"门下四杰"之誉。景炎三年(1278 年),道隆圆寂于建长寺,日本龟山天皇赐谥"大觉禅师"之号。他的禅系称"大觉派",后称"临济宗建长寺派"。

咸淳七年(1271 年),天童僧西涧士昙(1249—1306 年)应北条时宗之邀,赴日弘法。在日本,他历游京都、镰仓等地,与建长寺兰溪道隆、东福寺圆尔辨圆交游甚密。在日弘法七年后,于景炎三年归国。

祥兴二年(1279 年),天童僧无学祖元(1226—1286 年)携镜堂觉

---

① (日)木宫泰彦《日中文化交流史》南宋元篇,第 306—334 页,商务印书馆 1980 年版。

圆、梵光一镜赴日。他先主建长寺,宣扬禅宗,不久,执政北条时宗为他建圆觉寺,祖元成为开山第一祖,赠号"佛光国师",从而开创日本"佛光派"禅系,后称"临济宗圆觉寺派"。圆寂后,赐"圆满常照禅师"谥号。镜堂觉圆则历住禅圣、净智、圆觉、建长、能仁等寺,后客死日本,获谥"大圆禅师"。

频繁的佛教文化交流,不仅扩大了明州佛教在海外的影响,同时也极大地推动了明州与海外诸国其他文化与经济的交流。

二、道教的发展

宋代是道教的兴盛时期,尤其在北宋真宗和徽宗统治期间,由于统治者的倡导,道教的发展出现了两个高潮,宫观的营建达到了极盛:"神霄玉清之祠遍天下。"①同时,汉魏隋唐以来的鼎炉炼丹以及黄白之术日趋衰落,而唐末兴起的内丹成仙说则迅速崛起,形成了流传于南宋境内的金丹派南宗和金朝的全真道等道教主流教派。

在整个社会崇道之风的影响下,明州与各地一样,不仅道士,而且一些地方大姓、政府官员也热衷于兴建宫观。个别官员为了迎合帝王之意,甚至上奏:"请令郡官到任得替洎朔望,并斋洁朝服奏辞。"②在这种情况下,一些道教废观相继恢复,一批新的道观得以兴建。据《宝庆四明志》卷十一《宫观》与分县志相关内容,以及《延祐四明志》卷十八《释道考下》载,宫观建制有:

郡城:玄妙观,建于唐天宝二年(743年),五代梁时改名真圣观。北宋大中祥符二年(1009年)赐观额。报恩光孝观,建于唐开元二十六年(738年)。北宋崇宁二年(1103年)依旨改崇宁万寿,政和元年(1111年)改天宁万寿,绍兴三十二年(1162年)改今额。灵顺宫,南宋开禧年间(1205—1207年)徐侍郎舍地建。报德观,南宋淳祐七年

---

① (元)脱脱等《宋史》卷四七二《林灵素传》,中华书局1985年版。
② (宋)《宝庆四明志》卷十一《宫观》,《宋元方志丛刊》本,中华书局1990年版。

(1247年)宗室赵与欢建。福顺观,宝祐年间(1253—1258年)赵与欢建。文昌宫,南宋咸淳七年(1271年)道士范介然建。大宝宫,淳祐八年道士董真懒建。凡7所。

鄞县:蓬莱观,原为楼异生祠,绍兴十三年(1143年)请象山废观为额。寿圣观,大观年间(1107—1110年)道士梁守清始建东岳行宫,嘉泰元年(1201年)道士胡抱一请余姚县广福废观为额。云涛观,嘉定十二年(1219)赐额。显忠旌德观、清修悟真观、太清悟空成道宫为史浩为其母与夫人所建功德观。凡6所。

奉化县:虚白观,建于唐代,唐昭宗时赐额。开元宫,建于南宋中期,开庆元年(1259年)吴潜请观额。元真观,嘉定十一年观文殿赵公建。玉清葆仙道院,德祐元年(1275年)戴行恕建。梓潼文昌宫,景定二年(1262年),贡士卢震龙捐资建。凡5所。

慈溪县:清道观,建于唐天宝八年(749年),后废。绍兴三十年道士叶景虚重建,楼钥匾其关为"列仙游馆"。崇寿宫,因道士请由定海县东海王庙改为观。大隐山至道宫,建于唐天宝二年,治平二年(1065年)赐额。后楼钥、汪立中曾为观撰"大隐山"、"环碧"匾额。凡3所。

定海县:渊德观,建于崇宁年间(1102—1106年),由元丰元年(1078年)所建渊圣广德王庙改为观。东岳行宫,绍兴八年道士季知孟建;陈山行宫,宋道士高囦明建,奉东岳香火。澥浦行宫,乾道六年(1170年),道士钱时晦建。凡4所。

象山县:栖霞观,旧名蓬莱观,建于隋朝以前,唐代重修,治平二年赐观额。凡1所。

昌国县:道隆观,本东岳祠,因知州楼异奏请,宣和二年(1120年)赐观额。文昌宫,南宋咸淳年间(1265—1274年)县民建。岱山东岳行宫,宋宣和年间(1119—1125年)道士徐净超建。凡3所。

这样,在两宋时期,明州有大大小小的宫观共29所,其中由旧观改建的有6所,新建的23所。值得一提的是,政和七年(1117年),徽宗曾敕令天下寺院改为天宁观,不久又从道士林灵素之请,令有常住庄产寺院改建神霄玉清万寿宫。受此影响,政和八年(1118年),七塔寺崇寿寺也一度改称"神霄玉清万寿宫",到宣和二年(1120年)才恢复旧称。①

明州道教的发展,不仅表现为道观数量的增加,而且道教所宣扬的长生成仙思想与修炼方法也渗入明州人民中,特别是一些社会上层人物的思想和日常生活之中。如做过宰相的明州籍人郑清之,曾作诗说:"梦觉无两庄子,是非只一东坡。颜渊箪食为乐,启期带索行歌。鲁侯不遇天也,伯寮其如命何。世事如棋新局,人生落叶辞柯。谁人见张平叔,何处觅蓝采和,且服单方妙药,般若波罗蜜多。"②诗中提及的张平叔,即道教南宗大师张伯端;蓝采和,即道教神仙。因此,尽管郑清之自称该诗为戏言之作,但却反映出道教对他思想的影响。在这方面,史浩可谓是代表人物。在他的文集《鄮峰真隐漫录》中,不少诗篇反映了他在晚年退隐后,广交道界人物,醉心于道家的逍遥和养生之法的例子。如《鄮峰真隐漫录》卷四十《羽客熊叶二师言归铁柱以五十六言饯之》一诗中的"喜见洪都二散人,直疑吴许是前身",以及元代赵道一所作《历世真仙体道通鉴·续编》卷四所收录的史浩《赠傅得一》一诗:"相识三十年,身颠心不颠。有人还会得,即是地行仙。"反映出他与道教人物的交往。而道教所追求的长生不老,讲究性情上的淡泊旷达,精神上的轻松宁静,思想上的逍遥自在和对现实生活的享受,史浩在诗歌与现实生活中更有大量的反映。道教宗师张伯端曾著《悟真篇》,内有大量养生之道的方法,对此,史浩十分崇信,"萧萧鹤发虽云暮,曾得神仙悟真句"③,为在"萧萧鹤发"之时,得此性命修行之秘而欣喜不已。他追求那种自由自在、摆脱名利之缰的生活:"但教名利无缰锁,心地何时不是春。"④更追慕长生不老的养生方法:"我

---

① 张秉全主编《七塔寺志》卷三《沿革》,宁波七塔禅寺1994年编印。
② (宋)郑清之《安晚堂集》卷六《感风闷坐戏成六言一首示云岑》,《四明丛书》本。
③ (宋)史浩《鄮峰真隐漫录》卷四八《青玉案·人梅用贺方回韵》,《四库全书》文渊阁本。
④ (宋)史浩《鄮峰真隐漫录》卷四七《鹧鸪天二·次韵陆务观贺东归》。

有大丹九转,真个长春不死。"①为便于修炼和享受,他根据道教的仙境说,把月湖十景描绘成十洲三岛,把洞天福地模型搬到月湖一曲的自家园林中,建四明洞天。这些上层人物的崇道,从一个侧面反映出了道教在明州的影响。

第四节 史学成就

两宋是中国封建史学空前繁荣的时期,陈寅恪先生曾说:"中国史学莫盛于宋。"②这一时期,史学的发展主要表现在旧史体的日臻完善、新史体的不断出现和私人撰修当代史蔚然成风等几个方面。同时,随着"求道"、"明理"风气的兴起,史学思想也较前代发生了一些新的变化,义理史学开始兴起。北宋时期,四明学者在史学上的成就并不突出。到南宋后期,浙东史学迅速崛起,明州地区也相继涌现出以王应麟、黄震、胡三省为代表的一批史家,标志着明州地区史学的发展进入了昌盛期。

一、王应麟的《玉海》与《困学纪闻》

据《宋元学案》卷八五《深宁学案》载,王应麟从金华王埜以接朱子之学,绍其家训以接陆学,又从吕学门人游,以接吕学,于朱、陆、吕三家之说均能登堂入室,故其学兼收诸家,以"和齐斟酌,不名一师"为特征。他一生勤学不倦,经史传记、诸子百家、浮屠老氏之书无所不览,以博洽多闻、精于考订著称于世,有《深宁集》、《玉堂类稿》、《诗考》、《诗地理考》、《通鉴地理考》、《通鉴地理通释》、《汉艺文志考

---

① (宋)史浩《鄮峰真隐漫录》卷四八《喜迁莺·清明》,《四库全书》文渊阁本。
② 陈寅恪《陈垣明季滇黔佛教考·序》,《金明馆丛稿二编》,第240页,上海古籍出版社1980年版。

证》、《玉海》、《困学纪闻》、《词学指南》等著作多种,其中最有代表性的则是《玉海》与《困学纪闻》。

(一)《玉海》

《玉海》凡200卷,为王应麟积30年精力而纂成。全书分天文、律历、地理、帝学、圣文、艺文、诏令、礼仪、车服、器用、郊祀、音乐、学校、选举、官制、兵制、朝贡、宫室、食货、兵捷、祥瑞等21门。门下各有子目,计240余类。各类记事以年代先后为序,起自伏羲、尧、舜,迄于南宋末年,所引六经、众史、百家、子集、注疏、传记、谱牒等,内容极为广泛。元人李桓称其"网罗天下之见闻,包括古今之故实,将使学者览之得以施诸用"①。四库馆臣则以为是书"所引自经、史、子、集、百家传记无不赅具,而宋一代之掌故,率本诸实录、国史、日历,尤多后来史志所未详。其贯串奥博,唐宋诸大类书未有能过之者"。

《玉海》本为应博学鸿词科考试者而编,因此其所列条目和一般的类书不同,大多为"巨典鸿章",所采录故实也为"吉祥善事"②。它不像其他类书那样一味重堆积,以多为胜,而是采用辑录体的方法,辑录古今文献资料。以《玉海·艺文》为例,首先,历来类书都以分类和韵目进行分类编纂,《艺文》则采用书名与分类相结合的方法加以编排和组织图书,从而增加了类书的检索途径。其次,《艺文》以图书目录为主并收录相关的历史文献资料,从而大大丰富了目录和著录内容。再者,它采用编题的方法,即以一组具有相同性质和功用的文献作为一个著录单位,每部书都辑录了有关该书的所有文献资料,诸如著作本末、流传情况、掌故等,并加以考述。这种编类方法,不仅为人们提供了历史文献资料,还提供了代表这些文献来源的图书目录,大大方便了人们的利用。

《玉海》的编纂,为当时及后世学者提供了读书与治学的门径,对

---

① (宋)王应麟《玉海》卷首《元刻玉海序》,江苏古籍出版社1990年影印本。
② (清)永瑢等《四库全书总目》卷一三五《子部·类书类一》,中华书局1992年影印本。

于研究唐宋图书发展史有重要的参考价值,作为一部文献汇编,在中国目录学史上有着重要地位。

(二)《困学纪闻》

《困学纪闻》以札记的形式,将经、史、子、集各种内容分类编排,对文献典籍、学术渊源等进行了梳理、考订和评论,为王应麟晚年所著。在书序中,王应麟称自己"幼承义方,晚遇艰屯,秉烛之明,用志不分,困而学之,庶自别于下民,开卷有得,述为纪闻"①,因而将书名取为《困学纪闻》。全书共20卷,分"说经"8卷,包括《易》、《书》、《诗》、《周礼》、《仪礼》、《礼记》、《大戴礼记》、《乐》、《春秋》、《左传》、《公羊传》、《谷梁传》、《论语》、《孝经》、《孟子》以及小学、经说;"论天地诸子"2卷,分为天道、历数、地理、诸子;"考史"6卷,自论《国策》、正误《史记》至考辨汉河渠、历代田制、漕运、两汉崇儒等;"评诗文"3卷,上自《诗经》、《离骚》,下至苏东坡、司马光、陆游、朱熹,旁及《文心雕龙》、《文选》、陶渊明、曹子建、韩愈、柳宗元的诗文,以及俗语、应用文等;"杂识"1卷,考辨杂记。其内容极为广博,考证范围涉及经学、史学以及政治、经济等制度的各个方面。

《困学纪闻》述源流始末,论成败得失,多切实可据,且考证精详,多有发明。如《史记·秦本纪》记载:晋献公虏虞君与其大夫百里奚,后来秦缪公以五羖羊皮将其从楚国赎出。而在《商鞅传》里,司马迁却又说百里奚本是荆人,闻秦缪公之贤而来拜见,因贫困而无路资,于是自鬻于秦客,被褐食牛者期年有余,后缪公得知,将其"举之牛口之下而加之百姓之上"②。对此,王应麟指出:"《史记》所传,自相矛盾。"③又如《史记·货殖传》中有南阳西通武关、郧关的记载,《史记正义》辨正说,南阳西通武关而并无郧关,郧应当为洵,在金州的旬阳县。对此

---

① (宋)王应麟《困学纪闻·深宁识》,《四库全书》文渊阁本。
② (汉)司马迁《史记》卷六八《商君列传》,中华书局1973年版。
③ (宋)王应麟《困学纪闻》卷一一《考史》。

王应麟作了详细的考证,说:"愚按《汉志》,汉中郡长利县有郧关,长利今商州上津县,武关在商洛县,《正义》失之。"①

除了严谨求实的考史态度外,《困学纪闻》中也体现出王应麟崇尚博学、无门户之见的学术特点。如在对待朱陆之争的态度上,王应麟远不像其他道学家那样偏执,他评论说:"朱文公答项平父书云:'子思以来教人之法,惟以尊德性、道问学两事为用力之要。子静所说,专是尊德性事,而某平日所论,问学上多。所以为彼学者多持守可观,而看义理不细。而某自觉于为己为人多不得力。今当反身用力,去短集长,庶几不堕一边。'即此书观之,文公未尝不取陆氏之所长也,太极之书岂好辩哉?"②用朱熹对陆九渊的称道,证明朱陆之间并非水火不容。最后他评论说:"常宁曰:'天下至大,宗社至重,百年成之而不足,一日坏之而有余。'刘行简曰:'天下之治,众君子成之而不足,一小人败之而有余。'皆至论也。"③对道学家的门户之见提出批评。同时,他也指出朱熹的多处失误,如《孟子集注》中,朱熹以曹交为曹君之弟,王应麟指出,《左传》中记载哀公八年宋灭曹,至孟子时曹亡国已久,因此曹交不可能是曹君的弟弟,与曹君无关。④ 这些都显示出王应麟可贵的治学精神。对此,四库馆臣评价说:"应麟博洽多闻而理轨于正,其学问渊源出于朱子,然书中辨正朱子语误数条,如《论语注》不舍昼夜舍字之音,《孟子注》曹交曹君之弟,及谓《大戴礼》为郑康成注之类,皆考证是非,不相阿附。不肯如元胡炳文诸人坚持门户,亦不至如明杨慎、陈耀文、国朝毛奇龄诸人肆相攻击。盖学问既深,意气自平,能知汉唐诸儒本本原原,具有根柢,未可妄诋以空言;又能知洛、闽诸儒亦非全无心得,未可概视为弇陋,故能兼收并取,绝无党同伐异之私。所考率

---

① (宋)王应麟《困学纪闻》卷一〇《地理》,《四库全书》文渊阁本。
② (宋)王应麟《困学纪闻》卷一五《考史》。
③ (宋)王应麟《困学纪闻》卷一五《考史》。
④ (宋)王应麟《困学纪闻》卷八《孟子》。

切实可据,良有由也。"①

《困学纪闻》作为一部考订经史百家与名物制度的读书札记,其意义不仅具有珍贵的文献史料价值,还在于它突破了单纯进行史事考证的范围,从而开启了全面考评历代史籍的先河。书中的考史部分,涉及了十七史、《通鉴》、《通鉴纲目》、《唐鉴》、《续通鉴长编》、《太平御览》以及各种笔记、文集等古今各类官私史籍,对这些史籍的作者、取材、体例、版本、史实等,王应麟都作了详尽的考订。这种著史方法,为后世开辟了一条新的治史途径。《困学纪闻》问世后,备受后人的赞誉和重视,梁启超就认为:"《困学纪闻》为清代考证学的先导。"②

需要指出的是,《困学纪闻》也存在着一些穿凿附会、荒谬不经之处。如书中说道:"五阳之盛而一阴生,是以圣人谨于微。齐桓公七年始霸,十四年陈完奔齐,亡齐者已至矣。汉宣帝甘露三年,匈奴来朝,而王政君已在太子宫。唐太宗以武德丙戌即位,而武氏已生于前二年。我艺祖受命之二年,女真来贡,而宣和之祸,乃作于女真。"③又说:"君子小人之夭寿,可以占世道之否泰。诸葛孔明止五十四,法孝直才四十五,庞士元仅三十六,而年过七十者,乃奉书乞降之谯周也。天果厌汉德哉?"④论调中充满着宿命论和阴阳轮回的思想。这种将国家兴衰存亡归结于预兆,用阴阳家的五行终始之说来总结王朝的命运,诚如四库馆臣所评论的:"未免失之凿矣。"⑤这是《困学纪闻》的不足之处,也是王应麟史学思想的局限之处。

二、黄震的《古今纪要》及《古今纪要逸编》

黄震不仅是理学家,而且也是一位史学家。章学诚在总结浙东学

---

① （清）永瑢等《四库全书总目》卷一一八《子部·杂家类二》,中华书局1992年影印本。
② 梁启超《中国近三百年学术史》,第302页,东方出版社1996年版。
③ （宋）王应麟《困学纪闻》卷一《易》,《四库全书》文渊阁本。
④ （宋）王应麟《困学纪闻》卷一三《考史》。
⑤ （宋）王应麟《困学纪闻》卷首《御制读王应麟困学纪闻》。

术特色时曾说:"南宋以来,浙东儒哲,讲性命者,多攻史学,历有师承。"①又说:"浙东之学,言性命者必究于史。"②也就是说,自南宋以来直到清初,浙东地区的学者历来注重经世致用,他们阐发心性之说,无不纠心于史。可以说,黄震便是浙东学者中"言性命者必究于史"的典型人物,是南宋时期浙东地区义理史家的代表。作为一个理学家,黄震十分重视历史研究,在他的著作中,史学著作便有《古今纪要》、《古今纪要逸编》和《戊辰修史传》三种。

(一)《古今纪要》

《古今纪要》上起传说中的人物伏羲、神农氏,下迄北宋哲宗元符朝,是一部以人物传记为主线而贯通古今的通史著作,共19卷。该书在编纂上有一定的特色:其一,略古详今。略古详今是史书编纂的优秀传统之一,黄震继承了这一传统。全书不仅在卷数、篇幅上,而且在品目设置上均体现了这一点。在卷数上,全书上古至秦、西汉、东汉、三国、晋、南朝、北朝、隋及五代各1卷,唐代7卷,哲宗朝以前的北宋3卷;在篇幅上,唐、五代及北宋部分占全书2/3以上;在品目设置上,南朝以前各代均无品目,南朝起始立之,唐开始则每朝立品目。据粗略统计,南朝有品目6个,唐、宋平均在10个以上,北宋仁宗一朝品目多达19个。品目的细分化,使人物归类一目了然,同时又丰富了记事内容。其二,重人事而略法治。黄震论政,强调有治人而无治法。他说:"古人有言,有治人无治法,三代之治忽,各系其君之贤否,法之详未闻焉。三代君臣之谋猷亦未尝有一语及于法者,详于法必略于人,秦法之密,汉网之疏,其效亦可睹矣。"③故而十分注重总结人事在历代兴衰过程的作用。书中对汉、唐、北宋君臣事迹记述尤详,目的也在于此。其三,有一定的"《春秋》书法"精神。黄震学宗朱子,深受朱熹《通鉴

---

① (清)章学诚《章氏遗书》卷一八《文集三·邵与桐别传》,吴兴刘氏嘉业堂刊本。
② (清)章学诚著,叶瑛校注《文史通义校注》卷五《内篇五·浙东学术》,中华书局1985年版。
③ (宋)黄震《黄氏日抄》卷六三《读文集五·曾南丰文》,《四库全书》文渊阁本。

纲目》和其师王文贯《春秋传》的影响,所以此书亦采用《通鉴纲目》之例。

宋代学者对编纂简易通史读本十分感兴趣,这固然有迎合士子应举需要的一面,但更与理学兴起的时代背景密切相关。通天人、贯古今,以验证天理的先验性、永恒性,进而为政治者提供借鉴,是理学家治史的旨趣所在。在这方面,黄震的《古今纪要》可谓是代表作。四库馆臣评论说:"是书撮举诸史,括其纲要,上自三皇,下迄哲宗元符。每载一帝之事,则以一帝之臣附之,其僭窃、割据亦随时附见。词约事该,颇有条贯,非曾先之《十八史略》之类粗具梗概、伤于疏陋者比。"① 钱穆也说它"专就史书,撮其纲领,采其粹语,而主要一归于人物,博综条贯,细大并包,兼附评论,简约扼要"②,褒崇有加。由此可见,该书在编纂体例及史料取舍上也有其独到之处。

《古今纪要》部分体现出了黄震的治史方法和与史学思想。如在治史方法,受吕祖谦史学的影响,黄震也十分重视信史实录,精于考证。如,历史上都称刘备政权为蜀,黄震则认为这一称法有误。他说:"蜀者,地之名,非国名也。昭烈以汉名,未尝以蜀名也。不特昭烈未尝以蜀名,虽孙氏之盟亦曰:'汉、吴既盟,同讨魏贼。'是天下未尝以蜀名之也。"他认为,后人所以称之为蜀,实据陈寿《三国志》,而陈寿称汉为蜀,则完全是出于尊魏之私心。③ 黄震这一正名,虽替刘氏政权争正统,进而为南宋政权的合法性提供依据,但却辨之有据。钱穆先生对此曾说:"此一检举,陈寿以来发其覆者不多。朱子以《通鉴》承《三国志》书蜀入寇,遂起意欲为《纲目》,然于昭烈国号为汉非蜀,竟亦未能辨正,东发始发此正名之议,然此下魏、蜀、吴三国称号,竟亦莫

---

① 以上见(清)永瑢等《四库全书总目》卷五〇《史部·别史类》,中华书局1992年影印本。
② 钱穆《黄东发学述》,"台湾国立编译馆"编《宋史研究集》第8辑。
③ (宋)黄震《古今纪要》卷四《三国》,《四库全书》文渊阁本。参见(宋)黄震《黄氏日抄》卷四八《读正史三·三国志》,《四库全书》文渊阁本。

之能改,陈寿私举,遂成历史定案,亦可怪也。"① 又如,宋人对刘备与汉室族属关系多有怀疑,黄震则指出:"使昭烈果非汉子孙,曹操盖世奸豪,岂不能声其罪而诛其伪?当时荆楚之士从者数万人,无一疑其伪;今反去之千百载下,而创疑其谱牒耶!"② 这一理证,同样具有说服力。四库馆臣就引用这一说法,认为"其所发明,可谓简而尽矣"③。

与绝大多数理学家一样,在历史观上,黄震也是退化论的维护者。在他看来,三代以上是生民相生、相养、相保、相聚的王道社会;三代以下则是各逞其私、人欲横流的霸道社会。他认为,汉、唐虽皆以仁义取天下,唐初致治亦与汉初同,然终不及汉。在比较汉、唐之治时,他说:"(唐)规模好处汉所不及,然亦是求详于法度,不如文帝笃于躬行,故致治于文帝同,而安静之福不及。"④ 不难看出,在他的史观中,整个历史的发展呈现为衰退的变动趋势。但通过对整个历史兴衰过程的观察,黄震也注意到历史发展有阶段性的变化,盛中有衰,衰中有盛。如玄宗开元年间(713—741年),唐朝出现了空前的盛世局面,但期间,用高力士而宦官始盛;张说请行募壮士宿卫而兵农始分,市井无赖之徒得以掺杂其间;置十节度而藩镇始成;用人循资格,无问贤愚,而官人之法坏;王君㚟大破吐蕃而边功之念炽;罢张九龄相李林甫,人主之德衰而谏诤言路绝。如此等等,朝廷纲纪法度逐渐遭到破坏,故天宝之乱,实又基于开元。⑤ 安史之乱后,唐王朝由盛转衰,可宣宗李忱励精图治,用法无私,从谏如流,恭谨节俭,重爱民物,行大中之政,故后期又出现了为人称道的"小太宗"时期。⑥ 正因黄震注意到了这一点,故,其史学在唯心史观的整体框架下,又包含了某些合理的思想因素。另外,黄震史学也严于正闰之辨,正统思想十分浓厚。如他认为,汉继

---

① 钱穆《黄东发学述》,"台湾国立编译馆编"《宋史研究集》第8辑。
② (宋)黄震《古今纪要》卷四《三国》,《四库全书》文渊阁本。
③ (清)永瑢等《四库全书总目》卷五〇《史部·别史类》,中华书局1992年影印本。
④ (宋)黄震《古今纪要》卷九《唐·一》。
⑤ (宋)黄震《古今纪要》卷一一《唐·三》。
⑥ (宋)黄震《古今纪要》卷一四《唐·六》。

殷、周之统,刘备作为汉氏子孙,余脉尚存,因此,三国虽分治,理当以蜀汉为承统,主张史家修史,"以编年之法论,则献帝之汉灭,当以昭烈之汉继之;昭烈之汉既灭,始当不得已而属之吴、魏,以南、北分系"。也就是说,东汉献帝以后的史事,当系于刘备的蜀汉年号之下;蜀汉灭亡后,当吴、魏分别记事。由此,他对陈寿《三国志》中称曹魏为帝、蜀汉为贼的写法大为不满,认为这是"谓贼为帝而谓帝为贼",并批评陈寿称昭烈之汉为蜀,是"改人之国号"。其所著《古今纪要》,不仅改蜀为汉,同时在记事体例上,亦以吴、魏附于蜀汉之后。① 诸如此类,在《黄氏日抄》中同样有所反映。故钱穆认为,取《古今纪要》与《黄氏日抄》合读,可见东发治史之大概。②

(二)《古今纪要逸编》

《古今纪要逸编》1卷,又名《理度二朝纪要》、《理度两朝政要》,为黄震在南宋覆灭后所作。《古今纪要逸编》虽"文贯义赅,述事较详"③,但体例不整,品目单一,如理宗朝尚有贾似道、杜范、崔与之、唐璘、王万、洪咨夔等大臣传记,度宗朝则无人物传记。《古今纪要逸编》最早由明人陈燮五录自郑真《四明文献》,后由其子陈同亮镂板而行于世。自问世后,陈同亮、左臣黄、冯祖宪等不少学者认为它是《古今纪要》所缺失的一部分,名之为"逸编"亦正含此意。其实,该书体例与《古今纪要》多有不同,当属各自成编。

《古今纪要逸编》是黄震总结和研究当代史的优秀之作。书中通过对理宗、度宗两朝历史的考察,总结了南宋败亡的原因。他说:

"其致变之略有三:宰相也,台谏也,边阃也。宰相职在进贤退不肖,以佐天子。而宰相非人,至以公朝之官爵为私门之商货,使请价而

---

① (宋)黄震《古今纪要》卷四《三国》,《四库全书》文渊阁本。参见(宋)黄震《黄氏日抄》卷四八《读正史三·三国志》,《四库全书》文渊阁本。
② 钱穆《黄东发学述》,"台湾国立编译馆"编《宋史研究集》第8辑。
③ (宋)黄震《古今纪要逸编·寿荣案》,耕余楼刊本。

得,布满中外者皆次第取货之小人,致变一也;台谏职在为天子耳目,以弹劾宰相之非才。而台谏非人,至以公朝之执法为私门之吠犬,使天子不得有为,而一惟宰相之私,致变二也;边阃职在与天子分阃而治,死守封疆以长保塞上之安。而边阃非人,至以三军死生、国家安危所寄之地,为承受中朝权贵、应副人情私嘱之奴仆,使边防荡然,敌至如入无人之境,致变三也。"

这里,黄震从南宋朝廷内部客观分析了其衰败的原因,把"致变"的根源归咎于朝廷用非其人,以致纪纲败坏、边备废弛。同时他认为,在敌强我弱的情况下,朝廷举措失当,也直接授敌以可乘之机,他说:

"(郑)清之反背约,乘虚欲袭取其无人之地以夸恢复,遂至赵范、赵葵、全子才三帅凡三十万尽歼,江南百余年兵粮积聚,辇载之北尽空,京襄、四川沿边百郡尽失,此于致变之余,又致寇一也;……丁大全以狂怪当国,取货衰玠,使守九江,玠取货百姓以偿帅债,渔舟不胜其毒,一旦导北舟南来,致寇二也;……元遣使郝经来求如约,(贾)似道幽之真州十四年不报,元遂得归曲于我,致寇三也。"

最后,黄震说道:"致变三,致寇三,而又值鞑靼之方张如此,国欲安得乎?"对这段历史的总结,黄震自称痛不堪言而"忍而言之",字里行间流露出无奈和悲愤之情。他对南宋衰亡的分析,具体入微,既看到南宋政府本身的腐败无能,又注意到蒙(元)军事力量强盛这一客观事实,故其结论中肯,符合实际。后人把该书作为亡国之鉴,原因也在这里。

作为当时人记当朝史事,《古今纪要逸编》有较高的史料价值。陈同亮称其"信耳信目,多足补《宋史》之阙文,真赤水之遗珠也"[1]。全祖望也认为《古今纪要逸编》与黄震的另一部史著《戊辰史稿》内容交叉,"所言互相证明"[2]。因此,该书不仅是研究黄震史学的重要依据,

---

[1] (宋)黄震《古今纪要逸编·刻古今纪要逸编跋》,《知不足斋丛书》本。
[2] (清)全祖望撰、朱铸禹汇校集注《鲒埼亭集外编》卷三一《东发先生史稿跋》,《全祖望集汇校集注》(中),上海古籍出版社2000年版。

而且也是研究南宋后期历史的重要史料。但是书中有关蒙古、金史事的系年也有舛误之处,如将成吉思汗统一蒙古诸部的时间记为宋宁宗嘉定四年(1211年),把成吉思汗下令三道进兵金国的时间记作嘉定五年,把金国向蒙古求和、迁都开封的时间记作嘉定六年。据《元史》卷一《太祖本纪》和《金史》卷十四《宣宗纪上》,上述正确系年应分别为宋宁宗开禧二年(1206年)、嘉定六年与嘉定七年。

三、胡三省与《资治通鉴音注》

胡三省(1236—1302年),字身之,一字景参,号梅磵,台州府宁海中胡村人。《宋元学案》将胡三省列入《深宁学案》,以其为王应麟的门人,因此,胡三省又是深宁学派的重要成员。

胡三省像

胡三省出生于书香之家,自幼聪颖好学。宝祐四年(1256年)登文天祥榜进士,授吉州泰和县尉,因亲老未就,调任慈溪县尉。任内,因刚正不阿,得罪知府厉文翁而被劾免职。此后又任扬州江都丞、寿春府学教授、江陵县令、怀宁县令、主管沿江制置司机宜文字等职。德祐元年(1275年),上《江东十鉴》,提出御敌之策,但"言辄不用"①。不久,宋师溃败芜湖丁家洲,胡三省间道归乡里。南宋灭亡后,遂隐居不仕,专心著述,把满腔悲愤倾注于《资治通鉴》的注释上。

胡三省在史学上的最大贡献,在于为《资治通鉴》作了详尽的注释。为《资治通鉴》作注,始于北宋刘安世。刘安世有《音义》10卷,然未传于世。南宋时,蜀人史炤用力10年,作《通鉴释文》30卷,但浅陋

---

① (清)黄宗羲著、全祖望补《宋元学案》卷八五《深宁学案》,中华书局1989年版。

粗疏。此后又相继出现托名司马康所作的"海陵本"和被当时人视为善本的成都府广都县费氏进修堂所刊的"龙爪本"。胡三省立志为《资治通鉴》作注,与其父胡钥直接有关。胡钥酷好史学,对《资治通鉴》颇有研究。他对《资治通鉴》的几种注本都不满意,曾有志于为《通鉴》作注。受其父影响,胡三省从小就喜读史书,对《资治通鉴》更是推崇备至。他说:"为人君而不知《通鉴》,则欲治而不知自治之源,恶乱而不知防乱之术。为人臣而不知《通鉴》,则上无以事君,下无以治民。为人子而不知《通鉴》,则谋身必至于辱先,作事不足以垂后。乃如用兵行师,创法立制,而不知迹古人之所以得,鉴古人之所以失,则求胜而败,图利而害,此必然者也。"①又说:"温公作《通鉴》,不特纪治乱之迹,至于礼乐、历数、天文、地理,尤致其详,读《通鉴》者如饮河之鼠,各充其量而已。"②胡钥因病去世后,胡三省继承其父遗志,独立承担起注释工作。

　　胡三省注《通鉴》,历经磨难和曲折。胡钥去世后,家境日渐艰难,但他不忘父亲遗嘱,在准备科考的同时,仍致力于《通鉴》的刊正工作。登第仕宦后,案牍之余,更是"大肆其力于是书",甚至"宦游远外,率携以自随。有异书异人,必就而正焉"。至咸淳年间(1265—1274年),他先后仿照陆德明《经典释文》体例,撰成《资治通鉴广注》97卷,著《论》10篇及《雠校通鉴凡例》。这是他第一次为《通鉴》作注。

　　德祐二年(1276年),元军攻入临安,浙东大乱,胡三省携全家避难新昌。在颠沛动乱之中,全部书稿散失殆尽,数十年心血,付诸东流。乱定返乡后,胡三省复购其他本子,以执著的精神和毅力重新展开注释工作。这次重注,改变了"广注本"独立成书的做法,"始以《考异》及所注者散入《通鉴》各文之下,历法、天文则随《目录》所书而附焉"③。至元二十一年(1284年),他寓居郡城袁桷家中,日夜抄稿;次

---

① (宋)司马光《资治通鉴》卷首《新注资治通鉴序》,中华书局1987年版。
② (宋)司马光《资治通鉴》卷二一二玄宗开元十二年。
③ 以上见(宋)司马光《资治通鉴》卷首《新注资治通鉴序》。

年冬天,《资治通鉴音注》294卷全部成编。该书从宝祐四年(1256年)开始作注到完成,前后耗时30年之久。从至元二十三年(1286年)起,他又着手撰作《通鉴释文辩误》。《辩误》为驳正史炤《通鉴释文》而作,"每条皆先举史炤之误,而海陵本、龙爪本与之同者,则分注其下"①,即"二本与之同者,则分注其下曰同,然后辨其非而归于是"②。据统计,《辩误》正误多达660多条。③ 四库馆臣称该书"援引精核,多足为读史者启发之助",并认为胡氏提出的"音训之学,因文见义,各有攸当,不可滞于一隅"及"晋、宋、齐、梁、陈之疆里,不可以释唐之疆里"之论,"足为千古注书之法,又不独为史炤一人而设矣"。由于《通鉴释文辩误》的内容与《资治通鉴音注》各有详略,"其已见于此书者,《音注》之中即不复著其说"④,故两书实为相辅之作。

至元二十六年,宁海杨震龙在二十五都起义,并很快攻下庆元,浙东为之震动。时在袁桷家的胡三省把书稿藏于袁家东轩的石窟中,得以保全。⑤ 起义被平息后,胡三省举家回归故里定居,自号"知安老人",从此屏谢人事。此时的胡三省虽已是风烛残年,但仍孜孜不倦地从事《资治通鉴音注》的润色与修改工作,"手自抄录,虽祁寒暑雨不废"。子孙们以其年高相劝,则说:"吾成此书,死而无憾。"⑥大德六年(1302年)正月,胡三省去世,被安葬于中胡村旁山地。今宁海中胡村有关胡三省的遗迹有梅硐(一作涧)溪、梅硐桥、梅硐井和胡三省墓。

《资治通鉴音注》为《资治通鉴》作了广泛而详尽的注释,凡纪事之本末,地名之异同,州县之建置离合,制度之严格损益,莫不探源溯

---

① (清)永瑢等《四库全书总目》卷四七《史部·编年类》,中华书局1992年影印本。
② (宋)司马光《资治通鉴》卷后《通鉴释文后序》,中华书局1987年版。
③ (明)杨士奇《东里续集》卷一七《资治通鉴释文》,《四库全书》文渊阁本。
④ (清)永瑢等《四库全书总目》卷四七《史部·编年类》。
⑤ (清)全祖望撰、朱铸禹汇校集注《鲒埼亭集集外编》卷一八《胡梅硐书窖记》,《全祖望集汇校集注》(中),上海古籍出版社2000年版。
⑥ (清)光绪《宁海县志》卷二〇《艺文志七·胡身之墓碑》,《中国地方志集成》本,上海书店出版社1993年版。

委。甚至对山脉河流的发源,草木虫鱼的名状,少数民族的源流,邻国的情况,都能根据材料而加以注释。据统计,《资治通鉴》原文文字约300万字,而注文几乎与之相等,体现出综罗文献、考证文献的特点。但《通鉴注》又不是单纯的注释之作,陈垣《通鉴胡注表微·校勘篇序》曾指出:"胡身之精校勘学,其注《通鉴》,名音注,实校注也。"又说:"清儒多谓身之长于考据,身之亦岂独长于考据已哉!今之《表微》,固将于考据之外求之也。"①统观全书,有音注,有注释,更有校勘、考证和评论,其内容大致可归纳为以下几个方面:

文字方面的注释　文字注释即字音、文义、校勘、名物、典故、地理等方面的注释,这部分内容在《通鉴注》中占有相当大的比重,也是胡注中价值最高、用力最勤的地方。在这方面,胡注广征博引,穷波讨源,做得十分出色。如在其地理注中,凡《通鉴》中所出现的民族、邻邦以及各类地名,大至郡国州县,小到乡戍聚邑、津渡桥梁,不但详为之注释,而且往往结合实地考察结果予以纠正。如《通鉴》卷二百五十载唐懿宗咸通元年(860年),王式"命趋东、南两路军会于剡,辛卯,围之。贼城守甚坚,攻之不能拔。诸将议绝溪水以渴之。"对此,胡三省提出了异议,注曰:"剡城东南临溪,西北负山,城中多凿井以引山泉,非绝溪水所能渴,作史者乃北人臆说耳。"在此基础上,他总结出为地理作注的经验:"凡注地理,须博考史籍,仍参考其地之四旁地名以为证据。"②"释《通鉴》者,当随事、随时考其建置、离合、沿革也。"③对于胡三省的地理注,清初历史地理学家顾祖禹极为推崇,认为其"搜剔几无余蕴",他在撰《读史方舆纪要》时,自称对该书"尤所服膺,采辑尤备"④。后来张庚作《通鉴纲目释地纠谬》和《通鉴纲目释地补注》,其主要依据便是《通鉴注》与《读史方舆纪要》。

---

① 陈垣《通鉴胡注表微》卷三《校勘篇》,第39页,辽宁教育出版社1997年版。
② (宋)胡三省《通鉴释文辨误》卷四甘露二年,附《资治通鉴》本,中华书局1987年版。
③ (宋)胡三省《通鉴释文辨误》卷一一懿宗咸通九年,附《资治通鉴》本。
④ (清)顾祖禹《读史方舆纪要·凡例》,中华书局2005年版。

值得一提的是，胡三省十分重视在理解史实的基础上为《通鉴》作注，而不是拘泥于字义。如《通鉴》卷二百四十二载，穆宗长庆二年（822年），"王庭凑围牛元翼于深州，官军三面救之，皆以乏粮不能进，虽李光颜亦闭壁自守而已。军士自采薪刍，日给不过陈米一勺"。胡三省注曰："陈，旧也。经年之米为陈米。勺，职略翻，又时灼翻，《周礼》：'梓人为饮器，勺一升。'按一升之勺，乃饮器也，非以量米。凡量，十勺为合，十合为升，十升为斗。以量言之，则一人日给一勺之陈米，有馁死而已。作史者盖极言其匮乏，犹武成血流漂杵之语。"这里，他既注了读音，又解释了字义，并指出"勺"在这里的用法，是作史者以此来形容粮食的极度匮乏，而不是每天真的只给一勺，就像史书上经常用血流漂杵来形容死人之多一样。又如《通鉴》卷一百七十五载，陈宣帝太建十四年（582年），"行军总管达奚长儒将兵二千，与突厥沙钵略可汗遇于周槃，沙钵略有众十余万，军中大惧。长儒神色慷慨，且战且行，为虏所冲，散而复聚，四面抗拒。转斗三日，昼夜凡十四战，五兵咸尽，士卒以拳殴之，手皆骨见。"胡三省在这条下注曰："殴，乌口翻。见，贤遍翻。《孟子》曰：'尽信书不如无书。'五兵咸尽，士卒奋拳击虏，以言死斗则可；若虏以全师四面蹙之，安能免乎！史但极笔叙长儒力战之绩耳，观者不以辞害意可也。"指出史书的夸张叙述是为了渲染英雄人物，读史者应领会作者用心，不然便会"以辞害意"，产生误解。这种深究史实原委的作注方法，在以往的史注中是不多见的。

纠正前人注释之误 在《通鉴注》中，胡三省对前人的注释之误，一般都能做到据理驳正。如《通鉴》卷四十三载，汉光武帝十七年（41年），"拜马援为伏波将军，以扶乐侯刘隆为副，南击交趾。"李贤在此条下注曰："扶乐，县名，属九真郡。"对此，胡三省加以辨正，他说："九真郡未尝有扶乐县。隆初封亢父侯，以度田不实免。次年，封为扶乐乡侯。"故注曰："扶乐乃乡名，非县名。"指出李贤之误在于考订不详。而对史炤的《通鉴释文》，更是逐条加以辨正。如《通鉴》卷三载，周赧王四年（公元前311年），张仪说赵王曰："秦有敝甲凋兵军于渑池。"

史炤《释文》注曰:"渑池,赵邑。"胡氏辨正曰:"赵与韩、魏接境,韩有野王、上党,魏有河东、河内,而渑池则秦地也。《汉地理志》:渑池县属弘农郡。赵安能越韩、魏而有弘农之渑池邪?"据此断言:"炤说非是。"①又如《通鉴》卷一百六十八陈文帝天嘉三年(562年)载:"清都和士开以善握槊、弹琵琶有宠,辟为开府行参军。"史炤注曰:"槊通作矟,矛长丈八者为槊。"胡三省辨误道:"余按握槊,局戏也。李延寿曰:'握槊,盖胡戏,近入中国。'刘禹锡《观博》曰:'握槊之器,其制用骨,觚棱四均,镂以朱墨,耦而合数,取应日月,视其转止,依以争道。'史炤乃以为握丈八之槊,是但知槊之为兵器而未知握槊之为局戏也。"②从这些辨误中,可以看出胡三省渊博的学识和严谨的治学精神。

辨正《通鉴》记事之误　胡三省从小酷爱《通鉴》,也十分推崇司马光的为人和治学精神,他的学术思想深受司马光影响。但对《通鉴》讹误之处,他却从不掩饰,而是逐一予以辨正。如《通鉴》卷二百一十四载,玄宗开元二十二年(734年),"凿漕渠十八里以避三门之险"。胡三省注曰:"参考新、旧《志》,乃是凿山开车路十八里,非漕渠也。"即便是对司马光的《通鉴考异》,胡三省的态度也不例外。如《通鉴》卷四十载,汉光武帝建武二年(27年),"李宝倨慢,禹诛之"。胡三省在条下注道:"《考异》曰:'更始柱功侯李宝时为刘嘉相,此盖别一人,同姓名,余参考范《书》,究其本末,汉中王嘉即以更始柱功侯李宝为相,禹诛之,非别一人也。"又如《通鉴》卷一百五十七载,梁武帝大同二年(536年),"魏秦州刺史万俟普与其子太宰洛、豳州刺史叱干宝乐、右卫将军破六韩常及督将三百人奔东魏",胡三省对此注曰:"《考异》曰:'普降东魏事,《北齐书·帝纪》在三月甲午;《典略》在六月。《北史·齐纪》在六月甲午;《周书·帝纪》,《北史·魏纪》、《齐纪》在五月,今从之。'按:《考异》前既引《北齐书·帝纪》,又引《北史·齐纪》,不应《北史·魏纪》之下复出《齐纪》,必有误。"对一些属于史实

---

① (宋)胡三省《通鉴释文辨误》卷一报王四年,附《资治通鉴》本,中华书局1987年版。
② (宋)胡三省《通鉴释文辨误》卷八文帝天嘉三年,附《资治通鉴》本。

记载没有错误,但解释不当之处,胡三省也在注中予以指出。如《通鉴》卷一百六十一记梁武帝太清二年(548年)侯景之乱,云:"贼积死于城下。"胡三省在注中则说:"死于城下者,岂真贼哉?侯景驱民以攻城,以其党迫蹙于后。攻城之人,退则死于贼手,进则死于矢石,呜呼!积死于城下者,得非梁之赤子乎?"认为死于城下者并非是"贼",而是被侯景所驱迫的后梁百姓。

对历史事件和人物的评论 胡三省开始为《通鉴》作注时,曾作《论》10篇,"自周迄五代,略叙兴亡大致"①。第二次重注时,便将这些评论分注于有关条文之下。在这些评论中,有歌颂明君贤臣,有揭露和抨击统治者的残暴、虚伪,有议论历代制度利弊得失,也有对历史事件的看法,直接反映出胡三省的政治思想和历史观。如梁武帝曾宣称:"我自非公宴,不食国家之食,多历年所。乃至宫人亦不食国家之食。"对此,胡三省注曰:"帝奄有东南,凡其所食,自其身以及六宫,不由佛营,不由神造,又不由西天竺国来,有不出于东南民力者乎?惟不出于公赋,遂以为不食国家之食,诚如此,则国家者果谁之国家邪?"②用人所皆知的事实,揭穿了梁武帝的骗人鬼话。又如《通鉴》载,唐玄宗开元二十二年(734年),"上种麦于苑中,帅太子以下亲往芟之,谓曰:'此所以荐宗庙,故不敢不亲,且欲使汝曹知稼穑艰难耳。'"胡三省则认为:"种艺之事,天有雨旸之不时,地有肥硗之不等,而人力又有至不至,故所收有厚薄之异也。若人君不夺农时,人得尽其力,则地无遗利矣,岂必待自种而观其实哉!"③如此等等,对统治者的矫揉造作予以辛辣讽刺和鞭挞。

值得注意的是,胡三省对历史人物和事件的评论,往往结合当时的实际情况进行分析,从而透过现象揭示其本质。如周赧王五十三年(前262年),赵接纳韩地上党郡,时平阳君表示反对,认为:"韩氏所以

---

① (宋)司马光《资治通鉴》卷首《新注资治通鉴序》,中华书局1987年版。
② (宋)司马光《资治通鉴》卷一五九武帝大同十一年。
③ (宋)司马光《资治通鉴》卷二一四玄宗开元二十二年。

不入于秦者,欲嫁其祸于赵也。"对此,胡三省说:"秦有吞天下之心,使赵不受上党而秦得之,亦必据上党而攻赵。故赵之祸不在于受上党而在于用赵括。"①指出赵国在长平之战中惨败,关键在于用人不当,而不在于受上党郡。其次,在评论历史人物和事件中,胡三省已注意到事物是随着环境与时间而不断变化的。如隋文帝,初以节俭著称,到了晚年却穷奢极欲。开皇十五年(595年),杨素为自己建仁寿宫,文帝曾怒斥其"殚民力为离宫,结怨天下",但后来他却屡幸仁寿宫。对此胡三省评论说:"帝怒杨素而不加之罪,其后喜则亦从而喜之,岂非奢侈之能移人,触境而动,至于留连而不知反,卒诒万世笑。"②再者,胡三省的史论中十分重视民心的作用,认为得民心者得天下。他说:"古之得天下,必先有以得天下之心,虽奸雄挟数用术,不能外此也。"③他甚至认为,人心决定历史大势,如在论苻坚政权覆灭的原因时说道:"以苻坚之明,王猛之略,简召六州英俊以补守令,然鲜卑乘乱一呼,翕然为燕,以此知天下之势,但观人心向背何如耳。"④这在相当程度上认识到人民群众在历史发展中的重要性,反映出其历史观中进步的一面。

需要指出的是,胡三省的史观中也充斥着天命感应等迷信思想。如在论南朝侯景之乱时,他说:"卢循之乱,刘裕冒风济江而风止。侯景之乱,纶济江而风起,岂天之欲亡梁邪! 是以善观人之国者,必观之天人之佑助之际也。"⑤又如《通鉴》卷九十一载:晋元帝太兴四年(321年)三月,出现"日中有黑子"这一日食现象。这本是自然天象,胡三省却把它与王敦之乱联系在一起,解释说:"日中有黑子,阴侵阳而磨荡之也。时王敦骄悖浸甚,故象见于天。"这些都反映出其史观中落后的一面。

---

① (宋)司马光《资治通鉴》卷五赧王五十三年,中华书局1987年版。
② (宋)司马光《资治通鉴》卷一七八文帝开皇十九年。
③ (宋)司马光《资治通鉴》卷一七四宣帝太建十二年。
④ (宋)司马光《资治通鉴》卷一百三简文帝咸安元年。
⑤ (宋)司马光《资治通鉴》卷一六一武帝太清二年。

《通鉴注》中给人以深刻感受的,就是胡三省的民族气节和爱国情操。作为南宋遗民,最使他悲痛的莫过于国亡。在《通鉴注》里,他借古论今,对宋代兴亡寄托着特殊的关注,字里行间倾注着对故国的无尽眷念。如《通鉴》卷二百八十五载,后晋开运三年(946年),契丹入汴,晋太后给契丹递降表,自称新妇李氏妾下。胡三省注道:"臣妾之辱,惟晋、宋为然。呜呼痛哉!"当晋少帝与皇后和太后被契丹人赶出皇宫,迁往开封府时,他椎心泣血地说道:"亡国之耻,言之者为之痛心,矧见之者乎?此程正叔所谓真知者也,天乎,人乎!"又如《通鉴》卷一百四十六载,梁武帝天监六年(507年),韦睿救钟离,大败魏军于邵阳。胡三省注道:"此确斗也。两军营垒相逼,旦暮接战,勇而无刚者不能支久,韦睿于此,是难能也。比年襄阳之守,使诸将连营而前,如韦睿之略,城犹可全,不至误国矣。呜呼,痛哉!"借韦睿事迹,对权臣误国扼腕不已。在重注此书时,胡三省虽身处元朝,但叙及宋代事迹,从不书"前朝"、"赵宋",而是仍用"本朝"、"国朝"、"我宋"、"我朝"等词语,甚至称"皇宋"、"吾国"。在书中自序末记岁月时,他也只用甲子纪年,而不书元朝年号,至死不愿承认元朝。

总之,由于胡氏《通鉴注》详尽而具体,范围又十分广泛,它使得《通鉴》一书大放光彩,而其本身也因博古通今成为一部史学巨著。它不仅为人们阅读、研究《通鉴》提供了便利条件,而且也成为研究隋唐以前历史的重要史籍。尤其可贵的是,胡三省把史学评论更加广泛地应用到注释之中,从而为史评开创了一个新的局面。胡三省无愧为注释《通鉴》之功臣。毋庸讳言,由于受种种条件的限制,为巨著作注,其疏误之处自然也在所难免,诚如他本人所说:"古人注书,文约而义见;今吾所注,博则博矣,反之于约,有未能焉。""前注之失,吾知之,我注之失,吾不能知也。"[①]因此,明清以来,陆续有学者为之补证,如陈景云的《通鉴胡注举正》、钱大昕的《通鉴注辩正》等,对《通鉴注》的失当皆

---

① (宋)司马光《资治通鉴》卷首《新注资治通鉴序》,中华书局1987年版。

有指出。① 但瑕不掩瑜,这并不影响胡三省与其《通鉴注》在史学上的地位。

第五节 方志编纂

两宋方志上承汉唐,下启明清,在整个中国方志事业的发展过程中有着重要的地位。这一时期,随着明州地区文化教育和社会经济的发展,修志事业也进入了兴盛期,不仅纂修数量空前,而且体例、门类的设置亦日臻完善。据统计,当时浙江编纂的府(州)志共197种,其中明州16种,②次于杭州、湖州、绍兴和台州之后,位居第5位。其中《乾道四明图经》、《宝庆四明志》、《开庆四明续志》等,均属传世佳作。

一、张津与《乾道四明图经》

《乾道四明图经》修于孝宗乾道五年(1169年),是宁波现存最早,也是浙江现存最早的志书之一。此志由明州知州张津纂修。张津,字子向,龙泉人,历主绍兴知府、建宁知府、浙东安抚使等,官至吏部侍郎、敷文阁直学士赐中大夫、赐中大夫试刑部尚书。孝宗乾道三年五月,张津以右朝散大夫直秘阁,知明州兼主管沿海置制司公事,在明州期间,他做了两件大事,一件是奏请朝廷浚治东钱湖,另一件大事就是纂修《乾道四明图经》。

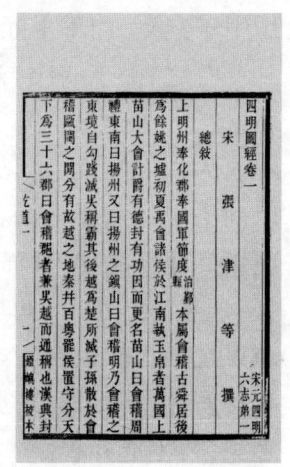

《乾道四明图经》书影

---

① 参见仓修良《胡三省〈通鉴注〉简论》,《杭州大学学报》1982年第3期。
② 魏桥、王志邦等《浙江方志源流》,第55页,浙江人民出版社1988年版。

宁波修府志的历史较早，在唐宋间就曾修过《四明图经》。北宋景德四年(1007年)又重修图经，至大中祥符三年(1010年)，修成《祥符四明图经》。大观年间(1107—1110年)，政府设九域图志局，命各州郡纂图经，于是明州职曹官李茂诚又纂成《大观四明图经》。该书分地理、户口、物产、贡赋、人物、古迹、释氏、道流、山林、江湖、桥梁、坊陌等门，而物产中又分羽毛、鳞介、花木、果蓏、药茗、器用诸子目。三志均散失。但据《乾道四明图经序》，处州缙云主簿黄鼎曾获《大观四明图经》而献于张津，津"因得旧录，更加采摭，纂为七卷"。对此，清钱大昕认为可信。他说："予为李宗谔《图经》，南渡之际，都已散失。……后黄鼎得其书，献于郡守张津而续成之。乾道、宝庆二《志》序，据大观而不及祥符者，举其见存者言之，非有误也。"①可见，《乾道四明图经》的纂成，与《大观四明图经》有着直接的关系。

《乾道四明图经》共12卷，其目录为：

卷一　总序：分野、风俗、城池、子城、祠庙、水利、古迹(州城内)、贤守事实；

卷二　鄞县：乡(里村附)、御书、桥梁、渠堰、祠庙(祠堂附)、山、水(江湖河潭附)、人物(名僧附)、古迹、冢墓、县宰题名；

卷三　奉化县贤宰、人物；

卷四　定海县；

卷五　慈溪县贤宰、人物、逸民、冢墓；

卷六　象山县祠庙、山；

卷七　昌国县盐场、祠庙、山、水(湖潭井)、古迹；

卷八　古赋、古诗、律诗、绝句、长短句；

卷九至十　记；

卷十一　碑文、铭、赞、传、书；

卷十二　太守题名记、进士题名记。

---

① (清)钱大昕《潜研堂文集》卷一九《鄞县志辨证》，嘉庆十一年刊本。

从目录可以看出,《乾道四明图经》除后五卷为诗文与题名记之外,前七卷为志书的主体内容。其首叙明州总体情况,如分野、城池、水利等,然后所辖六县各为1卷,单独记述,不仅州、县相互独立,而且各县之内再分门目,实际上是州、县分割记事。因此,名为府志,实为各县相合而成的拼盘。再者,从目录中可看出,现存的这部志书并非足本,因为其每县之下,子目悬殊太大,尤其定海县,竟然空无一目,显然有缺失。关于这一点,全祖望曾说:"四明志乘,以吾家为最备,自胡尚书《宝庆志》、吴丞相《开庆志》、袁学士《延祐志》、王总管《至正志》、季孝廉《永乐志》、杨教授《成化志》、张尚书《嘉靖志》,无一佚失,足以豪矣。张制使《乾道志》,则最初之作也。购之不可得,乃过天一阁范氏,见《四明文献录》全引其书,为之狂喜,乃别为抄而出之。……顾予犹疑非足本,尝见《成化志》中于遝迡山二庙下,纪刘毅、胡账谏吴越无纳土事,以为出自《乾道志》,今竟无之,则脱简殆多。"

但尽管如此,《乾道四明图经》仍不乏其价值:首先,它是宁波流传至今的最早府志,是早期图经开始转变为成熟方志的定型之体。自隋唐以来,郡县的历史发展、建置沿革、历史事件、山川地理、土产风物、风俗习尚等等,都是图经所应记载的内容,其作用是让中央政府对地方有全面了解,以便征收赋税与进行控制。至宋代,由于统治者的重视及全国性地理总志的编修,图经的编修在内容和体例上不断丰富、完善,不仅讲述一郡一县的地理,而且有了大量人物和艺文的内容,已非往日图经所能够比拟,"记人述地"的成熟方志开始在这一时期定型。《乾道四明图经》正反映了早期图经向成熟方志的发展与转变,它不仅记述了明州的地理分野、城池古迹及山水桥梁等,而且有大量关于人文方面的记载,名为图经,实际已为志书。因此,尽管其非足本,脱简亦甚多,但其特点与价值不容忽视。正如全祖望所说,"要属难得之书,可宝爱也"[①]。其次,保存了丰富的地方史料。对此,朱绪曾说:

[①] 以上见(清)全祖望撰、朱铸禹汇校集注《鲒埼亭集外编》卷三五《跋乾道四明图经》,《全祖望集汇校集注》(中),上海古籍出版社2000年版。

"其叙人物,郑云以刘僎事狱死,旌表门闾;卢叙鄧处士,弟犯公宪,自杀乞代,可考见《会稽典录》之佚文。徐浩乾元二年进《广考经》十卷,授校书郎,特辨云非徐季海也,最为清晰。其诗篇、碑记,尤多宝庆诸志之所遗。《众乐亭诗》今贺监祠中其碑虽存,剥蚀过半,独此书所载邵必《记》及各诗为全。"①

《乾道四明图经》原本已不存,抄本出自明郑真所编《四明文献集》。现通行本为鄞人徐时栋烟屿楼重刊本。

二、胡榘与《宝庆四明志》

《宝庆四明志》修于理宗宝庆三年(1227年),次年告成付印,是南宋明州三志中篇幅最大,内容最详细,也是编纂最成功的一部志书。此志由明州知府胡榘主持,罗濬等编纂而成。胡榘,字仲芳,江西庐陵人,南宋名臣胡铨之孙。宝庆二年,胡榘以兵部尚书除焕章阁学士、通议大夫、知庆元府兼沿海制置使,绍定二年(1229年)以龙图阁学士正奉大夫致仕。罗濬,字明甫,官赣州录事参军,与胡榘同为庐陵人,且与胡榘私交深厚。胡榘修《宝庆四明志》时,先是命校官方万里主笔,后因方万里赴调离任而中断,当时罗濬恰好游历明州,胡榘于是便请其执笔。现存的《宝庆四明志》,后人显然作了增益,如志中所列职官、科第姓名等已记载到咸淳年间。但因增入内容采用逐条缀附,故体例不变。

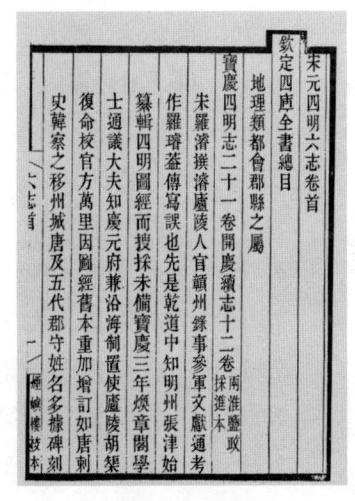

《宝庆四明志》书影

---

① (清)朱绪曾《开有益斋读书记》卷三,光绪六年金陵翁氏茹古阁刊本。

《宝庆四明志》共21卷，其目录为：

卷一　郡志一，叙郡（上）：沿革表、沿革论、境土、分野、风俗、郡守；

卷二　郡志二，叙郡（中）：社稷、城隍、学校、乡饮、酒礼、贡举；

卷三　郡志三，叙郡（下）：城郭、坊巷、制府两司仓场库务并局院坊园等、公宇、官僚、驿铺；

卷四　郡志四：叙山、叙水（桥梁、津渡附）、叙产；

卷五　郡志五，叙赋（上）：户口、夏税、秋税、酒、商税；

卷六　郡志六，叙赋（下）：市舶、牙契、杂赋、湖田、职田、常平仓、义仓、朝廷窠名、监司窠名、盐课；

卷七　郡志七，叙兵：制置司水军、禁军、厢军、土军；

卷八　郡志八，叙人（上）：先贤事迹上；

卷九　郡志九，叙人（中）：先贤事迹下、烈女、孝行、仙释；

卷十　郡志十，叙人（下）：进士、衣冠盛事；

卷十一　郡志十一：叙祠（神庙、宫观、寺院）、叙遗（东驾巡幸、乡人义田、纪异、存古）；

卷十二　鄞县志卷第一；

卷十三　鄞县志卷第二；

卷十四　奉化县志卷第一；

卷十五　奉化县志卷第二；

卷十六　慈溪县志卷第一；

卷十七　慈溪县志卷第二；

卷十八　定海县志卷第一；

卷十九　定海县志卷第二；

卷二十　昌国县志全；

卷二十一　象山县志全。

从内容上看，《宝庆四明志》前11卷为郡志，分叙郡、叙山、叙水、叙产、叙赋、叙兵、叙人、叙祠、叙遗9门，各门又分立46子目，全面记载了明州的历史与现状,且门类齐整,设置也比较合理。第十二卷以后,则分载各县情况,每县各自为门,但门目的设立大致相同,如鄞县、奉化、慈溪和定海都是上卷叙沿革、境土、山水、学校等,下卷叙赋、叙人、叙遗。与《乾道四明图经》相比,《宝庆四明志》在体例上有所创新。虽然它仍设立分县志,但各县内容与郡情况相合者,郡志中先已记述,因而突出了府的地位,说明《宝庆四明志》在方志体例上已日趋完善和成熟。

《宝庆四明志》以突出反映明州地方特色而显示出它的成功之处。如,四明濒海,潮水的涨落关系到人们的生活,对此,《宝庆四明志》的记载就十分详细:"海环府境东北,迤于南,潮入城之东北,各有候。"不仅如此,志书中首次用较为科学的观点对潮候的形成原因进行分析,摒弃了"天河激涌"、"地机翕张"、"日激水而潮生"等说法。同时,志中附录了一个月内从初一到三十日的潮候表,使人们可以了解潮水涨落的情况,①极具史料价值。又,《宝庆四明志》对反映地方特色的物产多有记载,如列举的明州水产品就有鲈鱼、石首鱼、箭鱼以及蟹、蚌、虾、蛤等多达60种,并对每种产品的别名、产地、形状,甚至肉质味道等都作了尽可能详尽的考注。如鲈鱼,志中就记载:"有塘鲈,形虽巨,不脆;有江鲈,差小而味淡;有海鲈,皮厚而肉脆,曰脆鲈,味极珍,邦人多重之。"志中还对有些鱼类的性质甚至处理方式也都作了具体的介绍和说明,如对记载鲥鱼:"一名河豚,豚又作鈍,江淮河皆有之。《本草》:鲥鱼肝及子有大毒,入口烂舌,入腹烂肠。肉小毒,人亦食之,煮之不可近铛,当以物悬之。"②诸如此类,不仅生动地再现了明州物产,而且为后人提供了有益的饮食知识。

《宝庆四明志》对属县的记载也同样精妙。志中对各属县的记述,基本按沿革、境土、守令、人物、城郭、学校、山水、物产、户口、赋税以及历史遗迹的顺序进行,显得体例整齐。同时,书中将各个县与郡志相

---

① (宋)《宝庆四明志》卷四《叙水》,《宋元方志丛刊》本,中华书局1990年版。
② (宋)《宝庆四明志》卷四《叙产·水族之品》。

同的情况,都略去不写,以避免重复,但对郡志中不载,但与本县历史、文化密切相关的内容,则不惜笔墨加以记载,显示出作者不凡的见识。如鄞县本是明州旧治所在地,人文底蕴深厚,保存着大量历代郡守、官僚、文人墨客在鄞县活动的遗迹。于是,书中用了大量的篇幅来叙述广德湖、东钱湖、天童山、阿育王山等这些与古今名人、历史文化相关的名胜古迹,使人们不仅可以了解鄞县的历史文化,而且突出了鄞县的地方特色。

此外,《宝庆四明志》在记载明州经济状况的同时,收录了大量关于宋代经济制度的内容,如朝廷的诏书、大臣的奏折等,为了解当时明州的经济发展,甚至宋代的经济发展、经济制度、百姓生活等提供了宝贵的资料。如书中用2卷的篇幅,专门记载了明州的田税、商税及折变、折卖、折盐等各种杂税的名称以及征收情况,这对了解宋代的赋税制度、杂税名称以及财政收支等都具有重要参考价值。

总之,《宝庆四明志》以其严谨的体例、翔实的记载以及富有文献价值的史料保存等特点而备受后人的推崇。元人袁桷纂《延祐四明志》,即据其为蓝本,多有采入;四库馆臣则称其"叙述谨严,不失古法"①,评价也相当高。

三、吴潜与《开庆四明续志》

《开庆四明续志》修于开庆元年(1259年),由知府吴潜修,梅应发、刘锡等纂。吴潜,字毅夫,号履斋,宁国人。嘉定十年(1217年)进士第一,历任嘉兴府通判、浙东提举常平、吏部员外郎兼国史编修等,积官至参知政事、右丞相兼枢密使。宝祐四年(1256年),吴潜以观文殿大学士授沿海制置大使出判庆元府。在任期间,加强海防、兴修水利、发展交通、修缮城门,颇有善政,因而深受明州百姓及后世学者的

---

① (清)永瑢等《四库全书总目》卷六八《史部·地理类一》,中华书局1992年影印本。

赞誉。梅应发,广德人,以迪功郎授庆元府学教授。刘锡,字自昭,以奉议郎添差沿海制置大使司主管机宜文字。

《开庆四明续志》虽是续《宝庆四明志》而作,但志中大量的内容,却大书吴潜在庆元的种种政绩。对此,梅应发在序中说得十分明白:"《四明志》作于乾道,述于宝庆,详矣。然则何续乎？所以志大使丞相履斋先生吴公三年治鄞,民政兵防,士习军实,兴革补废,大纲小纪也。"可见,这部志书编纂的目的,在于记录吴潜在庆元府的善政佳绩。全书共12卷,其目录依次为:

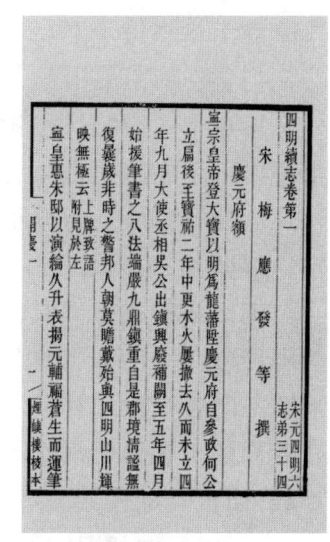

《开庆四明续志》书影

卷一 庆元府额、增秩因任、学校、科举、城郭、坊巷；

卷二 郡圃、驿亭桥路(寺庙附)、惠民药局；

卷三 水利；

卷四 兴复省并酒库、经总制司、兴复经总制诸酒务坊场(渡附)、广惠院、两狱(厢院、兵马司附)、架阁、库、楼；

卷五 新建诸寨(夜飞山、永平寨、向头寨)、九寨巡检、烽燧、探望；

卷六 三郡𩗴船、出戍、水阅、作院、武藏、小校场、帐前拨发、壕寨官舍；

卷七 排役、楼店务地、府仓斗斛、蠲放官赋；

卷八 蠲放沙岸、蠲免抽博倭金(收养漂泛倭、丽人,收刺丽国送还人附)、赈济、祈祷(龙见附)、瑞麦；

卷九 吟稿上；

卷十 吟稿下；

卷十一 诗余上；

卷十二　诗余下。

与《乾道四明图经》和《宝庆四明志》相比，《开庆四明续志》的第一个特点是，它在设置门类时，完全摒弃了州、县之间的区划界限。全书不再采用先叙述郡志，然后再分别叙述各县情况的形式，而是打破州、县之间的分割，对全郡进行统一的排列和叙述，横列门类，纵述史实，这是它的独到之处。

第二个特点是，"其已作而述者不复志"①。书中对前志记载详细的疆界、地理、沿革、山川、建置等概而不述，以免重复，而对前志中叙述未备之处则详加补载。如《宝庆四明志》对明州罗城及子城的规模、建置和建筑布局等都作了详细的叙述，对此，《开庆四明续志》就省略不载，而重点记述吴潜对明州城的整治和维修情况。志中说吴潜到任时，当时庆元城郭因"比岁纪纲不饬，郡人有凭城而楼观者，巡徼之途塞焉。甚而败阙不理，跬步可越，诸门倾欹穿漏，凛欲压仆"。于是吴潜"请于上，得密旨俾以法令从事。芟夷荆榛，复仍城壁旧贯，阙者补，圮者植，低者薄者崇且益。乃创巡铺，置卒以逻。三年修筑之役，共费钱六万九千六百二十贯，米一百七十石一斗七升，而雉堞焕如矣。开庆元年夏，遂鼎创望京、郑堰、下卸三门，城楼棼楣壮伟，榱桷业峨，以至甬水、灵桥、东渡三门，悉缮治之，楼橹粲然，万目易视。凡工役、土木之费复为钱九万九千八百贯，米三百六十七石"②，使庆元城又恢复了以前的壮观。这一记载，为后人了解明州城市建设提供了翔实的史料。

在对明州官衙的记载中，《开庆四明续志》简省了对衙属、亭驿、郡圃和桥路等的描述，着重突出了"惠民药局"一目。《宝庆四明志》在叙述局属时，有"制置司和剂药局"一目记述胡榘在庆元设立官办药局的情况："府旧无药局，疾病者取药于市，假伪售真，其害滋甚。宝庆三年（1227年），守胡榘始创局于郡圃射垛之西，为屋七间，有阁以居药，

---

① （宋）《开庆四明续志·序》，《宋元方志丛刊》本，中华书局1990年版。
② （宋）《开庆四明续志》卷一《城郭》。

井灶庖湢皆整,器用什物咸备,总费楮券四千缗,外捐万缗。市药命官吏主之,剂量精审,阖境赖惠。"①这条记载反映了当时明州官方医疗事业发展的情况。《开庆四明续志》对此十分重视,作了续载。志中提到,当时吴潜鉴于药局狭小鄙陋,对其进行了改迁和扩建:"先是犒赏库有楼曰海晏,为屋凡十余楹,后改为参议官舍,高明阔室,居者弃焉。公谓是宽闲者可以济吾用矣,乃即楼而局,上以处熟剂、成料而梅润不及物牸,作局胪列其下,众工盘礴者得其所。前则增门屋三,后则增翼屋五,浚汲清之地,新煅丹之鼎,焙室烹釜,莫不毕备,井井规模,于是非前日比。若夫遴监临之选,严修整之防,品剂既真,市者旁午。……岁春夏数施药饵,无间城内外,君相济众之仁博矣。"②由于购药者络绎不绝,又在府治旁的班春亭、上马亭、瓜亭,城内的灵桥门、江东门和慈溪、奉化、昌国、象山、余姚、上虞等地设立了 14 个分局。这一记载,为研究宋代明州的医疗制度和医药事业提供了十分宝贵的资料。

对于作为江南水乡的明州而言,水利设施尤显重要。对此,志中单列"水利"卷,专门叙述庆元的水利。卷内首先揭示庆元水利建设的重要性,说:"郡计莫难于鄞,水利尤莫急于鄞。盖他郡苗米多拨解总所,鄞独留以赡定海水军,总所者遇歉岁蠲减可毋解,惟本府自催自给,民赋可蠲而军饷不可缺,岁穑则官病而民亦病,必常稔而后可。然郡阻山控海,山之淫潦,海之咸潮时之,旱干皆能害稼,故资水以为利者于鄞尤急。"③接着详细记载了吴潜在明州修建的碶闸堤堰等水利设施,如西渡堰、洪水湾水坝、茅针碶、黄泥埭、练木碶、林家堰等,并把平桥水则碑的建立过程也详加记载。这为研究南宋后期庆元的水利建设情况提供了极为丰富的资料。

《开庆四明续志》专设"蠲免抽博倭金"、"收养漂泛倭人、丽人"、

---

① (宋)《宝庆四明志》卷三《制府两司仓场库务并局院坊园等》,《宋元方志丛刊》本,中华书局 1990 年版。
② (宋)《开庆四明续志》卷二《惠民药局》,《宋元方志丛刊》本,中华书局 1990 年版。
③ (宋)《开庆四明志续志》卷三《水利》。

"收刺丽国送还人"等目,这也是《开庆四明续志》的可取之处。如"蠲免抽博倭金"条中,记录了吴潜申请免除日本商人交易税的过程,这对于了解当时宋朝政府的贸易政策有参考价值。"收养丽人"条中所记载的被收养高丽人的一段自述,则反映了当时高丽与蒙古国和战情况,对研究高丽史具有很高的史料价值。

此外,《开庆四明续志》为突出吴潜关注民生这一点,专门设立了"广惠院"一目,以记载宝祐五年(1257年)吴潜利用省酒务旧址而创设广惠院一事。志中对广惠院的收养对象、安置名额,救济钱米的发放标准、来源以及对南宋政府后来下诏建慈幼局的影响等作了详尽的记载,同时附吴潜的《广惠院记》、《广惠院·规式》和"田租总数"于后。这对研究南宋明州的地方救济事业是十分有价值的。

《开庆四明续志》基本上反映了这一时期明州社会的基本风貌,并保存了大量珍贵的文献资料,有其较高的史料价值。但它的不足之处也是十分明显的:其一,门类混杂,归并不合理。如志中把学校、科举、城郭、坊巷归为一类,把寺庙附于驿亭桥路下,殊违志体;其二,一邑疆界、地理、沿革、物产、户口、民情、风俗、人物、古迹等,应是地方志书所必备,但志中均告阙如。① 另外,志中用了1/3的篇目来收录吴潜个人的诗文,繁简难免失当,也与志书体例相违背。对此,四库馆臣指出:"因一人而别修一郡之志,名为舆图,实则家传,于著作之体殊乖。"②

第六节　文学艺术

宋代明州文学改变了唐五代本区域文坛的寂寥状态,并取得了相当的成绩,尤其是南宋,出现了一批有一定影响的作家,出版了大量的

---

① 参见黄苇《方志学》,第174页,复旦大学出版社1993年版。
② (清)永瑢等《四库全书总目》卷六八《史部·地理类一》,中华书局1992年影印本。

诗文集,使明州文学进入了勃兴期。

一、北宋明州诗文创作的演进

北宋明州的创作队伍,主要由宗门作家、官员作家和"五先生"及其弟子群所构成,大大地改变了唐五代明州文学的寂寥景象。根据现有的史料,北宋明州文学的演进轨迹,大致可划为以下五个阶段。

(一)宋初至康定时期的明州诗文

北宋初期明州诗歌的基本特点是,宗门作家声势煊赫,占据着诗坛的绝对主导地位。文人诗家仅有奉化的王周,创作活动又发生在浙东之外,对本地域的诗坛影响极微。

雪窦重显(981—1053年),是宋代宗门最重要的作家。他在未悟道时,追慕诗僧禅月贯休,作诗饶有晚唐五代遗意。得法于云门宗的智光禅师之后,诗偈意境更高,造句更奇。然而真正使重显名噪宗门的是他的《颂古百则》,其意义在于掀起了宋初文字禅的浪潮。"文字禅"主要表现之一,是以语言文字去阐释古德公案。"颂古"一体,是以韵文对公案、机缘、话头进行歌颂阐释,它不仅是研究公案的方法,而且是教禅学禅、表达明心见性之悟境手段。临济宗的汾阳善昭首创《颂古百则》,奠定了颂古的雏形,并很快风靡禅林。不过,善昭创作的颂古语言比较平实而少玄味,真正追求文字之华丽、语言带玄味、注重辞藻修饰的是雪窦重显。他将颂古的创作水平发展到成熟的阶段。重显既有文学天才,又深契宗门悟境,因此他将诗骨禅心融合为"颂古百则",更加艺术化地绕路说禅。他运用大量的比喻句和饱含意象的语汇,做到情理并茂,成为宗门"歌颂制作"的典型。重显的《颂古百则》能够根据不同的内容,选择不同的诗体,有律诗绝句,也有古风歌行,或淳朴,或典雅,或轻灵,或凝重,总之不拘泥于形式,随机应变,并着力艺术地表现,而其意义则更加含蓄丰富,以唤起学禅者的想象空间。重显的颂古在宋世产生了极大影响,释净善《禅林宝训》卷下云:"天禧间,雪窦以辩博之才,美意变弄,求新琢巧。继汾阳为颂古,笼络当世学者,宗风由此一变。"重显的颂古不仅风行于丛林,而且对士大夫的影响更大,"参雪窦下禅"已成为舞文弄墨的诗人的重要取向。因此杨亿《寄并州张给事》云:"卜夜谁谈雪窦禅。"①李彭《戏次居仁见寄韵》题注:"居仁见督参雪窦下禅。"②此两例均为文人谈"雪窦禅"之证;苏轼《再和并答杨次公》则云:"高怀却有云门兴,好句真传雪窦风。"③杨杰诗因有雪窦之风而得苏轼的赞赏。宋代不少著名的诗人如黄庭坚、陈师道等,均化用过重显的诗句。

由于重显以文字禅为手段,以雪窦山为基地,中兴了云门宗,四面八方的学者均来到雪窦山参禅,从而形成了以雪窦山为中心的云门宗作家群,成员有怀清、省宗、韩大伯等,与重显唱和的地方官员则有曾会、于房等。其中省宗的颂古存世较多,也较有艺术意味。

天台宗的著名作家有慈云遵式,所著诗集名《采遗》、《灵苑》。遵式在杭州期间与晚唐体的代表作家林逋颇有来往,诗风亦与之同调。在四明活动的九僧之一惟凤也是天台宗学僧,④释智圆《送惟凤师归四明》,称赞其"论诗贵无邪,体道极无形"⑤,但他在四明所作的诗歌未见流传。知礼大师作为中兴天台宗的杰出学者,在散文领域,以善写驳论文而著称。他在与山外派的论辩中,总结了这样的经验:"夫评论佛法者,必须解义决定,发言诚谛,知胜知负,能进能退。倘心无所诣,语自相违,已负而更进者,秘不可论道。"⑥这就是说,论辩必须以正确深入地理解教义为前提,方能知胜知负,能进能退;如果没有深入的研

---

① (宋)杨亿《武夷新集》卷五,《四库全书》文渊阁本。
② (宋)李彭《日涉园集》卷八,《四库全书》文渊阁本。
③ (宋)苏轼《东坡全集》卷一八,《四库全书》文渊阁本。
④ 关于惟凤拜在四明天台教下,参见吉广舆《宋初九僧事迹探究·宗门》的考证,文见河北禅学研究所主办《中国禅学》第1卷第175页,中华书局2002年版。
⑤ (宋)释智圆《闲居编》卷三八,《四库全书》文渊阁本。
⑥ (宋)释知礼《四明十义书》卷上,大正新修《大藏经》第46册。

究，就会言而无准，自相矛盾。明知理亏而更为强辩，那就更不可与之论道了。知礼正是以高深的义学修养，洞悉了山外派理论"无所诣，语自相违"的漏洞，采取了步步为营的策略，以子之矛，攻子之盾，使论敌难以招架，从而释难扶宗，捍卫了天台一家之正统。如他批驳山外派"纯明理观"和"义同理观"两语时，紧紧抓住论敌忽而改变说法的不当，生动地以认瓜为瓠的寓言式类比法，嘲弄对方犯了逻辑推理上"以似为真"的错误。紧接着他欲擒故纵，提出纵然容许对方偷换概念，亦须"略有境观"，然后质问对方的"境观"何在，从而准确地击中了对方的要害，将论敌逼入了自相矛盾的窘境。知礼的驳论逻辑严密，进退自如，直攻要害，一针见血，并适当地运用了一些文学技巧。

奉化人王周是宋初主要的明州籍文人作家，今传《王周诗集》存诗61首，散文有《蚋子赋》一篇。王周一生主要活动于巴中、荆湖和姑苏一带，曾几度从荆湖溯江而上，又从巴中出峡而下，故其诗善写三峡风物，对三峡行船之险的体验尤为深切。同时长期的孤宦羁旅，也使他的诗歌涌满了乡思乡愁。许多乡愁的感慨都因行船而发，有的行船诗如《岳州众湖阻风》之二，截取片段场面，写得富有生活质感。有的善发议论，如《使风》以风的反复无常与宦海的浮沉相类比，蕴含着宦游者命运不能自主的深深感慨。王周诗众体兼备，宋初流行的各体除西昆体外，在他的集中都可见到，但比较而言，又偏多晚唐体。

晚唐体的最优秀作家是林逋（奉化黄贤村人，一说为钱塘人），①早年曾漫游江淮间，后归杭州，结庐西湖孤山，养鹤种梅，不娶不仕，隐居自娱，人称其"梅妻鹤子"。林逋今存有《林和靖诗集》4卷，内容除唱酬赠答之外，主要是写自然风月和隐居之趣，尤其以杭州的湖山胜景为诗歌的重要主题。林逋以咏梅诗最负盛名，其中《山园小梅》（之一）最为脍炙人口。诗以"众芳摇落"反衬梅花的独占风情。一个"独"字，一个"尽"字，突出了梅花生活的独特环境、不同凡响的性格

---

① 相关的考证参阅远阜《林逋是哪里人》，《浙江学刊》1985年第4期。

和那引人入胜的风韵。占尽风情,更是写出它独有的天姿国色。诗歌虽然是咏梅,但实际上是他"弗趋荣利"、"趣向博远"思想性格的自我写照。诗人借花寄意,使花品、诗品、人品浑化为一,构成了林逋梅花诗的重要特色。林逋喜作五言、七言律,章法细密,用笔工致,澄淡峭特而多奇句,如其为人,从而鲜明地体现了隐士诗歌的基本风格。

著名作家柳永在庆历之前曾任昌国晓峰盐场监官,写了一首长达32句的七言古诗《煮海歌》,是这一时期四明诗坛最重要的收获之一。这首诗是作者少年时的"怪胆狂情"逐渐消退,目睹现实的黑暗后才写出来的,它自觉地继承了白居易新乐府诗的写实精神和"一歌吟一事"的创作手法,题材上富有开拓性。在艺术上,《煮海歌》结构严谨,一篇中不同的内容换用不同的表现手法,前面描绘煮盐的艰辛,用他擅长的铺叙手法,寄寓着作者的同情;中间揭露高利贷盘剥之重和官府赋税之苛,寓论断于叙事之中,能激发读者的不平之感;末段生发一番大议论,深寓讽谏之意。柳永的《煮海歌》无疑开了后来作家同类题材的先河。

(二)庆历至元丰时期的明州诗文

从柳永开始,明州文坛最引人注目的现象是出现了一批文人型官员,代表人物有余姚令谢景初、鄞县令王安石、监明州市舶司沈辽、慈溪令盛次仲、象山令林旦、明州通判许将等。他们多怀有济世之志,又具备高度的文学素养,乐于游山玩水,吟诗挥毫,作品以游览山水风景和反映社会生活为主,艺术水平明显较高。

王安石在庆历年间(1041—1048年)足迹遍及天童、雪窦、姚江等地,创作了一批以绝句为主要体式的精巧诗歌,比较出色的有《天童道上》、《天童山溪上》、《泊姚江》等,表达了他对明州山水的赏爱之情。尤其是以思理见胜的一类绝句显露出了诗人的一些独特个性。如他在天童寺所写的《利济泉》诗,写利济泉为山中寺僧供厨煮浴、转磨鸣春,然后流出山中,流进田里,造福于人民。全诗写出了利济泉崇高的

"利济"品格,可以看做是作者崇高人格的自我写照。后来王安石离鄞游姚江,途中写下的《龙泉寺石井》二首,以议论的方式,对蟠龙、卧龙不管天下多旱深表不满,再次显露了大政治家的利济品格,初步表现出以思理见胜的长处。王安石还在鄞县写下了若干政事诗,如《省兵》针对北宋兵冗耗财和缺乏战斗力的情况,提出缩减军队的问题,主张要把择将练兵与发展农业生产结合起来考虑;《收盐》反映食盐专卖弊端甚多,逼得百姓铤而走险。这类作品针对现实,提出了尖锐的社会问题,并鲜明地表达了自己的见解,富有改革锋芒和批判精神。

在散文方面,王安石主张"文者,务为有补于世而已矣","以适用为本"[1],他的文学思想的宗旨在于经世致用。王安石早期的散文创作相当活跃,揭露现实黑暗,抨击弊政,关心国事,要求改革,是这一时期散文创作的重要内容,同时也初步形成了自己的风格,其记叙文偏于议论,叙事简略,文字朴素,说理透辟,风格显得峭直而又简洁。他在调任鄞县知县时所作的散文,是与他的务实致用的改革实践密切相关的,体裁上主要是记和书,涉及许多重大问题。如《上杜学士言开河书》中,王安石围绕着"开河"一事,从利害处入手,论证充分,逻辑严密,富有说服力;《余姚县海塘记》一文,记事和记言相结合,言行一致,交相映衬,借别人之言行,发自己之理念,别具一格;《与马运判书》长于议论,层层深入,善于运用比喻来增强说服力,并勇于提出自己的财政思想;《上运使孙司谏书》主要在勇于反对弊政,议论直率而又尖锐,淋漓而又通明,颇能显示作者的不凡抱负和政治锐气。总之,王安石善于用古文来表达自己的政治见解,同样体现了一个政治家的利济品格。王安石还有一篇《历山赋》,是他应提点刑狱之邀到余姚处理有人与季父争田事件后所作,文以舜耕历山为比,感叹"历山之峨峨兮则维其常,人之子兮云曷而亡"[2]。此文主旨在于维护伦理纲常,多用问句以加强语气,显得情感浓烈。

---

[1] (宋)王安石《临川文集》卷七七《上人书》,《四库全书》文渊阁本。
[2] (宋)王安石《临川文集》卷三八。

余姚令谢景初的诗作,题材新颖,现实感强,是他在当地旅游、考察、体验的结晶,又往往与民生相结合,因此,一涉及浙东事物,给人以亲临其境的感受。谢诗善于铺陈,篇末见理,为浙东文坛带来了可资借鉴的宋诗范式。象山令林旦雅有山林之兴,开辟了县西西谷风景点,并赋咏十诗,抒情写景,清新可观。

嘉祐年间(1056—1063年),知明州事钱公辅在月湖寿圣院北筑众乐亭,为一方览胜佳处。钱公辅作七律两首,极言亭台之佳胜,并遍邀吴充、王安石、司马光、郑獬等13位诗坛名流唱和。众乐亭唱和诗基本上是环绕着"众乐"二字的由来做文章的。由于唱和诸君多未到过明州,因此只能神游,出语亦多想象,不少诗句与甬上风物并不完全契合。作为众乐亭唱和的发起人,钱公辅是掀起甬城胜迹唱和之风的先驱人物。熙宁元年(1068年),众乐亭唱和者15人有20首诗刻石立碑,对于推动明州诗歌的发展产生了一定的影响。

这一时期明州文坛的另一异动是"杨杜五子"(即"庆历五先生")的创作。北宋文学演进至庆历时期,诗文创作出现了繁荣的局面,诗歌风格发生很大的变化,宋诗初成面目,并形成了宋代诗歌史上的第一个高峰期;欧阳修领导的散文革新运动,奠定了平易自然、婉转流畅的宋文风格的坚实基础。明州虽然僻处一隅,但也受到这一文坛大潮的感应,创作格局出现了全新的变动。"杨杜五子"勤奋写作,一扫释氏占据诗坛的霸主地位。"杨杜五子"是推进明州地域儒学化进程的先驱,他们要表达自己的思想,古文很自然地成为言道的载体。从仅存的几篇五先生的古文来看,较质朴直致,重实用而乏文采,重议论而轻抒情,艺术技巧不高。但作为先驱者,"五子"最早在浙东不遗余力地倡导古文,这与全国范围内的诗文革新运动是一致的,对明州散文的发展起了导乎先路的作用。"五子"也重视诗歌创作,大致尚理而少韵味,故遗作绝少流传。倒是王说的从弟王该留下的歌行体《昭惠庙黄柏歌》,诗中古柏的形象塑造不凡,批评神仙自私的立意不凡,长短错杂,一气贯注,笔势振拔有力。它应是神宗时期本籍诗人创作的最优秀的作品之一。

(三) 宋哲宗时期的明州诗文

庆历五先生的弟子在神宗、哲宗时相继登上文坛,形成了较强的创作阵容,他们后来居上,文学创造能力远胜其师,并达到了北宋明州文学的最高水平。他们的诗文创作数量庞杂,散失严重。文集可考者有罗适《赤城集》10 卷、舒亶《文集》100 卷、周锷《文集》20 卷、《明天集》1 卷、《四休堂诗集》1 卷、周铢《文集》20 卷、袁毂《文集》70 卷等,今存者仅有后人辑录的《丰清敏公遗集》、《舒懒堂诗文存》2 部而已。仅就传世的少数诗文观之,他们虽未写出脍炙人口的作品,但也不乏可读的篇章,大略而论,诗歌较有生气,文艺性散文尚处于模仿阶段,作品主题多元,贴近生活,富有真情实感。具体地说,他们创作的咏史诗爱憎分明,见解独到;生活诗表露真情,体验深切;山水诗想象宏阔,笔锋雄健;咏物诗礼赞生命,挺立人格。散文也不乏优美的笔致,如罗适《永乐院记》写元祐六年(1091 年)春回乡时,已经时隔 25 年,故乡人事多有变迁,少年时的两位启蒙老师,一位已经谢世,另一位禹昭师闻讯至王爱岭迎接。后记叙会面的情景,写得颇为精彩,其中有真情的流露,有对山景的欣赏,最后至于相契而忘形。笔致灵活多变,情感由"流涕"之迹到"忘形"之心,层层翻进,颇见功力。这是现存"杨杜五子"的弟子辈中最出色的一篇散文。虽然五先生的弟子辈尚缺乏高层次、高品位、有影响的力作,但他们已经作出了很大努力,作品讲究真情实感,崇尚朴实自然,不虚饰,不造作,对社会、历史、人生,有理性的追溯,有现实的展示,有热情的讴歌,也有冷静的剖析,踏踏实实地推进了甬上文坛的建设。

五先生的弟子中文学业绩最为出色的是舒亶。他任京官时,已"以文翰高天下"[①]。舒亶的创作,以元丰六年(1083 年)被罢御史中丞

---

① (宋)翁升《宋故舒君济强墓志铭》,俞福海主编《宁波市志外编》,第 870 页,中华书局1998 年版。

为界,可分为前后两期。前期作品偏少,谪居家乡期间则是其创作上的旺盛期和高峰期。张邦基《墨庄漫录》卷二即称:"舒信道谪居四明,几二十年,独以诗为乐。"他在月湖与丰稷、周锷、晁说之、楼异、韦骧等人唱和,大大活跃了四明文坛的创作风气。舒亶在归乡期间,游山玩水,亲近自然,心虽是寂寞的,但幸有故乡山水大作慰藉,故为数众多的山水风景诗成为舒诗的主体和代表。他流连于鄞、慈、奉的山山水水,所描画的山水形象是多色调的,随地理空间形态的不同和审美观照视角的差异呈现为不同的姿态状貌。一类是壮阔雄奇的阳刚美。舒亶为人性情豪迈,故其主体心理结构对自然美的情感体验,常会按照自身的心境到自然景物中去寻找最恰当的相关对象,外在的物质性的壮阔雄奇之美,亦是内在的、观念性的心理体验的自然延伸。因此,壮阔雄奇的阳刚美就成为舒亶塑造的明州山水风景诗的主体形象。另一类是四明山水的幽深朦胧之美。舒亶描写山水自然景观,喜欢以山川的地形特征结合云、雨、风的动态变幻的气象景观展现四明山水的幽深朦胧之美,如《芦山寺》组诗以气象风景的要素云、雨、风作为审美对象,紧紧抓住其忽晴忽阴、半露半遮、若有若无、飘南飘北的自然特征,刻画出雾郁云蒸、烟霞明灭、细雨迷蒙、山骨隐现的幽约朦胧的氛围,它不是通过线条勾勒,而是通过水墨浑成的雾岚云烟,来感受大自然梦幻般的神奇多变,从中还可体会到命运的跌宕浮沉,寄寓作者的隐逸情趣。舒亶山水风景诗也富有意境之美。其诗更多是物我浑融、情景相生的作品,他把山水当做心灵的象征和情感的符号,景情相契的结果,必然使景物烙上个性的印记。那些在壮阔雄奇中表现出其非同一般、卓然特立的高拔志趣的作品尤为令人注目。如《游灌顶》以苍劲的笔力描绘了高峻峭拔的山峰以及凌驾于山水之上的主体那顶天立地、潇洒自负的浪漫形象,那长啸十里、猿鹤惊怕的声势余威,白云让路、飞烟敛雾的奇壮伟景,重来摆手行、掌上看乾坤的豪情壮志,无不反映着舒亶其人的不凡气魄和过人胆略。

舒亶的山水风景诗,近体多作唐调,清新秀丽,圆润典雅,而且刻画精工,警句迭出;古体多为宋调,往往不假补借,直抒性灵,有巧思而不奇险,出语也较平朴,不似同时代的黄庭坚辈生新出奇,硬语盘空,这表明舒亶在当时能不随潮流,自成一家。舒亶凭借着灵敏、超俗的审美感觉,在亲近自然的过程中,不断地深入开掘,创造出了具有鲜明地域特色的自然美,从而成为大力开拓明州山水美学意蕴的第一人。

(四)宋徽宗时期的明州诗文

北宋末期,由于五先生的弟子相继凋零,明州文坛呈现衰落迹象,缺乏舒亶那样的优秀作家。尽管北宋末期甬上文坛盛况不再,但坚持创作的作家仍有不少,并出现了一些新变。一是黄庭坚的诗风被王庭秀、晁说之、邓掾等引入明州,此即晁说之所谓"近寻山谷体,远到建安风"[1],从而使山谷体的影响在本地日渐扩大,但似乎在甬上的创作中并未占据主流地位。二是隐逸诗风开始抬头。五先生的弟子纷纷登上政坛,这固然给地域主体带来自豪感,但他们在官场中的浮沉,也使本地士人深刻地认识到仕途的险恶,于是歌唱隐逸的声音开始在田野回荡,如薛唐之《田间集》、严羲民之《草堂诗集》,以及史诏等人的作品等。

这一时期存世的明州诗文不多。其中寓公晁说之尽情地借明州风景抒发迁谪之恨,异乡景物越是富有典型的海洋特征,他越有一种"穷海"之感,使得"客恨"绵绵,甚至比海难穷。他总是屈指计算着归期,因此怀念家园、渴望归隐成为其诗的重要内容。

这一时期禅宗作家是甬上骚坛的一支异军,代表人物法忠、仁勇、知和、延庆忠上人、祖镜等均长于作偈颂。他们创作的诗偈是表达证悟、开启学人的最基本手段之一,大都发自禅者的内心,是他们修证的体会和禅悦的表露,使用了生动的口语和活泼的形式,体现了多样化的个性色彩。禅师们随手拈来,直抒胸臆,妙喻禅语,层出不穷,鲜明

---

[1] (宋)晁说之《景迂生集》卷六《邓掾知言再和暮春诗见视过推奖有意论诗报作三首》,《四库全书》文渊阁本。

地表现了因机致教、贵在简洁、不假雕饰的禅家作风。

北宋末年的四明散文,题材上以佛寺记、水利记为多,且不时地运用文学技巧加以渲染,其中颇有一些对本地"灵区胜境"生动描绘的片段。如崇宁元年(1102年)象山人刘渭《蓬莱山寿圣禅院记》云:"是院隐然介众山之中,虽无崇岩巨壑,盘亘千里,高插天维,雄压地轴,而佳巘苍岫,周遭映带,卑相附,远相揖,亭然起,猝然止,朝阳暮霭,露花霜竹,出没于空旷有无之间,恍然若图画中见也。"①此处以虚托实,动静映带,不但空间错落,而且骈散结合,音节琅然,特别是带有拟人色彩的动词的运用,读者不禁恍然而生变幻之感。建炎元年(1127),王廷秀作《普明律寺方丈记》也是一篇佳作,作者紧扣"怀灵抱异"四字,由真境之灵异而达幻境之灵异,洵属奇构。王廷秀此文中记叙、描绘、议论相结合,结构运思,出人意料,脉络清晰,文采斐然。比起杨杜五子散文的质朴来,王廷秀等人的散文要显得华彩多了。宣和二年(1120年),徐璋作《慈溪县清清堂记》,则吸收了赋的写法,用铺陈,用对话,层层推进。三问三答部分尤见精彩,问者先竭力渲染"清"的环境和心境,多用四字句,淡墨淋漓,清韵铿然。而答者仅有二字,干脆利落。三问三否,从容不迫,最后才徐徐道出揭堂之由,用笔亦颇奇妙。崇宁二年,象山令徐敏求(金陵人)所作的《智门禅寺记》也是一篇优秀的散文。此文的开头洋洋洒洒一段议论,评述了佛教之功与害,较为客观理性,也是北宋较为少见的精彩议论。结尾则将佛教美学巧妙地融入山水描写之中,节奏明快而谐和。

北宋末期甬上最有创意的一篇散文,是徽宗大观年间(1107—1110年)明州郡守李茂诚撰写的《义忠王庙记》,较为详尽地演绎了民间流传的梁祝爱情故事。这篇庙记有类传记,大概出于祀典的需要,甚至连梁山伯的生卒年月以及祝英台的嫁日都记得清清楚楚,竭力让人相信故事的真实性,这实际上也是笔记、传奇类作品的惯技。李记

---

① 见(民国)陈汉章总纂民国《象山县志》卷三一,第1504—1505页,方志出版社2004年版。

之所以特别值得重视,是因为它对民间故事作了更为详尽细致的记录,其中为"神"作记而大力渲染梁祝同学故事,笔法尤其大胆出位,在表现手法上则引入了传奇笔法,使散文传奇化。李氏庙记对原本粗略的民间故事施之藻绘,扩其波澜,其中结伴游学与回访上虞一节写得颇为生动。庙记善用对话和细节,重点突出,情节曲折,语言亦通顺流畅。这篇庙记是学界公认的早期记述梁祝故事的代表作,梁祝故事至此已发展成形,虽然还没有"化蝶"的结尾,但已为老百姓所喜闻乐见,后来成为清代各种梁祝文本的主要蓝本。但是,庙记也存在着严重的缺陷,它体现了官方的意志,对民间故事的原型作了符合官方口味的演绎,梁山伯的形象被大大政治化、道德化和神圣化了。梁祝故事在早期的发展中,一直贯穿着"义"的伦理道德,并不是一开始就具有强烈的反封建的斗争性,但这个故事具有很大的张力,客观上不能为封建伦理道德所包容,故事本身潜藏着异化的因素,有待于后世的进一步开发。

(五)北宋后期明州的词作

北宋时四明籍词家很少,舒亶可以说是北宋明州唯一的著名词家,近人易大厂所辑《信道词》存 50 首,均为小令,颇具《花间》神韵。从《卜算子》(忆曾把酒赏红翠)看,舒亶早先也是歌场的常客,他对声律的爱好很早就培养起来了,不过他的词多作于谪官故乡之时,在花间月下、红粉酒宴的应酬中,多用词来抒发深细隐曲的人生感受。从题材看,对"人生半在别离中"的体验和感慨是舒亶词最重要的主题。舒亶擅写男女离别相思的传统题材,深情绵邈,婉转动人。例如《菩萨蛮》:

    江梅未放枝头结,江楼已见山头雪。待得此花开,知君来不来？   风帆双画鹢,小雨随行色。空得郁金裙,酒痕和泪痕。

此词上阕一开始写思妇念远,眼中所见的江梅"枝头结",不妨看做是思妇未能舒放的思亲情结的象征,起笔即融情于景。"待得此花开"当是情郎离别时的约期之语,思妇手挽梅枝,放眼翘盼,欲得"此花"与心花同开,但以"知君来不来"一语作歇,希望与失望联翩而至。下阕写思妇回忆惜别时的情景。换头出之于迷茫之景,以画鹓之"双"反衬形影孤单。小雨犹得与情郎之"行色"相随,而自己却空留有"酒痕和泪痕"的郁金裙。全词结构简单,但却沉挚疏快。

舒词更引人注目的是抒写友情的比例大为提高,这也是北宋后期令词在题材上的一大变化。舒词中多有怀念故人之作,情挚意切,如《虞美人·寄公度》就是一首广为传诵的名作:

芙蓉落尽天涵水,日暮沧波远。背飞双燕贴云寒,独向小楼东畔倚阑看。　　浮生只合尊前老,雪满长安道。故人早晚上高台,寄我江南春色一枝梅。

这首词是作者在京城寄给鄞地故人张宏(字公度)的。上阕用倒装结构,从李璟《浣溪沙》词中得来。起两句写沧波浩渺,是远旷之境,大有"菡萏香销翠叶残,西风愁起绿波间"之意。次两句写远处双燕紧贴垂地之云而飞,是低寒之境,与其《虞美人·周园欲雪》之"寒鸦两两下楼东,著处暗云垂地一重重"意境略同。"独向"一句是总承,且见登高怀远之意。下阕抒情,换头写自己在雪锁京城时独酌以寄相思。结韵则愿故人登高时折梅以慰乡情。全词上片写境,下片抒情,用意极真切,运笔极疏隽。另如《蝶恋花·置酒别公度座间探题得梅》一词,注怨情于梅花,借梅花表离情,亦花亦人,深情缠绵。

舒亶由于政治上大起大落,人生感慨较常人深沉丰富。他一直对京官生活颇为怀恋,而对谪官的现实处境总是难以释怀,因此很多作品都透出了"老来心事非"的深深悲伤,但在写法上各有不同。有的怀昔吊今,如《卜算子》(忆曾把酒赏红翠);有的是从妇人的心理命运中,寻找与自己命运和情绪的契合点和共鸣点,如《菩萨蛮》(楼前流水西江道);也有的故作旷达,沉溺于美酒之中,如《菩萨蛮》(樽前休话人生事)。他对人生老去的感叹,纠缠着事功不再的幻灭感,如《满庭芳》中"算浮世劳生,事事输他。便恁从今酩酊,休更问、白雪笼纱",表示要沉迷于酒中;《菩萨蛮》中:"流年又见风沙送",人生的年华竟是被这满眼的风沙送走的,出语尤为沉痛。从用词上看,舒亶爱用"空"字,今存50首词中有9例用了形容词或副词性质的"空"字,格外沉痛地诉说了人生不能承受之重,加强了感情的浓度,也强化了幻灭感,仿佛人生"空"外无有,这显然也是舒亶晚年因参禅而领悟的"色空"观念的反映。同时,舒亶更爱用"酒"、"醉"一类的字,如"人生只合尊前老"、"只有醉如狂"之类,触目可见。长期的闲居,空耗了青春,他只有借酒浇块垒而已。从舒词的实际创作来看,他写自我人生的作品占有相当比重,明显反映了"以诗为词"的创作倾向。

舒亶词在艺术上也颇具特点,造境多用淡笔皴染,白描勾勒,能做到融情入景,清隽沉着。舒亶词的"思致妍密"更为人所赞赏,如《一落索·蒋园和李朝奉》在戏剧化的絮语包裹着凝重的情思,幽默俏皮中含有几分凄凉,高情雅致中见出几分理致,用语通俗却又不失雅正,勾连逆转又能一气呵成,确可看作是宋代令词别开生面之作。舒亶也善于在情感的漩涡中制造精巧的结构,以顿挫笔调刻画人物的矛盾心理,其《菩萨蛮》(画船槌鼓催君去)词同样透露了"思致妍密"的艺术特点。

二、南宋明州的文学创作

南宋时期是明州文学的勃兴时期。首先表现在文人济济,作品繁多。本区文人之分布以鄞县为多,据初步统计,在一个半世纪里,光鄞县可考的诗文集就超过百部,作者不下80人,比北宋增长好几倍,工于诗文而没有结集的更不在少数。有心者广事收集,编出了四明第一部乡土文学选集《鄞江集》9卷,这在四明历史上是空前的。其他各县也拥有相当数量的作家作品。其次表现在文学社团绵延不绝,大致分为怡老型(如五老会)、应举型(如炉溪文社)、纯文学型(如碧溪文会),此唱彼和,歌声不绝。

南宋明州文学的勃兴,从创作队伍的构成上看,有两大因素值得注意。一是文化世族网络发挥着十分活跃的能动作用。南宋甬上的史、楼、袁、薛、陈等无一不是文化家族,诗文书翰累世流传。尤其是史氏家族,"自删定(史浩)以来,父子祖孙,人人有集"①,至今有集名可考的尚有18家。此外,薛氏家族有别集可考的亦有11家,楼氏家族虽仅7家,但其成就却非薛家可比。他们唱和极盛,共同促进了四明文坛的繁荣。二是南渡文人纷纷寓居甬上。这批文人安家在山清水秀的鄞江镇的特多,如寓居碧溪的有开封安昭祖、寿春魏杞、大梁张良臣等。"后南渡"文人中,以高元之最为人瞩目。高元之出中原将家右族,扈从南来,作诗数万,数量为南宋四明诗人之冠,曾得陆游称赞,应有可观之处。高元之将所作之诗3000首、文500篇结集为《荼甘甲乙稿》。皇族子弟赵师龙绍兴间宦游迁姚江,有诗几千首,结集为《翠霞稿》。中原侨儒裹书而来,有力地促进了明州文学事业的发展。尤其是张良臣的到来,将甬上诗坛的艺术水平提升了一大步,并培养出一批文学爱好者,开了江湖诗风的先声。由于南宋明州文学创作内容庞杂,头绪纷繁,兹按文体及时代顺序作一描述。

(一)诗歌创作

南宋前期,明州的诗歌相对于北宋而言正处于多元扩展的状态。首先是文酒诗会迭涌而出,五老会、八老会、尊老会、碧溪文会、真率会等纷纷成立。这种社群形式成为这时期明州文坛最引人注目的现象。社群的唱和大致以田园闲适、应酬娱老为宗旨,作品缺乏鲜明的时代感,艺术成就不高,但却有浓郁的地方文学风气。其次,表现在题材上的努力开拓。于潜县令楼璹创作出了著名的《耕织图》45幅,每事一图,每图都配以五言八句诗,农桑之务,曲尽其状。楼璹的《耕织图诗》

---

① (元)戴表元《剡源文集》卷一八《跋史和旨诗卷》,《四部丛刊初编》本。

不是一般意义上的组诗,而是第一次采用诗配画的形式连续地、完整地反映耕织生产的新颖特殊的文学形式。图画重在农业科普,而诗歌则重在艺术地再现宋代的农业文明,把农业科技、耕织生产、农村风俗、田园风景打成一片,通过发挥想象补足画面空间的不足,两者相得益彰。这样的诗,熔科普、教育、鉴赏于一炉,在艺术形式上本身就具有一定的创造性。

南宋初甬籍追慕江西体的诗人主要有鄞县桃源乡王氏兄弟。王正己(1119—1196年),少嗜山谷诗,为王洋所欣赏,晚年又模仿杜甫、苏轼之作,颇得范成大的推崇,有《酌古堂文集》。楼钥称其"作诗直欲追俪陈简斋(与义)及子高(陈克)辈……名公多畏服之"[1]。王正功(1133—1203年),有《约斋荆澧集》。不过他们的作品均已失传。南宋初期尚能约略窥见甬上江西派风貌的是释宝昙的诗歌。宝昙钦慕苏轼、黄庭坚,故亦学其诗风。宝昙在四明与史浩、袁燮、魏杞辈唱和较多,中虽多应酬谀颂之语,但句式奇妙,不乏想象。如《送汪仲嘉尚书帅隆兴兼简王公明枢密》云:"高牙大纛如浴凫,出没千里来哺雏。西山莫雨知有无,使君两眼吞江湖。庐山老子霜鬓须,如世界阔造物炉。"以出语奇特、气势壮阔见胜。宝昙与一般文士如孙应时、张良臣辈唱和时则能略露真情,因而作品也写得更为动人一些。如《送张汉卿左藏》写离别真情,发语奇特:"溪间曾语离,夜雨忽悲壮。俄顷山月明,照我蓬背上。欹枕念此行,变化或万状。江湖大圆镜,有此白鸟样。公言早崛奇,平处谢堤障。划然如行师,百万未可傍。"溪间曾说到离别,忽而夜雨悲壮,忽而山月朗照,一郁一开,变化在俄顷之间,犹如此行前途由暗变明,那阔大的江湖,突出张良臣这支偏师,又有谁能阻挡得了呢?此诗转如龙虎,出人意料,变化曲折,峭特雄奇。宝昙与雪窦山画僧智融也有交往,有《题老融斗牛图》,风格生硬新奇,明显袭自黄庭坚的名作《题竹石牧牛》。宝昙还写下了不少四明山水诗,像

---

[1] (宋)楼钥《攻愧集》卷五二《酌古堂文集序》,《丛书集成初编》本。

《奉川道中四绝》之"青山步障五百里,犹有赠行南北云","千峰万峰云意动,十里五里溪声喧",琢句壮阔雄奇;而《上水道中闻莺》:"人间七月火云升,碧树黄鹂亦可人。哑咤一声行道外,不知身在故园春。"《余姚江上》:"出入春江雨不收,江寒得傍翠云裘。谁家山影风帆转,误作梨花一段愁。"则又小巧可人。宝昙之后,一度深受江西诗风影响的张良臣、楼钥等人已偏离了原有创作轨道,但宁海诗人王齐舆、胡融、刘倓等人仍传承着江西体的血脉。

楼钥处于南宋中期。这时,随着陆游、范成大、杨万里等中兴诗人的出现,诗坛正在发生艺术上的新变。楼钥存诗千余首,内容上也比之前任何一位甬上诗人都丰富。他的诗有两点值得注意:一是风格杂糅。作为当时重要的名臣诗人,他的诗歌由江西派而上溯至杜甫,又能转益多师,元白体、韩孟体、理学体等,杂陈一集,这与其学风的驳杂倾向相一致。二是其诗讲究理致学问,议论铺陈,并表现出很明显的流变痕迹。就山水诗而论,楼钥早期崇尚苏、黄,其长篇歌行豪气逼人,尤其喜欢把揽宏奇壮阔的自然景色,似乎复现出隆宋诗坛高昂向上的精神风貌,确乎表现出江西诗派的余力和影响。但因为时代环境和审美趣味的双重变化,苏、黄诸公的诗风正在退出主流,而另一种清幽寒寂的诗风正在悄然兴起。楼钥诗一方面豪气不除,另一方面又稍引韦、孟,故其一些山水诗往往雄豪其表,清幽其里。就送别诗而论,早期纪人之作不时透出英雄气概,但一些纪言之作舍情而喋喋不休地进行规箴,令人生厌。就题画诗而论,楼钥算得上是这方面的一位名家,他常常从"观韵"落墨,无论是题人物画、动物画还是题山石竹木画,不但十分注意再现画中惟妙惟肖的形象,赋予画中的形象以活的灵魂,并融入了自己的审美感受;也能依题立意,巧作发挥,常常用意深警。但他又将题画诗进一步发展为题跋诗,用来尽情地挥洒他的渊博学问,此实为清代翁方纲肌理诗的不祧之祖。楼钥还有相当数量的生活小诗,即景即事,随意抒发,清幽的境界中往往伴随着灵巧的奇趣,有的还富有独特的观照视角和别样的哲理意蕴。

比楼钥稍前,大梁张良臣的到来,对于甬上诗坛具有非同一般的意义,被尊为四明"渡江以来诗祖"①。这是因为,张良臣诗歌的艺术水平明显超越了前此甬上五老、八老等一批诗人,巍然成为诗坛的领袖,把明州诗歌推向一个新的层次;张良臣主要活动于四明一带,纵情山林,其诗多得山林之清气,转变了前此四明流传的闲适为主的风调,把人们带进了典型的晚唐境界中,并为本地培养了一批新秀,"凡后生操觚弄翰而有事于篇什者,未有不出其门者也"②;同时其晚唐体透出的山林清气十分符合僧家的口味,"由是禅林悉守其法"③。其三,张良臣可以视为江湖派的先驱。楼钥指出张氏"惟诗传于江湖间尔"④,这实际上道出了张氏诗受到江湖中一些诗人追捧的事实。江湖由永嘉四灵开派,是由于叶适等有力人物的揄扬,才风靡一时。然而这种诗风并非突现于世,实际上它在浙东地区有很深的渊源。张良臣无疑比永嘉四灵更早地进行了晚唐诗风的实践,因而把他看做是江湖派的先驱并不为过。

与张良臣声气相投的慈溪刘应时,怀才不遇,终身未入仕途,不得不偃蹇山林。故其晚年诗多山林田野之思,造成一种贫寒自守的心态,淡漠世事,敛约激情,情趣日渐淡泊冷寂,眼界日渐狭小凡近。其近体诗纯系晚唐体风貌,在作诗方式上他也喜欢苦吟,常注意于下字功夫和一联半句的精巧组合。从这些方面看,刘应时的诗歌似比张良臣更接近于后来的四灵一派。

经张良臣、刘应时辈的过渡后,南宋后期的甬上诗坛,由原来的高官把持演变为由官职卑微或布衣终身的江湖诗人所主盟,"晚唐异味"成为主流。其时,四明的江湖诗人很多,但最主要的代表是鄞县的高似孙和余姚上林(今属慈溪)人高翥。高似孙(?—1231年),其诗众

---

① (宋)楼钥《攻愧集》卷七〇《书张武子诗集后》,《丛书集成初编》本。
② (元)戴表元《剡源文集》卷一八《题徐可与诗卷》,《四部丛刊初编》本。
③ (元)袁桷《清容居士集》卷五〇《题雪窦平禅师诗卷》,《四部丛刊初编》本。
④ (宋)楼钥《攻愧集》卷七〇《书张武子诗集后》。

体兼备,追求风格的多样性,七律多学江西体,句式奇奥;五言多晚唐体;歌行体瑰丽奇古,瓣香二李;山水诗宗法陶谢;而绝句则如性灵小品,多受杨万里的影响。其诗的题材也较一般江湖诗人更为广阔,有壮士知秋的忧国泪,有清雅高洁的山水情,也有独浇块垒的仿骚心,其连篇累牍的咏蟹诗也是格高调逸。高翥的诗歌着力于反映那些普通平凡、接近世俗的生活,也善于描摹风土人情,在江湖诗人群中以纯乎俗取胜。如《秋日田父辞》:

啄黍黄鸡没骨肥,绕篱绿橘缀枝垂。
新酿酒,旋裁衣,正是昏男嫁女时。

少妇挼蓝旋染裙,大儿敲葛自浆巾。
新摘摘,笑欣欣,相唤相呼看赛神。

这两首诗生动地再现了姚江的风土人情,笔调清新,旋律欢快,宛有民歌风味。他的《清明日对酒》还因被选入《千家诗》而广为传诵。高翥诗在艺术上惯用拟人笔法,其笔下的草木花鸟之物也充满了浓烈的人性。其名作《秋日》写道:

庭草衔秋自短长,悲蛩传响答寒螀。
豆花似解通邻好,引蔓殷勤远过墙。

这不过是描写庭院小景,但趣味盎然,别具风致。对于秋天,小草是最敏感的,它那长长短短的叶梢上的那一点枯黄,仿佛小草伸长脖子首先衔住了秋的衣角,而躲在草丛里、墙角边的悲蛩、寒螀亦感秋而鸣,相互酬答。诗人漫步庭院,忽然发现长长的豆荚藤蔓上缀着一朵朵小花,弯弯曲曲地越过墙头,似乎懂得主人的心意,殷切地向好邻居代为传递他的问候去了。高翥把庭院景物描写得如此富有人情味,不仅使本来普普通通的景物变得可亲可爱,而且使诗歌曲折有致,情韵盎然。他还用画家的眼光、诗人的手笔绘景传情,故他的许多诗富有色彩美和构图美。高翥的小诗多取法于杜甫,以才情取胜,短章小令,别饶风韵,不失为是江湖诗派中较有个性和特色的重要一家。二高之后,江湖诗风在四明地区进一步蔓延,如翁逢龙、薛泳、潘玙等人之诗,虽有一定特色,但境界狭小,成就不高。

杨万里的"诚斋体"在晚宋时曾给予四明诗人以相当的影响。史弥宁的《友林乙稿》大多数是戏笔写景、寻事开心之作,以近体居多,艺术上竭力追踪"诚斋体"。他倡言以活泼的心灵去感受大自然的盎然生机,用不拘一格的语言去表现大自然的谐趣。他在诗中建构的人化自然比杨万里更具有诗人的品格。无论是草木禽鸟还是水光山色,都将他知性为诗迷,从而将人化自然进一步提升为诗性自然。其诗透脱无碍,天机鸣发,活处见智、灵、趣、理,但常常风趣有余,而韵味不足。

南宋后期,太守吴潜的诗歌极富特色。他的创作虽有江西派的遗风,但题材上完全立足于现实。他关心民瘼,讲求实政,许多诗篇反映了自己忧国兴农的政治活动。他劝课农桑,反复叮咛,有一颗与农民更为贴近的"老婆心"。故其诗能切切于畎亩雨情,这是继曾几之后很少有人表现过的诗境。他还醉心于明州的田园山水,极力讴歌田园景色的美好,人民的知足常乐和人情的纯朴美好。当然,他的诗歌亦多政治寓意,亦充满浓重的思乡之怀。在江湖诗风充斥的时代,吴潜能创作出如此贴近现实的作品,应该看做是南宋后期明州诗坛的重要收获。

宋末诗坛凋敝,随着蒙古铁骑的长驱直入,诗歌终于浴火重生。从酣梦中猛然惊醒的亡宋遗民诗人,一变四灵、江湖诸派只是嘲弄风月或抒写个人感触之趣,而以悲壮激越且哀怨凄楚的调子,谱写了一曲曲充满民族悲愤和个体幽怨的爱国诗篇。四明以宁海舒岳祥、奉化戴表元、鄞县王应麟为核心的遗民群相互唱和,使诗坛显露了旧日没有的生气。

舒岳祥是宋末元初一位多产而重要的诗人,宋亡前有《荪墅稿》(40卷),宋亡后有《避地稿》、《篆畦稿》、《梧竹里稿》,今传诗文集总名为《阆风集》,存诗约850首,内容充实,质量高超,是四明有史以来第一位卓有成就的现实主义诗人。舒岳祥弃官归里后,浙东一隅乱象丛生,又遭遇了丙子、己丑两次较大动乱。舒岳祥历经危亡漂泊,不禁对杜甫诗歌的价值加深了认识。他说："平生欲学杜,漂泊始成真。"①可以说易代巨变促使舒岳祥的诗歌创作发生了深刻的变化,非用杜体已不足以表现其"萍流漂转"的经历。他在《题潘少白诗》中进一步说："燕骑纷纷尘暗天,少陵诗史在眼前。"并劝友人应抛弃"唐体派家",专从杜体上用功。显然舒岳祥是从"诗史"的角度来体认杜诗的,在歌时伤世、忧愤切叹以作黍离麦秀之感外,诗人尝试以写史的笔法进行创作,记录和评判动乱时代浙东一隅所发生的历史事件,让后人窥见浙东饱受异族蹂躏的真实情况。所谓"亡国谁修史,遗民自采诗"②,恰好表明了诗人的强烈历史使命感。舒岳祥诗歌的写实精神,首先表现在对异族铁骑蹂躏浙东的惨烈景象的真切描绘上。既哀吾民之不幸,又怒异族之残暴,我们仿佛看到了舒岳祥心灵的颤抖。其次,他的诗歌常常透出浓重的亡国哀音,表现了具有社会责任感的知识分子所应担负的直面现实的反思勇气。在浙东动乱平息之后,舒岳祥主要致力于创作韦、陶一派的田园诗,这进一步展示了遗民诗人的另一特质。因为田园既是逃避危难、抚慰痛苦心灵的精神家园,也是他们"聊效陶潜书甲子"③以保持民族气节的生活方式,更是他们抒发家国之恨的特殊手段。舒岳祥的田园诗既不失同类作品的传统本色,又吸收了范成大等人关切现实的精神,既有因追求闲适隐逸而带来的冷漠绝尘的倾向,也有时代阴影的强烈渗透下震颤着的无比痛楚和愤激的声音,内容较为广泛。像范成大一样,舒岳祥也喜欢用组诗的形式,他了解农民的疾苦,熟悉浙东的风土人情,写来具有浓郁的乡土特色。他的田园诗不太注重稻麦桑麻的纯农描写,而是将田园向海滨延伸,又多着笔于农村的手工技术,有些是前人较少触及的,这表明他在田园诗的题材上是有所开拓的。

陈允平被视为江湖诗派的殿军,所著有《西麓诗稿》和《蜩鸣稿》。

---

① (宋)舒岳祥《阆风集》卷五《九日朔晨起忆故园晚易》,《四库全书》文渊阁本。
② (宋)舒岳祥《阆风集》卷五《还龙舒旧隐》。
③ (宋)舒岳祥《阆风集》卷二《解梅嘲》。

宋亡以前陈诗比一般江湖诗人更加表现出女性化审美心理特征,擅长于闺情题材,以乐府和七绝为工,大多软媚香艳,婉转缠绵。宋亡之后,陈允平虽然是鄞县梅墟世纶堂集会中的骨干诗人,但他为人软弱,较少有直面现实的勇气,其亡国哀音犹如蜩鸣般的呜咽,故其成就远不如舒岳祥。

(二)词的创作

南宋时代,词坛中心南移临安,宁绍地区词家辈出,异军突起,大大改观了北宋时期的落后面貌。从词人的籍贯观察,杭、绍、甬构成了南宋浙籍主要词人的分布中心。这一时期明州至少拥有近30位词家,大多为鄞县籍,存词880多首,名列浙省之冠,出版词集有史浩《鄮峰真隐漫录》、楼锷《求定斋诗余》、张良臣《雪窗词》、王澡《瓦全居士诗词》、吴文英《梦窗甲乙丙丁稿》、翁元龙《处静词》、陈允平《日湖渔唱》和《西麓继周集》、陈著《本堂词》。

史浩的《鄮峰真隐漫录》存词139首,内容多是描写寿宴赏贺、富贵清趣之类。史浩虽是南宋早期词坛的一般作家,但他杂婉、豪、雅、俗词于一集,却又是极为难得的词学标本。史词之婉,在于他能按照既定的"艳科"模式进行制作,遗憾的是作品的内质与外形都不够精致;史词之豪,在于能以开放的心态承接苏轼一脉,荡漾起豪放的微澜,如《念奴娇·次韵楼友观潮》渲染夜潮的震天声势,颇为阔大豪放,《江城子》(片帆初落甬勾东)反映自己的真隐情怀,疏快俊爽,写出了沉浸故乡湖光山色的不浅游兴;史词之雅,显示了正统士大夫意识的顽强存在。然而更令人注目的还是史词的"骷髅从俗",史词浸泡了市井文学的汁液,曲子词从市民文化中养成的娱乐性、消遣性、世俗性和香艳性等特征,几乎都可以从史词中找到例证。如史浩的两首咏圆子词,趋俗中自饶佳味,能透见市井风采,明显迎合了都市中广大接受者的消费心理与文化趣味。史浩承柳永俗词的绪流,其俗词的体格亦有近于曲者,如《浪淘沙令·祝寿》写得畅达通俗,语言浅显,善用叠对,句式散文化,颇有几分金元曲子词的风味,故而在词曲的风云转移中,史浩是值得注意的一家。

史浩还长于创作大曲,而且其作品是宋大曲现存作品中体式最为完备的。《鄮峰真隐大曲》计7套52支,从歌词内容及表演程序看,显然属于宫廷歌舞大曲,其曲目皆沿袭唐代,歌词内容皆咏本意,却空泛不实,多作歌功颂德之语,只有《剑舞》中的只曲略与抗金北伐的现实相涉,颇见豪情;《采莲舞》的几支曲子则写得比较清丽俊爽,注入了他的"真隐"情怀。无论从整体格局、演出风格还是表演程序看,宋代大曲较唐代衰落是毋庸置疑的,但也有新的发展变化。如唐大曲多抒情性的艺术歌舞,宋大曲则转向叙事。史浩《剑器舞》就有鸿门宴项庄、项伯舞剑及张旭观公孙舞剑而草书大进的情节,至于公孙与项伯对舞的荒诞设计,颇近于后起杂剧的"元人家法",是"曲"向"戏"的推进。①

随着中兴四大诗人及词坛巨擘辛弃疾、姜夔的相继陨落,我国13世纪上半叶的诗坛词坛,基本上是江湖名士的天下,一时趋于沉寂。这时甬籍词人吴文英犹如一颗芒角闪烁的彗星,划过冬夜的寒空,留下眩人眼目的幻丽景象,使宋词于衰落之际又光焰复起,余晖绮丽,增添光彩。吴文英是明州文坛经过长期的文化积淀后,涌现出来的第一位能卓然自立的一代宗师,可以与辛、姜鼎足而立。

吴文英(约1212—约1272年),字君特,号梦窗,四明人。今存词350首,其数量在两宋词人中排名第四。他精通乐理,能自度新曲,生前曾自编词集,以自度曲《霜花腴》的标题为其集名。今存世有《梦窗甲乙丙丁稿》。吴文英词中,有关贺寿、游宴、题赠等应酬类作品占有相当分量,多半思想内容空泛,艺术手法一般。真正能够显示其词独特意蕴的是以下两个方面的内容:

一是缠绵悱恻的爱情绝唱。吴文英主要是靠他那哀感顽艳的恋情词赢得读者的,其恋情词约占其全部作品的四分之一。吴文英的情

---

① 赵晓岚《论史浩〈鄮峰真隐大曲〉及南宋宫廷大曲之别》,《文学遗产》1995年第5期。

事虽然扑朔迷离,但其恋情词正是其浪漫史和伤心史的艺术写照,堪称我国古代爱情词的精品。梦窗与伊人的悲欢离合,占据了词人心灵的主要位置。由于梦窗仕途受挫,又狷介自好,作为一种精神补偿,梦窗更易于用全部身心去追求爱情的欢乐。梦窗与姬妾的悲欢聚散,由"浅恨"发展到永难消除的深长创痛。梦窗时时触景伤情,处处幻化出窈窕女子的倩影艳情,故梦窗情词在凄苦的抒情基调中,特多回味和咀嚼昔日荡人心魂的爱情细节,那曾为他剥柑、整帽的纤纤玉手,林间、溪边的裙钗履痕,夜船灯影的浪漫共宿,甚至所爱者的残馥余香,都令他魂牵梦萦。梦窗最动人的篇章无疑是他的那些爱情挽歌,《风入松》(听风听雨过清明)就是一首广为传播的名作。《莺啼序》(残寒正欺病酒)则是梦窗悼念亡妾诸作中篇幅最长、最完整、最能反映词人与亡妾情爱经历的一篇力作,过程曲折起伏,情感悱恻缠绵,字里行间滴洒着词人斑斑点点的泪痕。总之,梦窗一生痴于情,也苦于情,挣扎于情海的漫漫长夜中,深刻入微地写出了自己在情海漩涡中所激起的复杂而又真挚的情思。

二是感怀时事的呜咽悲歌。吴文英亲见半壁江山残照无主的局面,奏出了独醒者看到大厦将倾时的挽歌。但是他没有像辛派词人那样用大声鞺鞳的词笔去直接地表现,而是多用登临的方式,喜欢从历史的回音中曲折地透出现实忧患。嘉熙二年(1238年)正月,吴文英陪同吴潜至沧浪亭看梅,写下了《金缕歌》一词。作者缅怀韩世忠抗金的英雄业绩,感慨其功亏一篑,反而被南宋统治者解除兵权,终至于投闲置散。如果韩世忠魂兮归来,一定会为当今的危局伤心不已。另一首《古香慢·赋沧浪看桂》亦是"真气弥漫"之作。韩世忠之后,国势更为恶化,残山剩水,触目惊心,甚至连本当香飘万里的秋桂,其芳香也不敢尽情飘散,只能暗暗地在园中浮动,格外冷清,格外凄苦;登上园中高处,不禁惊心于"秋淡无光,残照谁主",预感到侵犯性的力量"满城风雨"正在悄然逼近,其对国脉如缕、风雨飘摇的巨大隐忧也由此传达出来。吴文英对吴越的人文历史耳熟能详,他喜欢将笔伸向更

为遥远苍茫的历史时空,借之以抒发兴亡之感。著名的《八声甘州·灵岩陪庾幕诸公游》:

> 渺空烟四远,是何年、青天坠长星。幻苍崖云树,名娃金屋,残霸宫城。箭径酸风射眼,腻水染花腥。时靸双鸳响,廊叶秋声。
>
> 宫里吴王沉醉,倩五湖倦客,独钓醒醒。问苍波无语,华发奈山青。水涵空、阑干高处,送乱鸦、斜日落渔汀。连呼酒、上琴台去,秋与云平。

此词评说吴王以沉醉亡国,范蠡因独醒全身,千古兴亡之故问苍波而无语,只能"连呼酒"登上琴台,付之一醉而已,而愁与高空秋云已连接一片,塞满空间。此词下阕郁勃盘旋,排荡婉转,结响遒劲,寄慨遥深。《高阳台·过种山》认定句践杀忠臣文种乃是血腥的事件,山川也为之掩雾含羞,岩上闲花至今尚带有剑下的腥气,染成一片春愁。然而文种忠而被戕的历史悲剧仍在不断上演,因此结尾的"莫登临,几树残烟,西北高楼",由怀古而伤今,痛惜现实,悲愤难抑。《齐天乐·与冯深居登禹陵》深沉缅怀越地先圣的伟绩,暗中批判的是现实朝政的腐败;讴歌大禹精神不死,旨在鞭策生者奋发有为,从先圣中汲取进取的力量。

梦幻境界的创造是梦窗词艺术上最显著的特点之一。在两宋词坛上很少有词人像吴文英那样全神贯注地创造着梦幻之境。梦窗词的"梦"又与"窗"有着紧密的联系,他的向往与追求、追忆与悔恨、叹息与悲伤,均通过这扇梦幻的窗口闪射出来,而其外表则常呈现为悠忽幽邃,往往使人不能测其中之所有。梦窗的梦幻多是不完整不连续的,大抵以碎片居多。他写直梦,也写幻觉,不但入夜寻梦,而且白日也做梦。梦窗对梦幻运用的独到之处,首先表现在布局上的变化多端、不着痕迹。他写直梦常常不是直截了当地运笔,使人一览便知,读者必须下一番细心的功夫寻绎才能有所领会。其次,表现出梦幻世界奇谲怪诞的神秘性,能于凄迷苦楚中见浪漫超逸,奇思壮采中带有仙思鬼气。梦窗常将虚幻当做真实来看待,那么在叙述的方式上必须追求虚事实叙,即将虚幻的甚至可能是捏造的故事煞有介事地铺叙出来,这是梦窗词实质的重要表现。像《思佳客·赋半面女髑髅》:"钗燕拢云睡起时,隔墙折得杏花枝。青春半面妆如画,细雨三更花又飞。"你看,半具枯骨竟然活了起来,转眼化出一位翩翩少女,她刚从梦中醒来,用玉钗轻轻拢起蓬松的秀发,然后步入庭院,折下隔墙开花的红杏插在头上,装扮得半面青春更加轻盈如画,直至半夜三更,才花飞人远,鲜活的生命竟然脆弱得连细雨都能将之摧折。在梦窗的潜意识里,真即是幻,幻亦是真,艺术手法超越了常规。

梦窗词的章法结构具有绵密曲折的特色。梦窗是以纯主观的感性情感驾驭客观景物和事件碎片,既不想从时空的两方面去展现事件的完整性,也不关心客观事物时序变化的连续性,而是一任感情急流的动荡进行运作,开列出若干的"窗口"将各类表象的"碎片"进行非理性的剪辑。梦窗词中的情感经验主要属于感性层次,其特点是零乱易变,超时空、超逻辑、超物类界限、超功利价值。感性感情流动的主观无序性,也就促成了其词"意识流"式结构方式的形成。梦窗词无疑是祖祧周邦彦的。周词的章法结构已体现为跳跃式曲叙结构,但其时空的有序性还是昭然可寻的,梦窗则进一步打破了时空有序的线性结构,潜气内转,隐晦曲折,较之周词发生了某种程度的质变。所以,"意识流"式结构方式是梦窗的重大创造,从而使他的词超越传统而带有现代派的意味。

吴文英词的语言也极富个性特色,多用象征性词语,一个意象、一个形象,往往能使人作多方面的联想,有着开发不尽的意韵。梦窗词多用典故,或合众典于一典,或赋予典故以更多的内涵。梦窗词也善用借代,多有暗示性的意义。其炼字造句也颇有特色,锦辞丽句之多,如锦绣铺陈,万花为春。吴词的文字搭配常常是非理性、非逻辑的,字(词)与字(词)之间往往凭借繁复盘错的主观感情来胶合,因而感性修辞的色彩非常强烈。梦窗还精于设色,给人以奇异的视觉印象。梦窗对大自然的色彩具有一种敏锐的感受力。他偏好冷色,与梦幻的意境相协调,梦窗选择了前辈绝少使用的蓝色作为代表性的色泽,正好反映出词人心境的忧郁。梦窗又偏好残败之美,《霜叶飞·重九》中"斜阳红隐霜树"一句,将夕阳如血、霜林如火的景色渲染得淋漓尽致,并用一"隐"字勾画出了色彩的远近浓淡,极具透视之妙,作者着力展现了夕阳将没前的全部美艳,这是梦窗式的审美趣味。

梦窗词的上述特点,构成了其词超逸沉博与密丽深涩的艺术风格。吴文英以独创性的大量词篇,成为辛弃疾与姜夔以后南宋词坛的另一位大词人,在当时即产生了较大影响,宗之者有尹焕、楼采、黄孝迈、李彭老等人。梦窗词虽在元明时代受到冷落,但到清代又重新被发掘出来,自清中叶周济起至清末民初,研究梦窗词蔚然成风,以致有"近世学梦窗者几半天下"之说。

晚宋较为有名的词人还有翁元龙、吴潜和陈允平。翁元龙存词20首,几乎全为离情别绪、咏物遣怀的传统题材。翁词比较善于言情,尤其是小令,情致深婉,格调明快,其与众不同之处是能瓣香五代,学习《花间》,运用民歌手法入词。州守吴潜虽与吴文英、翁元龙等交往,但词风更接近于辛弃疾。其词有对不俗花卉的雅赏,对澄明月亮的吟咏,也透出了理想落空的深沉忧伤。吴潜任职时,明州地方文官的唱和臻于极盛,词充任了地方官员沟通交流情感时的社交手段,这在各地词坛也是不多见的现象。

陈允平是宋末风雅词派中的一员,其词是按照艳科模式调制出来的,较多普泛化的情感而缺乏个性,伤春惜春、离情别绪、羁旅行役、写景记游这些传统题材的作品,是其中写得较好的。陈词的主题是成熟的,虽然不乏真情的流露,但毕竟没有爆出新的思想火花。在艺术上,陈允平善于调动传统的、常见的表现手段创造婉约、典雅的境界,遣词造句很注意推敲锤炼,力求警策工致,有时也能使用新奇的想象和比喻。陈词追步清真,风格平正、婉约、典雅,缺乏个性和创造性,故而后世对他的评价不是很高。

(三)散文创作

南宋前期,明州文人长于散文创作的不少,大致从南宋中期开始,甬上的散文创作进入繁荣阶段,出现了一批有一定影响的作家。

南宋最为著名的甬籍散文家首推"文辞精博"的楼钥。楼钥的奏疏论辩诸作,具有以儒学为根柢的巧于论辩的特色。他的政论文都是直接为现实政治服务的。他任敕令所删定官轮对时所作《论实用空言》一文,指责进言之士以"法律"为"实用",是"徒借细故以为实用而售其迎合之术",要求皇上弃法律而行仁义。这样的文章,根本六经,合乎儒道的治术,尽管现在看来并无亮色,但在当时确实称得上"理正词直",不同浮议。又如《论六曹法司》一文,楼钥提出文法之吏要专业化和职业化,大有识见。楼钥任宗正丞时所上《论道学朋党》一疏,反对士大夫自相倾轧,公然为朱熹一派的道学家受到折辱而大鸣不平,也属难能可贵。总之,楼钥为文能大胆表露自己的思想,其政治态度虽然复杂,但倾向于保守。相应的,其行文多能"因今据古",脉络井然,巧于说辞,而少用严厉之笔。楼钥的书札文,议政论学,贵在能形象地说理。如两篇代表作《上宰相书》,一论养大才与养小才之法不一,既明物性,又引经文,巧用比喻,深入浅出;另一论天地有私而实非,再一次显出巧于说辞的特点。楼钥的书札文中谈艺文最为出色,代表作《答綦君更生论文书》,一扫楼氏平正板质的文风,而以生动形象取胜。其论水性文性,论接受心理,论韩文怪奇,皆以一水为喻而贯穿之、翻新之,而又非凭空而出,均有来历,足见楼钥学术渊源的驳杂。

楼钥的记叙文中也有一些立意高拔的篇章,如《鄞县经纶阁记》记叙王安石在鄞的功绩,以及当地百姓对他的纪念。这在举世皆骂王的时代实在难能可贵,也说明楼钥的散文确实有"不同浮议"之处。记类文中感情色彩较浓的是《定海县淮海楼记》,此文仰慕秦观的轶群奇才,同情他"困于烦言,陷于党人"的遭遇,实际上表达了作者对党人倾轧的厌恶之情。传记文以《书老牛智融事》写得最为精彩,其人淡泊,其画精妙,娓娓叙来,形神俱足。楼钥另有赠序体散文《姜子谦以试邑钟离请益》,在朋友姜柄去做县官时,意味深长地向他讲了几则小故事,内涵深刻精警,借以告诫姜柄在任上要与民相安,切不可殃民害物。此文语重心长,理正词直,不但富有教育意义,形式上也突破了赠序体散文的一般写法。楼钥的题跋文章颇多,内容丰富,形式短小精悍,不拘一格,生动活泼,情辞俱胜,历来受到称道。楼钥题跋文谈艺多真知灼见,也常能借题发挥,颇多言外之慨。楼钥于孝宗乾道年间(1165—1173年)曾随舅父汪大猷使金贺正旦,日记见闻,为《北行日记》。这部日记多记道里古迹,对于沦陷地区的人民痛苦生活也有反映,记述遗民的故国之情,低回吞声,未免有情,许多片断可以看做是两宋之际纪实散文的继续。

综观楼钥的《攻愧集》,洋洋洒洒,蕴蓄富有,但其文的史料价值远大于文学价值,实用性远大于文学性。作为文章,楼氏技巧娴熟,语言流畅,当时无出其右,所以他能与李邴、汪藻并称为南宋三大家。但楼钥散文过于注重实用,往往因为情感淡薄,辞采缺乏,难以升格为文学作品。所以尽管我们从《攻愧集》中发掘出一些文学珍珠,但仍然不足以抬高楼钥在我国散文史上的地位。

南宋时四明的赋体散文的创作有所繁荣。郑锷(1126—?)自福建徙居鄞县,当时师事郑锷的有楼钥兄弟、姚颖、袁方、徐子寅等人。郑锷较少理学家的习气,除讲授经学外,最具特色的是传授律赋的创作技巧。郑锷论赋讲究格律辞藻,理顺而辞明。在郑锷的讲授下,四明的后生学子积极尝试赋体的写作,其中有代表性的是楼钥。楼钥当年在郑锷指导下所作的课稿,至今犹存。绍兴三十年(1160年),郑锷成进士,官至屯田员外郎,晚归四明而卒。楼钥命儿辈纂其旧作30篇,成《郑屯田赋集》一书,并以自己少作8篇缀于其后。

高似孙是南宋一位大力创作骚体赋的作家,其辞赋结集为《骚略》3卷,共计33篇。他对于屈骚有过深入的研究,在《九怀序》中独具慧眼地肯定屈原有三"高":人高、志高、文高。所谓"人高",自然是指人格之修美芳洁;"志高",即在于他有崇高的理想和爱国的情怀,这是屈原思想的灵魂,也是铸成其宏篇伟词的前提条件,若无屈原的人高、志高,自然也就不会有屈原的"文高"。高似孙认为屈原之志若遇孔子,也会加以充分肯定的,其所作可与孔子所删的《诗经》并垂不朽。这样写,他似乎要为屈原的爱国幽愤之志披上神圣的外衣,这显然是有激于现实之言,所以他才说所恨后人缺少屈原之志,也不能理解屈骚之精髓,自然就只能徒袭其辞了。而他自己则以"知原志"自居,所抱微款足与屈骚相通,这正是他创作《骚略》的宗旨。

高似孙《骚略》的形式意义在于代表了南宋辞赋的仿骚思潮,内容上寄托幽思,但集中塑造了放旷特立的形象。其《松江蟹舍赋》竭力渲染鸱夷子皮功成身退、泛舟五湖之乐,颇有超然于名利之外的旷达思想;《秋兰》、《幽兰》两赋及前、后《水仙赋》也都寄托了高标绝尘之思。如《幽兰》实质上是幽兰贞操的自我标榜,但其遭遇亦令人同情。独抱高姿的幽兰虽然不被人赏识,不被人理解,然而正像蒿茇之盛不能掩其芳洁一样,坚信"耿积雪其如素兮,尚有知余寸丹"。词人这样写,似有一段不被人理解、知赏的隐情苦衷,希望后世之人能知其"导微馨以输诚"的良苦用心。

理学家强调文以载道,一般重道而轻文。但在实际的创作实践中,他们也表现出相当的艺术功力,能自成一派。甬上理(心)学发达,故该派散文作家辈出,影响较大。代表人物杨简的散文往往取材宏大,行文玄奥,多用排比骈语,结构巧妙。如《莫能名斋记》构思奇特,作者受到了禅宗"二道相因"思维方式的启发,正说反说,相辅相成,作者将之运用于散文创作中,确实是一种有意味的形式。《广居赋》前段从容渲染所居慈湖石鱼楼的优美景致,经此铺垫,然后推进一层,揭出"广居"之益奇。他进而对"广居"之"广"作了一番叙述,归为无象无形无穷,这个虚拟的不可言说的"广居",实际即宇宙、即心,是杨简所谓"宇宙即是吾心"的艺术表现。全文做到了虚叙与实叙、描写与议论相结合,行文中又多用反问来加强气势,构思巧妙,题旨深邃,在杨简的散文中很有代表性。袁燮的散文表达了不少民主思想,说理平实严密而富有逻辑性。淳熙四先生的后学中,袁甫的散文立足于现实忧患,富有批判的锋芒,其提点江东本路刑狱时所作的《应诏封事》是很值得一读的,因为本文是向皇上直谏,所以很讲究技巧,既不失尖锐泼辣,又力图以理晓人,以情动人。袁甫之后,四明陆派心学更为衰微,以黄震为代表的朱学派崛起。黄震看不起那些"拈花弄蕊"的"流连光景"之文,①为文总是要以小见大,拔到理的高度。他的散文很有特色:一是写景说理,点染得法;二是联想巧妙,结构细密。黄震是南宋后期理学派散文中较有功力的一家。

南宋后期,文坛以永嘉文派最具声势,最有影响。宁海人舒岳祥之文虽源于永嘉文派,但他不以学胜而纯以文胜,更注重于艺术地表达情意,多以盛衰变易作激楚之声,所作序跋文真情勃郁,意趣俱胜。他为自选诗文集《蝶轩稿》作序,在引用先祖论"庄周梦蝶"之语后,感慨自己"数罹忧患,于是悟古今一梦也,次身一蝶也。其有乐乎?蝶之乐也;其有忧乎?蝶之忧也;不足为有无轻重"。这是历经"书焚庐毁"的动乱之后真情的流露,展现了特定时代遗民文人的真实心态。亡宋遗民好用花的不同命运来寄托故国之思。舒岳祥《跋陈莒自画梅作诗》(作于至元十五年五月十九日)抚今追昔,于梅花中融进了遗民的惨痛感受:

> 见梅山此轴,忽忆承平盛时,行孤山之麓,沿马塍之隅,朝触雪而往,暮踏月而还。所见梅,往往联跗叠袂,拗枝摺干,嫣然入宫苑标律,非三家市上篱落间物也。又移百梅于平皋之上,桥断岸绝,蹇驴策策,风戟戟吹面,翛然独往,香低影压,自有一种瘦硬风格。迩来避地芗岩,石磴数梅,出于潇风晦雨摧剥之余,泯默相唁,意趣惨淡,非前时比矣。今与君共坐于绿阴之下,披画阅诗,其清妍如旧都所见,其老劲如平皋所植,其凄绝如芗岩所对也,平生神交尽在是

---

① (宋)黄震《黄氏日抄》卷八八《赵提干宝善堂记》,《四库全书》文渊阁本。

矣。画然,诗亦然,君盖进于技,怅然有感于予心者,因书其卷后。①

从"嫣然"、"标律"到"瘦硬风格",再到"意趣惨淡",梅的三种风格形态,是梅花命运的演变史,不但暗示了昔盛今衰的时代变迁,也暗示了主体心理的变化,梅花的命运同时也折射出了文人的命运;而"潇风晦雨摧剥之余"的梅花则与晚年惨伤的主体合一,正如其《对红香梅》诗所说:"莫求颜色似,风致许渠同。"诗人既自许有梅花风致,则其在与梅花同遭风雨摧伤之后"泯默相喑"的惨淡情景,更让人悚然动容。尽管如此,此梅能于"凄绝"之下"老劲"不减,也昭示了一颗倔强不屈的灵魂。此文在尺幅之中自有一种沧桑之情盘旋其间,情景交融,意境深邃。作为永嘉文派的传人,舒氏虽少有叶适闳肆的议论之文,但也颇得叶适序记类散文的神韵;虽少了叶适之文的慷慨与激昂,而多了几分低回与凄怆。

第七节　科学技术

两宋时期,随着社会经济的发展和科学实践经验的积累,明州的科学技术水平在唐代基础上明显有所提高,在医学、植物与园艺学、动物学、海洋生物学、生态学、建筑学、潮汐学、水利学和砚石研究等领域均取得了较大的成绩,为中国古代科技文化增添了光彩。

一、医学

宋代,由于政府对医学的重视,医学领域取得了令人瞩目的成就。这一时期,明州医学也进入了一个较快的发展期,表现为名医的大量

---

① (宋)舒岳祥《阆风集》卷十二,《四库全书》文渊阁本。

涌现、私家医学著述的编纂、医药保健知识的普及与养生学的兴起等几个方面。

北宋时期,明州已出现了几个出色的名医,著名的有僧奉真和臧中立。奉真,号善济,鄞县人,《宝庆四明志》称其"诊视之妙,不差铢分",因诊疗水平高超而名闻东都。他的医术传给僧元觉、法琮和了初,这几个人也都以医术而"驰声一时"。[1] 臧中立本是江苏无锡人,神宗元丰年间(1078—1085年)客居明州。据称他医术也十分高明,"诊治如神",每天闻名而来求疗者络绎不绝。[2] 崇宁年间(1102—1106年),徽宗因皇后病重,下诏征求良医,臧中立应诏问诊,不到一月便将皇后治愈。于是,徽宗赏予银两为其买地造屋,其宅即在迎凤街。

南宋立足东南后,大批北方名医也举族南下,其中有一部分便定居明州。他们在带来医术良方的同时,与明州当地的医家切磋技艺,大大提高了四明的医学水平,并形成了一支颇为可观的医家群体。如臧中立,其子孙多以医名世,其第三子师颜为翰林医候,师颜的次子臧宾卿亦补翰林医学,累转至医痊。[3] 河南洛阳人张永,曾为翰林医学,南渡后定居于余姚。他精于儿科,飞声浙东,其子孙皆精医学,也是一个医学世家。原籍河南而寓居姚江的陆从老,其人"膏肓泉石,而能起人于九殒之余"[4],被楼钥称为"近世之良医"[5]。在本籍医家中,南宋中期奉化的董溱、陆溥、陆晖,也都是名重一时的医学家,其中董溱与陆溥因用感应丹治愈皇子魏王赵恺的寒热症而称誉医坛,官至翰林驻泊,世称"董陆义逊"[6]。甚至当时的四明女性也有通医术者,如楼钥就提到,鄞县向援的妻子王氏,"晓文义,旁通医卜之说,又善摄养,少

---

[1] (宋)《宝庆四明志》卷九《叙人中·仙释》,《宋元方志丛刊》本,中华书局1990年版。
[2] (清)李卫等雍正《浙江通志》卷一九六《方技》,中华书局2001年版。
[3] (宋)杨简《慈湖遗书》卷一八《宋翰林医痊臧公墓志铭》,《四明丛书》本。
[4] (宋)楼钥《攻愧集》卷八一《陆从老真赞》,《丛书集成初编》本。
[5] (宋)楼钥《攻愧集》卷七一《跋华氏中藏经》。
[6] (清)光绪《奉化县志》卷二十六,《中国地方志集成》,上海书店1993年版。

病疾"①。王氏既通晓医术,又擅长养生之道,其医学水平自然不低。陆游也曾经提到一位四明女道士谢君,"清秋采药到江村"②,可见她也具有一定的医药学知识。

随着医学日益受到社会重视,南宋时期,明州涌现出了一批儒医,这是当时明州医学发展的一个新特点。所谓"儒医",是指身为儒生而精于医道者。他们或视行医为济世救人的手段,"以医药为济人利物之具"③,把治病救人作为关心社会民生的桥梁;或视医术为提高自身修养的重要内容,以此自娱。这样,儒而知医一时成为明州社会的风尚。如王作肃为士而习医,曾搜集数十家医著,为北宋名医朱肱的《南阳活人书》作增释;楼钥以"好医"出名,他与陆从老论脉法,校《中藏经》,付友人刊刻行世,"使医者得以习读之"④。史氏家族成员史源、史弥忠等也都精于医典研究。在这类儒医中,最具代表性的人物要算卞大亨。卞氏本泰州人,南渡后隐居象山。他博览经史,又"素习养生导引术,医药、占算尤极其妙",医学知识十分深厚,同时又怀德好仁,以救济、施药为乐,"解衣推食,赈恤饥寒,手制药饵,惠利甚博"⑤。对于明州儒医情况,袁桷作了生动的描绘,他说:"鄞衣冠家为最盛,闾里栋宇相接,属议医药尤尚选择。辄考论其世,又察其词色温谨,涉于儒者,始得进焉。每视疾,必先告以虚实先后,始笔简牍,识其月日,以校轻重。有不如式者,争诟病诋笑。"⑥从袁桷这番话可以看出,当时四明的士大夫之家看病都选择儒医,而儒医给人看病,也都会做医案即病历记录。儒医的兴起,是儒家文化发展在医学上的反映,同时也反映了宁波医学的发展。

医书的编辑整理,是明州医学发展的又一个重要标志。宋代四明

---

① (宋)楼钥《攻愧集》卷一〇七《王夫人墓志》,《丛书集成初编》本。
② (宋)陆游《剑南诗稿》卷一六《送紫霄女道士四明谢君》,《四库全书》文渊阁本。
③ (明)郑真《荥阳外史集》卷四六《陈刚小传》,《四库全书》文渊阁本。
④ (宋)楼钥《攻愧集》卷七一《跋华氏中藏经》。
⑤ (宋)《宝庆四明志》卷八《叙人上·先贤事迹上》,《宋元方志丛刊》本,中华书局1990年版。
⑥ (元)袁桷《清容居士集》卷四四《赠医者陈生》,《丛书集成初编》本。

士人十分重视医方的搜集和编纂,他们或整理家传秘方,或遍搜民间验方,乐此不疲。据初步统计,明州士人辑成的方书至少有《传信方》、《证类本草单方》、《卫生家宝》、《小儿方》、《海上名方》、《魏氏家藏方》、《温隐居海上仙方》、《治背疮方》与《痈疽辨疑论》9 部,其中有 4 部流传至今。

在上述方书中,或集诸科医方,体现出综合性特点。如下大亨的《传信方》,凡 100 卷,搜罗广泛;余姚王俣的《证类本草单方》35 卷,分门别类,收录单方 4206 个;温大明的《温隐居海上仙方》收录了温氏五世家传名方;《海山仙方》则为郑真五世祖朝奉公所辑而"传于家",凡 10 余帙。① 魏岘所辑的《魏氏家藏方》则是综合类方书的代表。《魏氏家藏方》辑录了魏氏三代所藏医方而成,从其所注明的传承来看,不少方子为各级官员所传,也有的为各地的医师、居士、士人甚至僧人所传。书中所涉及的病症,包括内科、外科、儿科、眼科、口腔科等科目,所采集的方剂,包括丸、散、膏、丹、汤、饮等剂型,称得上是一部百科式的医学著作。书中也涉及对病因、病理方面的分析及论证,表明了作者的医学观点。如在论"神仙既济丹"中,他说:"夫人以肾为本,日与事物交战,损心劳神,神动气散。兼饮食过度,嗜欲无节,亏损精神,气动神疲。阴阳交错,水火不济,精神恍惚,肢体烦疼,夜梦阴交,遗精白浊,是致气衰血弱,百病所生之由也。"可见,魏岘视肾为生命的根本,认为阴阳失调、水火不济是致病的根由。因此他强调,补益之方,当使"心肾之气互相交养"②,从而达到健身的目的。关于痔疮的手术治疗,北宋自《太平圣惠方》以来一般以砒剂为通用疗法,但常因疼痛而患者不欲接受。经过百余年的实践,终于找到了有效且副作用小的方法,即《魏氏家藏方》所载:先在痔核周围的健康皮肤涂以保护药,然后在痔核上涂布砒剂,因此剂有腐蚀作用,当时称为枯剂。每日敷药三

---

① (明)郑真《荥阳外史集》卷三五《书宋故虚庵怀敞禅师题五世祖金刚普门经后》,《四库全书》文渊阁本。
② (宋)魏岘《魏氏家藏方》卷六,《续修四库全书》本。

次,俟皮肤焦黑,核破,仍旧照涂药,直待痔核坏死干落为止。① 并预备止血药和止痛药随时应用。另外预备洗疮口药,缓下药等,使枯痔疗法日趋完善。而其他国家应用枯痔法最早的是德国,他们在 1869 年才开始采用亚硫酸铁溶液注射治疗痔疮,至今才百余年。《魏氏家藏方》在宋代经入宋僧传入日本,藏于东山寺普门院。现藏于日本宫内厅书陵部。②

《小儿方》、《治背疮方》、《痈疽辨疑论》则为分科类医方。《小儿方》为精于儿科的张永所著,《景定建康志》卷三十三所记"张氏小儿方二百一十版"即指此书。《治背疮方》1 卷,为史源所著。史源曾为治疗其母的背疮,广求医方,终于用艾灸法治好了生母背疮。在这过程中,他对背疮的治疗也积累了较为丰富的知识,如对背疮症候,他总结说:"突然高者,毒气出外而聚也;百数小窍者,毒未聚而浮攻肌肤也;色正黑者,皮与肉俱坏也。非艾火出毒于坏肉之里,则五脏逼矣。"③《治背疮方》便是集民间治背疮的方子并结合自己侍母治疗所获的经验而辑成。《痈疽辨疑论》是李世英根据"家传积世秘效之方书"辑成。世英精于外科,曾从学陆从老,他继承了陈无择三因论中的痈疽论,提出了"先别阴阳,随证施治"的治疗方法,善用附子奏功。其治疗痈疽的经验,为明代王肯堂《证治准绳》所收录。④

再者,医药保健知识的普及与养生学的兴起,也从一个侧面反映了明州医学的发展。南宋时期,四明地区医药知识的普及程度已相当高,除儒士、僧人、道士外,民间百姓在长期的实践过程中,也掌握了丰富的医药知识。如日本僧荣西的《吃茶养生记》提到,四明一带民间多用丁子香煎茶以解暑。舒岳祥也提到了宁海一带的百姓用金钱草治

---

① (宋)魏岘《魏氏家藏方》卷七《先君刑部所藏五痔方》,《续修四库全书》本。
② 严绍璗《汉籍在日本的流布研究》,第 223 页,江苏古籍出版社 1992 年版。
③ 转引(日)丹波元胤《中国医籍考》卷七〇《方论》,第 934 页,人民卫生出版社 1983 年版。
④ (明)王肯堂《证治准绳》卷一〇二《外科》,《四库全书》文渊阁本。参见《中国医籍考》卷七〇《方论》,第 939 页,人民卫生出版社 1983 年版。

蕴热。①

两宋时期,明州还出现了一批主张四时摄生的养生家。如高衍孙,"宅旁植水竹奇石,号曰竹墅。其食必按《本草》,其居处必顺叙寒燠"②。用美化环境的方式来使身心愉悦,用服食天然的保健食(药)品的方式来增强体质,用顺应季节规律的起居方式来调节身体机能,这种养生方式是很有科学道理的。史浩对道家内丹道的吐纳、导引等养生之术也很有研究。在养生理论上,四明人也有自己的一套见解,如魏岘就提出:"善养生者,常致意于金石草木之先,使性不为情所流,主不为客所惑。"③认为养生的关键在平常保养、注意控制内情,这是典型的预防医学思想。楼钥的《论进德养生》则提出:"养生可以进德,进德可以养生。"认为进德与养生相互促进,若能"寡欲而固其本,省事而清其心,则寿命可以延长,盛德可以日新",而掌握养生和进德的要旨在"内外交养,表里如一"④。这些养生理论,都含有一定的科学价值,代表了当时明州地区在养生学上的认识水平。

二、植物与园艺学

宋代明州士人对一些观赏性植物,如牡丹、芍药、梅、竹等兴趣十分浓厚,他们致力于这些植物的研究和栽培,并取得了较大的成绩。

北宋时期,对植物与园艺研究最有成就的是周师厚。周师厚(1031—1087年),字敦夫,鄞县人。早年从王致游,登皇祐五年(1053年)进士。元丰间(1078—1085年),周师厚莅官洛阳。洛阳花卉之盛甲于天下,周氏经常至精蓝名圃观赏花木,并博求谱录,结合耳目记闻,撰写出了《洛阳花木记》、《洛阳牡丹记》两部具有较高科学价值的

---

① (宋)舒岳祥《阆风集》卷七《七言长律》,《四库全书》文渊阁本。
② (元)袁桷《清容居士集》卷四八《书高使君脉图后》,《丛书集成初编》本。
③ (宋)魏岘《魏氏家藏方·自序》,《续修四库全书》本。
④ (宋)楼钥《攻愧集》卷二二,《丛书集成初编》本。

花卉专著。

《洛阳花木记》记述牡丹品种 109 个,芍药品种 41 个,杂花 82 品,果子花 147 品,刺花 37 种,草花 89 种,水花 17 种,蔓花 6 种。作为一部园艺学专著,其可贵之处在于最早论述了花木的繁殖与种植技术,这对以后花卉业的发展产生了深远影响。他指出了洛阳地区花木的各种嫁接繁殖方法与节气掌握,其中木兰科木兰属、蔷薇科不同属、蔷薇科蔷薇属、蔷薇科李属植物的嫁接不见前人记载。周师厚还指出,上述植物嫁接繁殖是以洛中气候为依据的,如果"变接他处",须按本地气候适当调整嫁接的时间。书中记载了嫁接的具体方法与注意事项,强调接花须在社后九月前进行。在砧木(祖子)的选择上,要求砧木根系发达,如牡丹砧木"家祖子"(栽培砧木,人工播种的花木实生苗)根浅而嫩,嫩则筋脉盛而木实,而"山祖子"(野生砧木)多老根而木虚,接之多失,所以在嫁接时多选用"家祖子"作砧木。在接穗的选择上,周师厚要求取"木枝肥嫩,花芽盛大平圆而实者为佳,虚尖则无花矣"①。至于接枝的切削,不应作陡刃而使皮不相对,要使形成的削面呈扁阔状,这样插入砧木的切口内,可使砧木、接穗密切嵌合,津脉相通。周师厚已深刻认识到砧木与接穗皮须相对的重要性,这已为现代植物学揭示的嫁接机理所验证。接穗接入后,要将接头缚严,不让透风淋雨,并用细土将接头覆盖,防止人畜触动;嫁接后,须经常观察,不使砧木基部的不定芽萌发。可见周师厚对接花技术的各个环节均记载得非常具体。

在《洛阳花木记》"栽花法"中,他指出栽花不可过深,否则有碍根系生长,而花不发旺。他强调科学的栽花方法是:"坑欲阔平而土欲肥而细,然于土坑中心拍成小土墩子,其墩子欲上锐而下阔,将花于土墩坐定,然后整理花根,令四下横垂,勿令掘摺为妙,然后用一生黄土覆之,以沧口齐土面为准。"②这在北宋无疑称得上是高水平的树木栽种

---

① (元)陶宗仪《说郛》卷一〇四,《四库全书》文渊阁本。
② (元)陶宗仪《说郛》卷一〇四。

技术,当今各地在栽种名贵的落叶树木时所采用的方法,也几乎与周师厚法一致。

"种祖子法"则讲述了牡丹种子的播种方法。书中指出,种子播种成苗的关键在于掌握种子的收获适期,当膏葖果将要裂开,种皮微变黄时须立即采收并进行播种,如隔数日,果皮变干而子黑,则"种之万无一生矣"①。现代植物学认为,牡丹种子一旦完全成熟,便会引起上胚轴休眠,而不利于发芽,而周师厚早在 11 世纪就观察到了这一现象,并巧妙地选用有一定成熟度的种子播种,以获得牡丹的幼苗,这是十分可贵的。此外,"打剥花法"介绍了花卉的整枝方法,认为凡千叶牡丹须于八月社前打剥一番,每株只留花头 4 枝,余者皆可截去;花芽平而圆实者留之,虚者去之。芍药过多的枝条可以截除,多枝的花蕾可适当删去,以促使千叶花的形成。"分芍药法"则介绍了芍药分枝的繁殖方法。②

《洛阳牡丹记》是一部专论牡丹品种与培育的园艺学专著,约在欧阳修《洛阳牡丹记》发表 48 年后问世。书中记录牡丹品种 54 种,其中半重瓣(多叶)品种 2 种,重瓣(千叶)品种 52 种,与欧阳修所记不同者高达 47 种,相同的仅为 7 种。而《洛阳花木记》中,记载牡丹品种 109 种,其中半重瓣 50 种,与欧阳修及自著的《洛阳牡丹记》所记相比,相同品种仅有红花品种 5 种,不同的高达 43 种;重瓣品种 59 种,相同的有 52 种,不同的有 7 种。与欧阳修一样,周师厚对牡丹品种的描述,也是先花形后颜色,再记其特异点和来历。在花型上,按牡丹花瓣多少将花形分为单叶、多叶和千叶,重瓣(千叶)中又有台阁、平头、楼子、并蒂等多种类型;在花色上,分白、黄、紫、红等多个色系及两色复合型的间色品种。这种按花形、花色特点分类鉴别牡丹品种的方法,奠定了我国牡丹品种实用分类的基础。

对照欧、周两记,可以看出宋人对牡丹品种的选择方向和演化趋

---

① (元)陶宗仪《说郛》卷一〇四,《四库全书》文渊阁本。
② 参见舒迎澜《古代花卉》,第 84—86 页,农业出版社 1993 年版。

势。欧氏所记牡丹品种有单瓣、半重瓣者,周氏所记中已无单瓣,半重瓣仅为2种,其余均为重瓣。由此可见,人们对种植品种上的选择是由单瓣趋向半重瓣、重瓣的。欧阳修时代的苏家红、林家红、鞓红、甘草黄皆为单瓣,一百五为半重瓣,到周师厚时代,苏家红、林家红、鞓红已是半重瓣,甘草黄、一百五为重瓣。另外,周师厚的《洛阳花木记》中还记有半重瓣、重瓣并行的双头紫、陈州紫。周师厚不但用甘草黄经培壅由单叶变为千叶的实例证明多瓣花是从单瓣花演变而来的,而且还首次揭示出单瓣变多瓣的原因。他观察到一种叫"间金"的多瓣牡丹,开的红花稍带紫色,另一个品种"金系腰",花型大,花瓣开时有八九寸长,在数层花瓣中间夹杂着黄色雄蕊,所以称为"间金"。现代植物学认为,重瓣花是全部或部分雄蕊变成花瓣状器官的花。这里,周师厚用实例解释了间金的花瓣是由黄色雄蕊变成的,这与现代科学结论一致。因此,周师厚是世界上最先发现雄蕊可以变成花瓣的植物学家。

南宋四明学者在植物学方面也有贡献,出现了高似孙的《竹史》、胡融的《图形菊谱》、王子兼的《梅谱》(一作《梅略》)、舒岳祥的《阆风菊谱》与《菖蒲谱》5部专著,这在当时的各区域文化中比较少见。《竹史》与《梅谱》今已失传。《图形菊谱》2卷,成书于绍熙二年(1191年),记录菊花共41品,超过此前诸家《菊谱》所记。胡融在谱中盛赞菊花乃"物中之英,百卉之杰然者",淹有"七美"。[1]《图形菊谱》乃是其艺菊赏菊经验的结晶。如关于菊花的栽植技术,胡融提到须在仲春前掘起根茎大的菊苗,用麻饼末一大撮拌土,相距四寸许分种之,"一月凡三度锄薙,至日暮以溺浇之,春月则用蚕沙"[2],如以粪水酵土而壅之则易盛。胡融已观察到摘心能促使分枝的现象,并在花卉栽培中得到应用。他提出菊花"才高一尺以上,便与摘脑,摘脑则杈生而花

---

[1] (宋)史铸《百菊集谱》卷五,见《花卉果木编》第191页,上海古籍出版社1993年版。

[2] (宋)史铸《百菊集谱》卷五,见《花卉果木编》第192页。

阔"①。同时他又指出,摘脑在立秋前应当停止,否则会影响花蕾的形成。关于菊花的利用,胡融提出可以入药、酿酒、为枕,明目而益脑,功用甚溥。在后序中,胡融还列出了菊的6个相似种。胡融《图形菊谱》内容丰富,"所采视范成大《菊谱》尤备"②,可惜原著已经失传,仅部分条目被史铸采集在《百菊集谱》中。舒岳祥的《阆风菊谱》,记载北紫绡金、御袍黄等品种,驸马都尉杨镇(自号中斋)阅后曾向其觅本栽植。③ 舒岳祥一生寓目的菊品很多,珍贵的如金佛头、金荔子等。他还获得极为罕见的盆栽冬菊,花品金色,中心作葱管突起,为之取名"雪中英"。舒岳祥又特爱菖蒲,因其特别难养,曾深入探索,"讲求其法甚备"④,并为之作谱书,这可能是我国最早研究菖蒲的专著。后因兵祸,此书遂不知下落。

  南宋时期,随着园林建筑的兴起,花卉业也得到发展。南宋初,象山士子史本,见木樨忽变红色,异香,遂植之,并把接本献于朝廷。高宗雅爱之,画为扇面,并题诗其上以赐从臣。从此,四方争求之,史氏岁接数百本,"以此昌其家"。据说,象山所植的红木樨,"色深而香烈",一旦移种于其他地区,则"色香少损"⑤,从而成为当地名贵花木。这也说明,象山百姓已经掌握了桂花名品的嫁接与育种技术。而舒岳祥创建于宝祐四年(1256年)的篆畦,无疑为一小型植物园。据其《篆畦诗序》自述,园内栽种的观赏植物不下65种,药用植物品种不详,而且还有剑蒲、牵牛花、椿等多种植物,由此可以想象篆畦花木之盛。这些花木多自杭州购买引种,如他在咸淳年间(1265—1274年)从内前买归绿萼香梅10株。也有少数是从本地或邻邑引种,如奉化王塘王子兼的野生碧桃,被引种至篆畦后长势良好;剑蒲则自雁荡移植而来。

---

① (宋)史铸《百菊集谱》卷五,见《花卉果木编》第192页,上海古籍出版1993年版。
② (清)光绪《宁海县志》卷一四《艺文》,《中国地方志集成》本,上海书店出版社1993年版。
③ (宋)舒岳祥《阆风集》卷六《次和杨中斋读〈阆风菊谱〉因觅本植斋前韵》,《四库全书》文渊阁本。
④ (宋)舒岳祥《阆风集》卷六《菖蒲最难养……》。
⑤ (宋)《宝庆四明志》卷二一《象山县志·叙产》,《宋元方志丛刊》本,中华书局1990年版。

更有少数品种来自江西,如虞美人(鬓边娇)是刘允叔从江西携种植于篆畦的。篆畦布局井然,廊庑亭阁外,花木布置别具匠心,或以桧为门,或以竹成林,或以桃成丛,或以菊成畦,或以荷成田,或以药成圃,还有以樟作障,穿樟为洞的,变化多端,错落有致。不少植物品种丰富,如梅有千叶、红香、黄香、绿萼、真红、粉红之别;桃有千叶、真红、粉红、合欢、碧色之异;竹有黄甘、旱筀、斑筀之品;茶有红茶、白茶,栀有千叶栀、水栀之分。其品种之多,令人叹为观止。

四明地区对于植物的利用,文献中也有不少记载。如慈溪县鸣鹤乡定水寺住持德璘用蒸的方法提取木樨(桂花)露,异香扑鼻,曾寄赠给著名诗人杨万里。① 史浩提到用红花、紫草为染媒,能使"绢帛鲜华"②。这些都反映出四明人对植物的研究有所深入。

三、动物学

在动物学方面,南宋时期的宁波人民对昆虫的观察认识有所深化,并提出了一些有价值的见解。

宋代,明州人对蜜蜂似乎有着浓厚的兴趣。在人工养蜂之前,人们食、药用的蜂蜜来源于野生蜜蜂。至迟到南宋中叶,四明地区已开始人工养蜂。楼钥《天寒割蜜房》诗就写道:"山居收课蜜,檐外割蜂房。"③郑清之《乍晴观蜂房戏占》也写道:"蜜蜂家计千头奴,日并花课供蜜租。"关于蜜蜂的生物学形态及其习性,浙东诗人也多有涉及。如《乍晴观蜂房戏占》云:"粉红黄白各本色,拥肿双脚尻为车。"已经观察到了工蜂特异化后足上的花粉筐;所谓的"方春乳房涌金屋,子弟分

---

① (宋)《宝庆四明志》卷一七《慈溪县志卷第二·寺院》,《宋元方志丛刊》本,中华书局1990年版。
② (宋)史浩《鄮峰真隐漫录》卷五〇《童卯须知·张设八篇》,《四库全书》文渊阁本。
③ (宋)楼钥《攻愧集》卷一二,《丛书集成初编》本。

王遣之国"①，显然是指春天的分蜂。他还指出，乌蜂是蜜蜂的敌害。②他所说的"乌蜂"，当即膜翅目昆虫胡蜂，为夏秋间山区蜂场的主要敌害。宋末元初的戴表元则认识到割蜜不宜太多，必须"存蜜"以"补蜂粮"。③ 如果说以上对蜜蜂的生物学认识还未超出王禹偁、罗愿的水平，那么戴表元的《义蜂行》则代表了最新的进展。《义蜂行》是戴表元在亲访四明山区以养蜂为职业的山翁后写下的，诗中说道："一蜂最大正中处，千百以次分来偫。丛屯杂聚本无算，势若有制不敢哗。"这显然写的是蜂王以及蜜蜂秩序井然的群体组织；"似闻蜜成有所获，侪类不得先摩牙。重防覆卫自严密，虽有毒螫何由加"。这四句写侍从蜂轮流向蜂王献上珍奇的王浆、香甜的蜂蜜和工蜂严密护卫蜂王的情景。他还观察到当蜂王突然死去时，蜜蜂群内发生的情况："群蜂仓皇迷所适，遏走欲死声呀呀。求之不得久乃定，复结一聚犹如麻。"④诗中所描写的蜜蜂生活习性，细致贴切，符合现代科学对蜜蜂种群的研究结果。

历来有蚯蚓唱歌之说，楼钥曾于"夏夜倾听久之，篝火发土"，证实"唱歌"者实为蝼蛄。现代观察证实，蝼蛄经常隐藏在地下它自己挖的隧道里，非常容易觉察到人的脚步振动，稍一接近，它就可以感到危险来临，马上停止鸣叫，并顺着地下隧道逃之夭夭。由于蝼蛄不易接近，故楼钥必须"夏夜倾听久之"，以判断其所在的位置。他说："此物于浅土穿穴，人或取于路穷处必得之，暑月雨后，土中有声若长哦。"⑤确实，蝼蛄藏身于田野和户外草地树丛下，从初夏开始到深秋，每晚都可听到它们的鸣声，特别是雨前雨后的夜晚，鸣叫声更是此起彼伏。蝼蛄鸣叫，表示空气中水汽不多，为晴天的一种征兆。袁燮的父亲袁文

---

① （宋）郑清之《安晚堂集》卷一〇，《四明丛书》本。
② （宋）郑清之《安晚堂集》卷一〇、卷八。
③ （元）戴表元《剡源文集》卷二九《顷怀寒单祥卿教谕时新开酒禁》，《四部丛刊初编》本。
④ （元）戴表元《剡源文集》卷二八《义蜂行》。
⑤ （宋）楼钥《攻愧集》卷七六《东坡啸轩后》，《丛书集成初编》本。

则批评了欧阳修蚊子"传声"之说,认为:"蚊子初不能鸣,其声乃鼓翅耳。何以知之？盖蚊子立定则无声,惟飞起有声,故知其声不在口而在翅也。"[1]他正确地指出蚊子没有发声器官,是靠它们在飞行时不断高速扇动翅膀,使空气振动,才产生了嗡嗡的声音。据现代科学家测试,蚊子在飞行时,翅膀每秒钟能振动 250 至 600 次,这种引起的空气振动,就是人们所听到的蚊子"叫声"。

四、海洋生物学

两宋时期,明州人在海洋生物的研究上亦取得了不少成就。由于濒海,浙东百姓食用鱼蟹、贝类的历史十分悠久。北宋中期,山阴人傅肱著《蟹谱》2 卷,记载了与蟹有关的逸闻旧事及采捕、食用等,其内容既采旧文,也多有自见。四库馆臣称其"诠次颇见雅驯,所引《唐韵》十七条,尤足备考证",评价较高。到南宋,明州人高似孙以《蟹谱》征事简略,又在其基础上广加收集,著成《蟹略》4 卷。其内容分别为:卷一记蟹原、蟹象;卷二记蟹乡、蟹具、蟹品、蟹占;卷三记蟹贡、蟹馔、蟹牒;卷四为蟹雅、蟹志、赋咏。在每门之下又分条记载,而且多取蟹字为目,而系以前人诗句。《蟹略》着眼点虽在饮食烹饪,但对蟹的习性、形态特征、产地、品种、采捕、加工等均有记载,如它将螃蟹种类分为蝤蛑、海蟹、缸蟹、赤蟹、红蟹、白蟹、江蟹、沙蟹、石蟹等 38 种,虽然其分类的标准,有时根据产地,有时根据习性,有时又根据形态,显得有些混乱,但在当时能做到这一点,已属不易。又如对螃蟹的烹调和食用,则有酒蟹、盐蟹、蟹羹、糟蟹、糖蟹、蟹齑、蟹包、蟹饭等多种方法。《蟹略》采摭繁复,内容已远远超过《蟹谱》,故四库馆臣虽认为其详核不够,编次也稍有疏漏,但较之《蟹谱》,"终为胜之"[2]。《蟹略》不失为宋人对蟹类研究的代表作。

---

[1] （宋）袁文《瓮牖闲评》卷七,《四库全书》文渊阁本。
[2] （清）永瑢等《四库全书总目》卷一一五《子部·谱录类》,中华书局 1992 年影印本。

不仅对蟹类，宋代明州人对其他海洋生物的研究也颇有成就。《宝庆四明志》卷四《叙产》，集前人之大成，记载海洋生物鱼类、虾蟹类、贝壳类等达50余种，奠定了历代志书有关此类内容记述的基础。该志对海洋鱼类的分类有较大的进展，如记述鲨鱼的分类："有白蒲鲨、黄头鲨、白眼鲨、白荡鲨、青顿鲨、乌鲨、斑鲨、牛皮鲨、狗鲨、鹿文鲨、鲮鲨、鲣鲨、燕鲨、虎鲨、犁到鲨、香鲨、熨斗鲨、丫髻鲨、剑鲨、刺鲨，其种类甚众。"将鲨鱼分为20种，反映出当时对鲨鱼种类甚多的特点已有较为充分的认识。很多鲨鱼今天的俗名仍如此称呼，如"熨斗鲨"即为胸脊鲨的俗名，该雄性鲨鱼的背鳍呈熨衣般的形状，故名；"牛皮鲨"即吊鲸鲨，是世界上最大的鲨鱼品种。其中"犁到鲨"应为"犁头鲨"之误。"犁头鲨"因头和胸鳍基底连成一体盘呈犁头形，故名。但在生物学上更准确的分类应是"犁头鳐"。从生物学的角度观之，鲨和鳐都是软骨鱼，但一般的鲨属于"侧孔总目"，即眼、鳃与体侧愈合。该志还记载了鳐类魟的种名：鲛魟、锦魟、黄魟、斑魟、牛魟、虎魟等，分类也很细致。

《宝庆四明志》对于一些甲壳类海生动物的分类也比前人精细得多。如记虾云："有赤、白、青、黄、斑数色，青者大如儿臂，土人珍之，多以饷远。梅熟时曰梅虾，蚕熟时曰蚕虾，状如蜈蚣而大者曰虾姑，身尺余，须亦二三尺曰虾王，不常有。皆产于海。其产于陂湖者曰湖虾，生于河者曰虾公，二钳比他种，其长倍之。"这里记述了虾的颜色、形态、季节及生活环境，其中色青而"多以饷远"者，是指味道尤为鲜美的对虾；"虾王"当指龙虾。对海洋软体动物的分类也比前人更为详细和明确。如对许多不同种类的海螺一一加以区别，分别加以命名，反映出当时对于海螺的分类研究已经相当深入。

《宝庆四明志》对海洋生物形态习性的描述，如鲳鯸、章巨、梅鱼、魟鱼、鲻鱼、阑胡、水母、鲨、淡菜、蛎房、蛏子、肘子、沙噀等，大都具体细致，准确生动。如写鲻鱼云："似鲤，生浅海中，著底，专食泥，身圆口小，骨软。"这里对鲻鱼的生活习性作了准确、概括的描述。鲻鱼生活于河口港湾浅海处,所谓"食泥",是指摄食以底栖硅藻和有机碎屑为主要食物而言。鲻鱼的这一特性,若非经过长期观察,是不易被发现的。又如"阑胡"条载:"形如小鳅,大者如人指,长二三寸许。头有斑点,簇簇如星。潮退,数千百万跳踯涂泥中,海妇挟畚取之如拾芥。"将阑胡(跳鱼)的形态特征描绘得非常到位,并展示了一幅当时退潮之际海人获取弹涂鱼时的生动画面,但说"海妇挟畚取之如拾芥",恐怕是传闻想象之词。关于鳗鲡,日华子《本草》中已有鳗鲡"生东海中"的记载,《宝庆四明志》有更为详细的描述:"海中者极大,似蛇而色青白,齿锯利,冬晴鯙之,名风鳗;江湖河中者曰慈鳗,小而色黄。"这里明确记载了鳗鲡可生活于咸淡水中,并记载了生活于咸水和淡水中的鳗鲡各有不同的颜色和大小。又如"沙噀"条云:"沙噀,块然一物,如牛马肠脏,头长可五六寸许,胖然如水虫,无首、无尾、无目、无皮骨,但能蠕动,触之则缩小如桃栗,徐复拥肿,土人以沙盆揉去其涎腥。"据此鉴定,沙噀实即栖息于潮间水洼处的腔肠动物海葵(人们常吃的为星虫状海葵),浙东象山、温岭等地至今仍呼海葵为沙噀(当地人读作"蒜")。总之,四明志书对于海洋生物的记述比较系统而有深度,在当时已居于前列。

五、生态学

两宋时期,人们就环境对人类及动植物的生存发展和生物之间的复杂关系进行了更为深入的观察和研究,意识到了保护环境、维护生态平衡的重要性。在这方面,四明学者也有重要的贡献。

陈垲知明州,认为严重的污染不但影响舟楫运输,而且有损于四明风水。他指出:城东"沿河两岸各有古来石磡四,五十年以来两岸居民节次跨河造棚,污秽窒塞,如沟渠然,水无所泄,气息蒸熏,过者掩鼻"。为此,他以"风水"为由,发起了治污工程,"撤障蔽以见天日之清明,荡污秽以通江湖之脉络",邦人无不称快。① 关于环境与人类健康的关系,楼钥以慈溪县城为例,明确指出县邑之溪"日就湮微,雨集则溢溢,沉垫已则污秽停潴,气壅不宣,多起疹疫,岂惟不足以供灌溉之须"②。他已深刻地认识到城市环境污染严重的危害,污水用于灌溉则损害庄稼,用于洗涤则不卫生,"污秽停潴"更是城市造成疾疫流行的罪魁祸首。因此他积极主张改善城市环境,兴修水利,尽可能地消除不良环境对居民健康的影响。

我国古人很早就认识到,要想利用生物资源,必须注意保护,合理开发,不能过度获取。《吕氏春秋》"十二纪"还将有关资源保护措施纳入"月令"的条文中,其核心思想就是要保护生物资源的再生能力。这些条文被后世有关"月令"等文献大量吸收和传播。南宋慈溪学者张虑的《月令解》,可以说是宁波人最早宣传阐发生物保护思想的重要典籍,贯注了张虑对于生物的生命关怀意识。张虑认为自然界孕生万物,生机勃勃。人的行为应该顺应自然,以"遂生物之性"。所谓"生物之性",是指任何有机生命体的物理属性,这里的"性"是具有生命意义的。所谓"遂生物之性",就是要让生物各遂其生,各顺其性,不能为了眼前的浅利而恣意残害生物,甚或将生物斩尽杀绝。"遂生物之性"的一个重要内容就是"遂其生育之性",即还生命体以生长发育的基本权利。尽管生物是人类生活的重要资源,但人类必须怀着爱物之心,取伐有时,尤其不能任意残损幼小的生物体。他说:"斧斤以时入山林,当草木萌芽之时,固禁止之。覆巢则鸟何以生育？孩虫胎夭皆不可杀。兽曰麛,鸟曰卵,亦不用,皆所以遂其生育之性。"③他要求田头焚除陈草,只能限于春耕季节,其他季节禁止这样做,目的也在于"遂生物之性"。仲夏割蓝,染出的布是最美的,他认为虽美也不可取,"恐其取之多,非所以助物长,故戒之"。至于"竭泽而渔",更是他所

---

① （宋）《宝庆四明志》卷一二《鄞县志卷第一·叙水》,《宋元方志丛刊》本,中华书局1990年版。
② （宋）楼钥《攻媿集》卷五九《慈溪县兴修水利记》,《丛书集成初编》本。
③ （宋）张虑《月令解》卷一,《四库全书》文渊阁本。

深恶痛绝的。张虑提出"遂生物之性"的思想,是要保护生物资源的正常繁育能力,"不夭其生,不绝其长",也只有在适当的时机细致地保护生物,人们才能在此后多享源源不绝的收获之功。张虑指出,对生物资源再生能力的有效保护,乃是"顺阴阳之序,相天地之宜,上焉为国家计,下焉为生民计"①的利国利民之举。

魏岘通过考察它山水利环境变迁的历史,第一个自觉地著文论述环境保护对于水利的重要性。他通过对四明它山地区洪水灾害的调查研究,深刻阐明了森林破坏与洪水泛滥的关系。他在《四明它山水利备览》中指出,四明山区原来林木深秀,溪边平地上也是竹木茂密,因此即使遇到暴雨,沙土也会被竹木的根系盘固住,流下的并不多,河道淤积亦少。后来由于木材价高,大家竞相采伐,结果无山不童,而平地竹木亦为之一空,一旦下起雨来,"既无林木少抑奔流之势,又无根缆以固沙土之留,致使浮沙随流而下,淤塞溪流,至高三四丈,绵亘二三里",最后终于导致了"积沙侵占溪港,皆成陆地。……舟楫不通,田畴失溉"的不良后果。② 在这里,魏岘充分认识到天然植被的保土作用与根系的盘结有着密切的关系。当代学者的研究已经证实,植物根系提高土壤抗冲性的强化值与根密度成正相关,说明根系确实可以大大提高土壤的抗冲刷性。③ 在对"根缆以固沙土之留"的深刻认识的基础上,魏岘针对性地提出了解决之道,他说:"植榉柳之属,令其根盘错据,岁久沙结,树木茂盛,必成高岸,可以永久。"④他指出了榉柳根系的盘结作用可以提高抗冲刷,天长日久,使堤岸牢固,树木茂盛,必成永久性的堤岸。一旦树木茂盛,使"岁久沙结",那么泥沙就很少流失,河道淤积缓慢,淘沙也容易得多。魏岘在这里特别指出了"岁久沙结,树木茂盛"的因果关系,这是因为河流冲积而成的沿岸沙土和淤泥构

---

① (宋)张虑《月令解》卷一一,《四库全书》文渊阁本。
② (宋)魏岘《四明它山水利备览》卷上《淘沙》,《四库全书》文渊阁本。
③ 李勇等《黄土高原植物根系提高土壤抗冲性机制初步研究》,《中国科学》B辑,1992年。
④ (宋)魏岘《四明它山水利备览》卷上《防沙》。

成的土壤结构,其通气较好、含水较多,故特别适合柳、榆等喜湿润植物的生长。至今我国的许多地方仍应用植柳的方法,建成永久性的护岸林,以保护农田。魏岘从总结它山沙害的成因入手,第一个认识到森林涵养水土之功以及植被破坏带来土壤侵蚀、河道淤积的恶果,认识到植物根系盘结对土壤抗蚀性和抗冲刷性作用的增强有特殊的效能,提出了上游水土保持对减少河道淤沙的重要性,这在当时是非常深刻的见解。魏岘在论述它山水系和兴修水利中,还进一步表达了人地关系的思想。他认为人应当维护对自己有利的生存环境,不能因一时的小利而毁去生存环境;改造环境使之适合人的需要,不应祈求神灵,只能依靠官府和贤才来组织人民开展水利建设。

六、建筑技术

宋代明州建筑技术的精华集中表现在保国寺大殿的设计建造上。保国寺又名灵山寺,唐武宗会昌五年(845年)被毁,广明元年(880年)重建。宋大中祥符年间(1008—1016年),该寺因毁圮而得以重建山门、天王殿、大殿等。天禧年间(1017—1021年)建方丈室及下院。庆历年间(1041—1048年)僧若冰在天王殿西南隅新建祖堂。天圣至明道年间(1023—1032年)建朝元阁等。现在寺内诸建筑多为清康熙后重建或增建的,唯有现存的保国寺大殿,为北宋大中祥符六年(1013年)住持德贤尊[①]者募捐重建,至今已历近千年之久。其外观壮丽,结构精巧,富有民族风格,是我国江南地区已发现的建筑年代最早、保存也最完整的木构建筑之一,时间上仅次于福州华林寺大殿。

保国寺大殿为面阔三间、进深三间的单檐歇山顶方殿。大殿共用柱16根,其中内柱4根。其基本构架为四柱八架椽,后槽用乳栿及搭

[①] 德贤尊者,一般认为是天台宗高僧知礼的弟子则全。《保国寺志》云:"三学则全法师,字叔平,四明施氏,幼时出家。朝廷赐号德贤。"但德贤尊者是否即三学则全,仍然存在很多疑问,参阅徐建成《保国寺的有关历史和人物考证》,《浙东文化》2003年第1期。

牵，前槽用三椽栿，介于《营造法式》所规定的厅堂型和殿阁型构架之间。其构架的梁柱之间联络紧密，并可看到一些类似穿斗式的痕迹，而有别于宋元北方建筑的抬梁式结构，这些有利于增强大殿的整体性。① 从现存的建筑遗存来看，这种木结构架为唐代所不见，是五代以后出现的一种新型的构架形式，但尚保留了很多古老的做法。保国寺大殿建筑应视为唐五代以来吴越地方建筑的延续和发展，它的重要性在于既保留了一些古制，又具有鲜明的地方特点。它比《营造法式》的出现整整早了90年，但其基本形制和许多做法却可与《营造法式》相印证。它的主要结构设计特点可以归纳为三点：

1. 柱子构造独具匠心。保国寺大殿的柱子是一种颇具时代特征和地方特色的构件，按其不同位置、不同作用，设计成不同形式和不同结构，其中以八瓣形瓜楞柱为最多，分别布局于前檐、中柱。其以小拼大的柱子构造设计，既解决了大材缺乏的难题，又不影响牢固，达到小材拼合后承重约50吨屋面的圆形大材，并使木柱结构与斗拱叠加法构造浑然一体，增添了外形的别致美观，为建筑用柱创造了一种新的形制。它是国内已知的最早的拼合柱实例，也是宋代木构拼合柱的孤例，为后来《营造法式》中的"三段合"柱形记载提供了实物例证。

2. 斗拱设计巧夺天工。保国寺大殿采用了复杂的斗拱设计技术，整座大厦没有用上一枚钉子，而是利用各种斗拱之间的巧妙衔接并通过复杂的榫卯技术，使建筑物的各个构件牢固地结合在一起，承托住重约50吨的整个大屋顶。大殿斗拱可分为外檐斗拱与内檐斗拱两大类。外檐斗拱共有柱头铺作（铺作，狭义上是指斗拱；广义上是指斗拱所在的结构层。柱头铺作位于平柱的柱头上）、补间铺作（位于两个柱子之间的阑额上的斗拱）、转角铺作（位于转角柱头上）三种。其布置方法为：前檐和后檐当心间各两朵，次间各一朵，山间自南端起第一、

---

① 项隆元《宁波保国寺大殿的时代特征与浙江宋元时期建筑的地方特色》，《浙东文化》2003年第1期。关于保国寺大殿的一些力学分析，可参见董益平等《宁波保国寺大殿北倾原因浅析》，《文物保护与考古科学》2003年第4期。

第二间各两朵,第三间一朵。这正合《营造法式》的相应规定。从现存建筑来看,当心间补间铺作用两朵,次间各用一朵的作法,在同时代的中原及北方地区似乎尚未形成制度,而同时代的南方建筑中则成惯例,所以《营造法式》中的这一规定很有可能来自于以保国寺等为代表的南方建筑的实践。保国寺大殿斗拱硕大,制作规整。所有外檐斗拱外跳均作重抄双下昂单拱(出跳为二拱称为双抄,出跳为二个下昂称双下昂)、偷心造(跳头上不置横拱)结构,并保存了一些古制与新变。

3. 藻井装饰非同寻常。传统中国建筑装饰中,最具艺术水准的就是对室内空间特加强调的藻井处理。保国寺设计者别具一格地在前槽天花板上巧妙地安装了三个"小八斗形"镂孔藻井,其中以当心间为最大也最精致。江南现存古建筑的此种藻井做法,以保国寺为最早。我国现存宋元建筑遗迹中的藻井做法多晚于《营造法式》,而保国寺大殿中却保存了更早的、又最为接近《营造法式》之规则的藻井做法的实例,其"结构之严谨、造型之工整、风格之洗练、气势之宏大,实在是此后金、元、明、清建筑遗构中所不得而见者,可以使我们一睹宋代建筑的艺术风范"[①]。

此外,保国寺大殿内斗拱、梁架部分灰不结尘、蛛不结网,引出了许多神秘的传说。后在维修中发现,该殿木材中散发出一股带刺激性的清香,经科学鉴定,测出它属于柏科植物黄桧,它发出的芳香性气味可能使蛛类动物避而远之了。而且保国寺殿宇各殿依山势而建,殿内气流环流复杂多变,加上殿内斗拱叠加构造,很可能产生对蛛类动物不利的次声波,气流的形成则把尘土带出殿外。这些只不过是一个推测,保国寺大殿灰不结尘、蛛不结网之谜,尚待进一步研究。

保国寺大殿所具有的特征,一方面与《营造法式》的诸多规定最为接近,另一方面又保存了比《营造法式》要早的做法。作为唐宋江南木构建筑的卓越代表,它的意义非同凡响:一则是研究《营造法式》之技

---

① 王贵祥《宁波保国寺大殿礼赞》,《浙东文化》2003年第1期。

术与艺术发展的重要佐证；二则可以看做是"五山十刹"建筑风范的缩影，因为保国寺大殿与"五山十刹"的建筑基本上属同一时期，其影响甚至波及日本的"五山十刹"。保国寺大殿能够在江南多雨潮湿的气候下保存至今，难能可贵，是我国江南现存古建筑中罕见的精华。1961年被国务院列为全国重点文物保护单位。

七、潮汐学

浙东海区属不正规半日潮型海区，潮汐现象对浙东人民从事海上活动有很大影响，因而很早就引起了浙东人民的密切注意。宋代，明州地区在对潮汐的研究上有了新的突破。

早在东汉，王充第一次明确指出潮汐对于月亮的依赖关系，并发现了高潮间隙现象。唐代浙东学者窦叔蒙在《海涛志》中，明确提出潮汐的大小与月亮的运行或月相的关系，并根据潮月同步原理，经周密计算，制出了我国最早的天文潮汐表。宋代是我国古代海洋潮汐学发展的高峰时期，比同时期的欧洲先进得多。北宋初年（1021—1023年），山东益州人燕肃在潮汐研究上取得了新的进展。大中祥符九年（1016年）冬，燕肃奉诏按察岭外，曾历经海滨地带。天禧末年至天圣初年，燕肃调任明州知州，使他有机会"朝夕观望潮汐之候者"。通过对浙东沿海地区的实地考察，他积累了大量可靠的观测资料，并"得以求之刻漏，究之消息"，经过"十年用心"，在明州任上终获成功，不仅绘制出《海潮图》，并写下了闻名学界的《海潮论》。燕肃的主要贡献有三：

1. 提出了日、月凭借元气的近距作用引起潮汐的推想。燕肃继承了9世纪学者卢肇关于潮汐与日月均有关系的卓越理论，并进一步解释说："大率元气嘘噏，天随气而张敛，溟渤往来，潮顺天而进退者也。以日者众阳之母，阴生于阳，故潮附之于日也。月者，太阴之精，水者阴类，故潮依之于月也。是故随日而应月，依阴而附阳，盈于朔望，消于朏魄,虚于上下弦,息于辉月肉,故潮有大小焉。"这种日月近距作用的潮汐成因理论,比起卢肇的"日激水而潮生"①,即太阳激起潮汐涨落的解释,无疑要科学得多。

2. 对潮时的推算更为精密。燕肃科学地指出明州附近的潮汐情况:初一夜半子时开始,潮汐在子位4.165刻(60分)为高潮时(古时一刻约为14.4分),也就是初一日的零时为明州附近的高潮时;由于每隔一天月中天推迟了,在第二天要推迟3.72刻才达到月中天,所以潮汐也要推迟3.72刻(即53.568分),才为次日的高潮时,也就是宁波附近在初二日的高潮时为0时54分;初三日为1时47分,依此类推。当月球在子时或午时接近中天时,一定会达到大潮高潮;当月球在卯时(约午前6时)或酉时(约午后6时)附近中天的时候,一定是小潮高潮。燕肃考虑到月有大尽(30天)、小尽(29天),所以又采用了两个潮汐逐日推迟数:大尽用3.72刻,小尽用3.735刻。因此,燕肃的推算更见正确。著名的科技史专家李约瑟对此也颇感惊讶地说:"怎么会精密到如此,我们是不清楚的。"②

3. 科学地揭示了钱塘江涌波成因。东汉王充曾以大海进入浅狭江面来解释钱塘江的涌潮成因。燕肃完善了王充的理论,进一步指出钱塘江底南北亘连的沙潬成为潮流障碍,从而导致了潮涌。燕肃的解释后来为南宋学者朱中有关涌波成因的最早水力学实验所证实,也完全符合现代涌波形成的理论。

八、水利学

宋代,随着四明地区水利事业的兴起,总结水利修筑经验的论著也应运而生,出现了魏岘的《四明它山水利备览》和谢景初的《湖经》

---

① 以上见(宋)施宿等《嘉泰会稽志》卷一九《杂纪》,参见《宝庆四明志》卷四《叙水》,《宋元方志丛刊》本,中华书局1990年版。
② (英)李约瑟《中国科学技术史》第4卷,第780页,科学出版社1975年版。

等优秀水利代表作。

魏岘为魏杞之孙,居鄞县小溪之滨。他是一位水利专家,多次主持维修它山堰。在闲居家乡的十余年中,他"日与地夫野老话井里闲事,且州家尝属以任修堨、淘沙、造闸之责,益得以讲源委、究利病;又考图志所载及前哲记文,粗知兴造增修之由,参以己见,编为一帙"①,于淳祐二年(1242年)写下了著名的《四明它山水利备览》(以下简称《备览》)。此书分上下卷,约2万字,涉及鄞地水利特点、主要任务、水源、水系、流量、筑堰史、维修史、工程规制、原理、工程配套、环境变迁、治沙要点、工程实施经验、水政管理、经济核算乃至有关文献,一应俱以记录,堪称我国第一部记载筑堰工程的水利专著。由于它是把它山堰引水排涝工程作为系统整体来加以记述的,并非只重它山堰主体的作用,因此又是一部系统完整的地方水利史专著。该书体例自由,详略得当,积累了许多四明人民治水实践的先进经验,也提出了作者自己的治水心得。

《备览》认为治水必须明源,故此书详细记叙了它山水系入江通海的路径,大溪、它山间的形势,皆清晰明了。在叙述水系时,魏岘差不多明确了集水面积的观念,他说:"每岁至秋,万山之间,洪水暴涨,湍激迅疾,极目如海。"②这里的"万山之间"可以理解为它山水系的集水面积,并从集水面积的广度论述了河流径流率的增大及流速的加快。

《备览》着重论述了它山水系的水利工程,记录了工程对于流量有效控制的概念,即"涝则七分水入江,三分入溪,以泄暴流;旱则七分入溪,三分入江,以供灌溉"③。这个三七分洪的设计思想最早明确见于舒亶的《西湖引水记》:"侯为视地高下,伐木斲石,横巨流而约之,率

---

① (宋)魏岘《四明它山水利备览·序》,《四库全书》文渊阁本。
② (宋)魏岘《四明它山水利备览》卷上《堰制规作》。
③ (宋)魏岘《四明它山水利备览》卷上《堰制规作》。

三入江,七衰于河。"①参照新编《鄞县水利志·鄞江排洪枢纽工程》计算,三七分洪的说法是非常合乎科学的。

《备览》中所阐述的回沙闸设计构思,是一项很有创造性的发明。为更加有效地治理沙害,知府陈垲于淳祐二年(1242年)对它山堰水利进行了一番考察,认为它山堰灌区淘沙清淤,"与其淘于既积,不若遏于未至,水轻清居上,沙重浊居下,将建闸于小溪之冲,水溢则闭,平则启,沙溢于外,去之差易"②。这一积极淘沙的想法与魏岘的观点不谋而合。于是陈垲遂委任魏岘提督建造回沙闸于吴家桥,它的原理是:当大溪来水在堰前受阻而东折后,势必有一减速过程,也成为悬沙沉淀的过程。回沙闸设计的特点是利用水流的减速和水体中上下泥沙含量的不同,控制流沙到固定的地点沉淀。回沙闸的建造,有效地达到了防沙的目的,从而为堰口除沙清淤创造了便利条件,这无疑是南宋明州人民完善它山堰工程的最有创造性的一笔。

九、高似孙与砚石研究

砚石是指具有砚的功能(发墨、下墨和护毫)、用于雕琢石砚的天然岩石,是一种特殊的非金属矿产。石砚业是我国的传统手工业。宋代积极开发和利用砚材,逐渐积累了丰富的岩石矿物学知识,出现了大量的砚石著作,高似孙的《砚笺》便是代表作之一。该书从砚材、色泽等方面系统地介绍了砚石,其卷一论端石,卷二论歙石,卷三专门记述各类砚材,卷四则记录各家对砚石的铭文、诗赋。《砚笺》记录砚石凡65种,是宋代文献记录砚石最多的,其中端砚、歙砚各有图四十二式。所记大部分为石砚,不乏新罗黄石砚之类的珍品,一般都有对产地及岩石物理性质的扼要描述,一部分属于首次记载。如紫金石质底

---

① (宋)《乾道四明图经》卷一〇,《宋元方志丛刊》本,中华书局1990年版。参见舒亶《舒懒堂诗文存》卷三,《四明丛书》本。
② (宋)《宝庆四明志》卷一二《鄞县志卷第一·叙水》,《宋元方志丛刊》本,中华书局1990年版。

呈紫、猪肝紫、褐紫、灰紫、酱紫等色,因其石中嵌布金黄色或青黄色筋纹或条带,故名"紫金石",作为临朐传统名石,唐宋时已有盛誉。其质地致密细腻,温润如玉,手试如膏,内凝紫气,以金属敲之,声音清脆圆润,是制砚之良材,俗称"紫金玉"。高似孙《砚笺》有云:"紫金石出临朐,色紫润泽,发墨如端歙,唐时竞取为砚,茫润清响,国初已乏。"宋代唐彦猷、李之彦、米芾等都对紫金石有过高度赞誉。紫金石唐兴宋衰,逐渐湮没,历代寻石者苦求未果。1973 年在元大都遗址出土的由宋代大书法家米芾题跋的历史文物紫金砚(现珍藏于故宫博物院),其特征与现今临朐紫金石无异。① 还有端州线石,为诸谱所不载,高似孙根据王安石诗歌增入。他甚至还提到明州亦产石砚,不过材质甚粗而已。

高似孙《砚笺》最珍贵的科学价值是关于岩石地学性状的描述,涉及硬度、粒度、音响、纹饰、石眼、石病等物理指标。(1)硬度。高似孙认识到发墨的快慢取决于岩石的硬度,发墨慢,表明岩石硬度较低或接近墨的硬度(摩氏硬度约为 2—3 度),石砚在研磨时易受损;发墨快,表明石砚硬度大于墨,易损毛笔。(2)粒度。发墨还与砚石的粒度有关,砚石硬度相当时,粒细质密者比粒粗质松者材质要好,因前者琢磨后温润明莹。优质的端、歙二石(硬度为 3—4 度)都要求发墨适中,砚材粒细质密,琢磨后有光泽。(3)音响。《砚笺》指出音响是判断砚材材质的又一重要标准,通常认为敲击可发出悦耳声为佳,如端石"石嫩者(硬度低)如泥无声,不着墨;(声音)清越者温润,着墨快"。(4)纹饰。天然纹饰是砚材中常见的岩石构造,如今地质上称之为纹层或细层。《砚笺》记端石花纹有火暗、黄龙、铁线等,认为"他山无之",这比早先问世的苏易简《砚谱》等的记载更为全面。(5)石眼。端石中常见一种特殊的结构构造,匠人称之为石眼,经琢磨后有特殊的装饰效果,为人所珍视。《砚笺》对"石眼"的分类观察也很细致,除了继承传统按石眼的工艺价值分为活眼、死眼、瞎眼、泪眼、翳眼外,还进一步

---

① 王继广、张增奇、张尚坤《临朐奇石鉴赏特征及其成因简述》,《山东地质》2000 年第 3 期。

按石眼的大小形象地分为鹳鹆眼、雀眼、鸡眼、猫眼、绿豆眼,以翠绿为上,黄赤为下。现代沉积学研究表明,石眼是由某些物质的集中凝聚而成的结核,宋人除对石眼的成因尚不能解释外,其他方面几乎不亚于现代沉积学对沉积结核的观察。(6)石病。匠人琢砚必须选择适宜加工的石料,对影响砚材质量品质的岩石因素,宋代称之为"石病",即石材患有某些毛病,不能用来治砚。《砚笺》指出端石"石病"有铁线、蛙虫眼、裂纹等,这与现代石材质量的评价思想类似。从世界地质学史的角度看,西方到了16世纪,始涉及岩石或矿物的物理性状,而且一直没有与中国的砚石研究相当的科技文献。因此,《砚笺》在世界非金属矿产开发史上具有重要的价值。

第六章
宋代宁波的社会生活

- 饮食
- 婚姻与丧葬风习
- 社群意识及其文化活动
- 义风的形成和发展
- 岁时风习和游乐活动

在宋以前,四明百姓的社会生活相对来说较为单调,能引起民物欢娱的活动并不多。邵亢曾说:"海边民物鲜欢娱。"这是符合事实的描述。进入两宋,四明人民的各类文娱活动逐渐开展,"鲜欢娱"的社会面貌大为改观,民众的社会生活呈现出丰富的色彩。

第一节　饮食

自宋以来,随着四明地区农渔业生产和商品经济的进一步发展,越来越多的农牧渔业产品卷入市场,同时外地食品也陆续传入本土,从而使肴馔品种大量增加,烹饪技术不断提高,四明饮食变得更加丰富多彩。

一、主食品种与结构的变化

明州人的主食向来以稻米为主,饭、饼(各种面制食品的通称)、粥构成了宋代四明人主食的基本种类。如稻米经过舂、磨等加工环节,而被用作粒食或粉食。饭食除可口的稻米饭外,还有"脱粟饭",即用粗加工(仅脱壳而不精白)的粟米蒸煮,其食用者一般家境较差或较为节俭。稻米还可加工成白糍。释智愚有《白糍寄梦匈》:"黄秫烂舂如切玉,醉人风味忍沾唇。"释梵琮冬至小参云:"白糍片片打硬。"①这种白糍是将黄秫舂烂后加工而成,切成片,冷时较硬,实为糕点。粽子则主要是一种节日食品,除了端午节的彩丝角黍外,还有"裹蒸"。张即之《引年得谢帖》所载送人之礼有"裹烝一篮"②,裹烝即裹蒸,为粽子类食品。关于裹蒸的制法,《资治通鉴》"齐明帝建武三年"条胡三省注文云:"今之裹蒸,以餹和糯米,入香药、松子、胡桃仁等物,以竹箬裹而蒸之。"可见裹蒸是在糯米中内裹上好的辅料,以竹箬裹蒸而成。

粥类是宋代最常见的主食之一。雪窦僧省宗曾提到"粥饭随缘养病躯"③,是说病人食粥,有养生之功。本土名人杨庭显、郑清之、舒岳祥等都爱食粥。宋代四明人多地少,食粥常常是因为贫困而节约粮食。如舒岳祥说:"我缘居贫得清省,晏起一粥黄昏钟。"④陈著也因"贫困过极",只好"食粥以苟旦暮"。⑤粥的原料可用米,也可用豆。豆粥作为下等粥食,是贫寒人家的常见食品。

南宋四明饮食结构的最大变化是,随着麦子作物的广泛种植,麦饭成为普通百姓的常食。麦饭是一种贱食,田家和贫穷人家平时多食。慈溪人刘应时《过田家》诗云:"更遣儿童炊麦饭,殷勤相劝且徘徊。"又《雨后访田家》云:"旋炊麦饭非常饱。"⑥宁海人舒岳祥在诗中还提到用大麦炊糍。⑦

同时,四明百姓的饼食(面食)更加普及,形成了以粒食为主,面食为辅的膳食模式。四明饼食(面食)自唐以来就有记载,南宋时期,此类记载不断增多,如陈著的《本堂集》出现"饼"字10次,舒岳祥《阆风

---

① (宋)释了见等《率庵梵琮禅师语录·庆元府仗锡山延胜禅院语录》,《卍新纂续藏经》本。
② 曾枣庄等《全宋文》卷七四七一,第186页,上海辞书出版社2006年版。
③ (元)释法应、普会《禅宗颂古联珠通集》卷一三,明永乐南藏本。
④ (宋)舒岳祥《阆风集》卷二《收拾尘寰湛然不作久不见此趣因之以寄正仲》,《四库全书》文渊阁本。
⑤ (宋)陈著《本堂集》卷七四,《四库全书》文渊阁本。
⑥ (宋)刘应时《颐庵居士集》卷下,《四明丛书》本。
⑦ (宋)舒岳祥《阆风集》卷二《退之谓以鸟鸣春……》。

集》出现"饼"字16次。一般来说,"一个时代、一个民族用以标识某种(或者某类)事物的语词数量及其出现的频率的高低,与该事物对社会生活影响的大小通常呈正比例关系"①,因此,饼食记载的增多,表明饼食在四明更加普及化。此外,象山《智门寺传灯库碑》中提到"设面食以充堂供"②,这里的"面食"为面粉制品的统称,也可视作饼食的另一说法。

南宋四明饼食花样名目繁多,常见的有汤饼、蒸(笼)饼等。从原料上看,用麦粉做成的各类麦饼非常盛行。舒岳祥《守岁行》云:"东邻麦磨连日响,饼料已具菱牙长。"③可见当时人在年终大量地将麦子磨成粉制成麦饼,用以守岁。

以做法分类,四明饼食以汤煮类为大宗。汤饼即当时人所谓长命面。楼钥曾说:"平生所嗜惟汤饼,下箸辄空真隽永。"④这是夸汤饼滋味之美。而舒岳祥则说:"更深一顿白汤饼,坐送落月沉西峰。"⑤以食白汤饼表示生活之清省。舒岳祥又有《留山甫》诗云:"韭苗香煮饼。"吴潜则说:"平生腐儒汤饼肠。"⑥这些都说明汤饼属于大众化的清省食品。

汤饼类按做法之不同,主要有面条、馄饨和圆子等。陈著《老兴行慈云醉中》写到东钱湖大慈山僧人"饱我以银丝之饼"⑦。又《谢居简送茶麨》云:"银丝饼熟笋供臞。"⑧所指"银丝饼"就是面条。南宋时一些外地饼食传入四明地区,丰富了四明的主食内容。如鄞县人陈表道为官江西,回来时将江西的米缆(米线)带回送给楼钥。这是一种干浆

---

① 王利华《中古华北饮食文化的变迁》,第208页,中国社会科学出版社2000年版。
② (民国)陈汉章总纂民国《象山县志》卷一九《金石考》,第1114页,方志出版社2004年版。
③ (宋)舒岳祥《阆风集》卷二,《四库全书》文渊阁本。
④ (宋)楼钥《攻愧集》卷四《陈表道惠米缆》,《丛书集成初编》本。
⑤ (宋)舒岳祥《阆风集》卷八《收拾尘霓湛然不作久不见此趣因书之以寄正仲》。
⑥ (宋)《开庆四明续志》卷一〇《谢惠计院分饷新茶》,《宋元方志丛刊》本,中华书局1990年版。
⑦ (宋)陈著《本堂集》卷三二,《四库全书》文渊阁本。
⑧ (宋)陈著《本堂集》卷五。

米缆,卷作窝状,①洁白光亮、细如丝线。米缆可加荤或加素,香美可口,赢得了楼钥的高度赞赏。

馄饨,见于陈著《次韵前人食素馄饨》诗。②陈著认为素馄饨从外表上看与汤饼"粗堪相伯仲",但在"内包"上,是汤饼万不能及的。素馄饨属于带馅煮饼,内以"豆腻"作馅,皮软而薄,风味甚佳,且被陈著视为贫寒之家的常食。而非素类的馄饨,除了用肉类作馅外,还要配上"椒香"之类的作料。

圆子大抵属于吉庆食品,圆形寓有团圆、圆满之意。元宵吃圆子更为南宋临安一带所风行。史浩有《粉蝶儿·咏圆子》词,写美女以娴熟的手艺煮圆子,而顾客吃圆子时还可添加糖料。他又有《人月圆·咏圆子》,写到大雪天气在六街趁热而吃圆子的情景,③不妨认为是在咏宁波的圆子。

由于汤饼的流行,四明还形成了相关的习俗。如当时新生儿满月,要举办汤饼席。陈著《喜弟观得男弥月数句识之》云:"弥月汤饼席,云集尊与少。欢极不知醉,老怀得倾倒。"④又云:"某今日为新生小儿弥月,徇俗具汤饼,因敢会宗族姻邻及客。"所谓"徇俗",即按照社会上流行的风俗。陈著举办的此类汤饼会,"惟从简便","会数而礼勤,物薄而意厚"⑤,显得简朴而又热闹。当时的生日会也有请吃汤饼为庆的,如楼钥日记提到:"十五日丁卯晴,生朝作汤饼。"⑥孙应时也有诗云:"快倒村醪供寿斝,也分汤饼及比邻。"⑦陈著《答范景山湘

---

① 按:楼诗仅云"卷送银丝光可鉴",参以陈造《徐南卿招饭》诗"米缆丝作窝",可见其时米线干品为鸟窝状,与如今昆明所制干米线如出一辙。
② (宋)陈著《本堂集》卷一六,《四库全书》文渊阁本。
③ "六街"既可指临安的"六街三市",也可泛指宁波城中的街道,如吴潜《水龙吟·戊午元夕》云:"应念白头太守,怎红旗、六街穿透?"此处的六街即指甬城的街道。
④ (宋)陈著《本堂集》卷二五。
⑤ (宋)陈著《本堂集》卷七三。
⑥ (宋)楼钥《攻愧集》卷一一一,《丛书集成初编》本。
⑦ (宋)孙应时《烛湖集》卷一九《余生日具杯酒为母寿》,《四库全书》文渊阁本。

馈生日》云:"特枉溪藤之缄,为置汤饼之料。"①都是以汤饼来庆祝生日。

宋代四明文献提到蒸饼的相对较少。蒸饼类中,蟹包是用蟹肉作馅的包子,这是高似孙非常推崇的美味点心。他有诗写道:"妙手能夸薄样梢,桂香分入蟹为包。"②这款以蟹肉为辅料的饼食,无疑是富有四明地域特色的。

糕类食品多见于节日,赵汝绩有《姚江道中》诗云:"漉酒蒸糕馈岁时。"③舒岳祥《除夕》云:"软暖炉星火,新香甑雪糕。"④则知蒸糕是四明地区岁末的主要节日食品。

二、菜肴烹饪及其品种的丰富化

四明濒海临江,水产资源丰厚易得。舒亶有诗写道:"南州几万家,舟楫江湖上。罾罗竭鱼鳖,方餍口腹享。"⑤竭力夸耀明州百姓的口腹之享。不过,就烹饪而言,淡水生物登盘者尽管有鳅、鳝、鳖、鲂、鲤之类,但似没有特别可称道处,而得天独厚的海洋资源,使得明州自古以来就形成了以烹制东海海鲜(包括江鲜)为主的菜品结构。北宋后期州守韦骧说:"四明……厨传绝修饰之劳。"⑥所谓"修饰",指烹饪上极尽巧思、花样迭出。据韦骧所说,四明菜主要不是功夫菜,即不太讲究巧思和花样,仅适当运用多种烹饪手法,注重原料本味的保持与发挥,显得朴实而简便。

(一)贱不论数、品不殚举的鲜馔

四明的水产,尤其是海产品,由于数量多,价格便宜,被宁海人储

---

① (宋)陈著《本堂集》卷八五,《四库全书》文渊阁本。
② (宋)高似孙《蟹略》卷三,《四库全书》文渊阁本。
③ (宋)陈起《江湖后集》卷七,《四库全书》文渊阁本。
④ (宋)舒岳祥《阆风集》卷八,《四库全书》文渊阁本。
⑤ (宋)《乾道四明图经》卷八,《宋元方志丛刊》本,中华书局1990年版。
⑥ (宋)韦骧《钱塘集》卷九《谢两府启》,《四库全书》文渊阁本。

国秀称为"贱不论于分数"①。其中虾、蟹是最大宗的海产品。乌贼也是餐桌上的寻常海味,晁说之诗曾写到明州人"乌贼家家饭"的情景,②说明乌贼渔获量很大,故成为普通市民的当家菜肴。浙东丰富的水产资源,诱使一些人专门钻研烹饪之道。高似孙的《蟹略》对蟹馔进行了系统的总结,朱谦之的《鲜谱》可能是南宋唯一一部水产烹饪专著,惜已失传。通过对一鳞半爪的记载进行梳理,宋代四明地区水产类菜肴加工烹饪的方法和技术,不外乎炸、干制、腌、煮、脍、羹、蒸之类,不喜欢烹饪时用菜的横配竖搭以乱本味。

南方人以稻米为主食,有时难免有咽滞不下的感觉,故宋代四明人在烹饪技法上比较重视羹汤,羹类菜肴比较受欢迎。舒亶诗云:"稻饭雪翻白,鱼羹金斗黄。"③将饭与羹连在一起,写出了四明饮食饭羹搭配的常见模式。其中黄鱼作羹最被推崇,舒亶所谓"金斗黄"的鱼羹就是指黄鱼羹,"金斗黄"道出了黄鱼羹的诱人色泽。陈造《余姚饭》诗中的"羹鱼荐兰椒"④,与舒岳祥《寄正仲》"白饭鱼羹养好颜"⑤,均赞美了鱼羹之美。南宋洪迈曾记载明州刘元八郎与富民林氏等在旗亭聚餐,"饮酒五杯,买羹三味",费钱一千八百。⑥ 可见宋代明州人喜欢以羹作为下酒之菜,酒店中备有各类羹肴以备顾客挑选,其中必定少不了各种海鲜羹。至于煮法,四明人民也总结了不少经验。如江瑶(珧)柱认为淡最有滋味,烹饪时要"多加椒酒少加盐"⑦。阑胡(跳鱼),"土人芼以米脯辣煮之醒酒"。淡菜"与少米先煮熟,后去两边锁及毛,更入萝卜、紫苏同煮,尤佳。"春晚时节海箭鱼(即海鲥鱼)和鳞

---

① (清)光绪《宁海县志》卷二〇《宁海县赋》,《中国地方志集成》本,上海书店出版社1993年版。
② (宋)晁说之《景迂生集》卷六《见诸公唱和暮春诗轴次韵作九首》,《四库全书》文渊阁本。
③ (宋)《乾道四明图经》卷八《和马粹老四明杂诗聊记里俗耳十首》,《宋元方志丛刊》本,中华书局1990年版。
④ (宋)陈造《江湖长翁集》卷三,《四库全书》文渊阁本。
⑤ 傅璇琮等《全宋诗》第65册,第41032页,北京大学出版社1998年版。
⑥ (宋)洪迈《夷坚志·戊集》卷五《刘元八郎》,中华书局2006年版。该则故事又见于凌濛初《二刻拍案惊奇》卷十六《迟取券毛烈赖原钱,失还魂牙僧索剩命》。
⑦ (宋)陈著《本堂集》卷一六,《四库全书》文渊阁本。

同煮,与笋尤称,被视为佳肴。①

下面我们以蟹馔为例,看水产品加工烹饪技法的丰富多样性。浙东是食蟹最为悠久的地区,高似孙《蟹略》对于螃蟹的形态特征、品种、产地、采捕、医疗用途、加工食用等均有记述,其目的是要"发挥蟹族之风致"②,但饮食烹饪方面却是其重点记述的内容。在《蟹略》中,他专列"蟹馔"一条,并引《本草图经》"今人以蟹为食品之佳"一语加以评论说:"'味佳'二字良佳。"③所记录的蟹馔名目不少。高似孙将用生蟹腌制成的洗手蟹生、洗手蟹、酒蟹三品视为一种,其实所用作料有些差别,口味也不相同。如洗手蟹,是把蟹拆成块后,拌上酒、盐、梅、姜、橙腌一段时间,只要洗洗手就可以食用了,名称由此而来。蟹齑则是一种历史非常悠久的蟹馔,宋代食法是将蟹捣碎去壳腌制,食时以橙为主要的调料,解腥提鲜。高似孙对蟹齑也极为偏爱,作诗赞道:"莼逢鲈始服,橙入蟹偏香。"④而风味独特的糟蟹、酴蟹(用螃蟹为原料),更是他常备的下酒佳品。高似孙不但喜欢食用螃蟹,而且也喜欢食用蟳蚌。宋代明州人所说的蟳蚌,主要指青蟹(青蚶)。高似孙对青蟹情有独钟,多次写诗赞美:"豆蔻雨分霁,翠蚶雪炊香。""蚶肥和雪鲙,梅早夹春笋。"⑤真是活煞生香,令人垂涎欲滴。他所欣赏的"以卤盐之"的白蟹,就是今天所说的枪蟹。

文献上记载的北宋四明海鲜,主要有虾、蟹、石首、鲎鱼、鲈鱼、乌贼、江瑶(珧)柱、蛤、车螯肉柱、章举等,与前代相差不大。但在唐、五代时,除少量贡品以外,明州各类海鲜还只是土人享用的贱品。到了北宋,明州海鲜的知名度大为提升,其中江瑶(珧)柱、车螯等海鲜还受到各地文人学士的特别关注和热烈追捧。

---

① (宋)《宝庆四明志》卷四《叙产·水族之品》,《宋元方志丛刊》本,中华书局1990年版。
② (元)高德基撰《平江记事》,《四库全书》文渊阁本。
③ (宋)高似孙《蟹略》卷三,《四库全书》文渊阁本。
④ (宋)高似孙《蟹略》卷三。
⑤ (宋)高似孙《蟹略》卷三。

江瑶(珧)柱为江瑶贝闭壳肌柱干制成的海珍品,亦称马甲(夹)柱。古人很早就认识到江瑶柱的美食价值,魏晋以来的文献多有艺术性的赞美。在宋人食谱中,江瑶柱始终被列为头等的海味佳肴,在酒宴中占据着显著的席位。宋代,江瑶柱成为明州海味的榜上魁首,其知名度冠盖华夏。苏轼曾作《江瑶柱传》,称江生"始来鄞江,今为明州奉化人。……乡间尤爱重之,凡岁时节序,冠婚庆贺,合亲戚,宴朋友,必延为上客。一不至,则慊然皆云无江生不乐。……至于中朝达官名人游宦东南者,往往指四明为善地,亦屡属意于江生。……方其为席上之珍,风味蔼然,虽龙肝凤髓,有不及者。"①可见北宋四明凡略上档次的宴席,必备江瑶柱。陈师道说:"登、莱鳆鱼,明、越江瑶,莫能相先后,而强为之第者皆胜心耳。"②足见评骘四明海物江瑶柱的高下,乃是北宋文人食客的热门话题。许多外地人品尝江瑶柱后,均赞不绝口,且感到回味无穷而历久难忘。可见,北宋时期,明州江瑶柱的美味价值已经受到了广泛关注。

车螯为帘蛤科动物文蛤的一种,历来因"味高食部"而为朝廷所重。③明州车螯有名于烹饪界,实兴于北宋。车螯可以鲜食,王安石有诗夸耀了车螯肉之美,客人之喜哄,并述及其食用之法为烹煮后堆盘剥食。④车螯肉也可制成干贝,用奉化鲒埼所产车螯制成的肉柱属于贡品,俗称"红蜜丁"或"红丁子"。⑤曾肇有诗云:"腥咸置齿牙,光彩生顾盼。"⑥对红丁子赞赏有加。红丁子当时多用酒渍法,《嘉泰会稽志》卷一七介绍说:"淮、浙贡酒渍车螯柱,谓之蜜丁,曾子开(肇)有

---

① (宋)苏轼《苏轼文集》卷十三,《四库全书》文渊阁本。
② (宋)陈师道《后山谈丛》卷二,上海古籍出版社1989年版。
③ (梁)梁元帝《谢赉车螯蛤蜊启》,(唐)欧阳询撰《艺文类聚》卷九七,《四库全书》文渊阁本。
④ (宋)李壁《王荆公诗注》卷一四《车螯》二首,又《补遗》之《车螯》一首,《四库全书》文渊阁本。
⑤ (宋)吴曾《能改斋漫录》卷一五,上海古籍出版社1979年版。以为车螯肉柱即"东坡所传江瑶柱是也",袁文《甕牖闲评》卷七则认为车螯与江瑶是二物。按:车螯为一种大蛤,壳紫色,或有紫斑,壳姿雄大,肉质厚美,南北朝时即已入食经,与江瑶确是二物。
⑥ (宋)吴曾《能改斋漫录》卷一五。

《蜜丁》诗,实未尝用蜜也。"这个说法应该是符合事实的。

鱼类中,鲈鱼、黄鱼都是珍品。王益柔曾羡慕明州人民"金盘下筯饱鲈鱼"[1],可见鲈鱼产量多,深受食者的欢迎,其中脆皮鲈尤为邦人所珍。另外,贝壳类的牡蛎,自然甘美,更有"美颜色,细肌肤"[2]的美容价值,被视为海族之最贵者。

(二)"风味清严"、"意味真"的蔬菜类菜肴

在宋人的饮食生活中,蔬菜占有很大的比例。尤其是普通人家,蔬菜是最基本的食物来源。宋代四明以蔬菜种植为主导的园圃业已有较大发展,凡有居民农垦之处,就不难看到生长繁茂的菜园,从而为蔬菜的供应提供了充足的来源。南宋四明的蔬菜品种很多,史浩、楼钥、郑清之、戴表元、舒岳祥等诗集里提到的普遍食用的蔬菜就有冬瓜、茄子、菘、豆荚、芥、芹、荠、蒌蒿、笋、韭、菁、莼、姜、茭白、苋、芋艿、藕、蕈等约30种。储国秀《宁海县赋》还对该县的蔬菜等植物作了集中的描写:"姜畦富于松坛、黄柱,蔬圃利于后洋、溪南;苔脯擅奇于古洞,茶笋毓瑞于宝严。峡石蓣奴,魁蹲鸥而软滑。……九顷莲茨,得水泽之富。三洋椒漆,宜土性之咸。"[3]可见宁海的蔬菜已经形成了特产地,某一蔬菜往往构成了特定产地的"品牌"。史浩《葬五世祖衣冠招魂辞》亦提到6种常见的蔬菜:"紫芥绿菘,撷芳圃些。芹韭菁菹,配醢醯些。莼莹冰丝,鲈玉缕些。"[4]袁燮专作《园蔬六首》,其一云:"白菘肥脆真佳品,紫芥蒙茸亦可人。"[5]郑清之作《蔬圃》云:"旱姜水芋年时熟,春薤秋菘意味真。"[6]都对园蔬进行了赞美。郑清之《和赵从道赋菜畦春富贵》还写道:"多生菜气粥鱼僧,味菜还如好色登。戏学挑根

---

[1] (宋)《乾道四明图经》卷八《前题》,《宋元方志丛刊》本,中华书局1990年版。
[2] (宋)《宝庆四明志》卷四,《宋元方志丛刊》本,中华书局1990年版。
[3] (清)光绪《宁海县志》卷二〇,《中国地方志集成》本,上海书店出版社1993年版。
[4] (宋)史浩《鄮峰真隐漫录》卷四一,《四库全书》文渊阁本。
[5] (宋)袁燮《絜斋集》卷二四,《四库全书》文渊阁本。
[6] (宋)郑清之《安晚堂集》卷一一,《四明丛书》本。

和露煮,正堪摘稻配香蒸。"①他戏称自己对蔬菜的爱好犹如登徒子之好色一般,并描述了谷物与蔬菜相搭配的饮食习惯。四明儒士对蔬菜主要推崇其"风味清严"、"意味真",能体现出寒儒家风。除了园圃种植的蔬菜外,山笋是宋代比较珍贵的蔬菜。奉化剡源丹山所产笋极为有名,陈著诗称"丹山笋蕨正宜人"②,是称赞剡源丹山笋之美而可口。奉化泉溪的燕笋更是当时闻名的特产。③ 鄞地出产的猫(头)笋(即冬笋),冬月掘取,其重可兼斤,味极珍美,成为可馈赠之土物,故史弥宁《琼上人以诗惠茶笋》云:"飈雨饷猫头。"④此外,月湖、东钱湖等缘堤所植的水生蔬菜如菱、芡、莼等物,也深受大众欢迎。

蔬菜多被加工成菹,即通过腌渍发酵,使其能长久贮藏,不易坏烂。上引史浩《招魂词》中的芹、韭、(蔓)菁都被加工成菹,食用时还可辅以肉酱之类的配料。郑清之有《催觉际殖芥》云:"淡交耐久最宜蔬,风味清严莫芥如。沃壤深畦须蚤计,雪中满拟饫冰菹。"⑤郑诗的最后一句是想象在大雪纷飞时品尝菹芥的情景。宋末宁海百姓已学会韭黄的生产技术,有舒岳祥诗"麦黄淹作韭黄齑"⑥为证。

宋代的蔬菜非常普及。人们所食用的蔬菜主要依靠园圃的供应,但野菜仍在人们的日常生活中占有一定的比例,许多人常采野菜以充饥。当时最常采摘登盘的野菜包括笋、莼、藜、薇(大巢菜)、马兰、菌等。蕨菜作为山珍野蔬以待客,清香味美,便于烹制,鲜品、盐渍、干品均可入馔。王安石在鄞县所作的《寄伯兄》诗云:"安得先生同一饮,蕨芽香嫩鳖鱼肥。"⑦菊科植物马兰也是四明民间于清明前经常挑食的

---

① (宋)郑清之《安晚堂集》卷一二,《四明丛书》本。
② (宋)陈著《本堂集》卷一九,《四库全书》文渊阁本。
③ (宋)《宝庆四明志》卷一四《奉化县志卷第一·叙产》,《宋元方志丛刊》本,中华书局1990年版。
④ (宋)史弥宁《友林乙稿》,《四库全书》文渊阁本。
⑤ (宋)郑清之《安晚堂集》卷六。
⑥ (宋)舒岳祥《阆风集》卷七,《四库全书》文渊阁本。
⑦ (宋)王安石《临川文集》卷三四,《四库全书》文渊阁本。

一种野菜。高翥《送刘允叔主簿归山中》云:"马兰旋摘和松煮。"①是说采摘来马兰头,用松树为燃料烧煮。莼菜在长江以南多野生,春夏可采其嫩叶作蔬。"藜"即指灰菜,其嫩叶可食,是贫寒人家的蔬食,陈著有《与王子羽山长》称:"某凄其家事,藜藿并日,乃其常耳。"②其《泌生日二首》指出,苋藜之类的蔬菜虽然不能充饥,但却能磨炼人的意志品格,能从中懂得做人的道理。浙东地区还是宋代食用菌的主要产地之一。宋人很看重菌类,许多烹饪典籍都把菌类视作食厨之珍。南宋人叶梦得《避暑录话》、周密《癸辛杂识》等记载:"四明、温、台山谷间多产菌","味极珍"。③ 楼钥对蕈十分推崇,有"朝菌晦朔虽不知,食之实冠东南味"之句赞美之。④

(三)肉类

肉类主要以牧养的鸡、鸭、鹅、猪等为主,但大多在节日或宴客时才食用。薛唐是一个拥有五亩田世业的隐士,其《书壁》诗云:"自甘藜藿不求鱼。"⑤可见家境并不富裕,生活节俭,连消费随处易得的鱼儿都觉得奢侈。其所作《田舍作》云:"母老厨增肉。"⑥则肉是为母而添,表现了尊老的孝心。薛唐的举动很有代表性,反映出四明人家平时一般很少吃肉,吃肉对于四明的绝大多数人家而言是较为奢侈的。

三、酒茶饮料及其文化色彩

宋代四明流行的饮料主要有酒、茶、汤等。尤其是酒与茶,不但家家户户少不了,社会消费量很大,而且易于形成独特的社会风气。

---

① (宋)高翥《菊磵集》,《四库全书》文渊阁本。
② (宋)陈著《本堂集》卷七七,《四库全书》文渊阁本。
③ (宋)叶梦得《避暑录话》卷上,上海书店1990年影印本。
④ (宋)楼钥《攻愧集》卷二《独旦蕈次九五从叔韵》,《丛书集成初编》本。
⑤ (清)胡文学《甬上耆旧诗》卷二,《四库全书》文渊阁本。
⑥ (清)胡文学《甬上耆旧诗》卷二。

(一)酒饮料

南宋四明酒的消费量很大,各地开设了很多酒肆,肆外酒旗飘扬。居士臧宏曾在酒肆中,有僧入丐,指酒旗云:"路上有花兼有酒,一程分作两程行。"①储国秀《宁海县赋》则说:"万户酒酤,沉湎荒恣,大家造年,计以糜谷。细民乏朝炊而求醉。"②指出宁海的大户耗费大量的粮食酿酒,而那些细民虽然缺乏粮食,但也总是想方设法地满足一醉的欲望。

四明人饮酒以节日、会聚和良辰吉日之时为最热闹。五花八门的节庆和会聚饮酒,又多追求歌舞音乐以佐酒。这在舒亶、史浩等人的词中有大量的反映。如舒亶《菩萨蛮》云:"樽前休话人生事,人生只合樽前醉。金盏大如船,江城风雪天。"③他在樽前断然拒绝谈论"人生事",只求用最大的酒杯醉上一番。"金船"原指酒器中之大者,这里说成"金盏大如船",一方面逾见其颓唐,另一方面确也反映了筵上的一些实相:风雪天相聚,就是要狂酒为欢。酒筵上,劝酒的场面非常热烈,史浩曾作《扑蝴蝶·劝酒》云:"青樽在手,且须拼烂醉。"④这也是置身于酒筵的场合不得不作出的姿态。

当然,在平时,不少人还是主张饮酒要节制。如楼钥指出:"酒所以成礼,所以养生。"⑤史浩《童丱须知·酒醴八篇》亦理性地指出,酒以少饮为好,饮酒要讲礼。他还说,贪杯能乱德,使君臣、夫妻失却和睦:"如何却致彝纶敔,只为贪他酒味酞。"少量饮酒能够忘忧、养神,过量则易致病:"精神愦愦如痴梦,赢得时时病在身。"⑥

(二)茶饮料

宋以前的文献,提及四明植茶的寥寥无几,直至北宋,关于四明地

---

① (宋)释惠彬述《丛林公论》,《卍新纂续藏经》本。
② (清)光绪《宁海县志》卷二〇,《中国地方志集成》本,上海书店出版社1993年版。
③ (宋)曾慥《乐府雅词》卷中,《四库全书》文渊阁本。
④ (宋)史浩《鄮峰真隐漫录》卷四八,《四库全书》文渊阁本。
⑤ (宋)楼钥《攻愧集》卷二一《乞宽茶盐榷货之法》,《丛书集成初编》本。
⑥ (宋)史浩《鄮峰真隐漫录》卷五〇,《四库全书》文渊阁本。

区植茶喝茶的记载才稍微多了起来。不过南宋人袁文曾说:"自唐至宋,以茶为宝,有一片值数十千者,金可得,茶不可得也,其贵如此。而前古止谓之苦荼,以此知当时全未知饮啜之事。苏东坡诗所谓'茗饮出近世者',不可谓无所本也。"①袁文笔记所传出的信息说明,茶叶在北宋尚是宝物,茶饮仅在僧徒和文人士大夫中流行。到了南宋,四明地区的饮茶之风已极为普及。楼钥说:"古人养老食而酳,后人既饱须啜茗。"②郑清之《和敬禅师茶偈》云:"饭罢茶来手接时,个中日日是真机,《四明丛书》本。"③陈造《余姚饭》诗云:"一饱老人事,茗饮亦复聊。"④可见南宋时四明人饭后饮茶已成风习。楼钥曾记载说:"(慈溪张)德深兄弟读书躬耕,其兄宗丞亨时济,得荐送而归,其父题于门曰:'三、四郎今年免耘田,专掌送茶。'其朴茂类此。"⑤这说明,普通的耕读之家,其日常生活中已离不开茶,以至于有人在家中还为儿子设"专掌送茶"一职。慈溪寒儒刘应时平时常叹息喝不上酒,但于茶却"日永茶瓯频索唤"、"自把茶瓯当酒斝",⑥并无匮乏之虞。当时,以茶待客已成为一种社会风气。释智愚《贺契师庵居》云:"呼童放竹浇花外,修整茶炉待客来。"⑦郑清之《湖上口占》云:"僧茶旋点客先尝。"⑧都是描写以茶待客的情景。为了方便饮茶,四明的街市上还开设了不少茶店,成为人们品饮聚谈、休息交友的重要场所。赵彦逾曾开玩笑地说:"慈溪县有三荐,茶店汤瓶不曾荐,客店床上无藁荐,大街上好放荐。"⑨这说明慈溪县城(今江北区慈城镇)有专门的经营性茶店。据明人王恂《慈溪县旧景》记载,"其人家所用茶汤,皆以细芽茶合和香

---

① (元)袁文《甕牖闲评》卷六,上海古籍出版社1985年版。
② (宋)楼钥《攻愧集》卷五《次韵黄文叔正言送日铸茶》,《丛书集成初编》本。
③ (宋)郑清之《安晚集》卷一一《和敬禅师茶偈》,《四明丛书》本。
④ (宋)陈造《江湖长翁集》卷三,《四库全书》文渊阁本。
⑤ (宋)楼钥《攻愧集》卷七二《跋张德深〈辨虚〉》。
⑥ (宋)刘应时《颐庵居士集》卷下《病中和蔡坚老》、《春晚二首》,《四明丛书》本。
⑦ (宋)释智愚《虚堂和尚语录》卷七,《禅宗语录辑要》本,上海古籍出版社1992年版。
⑧ (宋)郑清之《安晚堂诗集》卷八。
⑨ (宋)庞元英《谈薮》,《全宋笔记》第二编第四册,大象出版社2006年版。

料为饼,或茶磨茶碾,或曰为末,箩过投于茶铫中,三沸三点,仍用竹筅箲之令匀,色香味三者俱足"①。可见慈溪县流行饼茶,故不用汤瓶,与四明其他地方流行散茶颇不一样,故赵彦逾有此玩笑。

与此同时,名茶作为特殊的礼品相互馈赠,所谓茶叙友情已成为寻常之举。北宋四明礼品茶以福建产的建茗(亦称腊茶)和本地产的雨前茶最为贵重。建茗,即当时名冠天下的建溪北苑茶,属穷极工巧的蒸青团饼茶。福建与明州的海上往来自古密切,建茗即通过船运而进入甬上。雨前茶则属蒸青散茶(草茶)。此种类型的茶制法比较简单,蒸后不碾、不磨,也不用压制,直接焙干即可,但能保持茶的真味,因而得到两浙民众的欢迎。释重显有《送山茶上知府郎给事》诗云:"谷雨前收献至公,不争春力避芳丛。烟开曾入深深坞,百万枪旗在下风。"②这是雪窦重显主动地将雨前茶赠送给本地行政长官,并在诗歌中着力渲染本地所产雨前茶之珍贵。重显在诗中还提到本地的雨前茶以雀舌最为有名,雀舌即是宋人根据茶芽不同而分出的最上品等级。有人甚至连泉水也一起与茶叶打包赠送,如楼钥《谢黄汝济教授惠建茶并惠山泉》所云:"细倾琼液清如旧,更瀹云芽味始全。"③宋代于茶的品饮方法或点或煎,与唐人的饮茶方法大略相同,但以煎饮法更为常见。旧式煎法一般用茶釜,而用汤瓶煮水,将热水直接冲入装有散茶的茶瓯中,则属于宋代新兴的泡茶法。如果有兴致,还可以参加专门的斗茶活动。

饮茶不仅是一种物质消费,一些特定的人群还将其视作一种生活艺术,一种精神享受。虽然宋明以来饮茶之风深入大众生活,但真正把饮茶作为艺术去创造和欣赏的主要还是那些文人雅士。宋代以来的士大夫们对精神文化生活表现出特别的爱好和追求,他们不但耽玩各种器物,讲究饮茶环境,而且讲究日常生活的诗意化,把日用和审美

---

① (清)雍正《慈溪县志》卷六,《中国地方志集成》本,上海书店1993年版。
② (宋)释重显《祖英集》卷下,《四库全书》文渊阁本。
③ (宋)楼钥《攻愧集》卷一〇,《丛书集成初编》本。

结合起来。茶的品玩,正是他们诗意生活的一个缩影。宋代四明文人的咏茶诗文大量涉及饮茶艺术美的创造,鲜明地体现了文人解之不去的茶情结。

首先是对物的赏玩中达到的审美境界。茶的自然物质在使用过程中必然渗透着精神内容,使茶的社会功能远远超出其自然属性的使用价值,那些文人雅士进而将其上升到审美层次,对他们来说,饮茶本身就是一种审美活动。他们常描绘烹煮的情状,如史浩《与东湖寿老》:"茗碗昼看花坠影,吟窗夜与月为邻。清凉境界天家予,自是全无一点尘。"①他们还欣赏煮茶时浮起的一个个圆圆的水花,如史浩《南歌子·熟水》云:"藻涧蟾光动,松风蟹眼鸣。"②这里的"蟹眼"就是水初沸时泛起的小气泡,"松风"是指"鱼眼"生起之时,"鸣"指烹煮之声。楼钥说:"芽新火活善调汤,种类虽殊俱隽永。"③所谓"芽新",诚如袁文所云:"是知茶之新者,其香尤可爱也。"④所谓"活火",即指旺盛的火。此外,他们还关注茶和泉的品级,甚至还恣意地欣赏女茶艺表演者的"春笋"。在他们的诗歌中,茶不只是一种消费品,而更像是雅致的艺术品。

其次是营造淡泊超脱的人生之境。如释智愚《茶寄楼司令》云:"梅麓自来调鼎手,暂时勺水听松风。"⑤楼司令即鄞县人楼枎,勺水听风则是文人士大夫生活艺术的真实写照。鄞县梅墟世纶堂世家子弟陈允平,早年基本上过着富贵而文雅的生活,特别喜爱"萧散云根石上,瀹茗松泉,注书芸阁"⑥,这种萧散的生活方式也养成了陈允平的骚骨吟姿以及雅正的审美趣味。史氏家族中有一个贵介公子史文卿,仪

---

① (宋)史浩《鄮峰真隐漫录》卷五,《四库全书》文渊阁本。
② 唐圭璋《全宋词》,第1662页,中华书局2005年版(简体字版)。
③ (宋)楼钥《攻愧集》卷五《次韵黄文叔正言送日铸茶》,《丛书集成初编》本。
④ (宋)袁文《瓮牖闲评》卷六,上海古籍出版社1985年版。
⑤ (宋)释妙源等编《虚堂和尚语录》卷七《禅宗语录辑要》本,第541页,上海古籍出版社1992年版。
⑥ (宋)陈允平《西麓继周集·瑞鹤仙》,见唐圭璋《全宋词》,第3961页,中华书局2005年版(简体字版)。

观清朗,超然绮纨之习,聚四方奇石,筑堂曰"山泽居",而自号曰石窗山樵。有人为史文卿描绘了一卷栩栩如生的《煮茶图》,元代的袁桷欣赏之后详细记述了图中的情景:

> 此图左列图卷比束,如玉笋锦绣间错。旁有一童出囊琴,拂尘以俟命。右横重屏,石窗手执乌丝栏书展玩,疑有所构思。屏后一几,设茶器数十。一童伛背运碾,绿尘满巾。一童篝火候汤,鼜唇望鼎口,若惧主人将索者。如意、麈尾、巾壶、砚纸、皆纤悉整具。羽衣乌巾,玉色绚起,望之真飞仙人。①

袁桷认为这幅《煮茶图》再现了史文卿"放浪泉石"、"翰墨清洒"的清雅生活,有晋贤之风范。虽然这幅无名氏的《煮茶图》没有流传下来,但袁桷通过出色的诗文,具体而微地为我们留下了宋代甬上世家子弟的嗜茶趣尚。

四、宴饮、餐制和饮食观

饮食自古至今都是社会人际交往中最为重要的内容之一,追求饮食的享受在文人士大夫那里有更为突出的表现。北宋甬城是文人士大夫较为集中的地方,那里的宴饮会聚相当频繁而热闹。他们的聚餐并不是单纯的品尝美味,追求吃喝享受,还有酒酣耳热间的彼唱此和,以及共享儿女歌舞的文化活动,尤其是占尽风情的众乐亭上,更是官员、文人盛宴之所。如王安石《众乐亭》诗云:"春风满城金版舫,来看置酒新亭上。百女吹笙彩凤悲,一夫伐鼓灵鼍壮。"②置酒于众乐亭中,百女吹笙,一夫伐鼓,亭旁的湖上又荡漾着画舫,这显然不是一般的酒宴了。再加上郑獬的描述:"金壶行酒双美人,小履轻裙不动尘。"③这

---

① (元)袁桷《清容居士集》卷七,《丛书集成初编》本。
② (宋)王安石《临川文集》卷一一《明州钱君倚众乐亭》,《四库全书》文渊阁本。
③ (宋)郑獬《郧溪集》卷二五《寄题明州太守钱君倚众乐亭》,《四库全书》文渊阁本。

样奢艳的宴饮,图的就是"酒豪耳热笙歌沸"①的热闹。显然,宴饮会聚已经成为文人士大夫加强联谊、增进情感的黏合剂。宴饮之中,觞咏拍曲,赋诗会文,浓郁了城市的文化空气。宴饮的文人士大夫化是唐、五代的四明所罕见的,而北宋则已习见,南宋四明的结社也可以看做是此种风气的必然发展。

除了丰盛的官宴之外,还有各式家宴。南宋刘厚南曾记载了慈溪林驸马家请人作文时的一次家宴的食物构成:"击池鲜,剪畦韭,采涧茨,起沙藕,具供鸡黍,酌以大斗。"②其中蔬菜有刚采来的水芹、沙藕,荤菜有从自家池塘中网来的池鲜,并隆重地杀鸡款客。主食则是黍米饭,饮料则为酒,用的是大斗,说明待客以酒,礼节隆重。佐酒之菜基本上都是出产于自家的田园和池塘,而不是临时从市场购买来的。这次宴会,大概只能算是富贵人家的一次普通宴请了。

在一个特定的时空范围内,人们的饮食生活虽然具有许多共同性,但由于生活遭遇、社会身份、经济条件和文化素养等等的不同,也表现出显著的差异性。宋代四明人的饮食,一般来说,城市较为奢华一些,而农村则相对简朴一些;在沿海,海鲜为多,而靠近山里,则多山珍;在节日和待客宴饮时则比较隆重一些,而平时则较为节俭一些。即使是富贵人家,既有以奢侈为尚的,也有不喜欢铺张的。我们先看宋人罗大经《鹤林玉露》卷一一的一条典型材料:"仇泰然守四明,与一幕官极相得。一日问及公家日用多少,对以'十口之家,日用一千',泰然曰:'何用许多钱?'曰:'早具少肉,晚菜羹。'泰然惊曰:'某为太守,居常不敢食肉,只是吃菜。公为小官,乃敢食肉,定非廉士。'"这则材料从饮食的角度分析,至少可以说明几点:①肉的价格较贵。幕官一家的每人日用一百钱,已经属于消费水平较高之列了,其中"早具少肉"耗费了较多的钱,否则像仇念那样仅吃菜羹是根本用不了那么多

---

① (宋)陈瓘《和刘太守十洲诗·雪汀》,傅璇琮等《全宋诗》第20册,第13468页,北京大学出版社1995年版。
② (清)光绪《慈溪县志》卷四三《旧迹三》,《中国地方志集成》本,上海书店出版社1993年版。

钱的。这说明市场上的肉类是相当贵的。②肉在家庭的饮食结构中所占比例极少,普通的家庭是消费不起的。幕官一家仅仅是在早上吃了少量肉而已,而堂堂太守家竟然不敢食肉,则普通人家就更不用说了。③幕官仅说了"早"、"晚",唯独没有说"中",仇太守也没有追问"中"如何,这说明其时甬上一般家庭流行的是一日两餐制。又鄞人高文虎有亲书与其妾银花一纸云:"早晚点心二膳,亦多自烹饪,妙于调肼。"①史浩《童卯须知·膳羞八篇》云:"二膳朝朝饱即休。"慈溪人杨庭显说"味乃朝晚之事",余姚上林(今属慈溪)人高翥《自题信天巢》云"渴饮三杯饥二饭"②,都只提到早晚二餐,可为佐证。据学者研究,我国在唐宋时期是两餐制和三餐制并行的时代,直到元代以后才正式确立了三餐制。③④早上吃点肉,晚上吃菜羹,说明当时人的生活规律和饮食观念,即为适应白天的长时间工作和较大运动量,早餐需要适当的营养,而晚饭后基本上以安静休息为主,求得吃饱就行。

南宋四明贵族的人数是相当多的,这些人中固然有锦衣玉食之辈,但也并不是所有的贵族都是如此。四明贵族和一般的儒士阶层,有相当多的人奉行俭省的饮食观。如慈溪人杨庭显说:"贪味则多饥,贪财则多贫。"④他还提倡安静,因为"安静之人,饱多饥少,由静以养气"⑤。用现代观念解释,是因为运动量小,消化慢,人就不容易饥饿,并不全是因为"静以养气"之故。余姚孙介"箪食菜羹,终日不饱,而洁斋整齐,如对大宾"⑥。"洁斋整齐",反映的是讲究饮食的卫生和环境美感;"如对大宾",讲究的是礼仪。饮食虽乏,而礼仪不失,这正是儒士的自觉追求。

宋代四明奉行俭省的饮食观,实基于复杂的时代背景。首先是文

---

① (宋)周密《癸辛杂识》别集卷下《银花》,中华书局1997年版。
② (宋)高翥《菊磵集》,《四库全书》文渊阁本。
③ 阎艳《唐诗食品词语语言与文化之研究·绪论》,第13页,巴蜀书社2004年版。
④ (宋)杨简《慈湖遗书》卷一七《纪先训》,《四明丛书》本。
⑤ (宋)杨简《慈湖遗书》卷一七《纪先训》。
⑥ (宋)楼钥《攻愧集》卷一〇七《承议郎孙君墓志铭》,《丛书集成初编》本。

化因素的作用。从整体上说,宋代儒士自奉俭省、以俭省为美德似比其他朝代更为普遍和突出,这应该与宋代新儒家提倡以俭治家治国的思想有关。四明地区自宋以来随着新儒学运动的成功推进,出现了大批的儒士,他们的生活态度亦多与整个宋代士阶层中崇尚饮食俭朴的文化背景相一致。在他们那里,滋味享受并不是唯一的需要,而更看重的是道与礼的追求。宋儒以封建的伦理纲常为天理,将人的物质生活欲望说成是"人欲",天理为善,人欲为恶。"人欲"的一个具体表现就是"口则欲味"。因此他们在饮食上反对奢侈。如史浩家训云:"毋耽嗜酒色,毋肆意衣食。"①慈溪杨庭显认为,人之戒节,要从饮食做起。他说:"人戒节,要先于味。盖味乃朝晚之事,渐渍夺人之甚。于此淡薄,则余过亦轻。"又说:"不从事于味,则己作主,从事于味,则物作主。"②杨庭显的饮食观都打上了儒家的色彩,他提出饮食之味要保持本色之美,不要通过五味的调和人为地夺走食物本身所具有的甘美正味。他说:"不夺于味,饮食自然甘美。"但杨氏所谓"正味",并非是烹饪学意义上的本色,观其子杨简以"果酒三行,菜羹一饭,是为本色"③来看,即是通过对最平常的蔬菜,用上最简单的烹饪手段,来保持所谓本色,这更多地出于儒家学者对口腹之欲的硬性节制而已,并不是对本色之美的自觉追求。儒士反对满足口欲,正是基于他们这种认识。

其次是养生因素。宋人崇尚俭省的饮食,还跟他们对饮食自身的认识有关。如史浩晚年所作的《养生戒·昼》将其饮食观发展至极端,他说:"人生疾痛,皆从口得。生冷果蔬,非徒无益。羹汁酒浆,助成饮癖。咸酸醲醯,断不可吃。蟹蛤鱼虾,何如肉食?申喉下咽,化为痰积。戒之戒之,康宁无极。"④这篇文字既包含了正确的东西,如说"生冷果蔬,非徒无益",指出食用生冷果蔬对身体无益有害,确有一定的

---

① 美露主编《南宋四明史氏·家训、家范及其文化传承》,第 225 页,四川美术出版社 2006 年版。
② (宋)杨简《慈湖遗书》卷一七《纪先训》,《四明丛书》本。
③ (宋)陈著《本堂集》卷七七,《四库全书》文渊阁本。
④ (宋)史浩《鄮峰真隐漫录》卷四〇,《四库全书》文渊阁本。

科学道理。但认为饮用"酒浆"会"助成饮癖",则缺乏理性的分析。老年人要吃得清淡一些当然是对的,但他截然地说:"咸酸醯醢,断不可吃",并认为酰鲜之物进入体内,会"化为痰积",有损康宁,这都是太过极端的说法。袁燮指出,老年人饮食以清淡为主,修德为先。他说:"荤膻屏去忽三年,筋力扶持老尚坚。所养固知先大体,人生何苦嗜肥鲜?"①史、袁等人的崇尚清淡的饮食观足以代表相当多的老年人的看法。

再次是宗教因素,就是佛、道两家戒杀护生对世俗社会产生了深刻影响。史浩所作的《童丱须知·膳羞八篇》批评饮食上的奢侈行为,他说:"嗟见时人大侈生,八珍同聚一杯羹。若知过口成污秽,何用留心事割烹?"他认为能吃饱就行了,反对当时人"大侈生"的行为,更反对杀生以享口腹,他说:"二膳朝朝饱即休,何须嗜杀苦营求?鱼虾蟹蛤皆微细,数百方能满一瓯。"指出生物都是有生命的,杀生只能限于孝亲,不能因自家贪图酰味而伤害生灵。他说:"戒杀当知有数端,闻声见死敢加餐?居家自作专因我,虽美还应下箸难。"自注:"古语曰:'见杀则不食,闻杀则不食,家所自杀则不食,专为我杀则不食。'"②史浩的戒杀生观念显然是受到了佛、道两家的影响。

第二节 婚姻与丧葬风习

婚姻和丧葬乃人生之大礼,民间有种种的讲究,也易于形成富有各自地域特色的风俗习惯。不过,宋代四明地区有关婚姻和丧葬方面的资料比较缺乏,这里只能作比较粗略的介绍。

---

① (宋)袁燮《絜斋集》卷二四《园蔬六首》,《四库全书》文渊阁本。
② 以上均见(宋)史浩《鄮峰真隐漫录》卷五〇,《四库全书》文渊阁本。

一、婚姻风习

宋代缔结婚姻更加注重对方的资产,嫁娶论财风气比较盛行。四明大族之女出嫁,嫁妆往往比较丰盛,如慈溪王庭秀之女"嫁时装甚厚"①;慈溪柳柏妻范氏,"家饶富,资妆厚"②。女方随嫁的资财还包括田产,如鄞县范氏"家裕于财",有"嫁时所自随之田"。③ 路康侨寓象山,"无尺寸生产业,既婚姚氏,始有田三十亩,以赡兄弟"④。路康的这桩婚姻,显然有浓烈的"娶妇论财"的味道。宋代之所以厚装嫁女形成风气,一是为了提高女儿在夫家的地位,讨得公婆与丈夫的欢喜,二是因为法律规定,父母死后兄弟分爨别居时,女儿所得嫁资可以直接继承而为一家之生计。不过,嫁娶论财风气也让一些社会人士看不惯。宋末奉化人陈著曾说:"慨古道之难,逢娶而论财。顾时流之方竞,兹宠存于月谱。"⑤他看到"逢娶而论财"成为当时社会的普遍现象,不得不慨叹古道沦落。

宋代的婚事往往追求奢华,费用较大,一般家庭难以承担,为子女完婚常成为当时人们的一大负担。宋代嫁女的费用常多于娶妇,厚嫁成风,因而出现了贫困女子出嫁困难的现象。文献上有不少四明的贫女、孤女婚嫁失时,士大夫予以资助的例子。如史浚闻亲戚之家"女不能嫁,多为成就"⑥;辜氏"嫁族人之孤女不异己所出"⑦;余姚莫襄凡"乡之贫与疾病、死丧、嫁娶不能自济者,问所欲,随宜救接"⑧。助嫁

---

① (宋)朱熹《晦庵先生朱文公文集》卷九二《宜人王氏墓志铭》,《四部丛刊初编》本。
② (清)光绪《慈溪县志》卷三五《列女传》,《中国地方志集成》本,上海书店出版社1993年版。
③ (宋)袁燮《絜斋集》卷二一《太孺人范氏墓誌銘》,《四库全书》文渊阁本。
④ (宋)袁燮《絜斋集》卷二〇《路子龄墓志铭》。
⑤ (宋)陈著《本堂集》卷八二,《四库全书》文渊阁本。
⑥ (宋)楼钥《攻愧集》卷一〇五《朝请大夫史君墓志铭》,《丛书集成初编》本。
⑦ (宋)王珪《华阳集》卷五七《辜氏墓志铭》,《四库全书》文渊阁本。
⑧ (宋)《宋故莫府君墓志铭》,见童兆良《检点上林文明·金石篇》,第158页,中国文联出版社2003年版。

贫女、孤女的大量事例，固然是对传主的歌颂赞扬，但也真实反映了宋代四明贫困女子出嫁困难及婚姻失时的现象比较普遍和严重。陈著曾著文痛斥："夫娠人伦之大者，昏礼不可不严，尽被世俗无知之徒、淫奢之俗败坏以极，不可不自知去取也。"①他对婚事方面的"淫奢之俗"极为不满。

在择婿标准上，四明许多大户人家之女比较注重男方的学识和人品，而对男方的贫穷与否不是特别计较。如边氏之母张氏"家饶财"，釐居守节，教子女有法度，曾对儿女边氏说："而夫之贫，而父所知也，为汝择对，惟以嗜学，故毋敢不恪。"②在充分了解婿家之穷的情况下，她仍旧选择了袁燮，原因就在于袁燮"嗜学"。这桩婚姻正好反映了南宋的四明社会崇尚好学，儒士颇受社会人士尊重的事实，以致一般的大户、望族都愿意择诸生为婿。如史浩仕未显时，余姚孙应时以诸生而被择为子婿，③孙氏虽好学而家庭贫困，但史氏并未因此弃贫择富。陈著在婚姻上持有很进步的见解，他在《示内》诗中认为："婚娶不在早，在此两相宜。"④认为结婚的关键在于是否能两情相洽，而不在婚姻之迟早。这种婚姻观已经相当"现代"了。他坚决反对"以子女为徇势利之物"的世俗做法，"不敢以女轻掷"，草率地完成女儿的婚姻大事。他提出："其择婿也，宁过于时之迟，宁失于地之远，意有所契，不占而孚。"⑤意思是说嫁女宁可迟了，宁可远了，也要选择中意的可"托女"之婿。

宋代甬上还形成了世为婚姻的社会现象。如四明楼氏、冯氏世为婚姻。楼异"始娶秦国夫人，继室同母弟魏国夫人"，都出冯氏一族，"终不忍舍冯氏而卜他姓"。而楼异为其子纳妇，"必缘亲党，毋为势

---

① （宋）陈著《本堂集》卷七五，《四库全书》文渊阁本。
② （宋）袁燮《絜斋集》卷二一《夫人边氏圹志》，《四库全书》文渊阁本。
③ （宋）孙应时《烛湖集》卷一二《宜人史氏墓志铭》，《四库全书》文渊阁本。
④ （宋）陈著《本堂集》卷七。
⑤ （宋）陈著《本堂集》卷三八。

利所汩"。他为子楼璹所选的媳妇,乃伯舅之女,仍为冯氏。① 另如丰稷认为史诏有学有德,"由是世为婚姻"②。婚于师友间也是四明上层社会的常见选择。余姚高国任为理学家门生,曾说:"吾雅不愿与俗子为姻家,乃今吾子得婚师友间,果协吾志。"③这种婚姻关系的建立,更以血缘系紧同学师友的情谊,使他们更容易认同和接受同一派学说主张,为形成自己的门派师承提供了基础。宋代四明的一些大家族如楼氏、史氏等,特别善于透过士族间的婚姻关系织成绵密的人际网络,从而使婚姻家族更容易传递共同的文化学术兴趣。这是四明地区士族婚姻网络影响到文化学术网络而产生的很具地域特色的文化现象。

宋代四明地区于女子再嫁持比较宽容的态度。这方面余姚大族女厉氏的故事很有典型性。厉氏始嫁四明曹秀才,后再嫁曹泳。绍兴二十年(1150年),曹泳出守明州,因"元夕张灯,州治大合乐宴饮",曹秀才携家人往观,见厉氏左右供侍,服用精丽,备极尊严,于是对其母说:厉氏"合在此中享富贵,吾家岂能留"。叹息久之。曹泳后为户部侍郎,厉氏也被封为"硕人"。秦桧死后,曹泳调新州而亡,厉氏携二子取丧归葬,子复不肖,家贫荡析,以至于生活无靠,幸亏连襟赵德老"怜其贫老无倚,招至四明里第"。后厉氏偶然出访亲旧,过故夫曹秀才家,见门庭整洁,花竹蓊茂,回头对其婢说:"我当时能自安于此,岂有今日?"因泣下数行。④ 这则故事中,厉氏再嫁曹泳后,享尽荣华富贵,让其前夫非常羡慕。而厉氏丧夫取辱之后,偶过前夫家门,不禁自我反省,反过来羡慕起前夫的生活来。这则故事虽然反映了20年的世事反复,但同时也可见出四明社会在再婚问题上风气的开通。余姚上林(今属慈溪)莫若嘿夫人夏氏略通诗书,工于女红,在莫家承上接下,

---

① 《鄞塘楼氏宗谱》卷六《朝议冯氏恭人岁月记》。转引自俞信芳《鄞县楼氏研究中的若干难点试释》,见《鄞州文史》(内)2007年第3辑,第94、96页。
② (元)危素《宋八行先生赠太师追封越国公史氏表》,见美露主编《南宋四明史氏》,第190页,四川美术出版社2006年版。
③ (宋)孙应时《烛湖集》卷一二《戴夫人墓志铭》,《四库全书》文渊阁本。
④ (明)陆楫《古今说海》卷一〇〇,(清)潘永因《宋稗类抄》卷二七。

聪明能干，"虽贤男子不是过"。在丈夫死后，夏氏"勤丝枲，约用度"，撑起了破碎的家庭，也引来了无数乡人的钦慕，"愿得以为妇者多矣"。这正说明当时并不以娶寡妇为耻，贤惠能干的寡妇，往往乡人争娶。甚至连莫母及丈夫的"群弟"也不断逼其改嫁，但夏氏坚持守节教子不动摇，最后不得不析产独立，艰难过活。① 对当时的许多男性来说，娶寡妇也许不成问题，但对许多女子来说，比较有代表性的观念是："再嫁非女子所宜。"②她们宁肯忍受忧患困穷的折磨，也要安命守节，养子成人，将自己的希望寄托在下一代身上。因此，宋代四明社会虽然对再嫁持宽容态度，但女子自我要求守节的现象开始严重起来。

二、丧葬祭亡习俗

北宋以庆历五先生为代表的明州新儒学教育的兴起，使四明人情从"无法"走向"有法"。王珪曾为鄞县人俞充之母辜氏作墓志铭云："先妣在乡里时治家最为有法。四明去朝廷远，其俗吉凶、祭祀、冠昏、聚会皆无法。先妣独为法不苟。"③所谓"无法"，并非真的"无法"，而是指保留了吴越原有的古老风俗而不符合中原"礼"制，这在中原人看来，自然是"无法"了。北宋的新儒学运动使四明人民改变了淡薄的礼教观念，改变了生活的"无法"状态，使四明整个社会逐渐导入儒家的礼制体系，从而走向"有法"。以丧祭而论，正如杨简所说："重丧祭礼，其感动人之善性也易。"④儒者是将丧祭之礼作为人性的善性来发扬的，杨简更将其提升到了"道"的高度："至于丧亲，如天地崩陷，人子不复知有身。此身死亡犹不计，而况于他乎？百无所思，纯一哀痛。

---

① （宋）赵不已《宋故夏氏夫人墓志铭》，见童兆良《检点上林文明·金石篇》，第161—163页，中国文联出版社2003年版。
② （宋）楼异《叶太君墓志》，见美露主编《南宋四明史氏》，第185页，四川美术出版社2006年版。原书误作楼郁撰。
③ （宋）王珪《华阳集》卷五七《辜氏墓志铭》，《四库全书》文渊阁本。
④ （宋）杨简《慈湖遗书》卷九，《四明丛书》本。

此纯一哀痛即道也。"①如象山人周铁,性至孝,亲丧,哀毁骨立;既葬之后,筑庐守墓。后因郡守胡榘旌之为"思孝庵"后,产生了极大的社会影响,以至于"一时就学者,户外之屦恒满"②。

儒家的孝道观十分重视死,把送死看做是尽孝的主要标志之一,故厚葬长期来成为我国的主流丧葬观。北宋余姚某府君"尝悼其窀穸非所利,既而选上林吉兆,尽礼改葬而加隆焉。……乡之士人美君报亲之诚甚"③。此即为四明厚葬的典型一例。南宋明州的厚葬风俗非常盛行,尤其是那些大官僚,更是身体力行。如东钱湖现存的南宋墓道石雕,大多为南宋望族史氏墓道两侧的像生石。南宋史氏家族家世显赫,他们死后埋葬在东钱湖畔,按当时礼仪制度大造陵墓,荣耀乡里。这些石刻造像体量庞大,雄伟壮观,不管武将、文相一般高达3米,宽1米左右,多用鄞西的梅园石雕凿而成,重达1吨以上。这些精美石像的存在,无疑是南宋四明大官僚力行厚葬的佐证。另外如楼异"两守乡郡,首尾五年,每寒食上冢,旌旗鼓吹,皆集茔下,乡里以为荣"。后楼镛买山以葬。楼钥在其先姚亡后,更于奉化祖茔大兴土木,"于是始得神道坦平,墓与门直,列植樾桧,移置石兽等,平楣前山,气象愈伟"④。鄞人袁炯卒,儿子袁文执丧,家务不理,儿媳戴氏"攻苦食淡,斥房奁营丧葬"⑤,亦足见丧葬费用之高。即使一般的四明士人之家,也往往以厚葬为孝。如余姚戴夫人"佐其夫执丧,哀慕不懈,竭力治葬,家益落"⑥。显然,戴夫人家的衰落,与丧葬费用的浩大有直接的关系,但戴家对此在所不惜。

丧葬、祭祀习俗是随着灵魂观念和宗教观念的产生而产生、发展

---

① (宋)杨简《慈湖遗书》卷二《王子庸请书》,《四明丛书》本。
② (民国)陈汉章总纂民国《象山县志》卷二二《周铁传》,第1255—1256页,方志出版社2004年版。
③ (民国)杨积芳纂,王清毅、岑华潮点校《余姚六仓志》卷二〇《金石·宋故口府君墓铭》,慈溪文献集成第1辑第3册,第369页,杭州出版社2004年版。
④ (宋)楼钥《攻愧集》卷六〇《长汀庵记》,《丛书集成初编》本。
⑤ (宋)袁燮《絜斋集》卷二一《太夫人戴氏圹志》,《四库全书》文渊阁本。
⑥ (宋)孙应时《烛湖集》卷一二《戴夫人墓志铭》,《四库全书》文渊阁本。

而发展的,折射出了千百年来人们对人生与自然的思考,具有丰富的文化内涵。北宋以来四明的丧葬、祭祀习俗与唐、五代相比,更具鲜明的时代特点的是僧道直接参加丧、葬、祭等活动,诵经礼忏,设坛作斋,炼度超荐。宋代这种习俗非常普遍,使得传统的儒家丧葬、祭祀礼仪增加了新的内容。佛教世俗化对四明的死亡丧葬产生了重大的影响,具体表现在:

1. 在弥留阶段,佛教的临终关怀进入了世俗人的生活。唐代四明佛教虽有世俗化的倾向,但主要限于求雨、求子、求佑等方面,有很大的局限性。在唐、五代明州的各类墓志中,①只有"露魂"、"魂归"之类的记述,还没有发现佛教介入民间丧葬仪式的例子,这说明其时佛教对世俗的死亡仪式还未有直接的渗透,四明民间的丧葬仪式尚处于较为传统的状态。进入北宋,明州佛教世俗化加深,其标志之一,就是在传统丧礼中出现了佛教的影子。这一方面来自于僧众"相夸饰而倡其风",甚或"依倚祸福而恣欺惑",在他们的竭力鼓动下,"祷福祈年,忘本附末,纷纷愚众,波荡以从";②另一方面则出于民众的精神需要。较之前代,北宋四明民众之信佛心态已发生了较大的改变,不完全是出于缺乏关怀时力求自保的一种精神姿态,而更多的出于一种祈富耀富与了脱生死的精神心理。祈富耀富姑且不论,佛教对民众的临终关怀有数例为证。如余姚某氏虽"治生业",但晚年"阅佛书,谈理性",信奉其说,临终,"家人命诵佛号,环顾以泣,君整衣起坐,声貌不动,俄顷而逝",被时人认为是"明识之致"。这则史料反映了北宋时的风俗,就是临终之时要请僧人诵佛号。所谓"诵佛号"当是指诵念阿弥陀佛之类以超生净土。这位府君平日信佛,后"阅佛书,谈理性",可见他临

---

① 这些墓志为:载于徐定宝主编《越窑青瓷文化史》第三编第四节的越窑瓷墓志10例,人民出版社2001年版;载于俞福海主编《宁波市志外编》第二辑者4例,中华书局1998年版。
② (民国)陈汉章总纂民国《象山县志》卷三二《智门禅寺记》,方志出版社2004年版。

死不乱,实也是平日佛教解脱观的熏陶之功。① 又有慈溪龙山人方府君"善佛学,悟理性。方氏居里梵刹环绕者十数,夫人自出己财以施之。夫人病且革,其子累命医,告曰:'吾之疾非药石所能攻,莫若口佛事以资我正念。'俄顷,遂瞑目而逝"②。这位方夫人在临终之时,坦然地面对死亡,多次拒绝儿子的请医之求,反而要求"口佛事以资我正念"。所谓"正念",即为正信、正行,本是佛教徒的终极追求与心灵归宿,是佛教信众对自在、平等、清净、庄严、安乐、超脱的彼岸世界的向往。以佛事助成"正念",这正是佛教的临终关怀的具体表现。

2. 在亡化后的丧葬阶段,火葬开始在民间盛行。火葬的兴盛与当时佛教的世俗化有关系。佛教的世俗化,反映在丧葬上,就是火葬风气的盛行。火葬能够盛行一时,决非偶然现象,而是由各种因素综合而成,它取决于人们的社会观念、伦理道德和当时政治、经济等因素。两宋时期的火葬特点为:火葬往往与家境贫穷、无钱或无地土葬有关。如史浩《葬五世祖衣冠招魂功德疏》云:"吾先系实起自于寒乡,故其令终,适并从于火葬。"③又《葬五世祖衣冠招魂辞》云:"爰即耆老而咨询兮,谓吾家振迹于耒耜。凡厥亲之云亡兮,用浮屠之法而燔毁。"④史浩明确指出他的先祖是因为贫寒才接受了火葬法。从社会心理考虑,火葬的盛行还有经济上省钱、省时、方便、不占土地的因素,易于被贫民接受,城乡皆然。宋室南迁之后,火葬迅速在南方地区盛行起来,并发展成为一种社会习俗。两浙路是宋代火葬最为盛行的地区,户部侍郎荣薿说:"臣闻吴越之俗,葬送费广,必积累而后办。至于贫下人家,送终之具,唯务从简,是以从来率以火化为便,相习成风,势难遽革。"⑤

---

① 以上见(清)光绪《余姚县志》卷一六《金石·宋故口府君墓铭并序》,《中国地方志集成》本,上海书店出版社1993年版。
② (清)光绪《慈溪县志》卷五〇《方府君并夫人墓志铭》,《中国地方志集成》本,上海书店出版社1993年版。按:墓志铭谓夫人卒于崇宁九年,然崇宁仅五年,此处有误。
③ (宋)史浩《鄮峰真隐漫录》卷二三,《四库全书》文渊阁本。
④ (宋)史浩《鄮峰真隐漫录》卷四一。
⑤ (元)脱脱等《宋史》卷一二五《礼志·凶礼四》,中华书局1985年版。

他明确指出了吴越之俗在葬法上的两极分化现象。不过火葬这种风俗同时也遭到了封建伦理观念的抵制,尤其在大官僚云集、孝亲厚葬之风盛行的四明地区,受到的抵制更为强烈。如鄞人丰时中死时,"族姻欲葬于火"。史渐就坚决反对将丰时中火化,认为这不符合丧葬礼制。① 可见,在强大的儒家伦理观的干预之下,南宋四明地区的火葬之风开始受到某种程度的削弱。

3. 追悼荐亡阶段,宋代开始出现了佛教的盂兰盆与荐亡仪式的结合。盂兰系梵语的音译,意为倒悬,譬喻亡者之苦犹如倒悬。盆是指盛供品的器皿。佛教认为供此具可解救已逝去父母、亡亲的倒悬之苦,并以目连救母体现"孝母"的主题。盂兰盆在唐代非常兴盛,到宋代开始发生变化。遵式《修盂兰盆方法九门》一文指出:"吴越之俗亦存盂兰盆之设,但名下丧实,两可痛哉! 每至此日,或在本家,或寄僧舍,广备蔬食,列祀先灵。冥衣纸钱,凭火而化,略同簠簋之荐。"②可见北宋初吴越的盂兰盆已经流于一般的荐亡先灵的仪式,丧失了原初的精神。遵式认为:盂兰盆法不仅要解目连之母的倒悬之苦,而且还要使其母出离此界,生于天上。从原初意义上说,盂兰盆不但不是荐亡,而且也非一般的施食,它所要施的只是无量三宝,而目连之母亦无需受食。而北宋吴越奉盆法却等同于祭祀先祖,这是遵式所痛心疾首的。遵式撰《修盂兰盆方法九问》,企图对吴越之俗加以纠正,但效果似乎不佳。这一事例说明,佛教仪轨在对中国传统祭祀进行渗透的同时,传统祭祀仪范也在悄悄地改造着佛教的行法。

南宋时期,佛教的水陆法会越来越受到四明世俗的重视。史浩在金山见水陆斋会盛况,乃施田百亩,在东钱湖月波山专建四时水陆,以报天地君亲之恩。他还撰集仪文,刊板于寺。宋孝宗为此特赐"水陆无碍道场"敕额。这种水陆法会,明显是为施主本身的利益服务,并不悖于史浩固有的忠孝伦理观念,而以佛教的水陆法会权为"报天地君

---

① (宋)叶适《叶适集》卷二二《史渐翁墓志铭》,中华书局1983年版。
② (宋)释遵式《金园集》卷上,《卍新纂续藏经》本。

亲之恩"之用,也见其三教合一之旨。月波山附近有一座教寺,后寺僧力挽志磐续成《新仪》6卷,以一切众生作为救拔对象,十方伽蓝由此大兴普度之道。① 志磐的《新仪》以南水陆仪轨为基础,既节省经费,又简便易行,对后世流行的水陆仪轨影响极大。

4. 古老的招魂仪式与佛教仪式相结合。吴越之人相信祖先灵魂不灭,灵魂以入土为安,对于无主孤魂,才施行招魂这一最为古老的仪式。史浩对先人五世火葬一事一直耿耿于怀,觉得"乃无蓬颗以托葬兮,诚为后裔之深耻"②,于是他特为火葬的先祖招魂以实施衣冠葬,其具体经过是:"诹吉壤以图安厝,棺椁衣冠既周,而具像形如生,招魂合祔东湖之东、下水之坞。"③如果仅仅如此,还是传统的形式。值得注意的是,史浩还说:"宜往延庆诸蓝之净沼,以招鼻祖两世之英魂,庶使春秋,永宁宅兆。"即还要在延庆寺中借助于佛教的仪式以招亡魂,并带有"水陆"普施的意味。不过,史浩虽然相信先人灵魂的存在,但他却无法肯定灵魂的变化形式及其游荡踪迹,故只好假设道:"傥于是处曾此留踪,愿脱寒波,起乘云驭,甫当召请,即赐降临,庶此佳城不为虚设;若或道骨既销于黄壤,仙游已在于青霄,亦觊光明,下昭窀宅。"④史浩的假设,多少也反映了宋人对火葬中灵魂去向问题的迷惘情绪。正因为如此,史浩对待佛教的死亡观采取了保留态度,他在家训中指出:"祖茔家庙毋得改易,惟尽礼、尽诚、尽哀而已矣。慎勿从浮屠妄炫华饰外情,要求名誉,吾甚疾此事。"⑤在这一点上,恰好显示了史浩的儒家本色。

此外,南宋的四明大族纷纷建立功德寺庵以及坟寺。《宝庆四明志》记载,丞相史弥远功德寺有5所:即悟空、辩利、妙智、宝华、教忠报

---

① (宋)释志磐《佛祖统纪》卷三三,江苏广陵古籍刻印社1992年版。
② (宋)史浩《鄮峰真隐漫录》卷四一《葬五世祖衣冠招魂辞》,《四库全书》文渊阁本。
③ (宋)史浩《鄮峰真隐漫录》卷四二《葬五祖衣冠招魂祝文》。
④ (宋)史浩《鄮峰真隐漫录》卷二三《葬五祖衣冠招魂功德疏》。
⑤ 美露主编《南宋四明史氏》之四《家训·家范及文化传承》,第225页,四川美术出版社2006年版。

位于东钱湖镇下水村的史诏(史浩祖父)墓前石刻(龚国荣摄)

国。嘉泰四年(1204年),参知政事张孝伯请宝积寺为功德寺,赐"移忠资福"额。嘉定二年(1209年),参知政事楼钥请彰圣寺为功德寺,赐"报忠福善"额。宋制有赐臣下香火寺例,如淳祐八年(1248年)朝廷同意将象山县瑞云山延寿功德寺专充郑若冲香火寺。① 汪大猷不惜花费50万钱,在俞村祖墓建报本庵,还专门购田供守墓僧徒岁用,而祀事则由族人迭掌,器用则分任其责。② 在汪大猷的影响下,楼异兄弟也将先祖楼郁之坟墓迁到西山,"大为基阡,甲于乡里"。楼异兄弟又为奉化奉川桃花隩外祖母坟墓买田建屋以奉香火。③ 此外,楼钥所建的长汀庵也是规模宏伟,不仅戒僧徒日谨焚修,以资冥福,而且对封域

---

① (民国)陈汉章总纂民国《象山县志》卷一九《金石考》,第1112页,方志出版社2004年版。
② (宋)楼钥《攻愧集》卷六〇《汪氏报本庵记》,《丛书集成初编》本。
③ (宋)楼钥《攻愧集》卷六〇《汪氏报本庵记》。

进行了严格的环境保护,一竹一木,不准侵犯。① 这是佛教对四明丧葬荐亡习俗发生影响的又一方面。

道教对四明丧葬的影响记载较少。南宋时鄞县袁氏"闻诸老氏有黄箓斋,善摄度",乃建斋以超度先祖。② 这是道教明确影响四明丧葬荐亡观念的一个例子。

综上所述,从死亡、丧葬的视角观照之,宋代以前四明社会基本上仍沿袭着古老的吴越文化的历史传统——即以灵魂观念为核心。自秦汉以来,四明的地域文化长期处于缓慢的变化状态,其与中原文化的接轨,大体上从宋代开始。其社会变革以北宋兴起的儒学地域化运动、佛教的高度繁盛及其世俗化和内丹道的兴起为文化背景。三教对宋代四明人民的死亡观、丧葬观的影响是非常深刻的。即就丧葬层面而言,儒家思想使丧葬仪式强化了"礼"的色彩,并促使以"孝"为核心的厚葬之风的蔓延;而佛教则在临终关怀、火葬、盂兰盆会、水陆法会等方面大有作为,深刻地反映了世俗化的程度。宋人所创造的糅合三教而成的丧葬模式,基本上奠定了后世四明丧葬的文化传统。

第三节 社群意识及其文化活动

南宋四明人士积极推动具有社会文化意义的事务,在相互的交往中形成具有凝聚力的团体意识,进而有共同经营、创造典范性社会的企图。其具体的行为方式则是地方耆老积极推动不序爵位、以诗词抒怀、联谊的真率会、诗社之类的集会。同时四明官员推行一项尊老、序齿及象征团结、建立集体意识的"乡饮酒礼"。

---

① (宋)楼钥《攻愧集》卷六〇《长汀庵记》,《丛书集成初编》本。
② (元)袁桷《清容居士集》卷二〇《隐仙记》,《丛书集成初编》本。

一、会社的兴起

诗社活动从本质上来说,是文人交友唱和的一种形式,只不过诗社活动较之一般的交游唱和更具组织性,更具规律性,其成员之间的联系更为紧密。因此,当一个诗社将钻研诗艺切磋句法作为自己的活动主旨时,就极易达致美学主张的趋同。集聚诗人队伍,唱和、品第、标榜是诗社增强凝聚力并发挥影响力的重要手段,也是常见的诗社活动形式。

我国在唐代已出现诗社之名,白居易所创的洛阳九老会就是一个有组织、有固定成员和活动地点、定期聚会的团体。宋代的文人结社的情形更为活跃,其中属于怡老性质的诗社,多冠以耆英、九老、真率会一类的名称,参加者多为退休的高龄官员,主盟者多曾在朝任过高官,在社会上有一定的影响力,这是宋代文人生存方式演变的产物。这些文人在"序齿不序官"的规则下,摒除矫饰和繁文缛节,追求率性朴素的"真率"气氛,以组织的形式集结成员定期聚会,逐渐产生集体意识。这类文会遍布各地,在宋代可考的就有六七十家。

明州早在晚唐时已经出现了僧人组织的林下文会。北宋后期,舒亶等月湖诗人群的唱和也很频繁。全祖望认为:"吾乡诗社之可考者,自宋元祐、绍圣之间,时则有若丰清敏公、鄞江周公、懒堂舒氏,而寓公则陈忠肃公、景迂晁公之徒预焉。"①但北宋丰稷等人的唱和没有一定的组织形式,最多只能算作是准诗社。两宋之际,四明地区世代业儒的士族世家,在长期的联系中,形成了绵密的网络,这就需要举办一些文酒诗会来进一步凝聚团体意识,达成分享生活经验、联络情谊的目的。薛唐诗中提到"高篇社中厌黄初"②,可能其时甬上已有了诗社,

---

① (清)全祖望撰、朱铸禹汇校集注《句余土音·自序》,《全祖望集汇校集注》(下),上海古籍出版社2000年版。
② (清)胡文学《甬上耆旧诗》卷二薛唐《书壁》,《四库全书》文渊阁本。

但其名称已不可考。南宋时期,四明地区以诗社、交游为宗旨的集会,就有五老会、八老会及尊老会、真率会等,这种社群的形式是南宋前期宁波文坛最引人注目的现象。

五老会成立于绍兴十四、十五年间(1144—1145年),成员都是归老于乡、年龄在70岁以上的太学旧人。楼钥曾记述云:"吾乡旧有五老会,宗正少卿王公珩、朝议蒋公璇、郎中顾公文、衢州薛公朋龟、太府少卿汪公思温外祖也,皆太学旧人,宦游略相上下,归老于乡,俱年七十余,最为盛事。"①薛朋龟大女婿高闶记述说:五老系"昔学校之旧,闲居里闬,其爵位兄弟也,其德性兄弟也,其年齿兄弟也,因约为五老之会,仙冠道服,芒鞋筇杖,弈棋倾榼,终日谈咏,不及时政,唯畅叙幽情,追道旧事而已。酒酣意适,欣然所遇,更绘为《五老图》以示乡人。"②五老都是进士出身,在地方上有一定的影响力,致仕之后,在彼此的园林中,赏花赋诗,以诗唱和,成为他们晚年排遣时间的重要方式。他们均奉行"进则尽节,退则乐天"的人生准则,在混乱的时代里,好在甬上还算太平,他们有条件独乐其身,追求自我个体的悠闲舒适,感受晚年生活的欢愉快乐,这正是他们结社的动因。五老会是南宋初期四明地区首次出现的老人诗社。

继五老会而起的是八老会。五老会成立后,在地方上同有声誉的高闶和吴秉信因年龄尚轻,还没有资格加入。不久,王珩和薛朋龟相继辞世,适值参知政事王次翁致仕,回乡寓居,仰慕五老会的义风,倡议将原来的五老会改组为八老会。于是蒋璇、顾文、汪思温、高闶、吴秉信、王次翁、徐彦老和布衣陈先就成为这个诗社的成员,性质上"已不及前日之纯全矣"③。八老会由于参与成员的资历不等,逐渐加强了

---

① (宋)楼钥《攻愧集》卷七五《跋蒋亢宗所藏钱松窗诗帖》,《丛书集成初编》本。
② (宋)高闶《宋左朝奉大夫薛公墓铭》,见马兆祥主编《碑铭撷英》,第28页,人民美术出版社2003年版。按:据此墓志铭,薛朋龟生于1074年,卒于绍兴十六年(1146年)春正月辛巳;复据楼钥所说"俱年七十余"推算,则五老会的成立时间当在绍兴十四、十五年间(1144—1145年)。
③ (宋)楼钥《攻愧集》卷七五《跋蒋亢宗所藏钱松窗诗帖》,《丛书集成初编》本。

"乡谊"的成分,而成为更具乡里交游性质的聚会。

继八老会而成立的是尊老会,大约在孝宗隆兴年间(1163—1164年)史浩罢相家居时所创。尊老会的成员和活动的情形,虽不得其详,但主盟者史浩在《鄮峰真隐漫录》中略有透露,如《四明尊老会致语》、《五老会致语》、《六老会致语》,还留下了在尊老会上劝酒的5首《满庭芳》词及淳熙四年(1177年)在乡老会上作庆劝酒的《最高楼》词。可知尊老会的性质亦多属于娱老诗会,只是因为参加的乡里耆旧人数屡有变动而名称各异罢了。如《五老会致语》云:"昔日翱翔艺圃中,词锋凛凛各争雄。倦飞雅遂鸿冥志,良集皆成鹤发翁。"①显然,史浩所指的五老,原来都是争雄艺圃的文人,即其所谓"无限文星作寿星"②。史浩《寄居为诸乡老庆寿致语》云:"年弥高而德弥卲,吾乡雅重于耆儒。少者怀而老者安,此道益敦于先达。"③道出了这类为尊德齿而举行的高会的宗旨,亦见乡风之一斑。释宝昙《和史太师蜗室》诗云:"春风犹有耆英会,未必饥餐困即眠。"④这里的"耆英会",大约亦指尊老会。而那些乡里耆旧,可能多为史氏族人。如史浩淳熙十二年挂冠归来,年登八十,姐姐年八十三,四弟又皆高年,同气至亲,举觞相祝,朱颜华发,咸康而寿,遂绘为《六老图》,以史宜人称首。⑤ 这就略微透出了这方面的一些信息。很可能受到史浩举办尊老会的影响,其时象山、昌国也开展了类似的活动。史浩曾代作致语云:"开府相公,庆是高年,为会以相娱乐。知县朝议,成其雅志,开怀而尽春容。千里同风,一时盛集。"⑥这次集会由县官发起,尊德齿而成高会,也有乐部捧

---

① (宋)史浩《鄮峰真隐漫录》卷三九,《四库全书》文渊阁本。
② (宋)史浩《鄮峰真隐漫录》卷三八《四明尊老会致语》。
③ (宋)史浩《鄮峰真隐漫录》卷三八。
④ (宋)释宝昙《橘洲文集》卷四,《续修四库全书》本。
⑤ (宋)楼钥《攻愧集》卷五三《六老图序》,《丛书集成初编》本。按:《攻愧集》卷八三《祭史宜人》云:"夫人尤盛,年帙开九。"在史宜人年龄上与《六老图序》所言不甚相合。
⑥ (宋)史浩《鄮峰真隐漫录》卷三八,《四库全书》文渊阁本。

场,非常热闹。史浩另有《诗社得神字》诗:"今宵文友会,作句擅清新。"①这是他在诗社中的分韵之作,这一属于"文友会"的诗社显然有别于尊老会,但其详情却不得而知。在每年的重阳节,史浩等人还要在月湖举办菊会。

比尊老会略迟而兴起的是碧溪文会。乾道三年(1167年),魏杞退处鄞县碧溪(即今鄞江镇),山中之客唯张良臣与安昭祖从容觞咏,而郑黄中、王德新、龚养正、薛清卿、汤孙将等又皆与安昭祖相与为文会唱酬之友,②因此他们都可以看做是碧溪文会的重要成员。

更为著名的四明真率会,主盟者为汪思温次子汪大猷。大约在淳熙后期,汪大猷等已在甬上举办真率会,以白居易的闲适人生为追慕对象。据楼钥记载,赵粹中于淳熙六年(1179年)罢官后,即与史浩、汪大猷、魏杞等人为真率之集,"虽有乡老,亦赖寓公。……人化其德,事之滋恭"。③绍熙二年(1191年),汪大猷致仕回乡,全力领导真率之集。先后参加真率会的成员众多,后期主要有楼钥、赵伯圭、朱南剑、高仲远等十余人。其中楼钥是汪大猷的外甥,庆元元年(1195年)因赵汝愚之诬及论救吕祖俭之贬,得罪当道而返乡参与真率会,"六年之间,有行必从,有唱必和,徒步往来,殆无虚时,剧谈倾倒,其乐无涯"④。真率会的活动以月为期,相当频繁,主要内容为近郊闲游、品茗闲聊、觞咏琴弈,而诗盟和棋会是他们最喜欢开展的活动项目。对此,楼钥在《少潜兄真率会》有真切的描绘:"昼锦坊中作真率,群从相过无俗物。主人就树折杨梅,醉倒熏风凉拂拂。小舟傍城登雉堞,坐看白鸟苍烟没。须臾撑出洞天去,杰阁三层高突兀,樽前赋诗贵神速,十分钝作辽天鹘。从他银漏促残更,要见林间红日出。"⑤可见,真率会贵在真

---

① (宋)史浩《鄮峰真隐漫录》卷三,《四库全书》文渊阁本。
② (宋)楼钥《攻愧集》卷一〇四《安光远墓志铭》,《丛书集成初编》本。
③ (宋)楼钥《攻愧集》卷九八《龙图阁待制赵公神道碑》。
④ (宋)楼钥《攻愧集》卷八八《敷文阁学士宣奉大夫致仕赠特进汪公行状》。
⑤ (宋)楼钥《攻愧集》卷二。

率,他们品尝时果、游览登临、饮酒赋诗,活动甚至通宵达旦。

五老、八老及汪大猷诸家在南宋初唱和频繁,大致以田园闲适、应酬娱老为宗旨,只是封闭在个人生活的圈子里吟诵着林泉风月中的逍遥自在,其作品缺乏鲜明的时代感和现实感,所以很少流传。南宋前期的怡老社会,其意义并不在于有多高的艺术成就,而在于文酒诗会的群体交往已成为宁波老年文人的一种生存方式,如楼钥诗所说:"社中日相从,此意岂不真。其初定要约,深期往来频。"①有着相同背景、共同关怀的乡里耆旧,借着诗词唱和琴弈交流,一起度过有着丰富文化生活的晚年。他们在相互的交流中,巩固、增进了彼此的情谊,进而引发共同兴趣,凝聚集体观念,推动了尊老序齿、敦尚礼教的乡里风尚,也浓郁了地方的文学风气。这些远离政治、贴近生活的活动,显示出了独具特色的四明文化,而以崇尚唐代白居易一派闲适人生为主导的诗词联谊,也使得田园、隐逸、闲适的旨趣占据了南宋前期宁波诗坛的主导地位。

总之,南宋前期的宁波文人社会,与尊老、尚齿意识深入人心密不可分,正如史浩在《四明尊老会致语》中所说的:"此邦敬老,尤高于九牧。"②

大约从南宋中期起,真率之风在明州开始式微,代之而起的是普通士人的一般性诗社,如孙应时与高司户所结诗社。③ 高翥《清明日招社友》也提到了诗社。吴江人魏汝贤《寄题四明张氏南园》诗云:"高人尔日联吟社,逐客当年作寓公。"④意为当年四明张氏南园中曾经举办了联吟社,作为寓公的魏汝贤有幸参加。宋末还出现了陈著负责的菊集。《本堂集》卷五三有《菊集所檄》两文,为陈著召集社友于重阳

---

① (宋)楼钥《攻愧集》卷三《史清翁次前韵觅酒以金川玉友一枕瓶西安酒一斗送之次韵》,《丛书集成初编》本。
② (宋)史浩《鄮峰真隐漫录》卷三八,《四库全书》文渊阁本。
③ (宋)孙应时《烛湖集》卷一九《寄高司户》,《四库全书》文渊阁本。
④ 傅璇琮等《全宋诗》第60册,第37848页,北京大学出版社1998年版。

节举行诗社活动所发的通知。从"脉累年之成例","有前屡岁之成规"等句看,该诗社曾持续了相当长的时间,大约以每年的重阳节为期,定时举行活动。该社旨在固守文化传统,相互砥砺,甘于恬淡,坚持晚节。

此外,随着科举的兴起,一些与科举考试有关的会社(课会、书会、文会)也应运而生。举行科举会社的最重要的功能,主要在于举子间的相互激励,商讨切磋以收到比个人埋首苦读、孤独无友更明显的功效。这类会社的另一个重要功能乃是通过友朋的规正砥砺,以加强举子的道德修养。如余姚孙一元(1189—1268年)创立炉溪文社,对子弟躬自督课之。① 奉化张锴(1212—1273年)创立登云课社。② 陈著所作的《桂峰课会檄》,是一篇举子相期结课会的宣言,文中将举子们参加此类会社的心态揭露得颇为清楚。③

二、乡饮酒礼的开展

乡饮酒礼产生于周代。秦汉以来,曾长期为士大夫所沿用。古人在习射前,社祭、腊祭后,乃至在乡校中都举行乡饮酒礼。后来亦指地方官按时在儒学举行的一种敬老仪式。隋唐以来,乡饮酒礼的仪式反而以行于科举及学校为多,具有教化的作用。

唐代的乡饮酒礼在科举时举行,且不固定,影响不大。北宋的乡饮酒礼最初也只是在科举贡士时举行,唯独明州长期存在一种仿古乡饮酒礼的岁末会拜之习,时人在州学,"于岁之元日或冬至,太守率乡之士大夫释菜于先圣、先师,而后会拜堂上,长幼有序,登降有仪,摈介有数"④。南宋时王伯庠曾记述说:"明之为州,士风纯古,凡岁之元

---

① (宋)黄震《黄氏日抄》卷九七《致政修职孙君墓志铭》,《四库全书》文渊阁本。
② (宋)陈著《本堂集》卷九一,《四库全书》文渊阁本。
③ (宋)陈著《本堂集》卷五三。
④ (宋)《宝庆四明志》卷二《乡饮酒礼》,《宋元方志丛刊》本,中华书局1990年版。

日、冬至，必相与谒先圣先师，而后以序拜于堂上，行之久矣。"①但这种礼节的具体情形不得其详。元人程端礼曾说："废坠之久，在宋淳化间四明独能行之，朝廷取布之天下。"②可见北宋时明州这种独特的乡饮酒礼，在淳化年间（990—994年）已经举行了，在当时大概可算是一枝独秀，因而一度引起了朝廷的注意，并将明州之式颁布全国，但似乎并没有取得良好的推广效果。

建炎三年（1129年），明州州学被金兵所毁，乡饮酒礼从此废而不讲，但这一直成为地方长官和儒士的一块心病，他们谋求恢复的念头始终未改。绍兴七年（1137年），仇悆守明州，重建州学，又恢复乡饮酒礼，且"益以酒三行之礼"，予以庆贺。其后仇悆正式任知明州，更买田106亩作为举行乡饮酒礼的经费。学田由明州教授郑耕老具体负责。学田的创立，使这一礼节的举行有了经费保证。乡人王伯庠曾作记云："明之学者，自是岁时得举盛礼，明长幼、厚人伦、敦庞和辑之化，由此兴起，则受公之赐，岂有穷也？"③乡饮酒礼首先得以在明州施行，再次引起了朝廷的注意。乡人林保参照明州施行的办法，制定了《乡饮酒仪》，登朝入奏。绍兴十一年，又加以修定损益，定名为《乡饮酒矩范仪制》，由礼部奏请遍下郡国施行。明州乃将已行的仪制与林保的规式参酌改定，并由国子祭酒高闶草具其仪，上之朝廷，绍兴十三年四月正式镂版颁行。④

从仪式上看，参加乡饮酒礼的主要人物是主人和宾客。主人一般由地方正官充任，宾客则是民间耆老、致仕官员、一般儒士。参加主持仪式的还有僎、介、三宾、司正、赞者等。其具体的仪式见于绍兴所颁

---

① （元）马泽修、袁桷纂《延祐四明志》卷一四《乡饮酒记》，《宋元方志丛刊》本，中华书局1990年版。
② （元）程端礼《畏斋集》卷三《庆元乡饮小录序》，《四明丛书》本。
③ （元）王元恭修，王厚孙、徐亮纂《至正四明续志》卷一一《仇待制乡饮酒置田记》，《宋元方志丛刊》本，中华书局1990年版。
④ （清）徐松《宋会要辑稿》礼四六之一、四，中华书局1987年影印本。参见（宋）周必大《文忠公集》卷六《林保神道碑》，《四库全书》文渊阁本。

的乡饮酒礼仪制中。但这一礼仪后来却受到朱熹的批评,他说:"明州行乡饮酒礼,其仪乃是高抑崇(按:指高闶)撰,如何不曾看《仪礼》,只将《礼记·乡饮酒义》做这文字? 似乎编入《国史实录》,果然是贻笑千古者也。《仪礼》有拜迎、拜至、拜送、拜既。拜送谓迎宾拜;至谓至阶拜;送谓既酌酒送酒也;拜既,卒爵而拜也。此礼中四节如此。今其所定,拜送乃是送客拜两拜,客去又拜两拜,谓之拜既,岂非大可笑! 礼既,饮左执爵,祭脯醢。所以左执爵者,谓欲用右手取脯醢,从其便也。他却改祭脯醢作荐脯醢,自教一人在边进脯醢,右手自无用,却将左手只管把了爵,将右顺便,手却缩了,是可笑否?"又说:"绍兴初为乡饮酒礼,朝廷行下一仪制,极乖陋。此时乃高抑崇为礼官,看他为慎终丧礼,是煞看许多文字,如《仪礼》一齐都考得仔细,如何定乡饮酒礼乃如此疏缪,更不识着《仪礼》,只把《礼记·乡饮酒义》铺排教人行?"①朱熹对高闶的做法颇为不满,但从他的评论中可见高闶所定此仪式的大概情况。显然,在礼仪的制定上,高闶不是一味地复古照搬,而是对古礼作了一些修改,有的地方更加简便,何况他也是有所本的,而且新定的仪式得到了大家的承认,甚至被编入《国史实录》中,所以朱熹的批评也未免过于苛刻了。

宋廷颁布的仪制,标示尊卑之别,确定乡里耆老在仪式中的角色,以及适应各地不同状况的权宜措施。其后宋廷规定各地在举办科考之年,同时举行乡饮酒礼,也就是三年一次,但也允许每年举行。不过,由于乡饮酒礼的礼制相当繁杂,除明州外许多地方都无法坚持举行。只是仇悆所拨的学田后被移作养士之用后,由于经费无着,明州酒礼一度中止。乾道四年(1168年)明州再恢复乡饮酒礼。当时知明州张津拨鄞县、昌国县二地没官之田260亩及山地249亩给州学,作为行酒礼的经费,并规定由州学教授率当地父老主持酒礼。据王伯庠《乡饮酒记》,行礼之日,"教授率三先生侑坐,献酬于守倅,礼成拜既,

---

① (宋)黎靖德《朱子语类》卷八七,中华书局1986年版。

风动千里。莫不砥砺澡濯,期毋负贤太守敦教化、厚风俗之美意"①,从而在地方上产生了很大的影响。其中汪大猷等耆老就扮演了重要角色,他劝当地巨室助修州学后,"冬至岁旦,序拜有规,主盟斯事,少长以礼,推年长者为学宾,遇释菜则为祭酒,自编于布韦之间,以为一乡矜式"②。此后,乡饮酒礼成为明州地区持续举行的文化活动之一,其中嘉定七年(1214年)在程覃主持下,礼行尤盛。在耆老的领导下,当地士人不仅热情参与典礼,甚至出钱出力予以资助。如宝庆三年(1227年)郡士出钱百缗资助,乡人厉氏也助钱五十缗,而整个典礼是由乡人户部尚书何炳董理,"日会耆俊,参订同异,润色绵蕞,六邑风动,骥愿齿列,凡一千五百余人。昔者升歌合乐之仪,未遑搜举,于是依《鹿鸣》等诗之声节以合止,献酬交错,古意顿还"③。这次活动规模盛大,但在仪式上已经非复旧典。淳祐六年(1246年),明州州学再行饮酒礼,太守颜颐仲"搜举旧典,增造礼器",由陈卓为首宾席仪,参加者多达三千人,花费官币54770贯,场面相当壮观。能举办如此宏大的盛典,参加者的心情非常激动,太守颜颐仲不禁提笔赋诗:"王春人日喜阴晴,文物衣冠萃四明。礼乐几年今一见,主宾百拜酒三行。人心天理顿兴起,士友民风悉变更。太守自惭才德薄,纲维全赖老先生。"④明州的乡饮酒礼一时臻于兴盛。

在明州饮酒礼风气的带动下,余姚自乾道以来也时断时绝地开展了这一活动。孙应时《余姚乡饮酒仪序》说:"吾邑乾道间,乡先生叶君汝士仕而归老,邦人高之,请于大夫,特举是礼以宾之,颇损益旧仪。其后邦有所共庆,辄再讲,而疏阔不常。前四年,常侯褚造朝,以此饮饯于学。今赵侯善湘满秩当去,复行焉,会者尤盛。方春之中,风和日

---

① (元)马泽修、袁桷纂《延祐四明志》卷一四《乡饮酒记》,《宋元方志丛刊》本,中华书局1990年版。
② (宋)楼钥《攻愧集》卷八八《敷文阁学士宣奉大夫致仕赠特进汪公行状》,《丛书集成初编》本。
③ (宋)袁燮《絜斋集》卷一八,《四库全书》文渊阁本;(宋)《宝庆四明志》卷二《学校·乡饮酒礼》,《宋元方志丛刊》本,中华书局1990年版。
④ (宋)《宝庆四明志》卷二《学校·乡饮酒礼》。

明,搢绅韦布,闾阎济济,卒事无阙,观听肃然。"①后来如县令陈维嘉在三年政成后,"乃行乡饮礼,少长雍雍,观者悦服"②。但是,余姚的乡饮酒礼着眼于庆贺朝官归老、歌颂地方官造朝及在任时德政以及"邦有所共庆"的事,与尚齿尊贤的本意相去已远,很大程度上异化为尊官荣官的一种装饰,实难以与明州所行相媲美,但可以看做是南宋乡饮酒礼的一种形态。余姚的乡饮酒礼主要是依据邑士莫叔亢所熟悉的一套仪制而举行的。孙应时说:"古礼既难尽复,绍兴之颁制亦不存于故府。邑士莫叔亢独能熟其旧闻,以相此仪。赵侯嘉之,而惜其莫之传也,乃图而刊诸牍,且访诸永嘉郡庠所行而参校附益焉。"即邑令赵善湘将莫叔亢所传的仪制(当为绍兴颁制)绘图记录下来,并派人访问永嘉郡庠所行的乡饮酒礼,刊行传世。③

四明的乡饮酒礼一般是在岁末或春日举行。此外还有在贡士期间举行的乡饮酒礼,也叫鹿鸣宴,参加者包括贡士、考官、地方官等。科举贡士三年一次,鹿鸣宴的举行亦三年一次,比较有规律。

在南宋政府的推动下,江南不少地区曾举行乡饮酒礼,但都是旋作旋废,不克为继,而明州却是南宋最早恢复乡饮酒礼并持续举行最久的地方,同时也是整个南宋乡饮酒礼最为盛行的地方。明州士人林保、高闶对仪制、仪式的研究与推动,不仅使它成为全国性的规范,更使乡饮酒礼之行。凝聚了明州士人的向心力,创造出独具特色的文化风气。元代程端礼在《庆元乡饮小录序》中就说:四明"绍兴以后,贤守相济,继订礼益精,且立恒产,以供经费,风俗之美,文献之盛,遂甲他郡"④。这就是说乡饮酒礼的推行,不但昭示了四明儒学和礼乐的发达,以及文物衣冠荟萃的盛况,同时反过来于四明文化的发展也具有极大的帮助作用。四明借此一项活动的实施,增强了士族及耆老在地

---

① (宋)孙应时《烛湖集》卷一〇《余姚乡饮酒仪序》,《四库全书》文渊阁本。
② (宋)黄震《黄氏日抄》卷九〇《余姚县乡饮序》,《四库全书》文渊阁本。
③ (宋)孙应时《烛湖集》卷一〇《余姚乡饮酒仪序》。
④ (元)程端礼《畏斋集》卷三,《四明丛书》本。

方学校、科举等文化方面的角色,以及明州士人的凝聚力,对建立独具一格的明州学术文化传统,贡献甚大。

三、其他庆会活动

宋代四明还有形形色色的庆会。四明风俗,"赏心喜并乐事,寓情俎豆壶觞",故要邀集"满座懿亲,同时重客"①,举行各类庆会。仅据《鄮隐真峰漫录》,就有庆寿会、庆宅会、庆赐第复会、纳婿亲会、成亲会、加封庆会、荣升庆会等。会上一般要献"致语"、"口号",其内容"皆述德美及中外蹈咏之情",自然也少不了埙篪并奏、妙歌妍舞的表演。② 如楼钥曾为母亲和舅氏汪大猷举行庆寿会,他写道:"去岁老母年九十,公少十岁,乡间合庆,元夕之后,箫鼓相闻,暮春方止。"③合庆的隆重程度由此可见一斑。

第四节　义风的形成和发展

唐、五代时期,四明地区的核心社会观念是"孝",自发式的义事活动也有涌现,但"义"作为群体的社会公德意识显然还处于蛰伏状态。如唐贞观间(627—649年)姚娘富而好施,由会稽迁居句章的王赟"所轻者财,所重者义"④,五代时外来户倪九畴航海抵象山,定居缯棚岭,"乐善好施"⑤。但这样的事例还殊少记载,其性质主要表现为邻里互

---

① (宋)史浩《鄮峰真隐漫录》卷三九《复诸亲庆会致语》,《四库全书》文渊阁本。
② (元)脱脱等《宋史》卷一四二《乐志第九十五》,中华书局1985年版。
③ (宋)楼钥《攻媿集》卷八八《敷文阁学士宣奉大夫致仕赠特进汪公行状》,《丛书集成初编》本。
④ (唐)佚名《唐故守右威长琅琊王府君铭志》并序,见俞福海主编《宁波市志外编》,第866页,中华书局1988年版。
⑤ (民国)陈汉章总纂民国《象山县志》卷二二《先贤传·倪九畴》,第1238页,方志出版社2004年版。

助。进入北宋,随着儒学在四明的兴起,宗族势力在乡村迅速强化和扩展,以地缘和血缘为纽带的慈善活动日趋活跃,"义"越来越被社区居民凝聚为普遍的公德意识。① 四明以"义"自命者颇不乏人,"义"显然已经成为慈善活动的思想旗帜而得到有力的张扬,四明地区的义行义事出现了发扬的态势。

一、四明义风的兴起

"义"主要表现为一种自觉地对他人、对社会的责任心和道德行为,是人与人之间和谐相处、互相扶助的一种道德追求,也是一个地区社会精神风貌的集中体现。"义"是儒家信守的"五常"之一,即处理人际关系的基本道德准则。儒家非常重视"义",把"义"当做人的立身处世之本,持"重义轻利"的价值导向。北宋四明义风的自觉兴起首先与北宋儒学地域化的成果密切相关,表明儒学在四明地区的完全立足,继"孝"之后,"义"的思想观念至北宋已经内化为地域居民的行为指导原则。"义"的观念首先是对儒家"亲亲"原则由近及远的推广,表现为一种推己及人的道德理性。长期以来,宗党乡族观念积淀在人们的意识之中,逐渐由血缘关系而至地域的邻里、同乡关系,这意味着类似的生活习惯和价值观念的彼此认同,也意味着民间社会的进一步发育。因此,"义"的观念从根本上说,是宗法社会网络延伸的必然结果。当然这种延伸在空间上一般不是无限的,而是带有特定的社群色彩,并表现出一定的城乡差异。城镇的人口流动性使"义"的行为实施呈现一定的开放性,而乡间则受农业社会里浓厚的根土观念所制约,一般仅以宗族和乡邻为对象,而呈现为一定的保守性。其次,"义"的观念也是儒学利济思想的具体表现。宋代士人多以经术为先务,谈道德性命之学不绝于口,遂由汉唐士人对功名的孜孜以求转向对道德主

---

① 社会学上的社区是指一定地域内的人们社会生活的共同体,它作为一种地域性的社会实体,与一般行政区不同。

体精神的追求,以期以个人的道德完善促进社会的发展,这无疑是宋代慈善活动得以普遍开展的思想基础。北宋四明地区儒风浓郁,士人普遍以追求利济品格为己任。如余姚莫襄"生平好兴利去害,利物济众,一切出于至诚,不惮劳苦,及其有成,不以自录"①,颇具典型性。我们知道,子思在《中庸》中强调"至诚",认为"至诚"可以通天,可以使人的本性(也就是善性)充分发挥出来。莫襄的行为"一切出于至诚",正说明其义举渊源于思孟学派的思想。北宋四明人士所张扬的"义",基本属于正统儒学的道德范畴,并由此化为人们行为实践的指导原则。

　　四明"义"风的兴起同时也是佛教"乐善好施"、因果报应观念深入人心的结果。行善是中国佛教信仰的基本实践活动之一,佛教认为:"有以一勺之汤,一啖之茶,活人于道路者,功或倍之,是盖济其急也。"②相比较而言,佛教的慈善活动更具有道德和信仰意义。而佛教以因果报应设教,因果报应便作为人的道德判断与选择的依据,成为中国社会的一个重要思想,因而厚德积累、积善图报、不荣其生、将显诸后的因果观念,也成为推动四明民间慈善发展的思想基础。元代的孔齐即认为:"宋四明史氏祖甚微,为郡杖直之卒。每有阴德及人,好善三世,生浩,南渡后拜相,赠越王,越王生弥远,又拜相,赠卫王,从子嵩之,又拜相,子孙数千人,至今富盛不绝,皆阴德之报也。"③阴德之报虽然是孔齐对史氏家族何以兴旺的一种解释,但孔齐寓居于史氏聚居地上水村,与史氏子弟交往颇密,自然很了解他们对家族史的诠释观念,因此"阴德之报"在某种程度上也应该反映了史氏家族内部代代相传的积善得报的思想观念。南宋慈溪人章焕认为:"吾家居此地若是其久,而绵延弗替者,皆吾先世厚德积累以致此。汝曹识之,续而不

---

① (宋)《宋故莫府君墓志铭》,见童兆良《检点上林文明·金石篇》,第158页,中国文联出版社2003年版。
② (元)释惟则《师子林天如和尚语录》卷六《善惠庵施茶田记》,《卍新纂续藏经》本。
③ (元)孔齐《至正直记》卷一《阴德之报》,《丛书集成初编》本。

绝,则吾家愈久矣。"①这就是说,一个家族之所以能够发展壮大,是先祖厚德、积善之报的结果。正是这种厚德、积善之"报",支撑并维系着一个家族长期地开展慈善活动,以便为家族未来的兴旺发展奠定良好的基础。正因为积善、厚德的观念深入人心,四明大家族的慈善活动往往能形成传统,绵亘数世而不衰。如余姚胡氏家族中,胡宗伋之行善闻名遐迩,其孙胡抟"乐善急义若嗜欲,平生百为,其意无一不出于厚"②。余姚莫氏家族,"其先自吴兴来徙,家世世积善好施"。至南宋时有莫子晋者,家实贫,但"里中义事踊跃先之,忘其力之不足"③。奉化汪氏家族中,汪湜"倜傥好施",其后裔汝贤"承籍先人遗业,约己安分而用益饶,其养贫族、归孤女、修舆梁,病者予药,死者不能敛予棺,皆发于诚实,可为子孙法",而汝贤之子伋又能以慈善行动完成其父赈济、助学的素志。④慈溪人章焕特别强调"救人之饥,自吾家故事,何敢忘之",因此里中艰食者,多赖章家以济。此所谓"吾家故事",指的就是家族相传的行善传统。孙应时作《茅从义墓志铭》,谓余姚茅中"乐善好施","逋租负息多置不问",其子茅从义性行一似其先人,乡里皆曰:"积善之庆,方钟于君。"⑤南宋四明作家为本地人士所作的墓志铭,谈论慈善成为风气,且往往溯源至上世的慈善以为传统,这都是积善旺族观念带来的结果。

二、南宋四明义风的新发展

北宋四明民间慈善活动,文献记载上所及的地域空间以"乡"相称为多,"乡"在一般情况下指的是乡村,为一姓或数姓聚集的自然村落;

---

① (宋)袁燮《絜斋集》卷二〇《章府君墓志铭》,《四库全书》文渊阁本。
② (宋)孙应时《烛湖集》卷一二《胡提干圹记》,《四库全书》文渊阁本。
③ (宋)孙应时《烛湖集》卷一二《莫府君圹记》。
④ (宋)舒璘《舒文靖集》卷上《迪功郎汪公墓志铭》,《四库全书》文渊阁本。
⑤ (宋)孙应时《烛湖集》卷一二《茅从义墓志铭》。

也有以"里"、"闬"相称的,一般指城镇,不过那些小城镇也存在着类似乡村社会那样的较为紧密的社会结构。北宋四明民间慈善的救助对象以"熟人"居多,也有素不相识的人。宗教慈善的对象则没有地缘和血缘的限制性,也没有要求或期待受益者作任何物质上的回报。北宋四明民间慈善的具体行为主要表现在赈饥救荒、济贫恤穷、襄助婚丧、扶弱解困、公益事业等方面,文献所记几乎以临时性的济助为多,大致可以划分为生活性的和公益性的两大类。

到了南宋,四明的"义风"更加被发扬光大。史浩《寄居为诸乡老庆寿致语口号》云:"共开樽俎为高会,尤喜乡间有义风。"① 在"义"的旗帜下,社会慈善公益活动得到有力的发展,义事、义举层出不穷,涌现了一大批典型的慈善家。沈焕曾自豪地称:"吾乡义风素著,相赒相恤,不待甚富者能之。"② 以至于出现了四明为"义郡"的说法。③ 南宋四明的"义风"具体表现为如下几个方面:

1. 承继北宋之义风,个体散在形态的慈善活动蔚为风尚。南宋四明地区非制度化的个人慈善行为非常普遍,慈善内容包括生活周济、婚丧济助、抚养遗属,以及修桥、铺路、助学等。这些个人慈善行为往往带有相当程度的临时性、随意性和不确定性等特点。试略举数例:赈济饥荒方面,绍熙中岁旱,米价腾涨,余姚孙椿年发廪贷里人,明年粜贱来偿,不要利息。余姚吴自然于德祐元年(1275年)出粟赈其乡里,全活者数千人,其后辄饥辄赈,诏表所居之坊为"高谊",号"义门"。④ 鄞县桃源乡杜启心,开庆初岁歉收,"尝出以赈乡里之贫乏者","明年又饥,复为发粟"。他的赈济行动不要回报。同乡又有江微清,"家饶裕,好行善事。时值岁饥,尝出粟米若干石以赒济饥,赖此

---

① (宋)史浩《鄮峰真隐漫录》卷三八,《四库全书》文渊阁本。
② (宋)《宝庆四明志》卷一一《乡人义田》,《宋元方志丛刊》本,中华书局1990年版。
③ (宋)楼钥《攻愧集》卷八八《敷文阁学士宣奉大夫致仕赠特进汪公行状》、卷九〇《慈溪县董孝子庙记》,《丛书集成初编》本。
④ (清)李卫等雍正《浙江通志》卷一八八《人物八·义行》,中华书局2001年版。

以全活者无数"。① 建立义冢方面,鄞县桃源乡陈东,在陈居仁义风的影响下,于陈山下建立义冢一区,"以瘗埋乡党之无所埋者"②。周恤方面,鄞县楼钥一族,母亲汪氏"喜周人之急"③;楼锡"人有所求,惟力是视,告以急难,必倾身以应之"④;汪大猷"产业素薄,仅足自给,纳禄之后,用亦浸窘,随力周施,嫁人之孤女,葬贫者之丧,不知其几"⑤。余姚的符氏兄弟更以"尚义"闻名,其中兄必藻"天性孝慈,施与无吝。岁饥,出钱谷以振贷,周恤患难,不分亲疏"。弟必达曾热心救助三位佣于余姚、身患重病而被主家赶出的外地人,为他们请医、护视,死者资使归葬,至于修缮寺庙、修桥砌路、筑塘置堰之类,无不厚助,从而得到户部的表彰,免其家徭役,号为"善人"。甚至连"生理素薄"的余姚高国佐,亦"收恤遗孤",至于"用常不给"而不弃。⑥ 这类例子举不胜举,难怪沈焕要说"吾乡义风素著"⑦了。

孙应时通过对个体散在形态的善事进行细致的观察,曾指出:"一邑一乡之善士,若未必为当世重轻损益。"⑧可见一邑一乡的善士,他们的善行虽佳,毕竟泽及范围不广,社会影响有限。

2. 家族互助形态的慈善活动发展到制度化的新阶段。南宋富家以其余力济助贫困族人的事迹很多,或济助族人的生活,或教育族人的子弟,或赠予族人的妆奁,或供给族人生产所需的土地和资本。如叶适曾说:"余姚之胡,冈连垄接八世矣,族人贫富相通,亲疏相恤,堕

---

① (清)臧炳麟、杜璋吉著,龚烈沸点校《桃源乡志》卷四《列传志五·孝义志》,中国档案出版社2006年版。
② (清)臧炳麟、杜璋吉著,龚烈沸点校《桃源乡志》卷四《列传志五·隐逸》。
③ (宋)楼钥《攻愧集》卷八五《亡妣安康郡太夫人行状》,《丛书集成初编》本。
④ (宋)楼钥《攻愧集》卷八五《先兄严州行状》。
⑤ (宋)楼钥《攻愧集》卷八八《敷文阁学士宣奉大夫致仕赠特进汪公行状》。
⑥ 以上见(民国)杨积芳纂,王清毅、岑华潮点校《余姚六仓志》卷二七,慈溪文献集成第1辑第3册,第631页,杭州出版社2004年版。
⑦ (宋)《宝庆四明志》卷一一《乡人义田》,《宋元方志丛刊》本,中华书局1990年版。
⑧ (宋)孙应时《烛湖集》卷十二《宋秉彝墓志铭》,《四库全书》文渊阁本。

枝落叶,亦使自存。"①四明家族间的互助行为是经常发生的,其较为高级的形式则是将救助行为制度化,具体表现为义庄(田)的不断创立。义庄虽创于北宋,但至南宋始成为社会上一个普遍的制度。因其有固定的田产作永久的经济来源,从而使家族互助能够取得更加广泛而长远的效果。范仲淹所创立的义庄制度成为后世家族互助组织的一个典范,也受到四明人士的高度重视。义庄制度是一种宗族制度,四明的宗族制度较为发达,从而为义庄的发展提供了合适的条件。尤其是浙东海乡,丰歉不常,更需要有制度性的义庄保证赡给。而对宗族内部的凝聚来说,揭起"义"的旗帜,则有利于团结宗族。故余晦说:"盖聚族而居,惟义足以相守,而养生不赡,则于义有不暇恤。"②

关于南宋甬上义田的类型及其设立情况,全祖望曾记述说:"宋室之南,吾乡先辈史、汪、沈诸公置义田,以廪乡人之穷者,而专以义田廪其宗人者三家:最初为楼氏,盖宣献公之世父扬州安抚所创,宣献之父岐公欲增益之而未就,至宣献始大之。其继为余氏,盖鲁公为大参守吾乡郡,其从子晦又嗣守,始成之。……最后为吾全氏,则草创于宋征士菽和府军讳汝梅,而成于其子若孙。"③这里,全祖望明确将南宋甬上的义田分为"以廪乡人之穷者"及"廪其宗人者"两大类型,后者即为家族互助形态。全祖望又进一步指出南宋鄞地"廪其宗人"的义田计有3家,足以反映他们的政治和经济实力,如清人就说:"盖楼氏以世家,全氏以戚畹,故其力足以及人,而事著于两朝,遂为乡里所效法。"④其实南宋四明的义庄远不止此,至少还有鄞县的陈居仁义庄、边氏义庄⑤、桃源乡张即之义庄、余姚的符氏义田。这样,宋代四明义庄(田)

---

① (宋)叶适《叶适集》卷一七《胡崇礼墓志铭》,中华书局1983年版。
② (宋)余晦《义田庄记》,见(明)张瓒、杨实纂《宁波郡志》卷一〇,《北京图书馆古籍珍本丛刊》第28册,书目文献出版社1997年版。
③ (清)全祖望撰、朱铸禹汇校集注《鲒埼亭集外编》卷二一《桓溪全氏义田记》,《全祖望集汇校集注》(中),上海古籍出版社2000年版。
④ (清)同治《鄞县志》卷九引《屠氏义庄记》,清光绪三年刊本。
⑤ (宋)袁燮《絜斋集》卷二〇《边用和墓志铭》,《四库全书》文渊阁本。

之总数约占全国的 1/10,①名列各地区之前茅。有学者指出:"两宋义庄、义田的数量虽不少,但分布并不均衡,这与各地的经济文化发展水平以及宗族制度的结构有关,显示了民间慈善之风的地域差异。"②那么,宋代四明地区义庄、义田分布数量,恰好佐证了这一地区经济文化之发达,宗族结构之完善,以及民间慈善风气之盛行。

建立"廪其宗人"的义庄并不是一件简单的事,往往需要多年积累才能形成和完善。早在北宋后期,知州楼异就有意仿照范氏义庄的规约建楼氏义庄,但由于政局动荡,未能如愿。建炎三年(1129 年)金兵侵扰明州,楼家长期累积的产业遭受巨大损失,这对楼氏家族的发展构成了严峻的考验。因此,楼璹在致仕之后,斥俸禄之余,在本邑购良田 500 亩,建立义庄,来帮助贫苦无业的族人,其媳蒋氏又戒诸子及从子节约他费,为之增益。③ 楼氏的表兄陈居仁为了照顾在福建莆田的族人,也命他的儿子买田 2 顷,设置义庄。④ 那些非仕宦家族,只要能力所及,也捐助田产以赡宗族。如余姚孙椿年(1141—1199 年)在兄亡后,"奉嫠嫂,抚孤侄,尽敬尽爱。父母既终,视平日加笃,立义居法度,宽裕而密察,可久不废"。可见孙氏经历了由一般的家族互助到"义居"制度化的过程。他在晚年仿范仲淹义庄之制赡其族人,⑤同时还泽及姻戚故旧。余氏义庄倡自余天锡,由其侄余晦成之。余晦"尹

---

① 宋代义庄、义田的设置(包括存疑在内),列表见张文《宋朝民间慈善活动研究》之三,第 156—59 页,西南师范大学出版社 2005 年版。该表提到郑兴裔义庄在明州,但笔者查阅周必大《文忠集》卷七〇《武当军节度使赠太尉郑公兴裔神道碑》,文中仅言:"叔父素恤宗族,愿立义庄,赡南北眷。至今赖之。"难以据此确定义庄一定设在明州。故本处不将郑氏义庄计入明州中。

② 张文《宋朝民间慈善活动研究》之三,第 162—163 页,西南师范大学出版社 2005 年版。

③ (宋)楼钥《攻愧集》卷七六《跋扬州伯父耕织图》、卷一〇五《太孺人蒋氏墓志铭》,《丛书集成初编》本;(清)王元恭修,王厚孙、徐亮纂《至正四明续志》卷八,《宋元方志丛刊》本,中华书局 1990 年版。

④ (宋)楼钥《攻愧集》卷八九《华文阁直学士奉政大夫致仕赠金紫光禄大夫陈公行状》。(清)臧炳麟、杜璋吉著,龚烈沸点校《桃源乡志》卷二云:"陈氏义庄:陈居仁俸入之余置义庄,以给族党之贫乏者。"中国档案出版社 2006 年版。

⑤ 以上见(宋)陆游《渭南文集》卷三九《孙君墓表》,《四部备要》本。

临安、守蜀、复守乡里"①,积俸余置田100亩,"族计以口,日给以廪,子弟之未有者,设学以教之"。他说:"夫士有易其世业者,为宗盟羞者,为其给之不计耳。苟幸无事,而食老者可以养生送死,壮者可以修其孝弟忠信,使族党不至于颠危,门户不至于玷辱,岂非先世所望于后人哉!"②可见余氏义田庄的创立,对于消除危害家族声誉的不安定因素,是有积极作用的。晚宋时,桓溪全汝梅绝意当世,乃"草创义田,条约仿诸家之例,其贫者计口而给之,婚嫁丧葬各有助",他的四个儿子及一个孙子续有增添,至元初遂有义田4顷,方始告成,于族中会推贤者,设"义田局承奉"而司之。③

关于义田的详细情况,试以余姚的符氏义田为例加以说明。符氏先世在北宋熙宁间(1068—1077年)自西北徙居余姚,"几百家,家各赡足,成一聚落",但后来因"分多致贫"。至南宋,符叔良、符必达兄弟同居40年。晚年,兄弟析产而居,"先父所遗米田四百八十亩硕,各得其半"④。分析既定,必达"请以所得堂田二百亩石为兄高年之寿",因兄断不接受,遂在官府的支持下立为义庄,"岁以租粒给亲族之贫窭",时在庆元二年(1196年)。⑤ 显然,符氏义田的创立不同于范氏等人以俸余购置田产,而是以符氏长期来"节衣缩食,岁积月累"之后保有的祖遗田产为基本,初有300亩,10年后发展至500亩,经营状况是"岁收略可",即在居之西南,建造义廪,其发展的远期规划为1000亩硕。符氏义庄由族人轮掌,其赡给方式,详见于余姚周巷(今属慈溪)西南符张村出土的《符氏义田碑·规约》。该规约的宗旨是"尊祖睦

---

① (元)马泽修、袁桷纂《延祐四明志》卷五《余天锡传》,《宋元方志丛刊》本,中华书局1990年版。
② (宋)余晦《义田庄记》,见(明)张瓒、杨实纂《宁波郡志》卷一〇,《北京图书馆古籍珍本丛刊》第28册,书目文献出版社1997年版。
③ (清)全祖望撰、朱铸禹汇校集注《鲒埼亭集外编》卷二一《桓溪全氏义田记》,《全祖望集汇校集注》(中),上海古籍出版社2000年版。
④ (民国)杨积芳纂,王清毅、岑华潮点校《余姚六仓志》卷二〇《金石·符氏义田第二碑》,慈溪文献集成第1辑第3册第371页,杭州出版社2004年版。
⑤ (民国)杨积芳纂,王清毅、岑华潮点校《余姚六仓志》卷二〇《金石·符氏义田之记》,慈溪文献集成第1辑第3册第370页。

族"、"周济贫乏",多沿袭范氏义庄所订规约,但也表现出自己的特色。符氏义田规约的赠给对象除了族人(同曾祖以下优惠)之外,乡里外姻亲戚亦酌量予以照顾,即"由五服内,外推及母族、祖母族"①,同时还虑及"庵僧不能安迹",规定两个坟庵"各给米一十硕",还有看护三墓之人亦可在岁终获得犒赏,同时也规定了违规的惩罚性措施;规约还体现出照顾女性的特色,即杨简所谓"爱及母族、祖母族",如云:"族人已出嫁,其有贫乏者,岁终给米三斗。同曾祖以下者倍之。"这是对出嫁族女的照顾;又云:"本位下姑姊妹之子孙,其贫乏者,岁终每家各给米二硕。吉凶事,量酌资助。"这是对直系家族女性的照顾。规约还明确规定了学塾延师启训、扩展学舍的费用,体现出教养咸备之意,但没有如范氏义庄资助应举士人的内容。最后,《规约》改变了范氏义庄计口逐日给米的做法,改为五服内贫甚者月给,丧葬婚娶又特给,也有岁终一次性支米的。符氏义庄的规约,有官府印押,实具法律效力。但偶尔也有族人不肯遵守而引起诉讼的情况存在。② 符氏义庄以稳定的经济来源为基础,亦养亦教,不但使贫困族人得到实际助益,而且也促进了族内教育的发展,有助于维系家族的地位。

家族义庄不仅仅是家族性的施济团体,同时旨在维持家族的生命与声望,为促进家族的整体发展奠定了基础。但毋庸讳言,义田、义庄在"敦本睦族"、教养和团聚族人的同时,也束缚、控制住了族人,如余晦所说"其或不饬廉隅,自叛规约,不持义所不与,抑非我族类矣"③,这些人自然会遭受严厉的惩罚。

3. 集体行善形态的慈善活动。将四明的义风推进到新的境界。除了个人及家族从事慈善救济工作外,四明士族之间密切的交往、同

---

① (民国)杨积芳纂,王清毅、岑华潮点校《余姚六仓志》卷二七,慈溪文献集成第1辑第3册,第512页,杭州出版社2004年版。
② (民国)杨积芳纂,王清毅、岑华潮点校《余姚六仓志》卷二〇,慈溪文献集成第1辑第3册,第372—373页。
③ (宋)余晦《义田庄记》,见(明)张瓒、杨实纂《宁波郡志》卷一〇,《北京图书馆古籍珍本丛刊》第28册,书目文献出版社1997年版。

学、共事乃至婚姻关系,使彼此之间建立了绵密的人际网络,因此,只要有人从中推动,极易由家族与个人间的参与,转变成为集体力量,投入地方公共事务活动。汪思温就是其中一个重要的媒介人物。汪家是四明的富室之一,思温为人"慷慨特达,勇于为义,视人急难如己",当时有不少流寓到四明的人,困乏而死,无法埋葬,思温"为首倡,士大夫应之翕然,故四方游士皆以公为归"①,思温俨然成为四明行善团的领袖。继汪思温而主盟者就是王伯彦。楼钥说伯彦"疏财好义,不计家之有无,义所当为,无所吝惜。四明旧为义郡,显谟汪公思温为之主盟。汪公殁,公实继之,缓即叩门,视所请,曲为之经理,故乡人尤归心焉"②。这种集体行善的工作在四明是世代相续的,诚如楼钥所说的"外祖少师汪公、太师史文惠王、舅氏尚书,暨乡之先达与我家诸父,相继主盟,此风不坠"③。楼钥在论及"此风不坠"的原因时指出:"四明乡谊最重。"士人、家族间的交谊不但增强了乡里意识,更重要的是,乡里意识得以透过士人、家族间的网络而得以实践,个人间的人际网络因此成为乡里"社会"活动的现实基础,推动着集体行善活动的发展。在四明主要士族的推动下,集体行善活动走向成熟,标志是于绍熙元年(1190年)正式出现了制度性的乡曲义庄。推动乡曲义庄成立的关键人物史浩说明设置的宗旨是:"义田之设,专以劝廉耻,盖贤大夫从官者,居官之日少,退闲之日多,清节自持,不效贪污以取富,沽败名以自卑。为士者,生事素薄,食指愈众,专意学业,不善营生,介洁白持,不肯为屠沽之计、干攫之态者,使各知有义田在身后,不至晚年忧家计之萧条、男女之失所,遂至折节,泪丧修洁。故以此为劝,使其终为贤者"④。可见四明义田庄的设置,既是在帮助穷困的知识分子及贤大夫

---

① (宋)孙觌《鸿庆居士集》卷三七《宋故左朝议大夫直显谟阁致仕汪公墓志铭》,《四库全书》文渊阁本。
② (宋)楼钥《攻愧集》卷九〇《侍御史左朝请大夫直秘阁致仕王公行状》,《丛书集成初编》本。
③ (元)马泽修、袁桷纂《延祐四明志》卷一四《义庄记》,《宋元方志丛刊》本,中华书局1990年版。
④ (元)马泽修、袁桷纂《延祐四明志》卷一四《本路乡曲义田庄》。

从官者,更是经由集体的力量,建立经济互助体系,以达到崇尚廉耻、培养廉能官箴的目的。一方面,从"家族"义庄到"乡曲"义庄,显示由个别家庭兴衰的考虑延伸到对乡里的关怀;另一方面,如沈焕在建议义庄时所说:个人的慈善活动"随时拯恤,其惠有限"①。因此成立义庄可以说是地方家庭间集体公益活动常态化、制度化的表现。

推动乡曲义庄善举的关键人物是史浩、沈焕和汪大猷。史浩是首创将家族义庄推衍成乡曲义田的人物。乾道四年(1168年)他知绍兴府时,"始捐己帑,置良田,岁取其赢,给助乡里贤士大夫之后贫无以丧葬嫁遣者,附以学而以义名之"②,并且草拟了十几条章程,规定收存、发放原则。此一措施,收到良好的效果。后来,他出任知福州,又设义庄,以给济贫苦的孕妇。史浩任官时设置义庄的行动,发挥了救恤孤贫的作用,也是引发四明士人合作的动力。淳熙五年(1178年),史浩罢相,回到四明里居;不久,奉命通判舒州、待次里居的沈焕感于"乡间有丧不时举,女孤不嫁者,念无以助",遂向史浩及汪大猷建议,参照史浩所设会稽义田的成功范例,设置乡曲义田。沈焕的意见获得史、汪二人的赞同,遂由乡评所推许的沈焕负责实际的劝募工作。焕不辞辛苦,奔走劝募,诚意感人,乡人"或捐己产,或输财以买,各书于籍"③,汪大猷"率乡之人为义庄,首割二十亩,以为倡,众皆竞劝,至三百亩"④,四明富室边友诚之弟,也乐于捐助修泮宫、建义庄、济饥民的费用,又得到知明州林大中拨郡中绝户的田产二顷,总共得五顷余,每年得谷近六百斛,米三之二,乃建屋十五楹于郡城西的望京门,正式称"义田庄"。汪大猷亲自规划、订定规章,由地方上年长孚众望而且有能力的人来主持,敦请居乡休养的官员,负责财务及义庄事务。绍熙元年(1190年),正式运作。史浩、沈焕及汪大猷三人在创置四明义田

---

① (元)马泽修、袁桷纂《延祐四明志》卷一四《义庄记》,中华书局1990年版。
② (宋)施宿等《嘉泰会稽志》卷一三《义田》,《宋元方志丛刊》本,中华书局1990年版。
③ (元)马泽修、袁桷纂《延祐四明志》卷一四《义庄记》。
④ (宋)楼钥《攻愧集》卷八八《敷文阁学士宣奉大夫致仕赠特进汪公行状》,《丛书集成初编》本。

庄的贡献最大。王应麟就指出:"始忠定里居,笃于义,仕者勉以励廉隅,学者劝以修文行,乃为义田以济婚葬。而汪、沈二公,比善协心,闻者乐施,其规约密,其给授公,立义以为的,一乡莫不知义。"①乡人为了感念他们的贡献,乃绘三人的画像于庄所。

四明义田庄创置不久,沈焕就因病逝世,由汪大猷负责实际的事务。其后楼钥致仕,也加入经营义田庄的工作。及汪大猷死,楼钥接替其职,转请同郡高闶后代高文善及袁燮的弟弟袁楒(木叔)负责实际的庄务。楼钥称"木叔尤能周知州里,详悉检柅渗漏,明辨真赝,不私市恩,于是所入加多而被惠者众"。②

从四明义田庄的设置过程,到规章的拟定乃至运作,可以看到,以汪大猷、史浩、楼钥、沈焕、袁楒、高文善等为代表的士大夫,联合当地富人,建立了以民间为主、官方为辅的义田庄运作模式,从而共同推动着地方公益事业的发展。这种士人家族从密切交往中,触动乡土关怀,自觉地建构起来的运作规范,正是四明士人展现自信与乡土意识而缔造出的一大社会文化特色。

除了创置具有代表士大夫对乡土关怀的义田庄之外,四明士人在合力推动公共工程如学校与桥梁建设等方面,也有很大的作为。

第五节　岁时风习和游乐活动

宋代明州的岁时节日活动丰富多彩,春节、元宵、清明、社日、端午、七夕、中秋、重阳、除夕等岁时佳节,以及各种宗教性的节日活动,搞得颇有声色。宋代宁波人的享乐意识亦非常浓烈,平时各种游乐活动普遍开展起来,从而构成了绚丽多姿的风俗画卷。

---

① (元)马泽修、袁桷纂《延祐四明志》卷一四《义田庄先贤祠记》,《宋元方志丛刊》本,中华书局1990年版。
② (元)马泽修、袁桷纂《延祐四明志》卷一四《义庄记》。

一、岁时风习

宋代宁波节庆的形式内容比起前代更加丰富多样,惜因文献失传,相关的记载不多,这里只能就最具代表性的几个节日作些描述,以略窥当年之盛。

(一) 节日风俗

宋代的元宵节是一年之中的第一个狂欢节,以放灯、观灯为主要活动内容,呈现出"千门喜色,万家和气"的生动景观。[①] 这天晚上起人们搭起竹棚彩幢,上挂花灯,层层叠叠,连寺庙也不例外。宁波的各式花灯在潮水的映照下,华美之极。晁说之有《忆四明上元》诗云:"翡翠随潮月,琉璃共佛灯。沉香问远远,珠树间层层。"[②]写出了北宋后期宁波灯市的辉煌景象。从南宋吴潜《水龙吟·戊午元夕》、《宝鼎现·和韵己未元夕》、《永遇乐·己未元夕》等词中可以看到,当年宁波城中画栋朱甍,锦坊绣陌,十洲三岛、市三街五都是星球高挂,争奇斗艳,灿烂殊美,蔚为壮观。这些华灯新巧怪奇不说,还能蜿蜒盘旋,如吴潜所描绘的:"环千炬、宝栅绛纱,云球雾毬交加。"[③]可以说,元宵观灯是宋人在这一天最主要的最有吸引力的活动。配合灯展,还有市民的化装游行,并表演各种文艺节目,真不知有"多少吴讴联越吹"供人娱乐欣赏。[④] 吴潜词所谓媻母即方相氏,职责是逐疫驱鬼。宋代时许多地方的驱傩为之一变,最显著的变化是方相氏、十二兽消失了,而四明地区还保留着方相氏的古风,但娱乐的成分更强了。戏队即百戏

---

① (宋)吴潜《水龙吟·戊午元夕》,见唐圭璋《全宋词》,第 3498 页,中华书局 2005 年版(简体字版)。
② (宋)晁说之《景迂生集》卷七,《四库全书》文渊阁本。
③ (宋)吴潜《昼锦堂·己未元夕》,见唐圭璋《全宋词》,第 3493 页。
④ (宋)吴潜《宝鼎现·和韵己未元夕》,见唐圭璋《全宋词》,第 3493 页。

舞队,亦即"社火"。其中有"七子八仙三教,耍队相挨。管箫笙簧相间斗,远如声韵碧霄来",①吴潜《浣溪沙·己未元夕》亦云:"九街社火亦争名。"②令人眼花缭乱,热闹非凡。绍兴年间曹泳守鄞时,"元夕张灯,州治大合乐宴饮"③。人们不分男女,摩肩接踵,纷纷涌上街头、寺院等处观灯赏舞,流连忘返。玉容如花的妇女们尤其兴奋,打扮得珠光宝气,所谓"香车宝马,珠帘翠幕,不怕禁更敲五"④,"越姬吴媛,粲珠钿翠珥",就是甬上街坊妇人游赏景象的生动写照。甚至于连太守吴潜也是"欢意随人意,引红裙、钗宝翠钿;穿夜市、珠筵玳席"⑤,兴致勃勃地穿越夜市,欣赏着华灯和舞队。而官府则组织缇骑巡夜以保安全,如吴潜《浣溪沙·己未元夕》所云:"三市海巡那惜夜。"由此可见,南宋四明的元夕节日,更贴近市民生活,更适宜大众观赏。

寒食、清明(节气兼节日)节是以对祖先的追悼与祭祀为内容的重要节日。唐宋时期随着儒家学说的流行,宗族生活的扩大,人们返本追宗的观念日益增长,对于祖先魂魄托寄的坟墓愈加重视,上墓祭扫之风更趋盛行。无论是城郊还是乡村,一到寒食、清明节,人们就忙着上坟祭扫。如楼异"两守乡郡,首尾五年,每寒食上冢,旌旗鼓吹,皆集茔下,乡里以为荣"⑥。楼异的上坟尽显官僚气派。另如汪氏宗人,"虽坟墓在远,遇清明必合而祭者,凡数十人,列于其次,规画纤悉,一一亲授"⑦。可见汪氏祭祀的礼节颇多规矩。慈溪人高翥有《清明日对酒》诗写道:"南北山头多墓田,清明祭扫各纷然。"诗中的"墓田",是指其收益专门供祭祀、赡茔之用的田地,一般多在坟墓周围。普通

---

① (宋)吴潜《昼锦堂·己未元夕》,见唐圭璋《全宋词》,第3493页,中华书局2005年版(简体字版)。
② (宋)《开庆四明续志》卷一一,《宋元方志丛刊》本,中华书局1990年版。
③ (明)陆楫《古今说海》卷一〇〇,《四库全书》文渊阁本。
④ (宋)吴潜《永遇乐·三和》,见唐圭璋《全宋词》,第3499页。
⑤ (宋)吴潜《宝鼎现·和韵己未元夕》,见唐圭璋《全宋词》,第3493页。
⑥ (宋)楼钥《攻愧集》卷六〇《长汀庵记》,《丛书集成初编》本。
⑦ (宋)楼钥《攻愧集》卷六〇《汪氏报本庵记》。

家族的墓田,一般由家族人户轮流耕种,而大户人家的墓田,往往雇佣专职的看坟户来耕种。墓田的多少就与祭祀的丰简直接相关,作者将墓田与祭扫联系起来,所要描述的恰恰是祭祀的过于丰盛和隆重。高翥的诗歌说明南宋清明节祭祖现象十分普遍,礼节也很隆重。上坟祭扫的一项重要内容就是烧纸钱,如高翥诗所云:"纸灰飞作白蝴蝶。"人们通过大量烧纸钱来表达虔诚的祖先崇拜观念。杨柳插门是清明节特有的风习时尚,早在六朝时已经形成,至宋犹盛,四明亦然。如鄞县人郑清之有《乙巳三月出湖口占》诗云:"猛省清明今日事,家家青柳压朱檐。"①吴潜有《占春亭即事》诗云:"见他门户插杨柳,懊恨江南客子肠。"②又《满江红》词云:"又明朝、杨柳插清明。"③可见甬上门户插柳是很普遍的民俗现象。历代相传新柳能明辨鬼邪,看住家门,这是清明插柳习俗的心理根源。踏青游乐是清明的又一重要节俗,四明人亦不例外。史浩有《喜迁莺·清明》词云:"画舸绣帘高卷,锦毂朱轩低倚。对此际,向池台好处,争倾绿蚁。"又《菩萨蛮·清明》云:"提壶漫欲寻芳去,桃花柳绿年年事。"④人们乘画船、提玉壶在野外欣赏三春美景,是普遍的生活图景。

　　端午的节俗活动主要是佩彩丝、食粽、悬艾、饮菖蒲酒以及竞渡等,均离不开该节避灾禳祸的原始意义。史浩《花心动·端午》词云:"把玉腕、彩丝双结。"《卜算子·端午》:"符箓玉搔头,艾虎青丝鬓。"⑤写到了佩彩丝、悬艾这些民俗事象。人们在端午节享用不少特色食品,最主要的是粽子,相传是为了纪念屈原。嘉定十二年(1219年)梵琮住持鄞县仗锡寺时,逢到端午节,"角黍满盘,菖蒲细切",戏称是

---

① (宋)郑清之《安晚堂集》卷一二,《四明丛书》本。
② (宋)《开庆四明续志》卷九,《宋元方志丛刊》本,中华书局1990年版。
③ (宋)《开庆四明续志》卷一一《满江红·二园花卉仅有海棠未谢五用韵》。
④ 均见唐圭璋《全宋词》,第1650页,中华书局2005年版(简体字版)。
⑤ 均见唐圭璋《全宋词》,第1651页。

"俗气未除,也要大家暖热"。① 赵以夫《芰荷香·和黄玉泉韵》词云:"彩丝金黍。"②是说粽子外面结以彩丝。赵以夫词又云:"天上菖蒲五色,倩掺掺素手,分入雕钟。"③指的是在端午饮菖蒲酒,古人认为该酒具有开窍、祛痰、理气、活血、去湿和散风等功能,还可以祛除邪毒。至于端午竞渡,不但场面热闹,而且对于甬人来说尤具特殊意义。

此外,七夕的节俗内容,见于吴潜《鹊桥仙》词:"馨香饼饵,新鲜瓜果,乞巧千门万户。"④史浩《瑞鹤仙·七夕》词云:"有盈樽美酒,蛛丝钿合,拜舞竞分天巧。"⑤与其他地方似无多大区别。中秋节赏月⑥,水美月美,相映成趣,四明水乡的赏月别有一番情趣。重九日,除登

---

① (宋)释了见等《率庵梵琮禅师语录·庆元府仗锡山延胜禅院语录》,见《续藏经》第二编第二十六套。
② 唐圭璋《全宋词》,第 3406 页,中华书局 2005 年版(简体字版)。
③ 唐圭璋《全宋词》,第 3406 页。
④ 唐圭璋《全宋词》,第 3517 页。
⑤ 唐圭璋《全宋词》,第 1652 页。
⑥ 后世甬上以十六日为中秋,此习俗产生的时代,历来有数说。一是南宋说,以史浩说最为出名。如康熙《鄞县志》记载:"端午之龙舟,八月十五日中秋,天下皆然,唯四明则以十六为中秋,以中秋竞渡。相传史越王母夫人以十六日生,故而是日为佳节,遂以龙舟娱其亲,俗因之不改,天时人事皆以相君(史浩)所移。"全祖望《句余土音·甬上中秋改日诗》亦同。此说已见骆巧凤《家谱:补充订正史实的特殊档案》(《宁波大学学报》【人文科学版】2008 年第 1 期)反驳,理由充足。此外,还有父老相传史弥远说(袁钧《鄮北杂诗》注引)、康王说(见王槭《秋灯丛话》),皆乏文献证据。楼钥《攻愧集》卷十二《八月十四夜携家泛月次适斋韵》云:"稍先一日是中秋,行遍芙蓉与菊洲。"可见楼钥闲居在家时,仍以十五日为中秋,亦足证明康王说、史浩说皆难成立。二是元朝方国珍说。臧炳麟、杜璋吉《桃源乡志》卷一《风俗志》云:"本中秋十五日,一说方国珍以己生日在十六,遂更之,后因焉。"三是明代赵文华说。时锦甫《八月十六过中秋》引某斋笔记云:"各地皆以八月十五日为中秋,从未有十六作为中秋佳节者,有之自慈溪赵文华始。"见《宁波丛书》第二集《宁波习俗丛谈》,台北民主出版社 1973 年版。按:以上三说各有一定的流播范围。窃以为八月十六过中秋并非只是宁波的独家风俗,其实台州、温州、舟山等地也有八月十六过中秋的习俗,必须联系起来予以考虑。历史上温、台、宁恰为方国珍据之地,故似以方国珍说较有说服力。但明代张时彻致仕后在甬上所作有从十三夜至二十夜的赏月组诗,其中有题云《十四夜月》、《中秋对月》、《十六夜玩月即席话次竹墟韵》,见《芝园定集》卷十六,可见明代张时彻、屠大山等人还以十五为中秋,这很可能是他们不愿从俗所致。明代奉化人戴澳作于泰昌元年(1620 年)的《十六夜》诗云:"吾乡异风俗,此夜为中秋。"(见《杜曲集》卷二)说明晚明时四明地区已流行以八月十六为中秋的习俗。浙东以八月十六为中秋的起源问题,迄今难有定论,有待进一步探索。

高、赏菊之外,在州城,人们还要表演各种杂耍,故赵以夫《桂枝香·四明鄞江楼九日》词云:"楼前马戏星球过。"①这里的马戏,即泛指各种杂耍技艺。

除夜是一年之终结,"月穷岁尽",故极为隆重。人们在这一夜驱傩吓鬼,击鼓驱疫,其意在于逐尽阴气为阳气之前导。史浩《感皇恩·除夜》有"结柳送穷文,驱傩吓鬼"②之句写到了这一风俗。是夜,家家放爆竹,此起彼伏,声闻彻霄,如史浩《感皇恩·除夜》词写道:"爆火熏天漫儿戏。"《喜迁莺·守岁》词写道:"听爆竹送穷,椒花待旦。"③邻里好友还要相互宴请,是为馈岁。史浩词所谓"系马合簪,鸣鸦列炬,几处玳瑁开宴"④,即写大户人家的除夜宴会盛大而隆重。赵汝绩《姚江道中》诗云:"漉酒蒸糕馈岁时。"⑤是说人们纷纷忙碌着漉酒蒸糕,准备举行馈岁宴。这一夜合家团圆,女儿们纷纷换上了新衣,相约竟夜守岁。故史浩词写道:"女伴,频告语,守岁通宵,莫放笙歌散。"⑥

(二)节令性节日风俗

立春是一年四季的开始,围绕着农业生产,形成了鞭春的风俗。此日,地方官员按例举行鞭打土牛的仪式,以此劝人们春耕。鄞县袁文指出:"出土牛以送寒气,此季冬之月也。牛为丑神,出之所以速寒气之去,不为人病耳。而今乃用于立春之日。皆所不晓。"⑦因知立春鞭土牛之俗在宋代才开始盛行。史浩《喜迁莺·立春》词云:"暖响土牛箫鼓,夹路珠帘高揭。"⑧是说立春日举行的鞭春活动,箫鼓震天,吸

---

① 唐圭璋《全宋词》,第3403页,中华书局2005年版(简体字版)。
② 唐圭璋《全宋词》,第1654页。
③ 唐圭璋《全宋词》,第1640页。
④ 唐圭璋《全宋词》,第1640页。
⑤ (宋)陈起《江湖后集》卷七,《四库全书》文渊阁本。
⑥ 唐圭璋《全宋词》,第1640页。
⑦ (宋)袁文《甕牖闲评》卷三,《四库全书》文渊阁本。
⑧ (宋)史浩《鄮峰真隐漫录》卷四七,《四库全书》文渊阁本。

引了成群的人们来看热闹,夹路两旁,仕女们高揭珠帘,在楼上遥观。

社日是以社祭为中心内容的节日,也是宋代四明最有特色的节令性节日风俗。社为土神,社祭发端于先民对土地的崇敬与膜拜,是传统节日中起源最早的节日之一。秦汉以来,为适应春祈秋报的需要,形成了春社与秋社两个社日,后世一般将社日的时间确定在立春后第五个戊日(春分前后),立秋后第五个戊日(秋分前后)。唐宋时期,社日已成为民众生活中的节日,社日达到全盛状态,其浓烈的气氛一再为文人所渲染。社日活动多以社庙为依托,社庙则具有地缘性社会集团的性质,既可以与自然村落相重合,也可作为信仰同一土地庙的团体而独立存在。凡庙皆有界,其庙界即是"社"的领域,如明陈深《夏公灵迹记》所说:"宁为泽国,俗皆尚鬼,村落类立庙以赖其辎辂,而神斯土者,亦止呵护其所辖已耳。"①社的活动资金一般由庙界中人以各种形式来分担。宋代四明的社庙遍及城镇乡村,有趣的是,供奉的民间社神出现了一些变异,已不完全是土地神。如阿育王寺一带因为受到佛教的影响,即以灵鳗(实为龙的变体)为社神。舒亶有《题灵鳗庙》诗云:"老农争赛丰年社,古木萧萧自晓鸦。"②这正反映出佛教与民间节日之间相互融合的现象。

社日的一项主要活动就是依托社庙举行隆重的报赛活动。春赛是为了祈求丰收,楼钥有《春赛诸庙祝文》云:"惟神功利及物,庙食此邦。维暮之春,聿修岁祀。涓辰致洁,徼福于民。神之听之,惠我无疆。"③即通过春赛活动对庙神寄予厚望。而在秋收季节,为了报答社神的福佑,并祈求来年的丰产,在社日也要举行隆重的报赛活动。如吴潜诗云:"饭抄云子得能香,秋赛村村答上苍。"④"明年定赛今年熟,

---

① (清)同治《鄞县志》卷一三,光绪三年刊本。
② (宋)《乾道四明图经》卷八,《宋元方志丛刊》本,中华书局1990年版。
③ (宋)楼钥《攻愧集》卷八二,《丛书集成初编》本。
④ (宋)《开庆四明续志》卷九《八用喜雨韵三首》,《宋元方志丛刊》本,中华书局1990年版。

野老心腴更体胖。"①北宋时鄞县桃源乡就有林村社庙（在今横街镇），"春秋分社赛祷,四远瞻礼麇来"②。可见林村作为公共节日的社赛，吸引了四远的民众赶来观瞻,以分享社日的欢愉。在农业社会中,社日差不多是基层社会中最热闹的一个节日,像林村这样的民间社日狂欢是随处可见的。

　　社日醉酒是唐宋时代乡村社会的一道风景。据说酒可以充当神人交流的媒介,人们在迷幻中易于摆脱常规的束缚,暂时取得一种身心的自由,这大略是社日纵酒的理由之一。因此到了社日这天,各家献上自酿社酒,聚饮共乐,一醉方休。林村的社日醉酒向来闻名,直到宋末元初,奉化人戴表元还写了一首《林村寒食》诗:"闻说旧时春赛罢,家家鼓笛醉成围。"③对林村的社日狂欢甚为向往。其他地方对社日纵酒同样狂热。慈溪匡堰人高祐(质斋)有《田园偶兴》云:"每与邻翁相庆社,醉歌不惜酒樽空。"④慈溪人刘应时《过田家》云:"江鱼欲买全无镪,社酒堪筶旋泼醅。"⑤知府吴潜《劭农》云:"新篘白酒鸡豚社,旋摘丝莼鲈雁洲。"⑥都写到了时人对社酒的重视。像刘应时那样的穷诗人,连江鱼都买不起,但一旦加入田家,喝起社酒来,不惜泼醅为欢,早已暂时忘却了贫困生活的种种烦恼。简朴随意的社酒之聚,反映出了"农家乐"式的社会图景,给村社成员带来了极大的快乐。就连退休高官史浩也愿意与野老一起纵饮社酒为欢,故有《永遇乐》写道:"如今醒也,扁舟短棹,更有篮舆胡倚。到处为家,山肴社酒,野老为宾

---

① （宋）《开庆四明续志》卷九《八用喜雨韵三首》,《宋元方志丛刊》本,中华书局1990年版。
② （清）臧炳麟、杜璋吉著,龚烈沸点校《桃源乡志》卷五《祠庙志》,中国档案出版社2006年版。
③ （元）戴表元《剡源文集》卷二九,《四部丛刊初编》本。
④ （宋）高翥《菊磵集·附录》,《四库全书》文渊阁本。按:傅璇琮《全宋诗》第50册,第31072页有"高质斋",将其列为南宋诗人,以为"佚其名",北京大学出版社1998年版。今考:杨积芳《余姚六仓志》卷二一《艺文》云:"高祐:《质斋遗稿》。"又卷二七《高选传》云:"登绍兴戊辰朱文公榜进士,初授温州瑞安县尉,……越三载,父祐终丧。"是知高祐乃高选之父。
⑤ （宋）刘应时《颐庵居士集》卷下,《四明丛书》本。
⑥ （宋）《开庆四明续志》卷九《劭农》。

侣。"①社日还要分发社饼,楼钥有《谢雷季仲枢密惠社饼》云:"宠分饼卷荷深情,割肉烹鲜不厌精。"②这种社祭所分发的社饼应该是以鲜肉为馅的,且颇为精致。

社日对于女子来说是很难得的欢乐节日。高翥有《秋日田父词》写到女人们"新摘摘,笑欣欣,相呼相唤看赛神"③,反映了人情味浓郁的乡村社日的一角。上层的社日则别有作为,从知府吴潜所作的《水调歌头·开庆己未秋社维舟逸老堂口占》看,他在秋社日是以"维舟逸乐为欢",祝告的内容则是:"但余心愿,朝暮香火告神明。一愿君王万寿,次愿干戈永息,三愿岁丰登。四愿老安乐,疾病免相萦。"④本来,社日的第一功能是祈求丰收,但在吴潜那里却退居到了第三位,而突出了祈求对象的政治性内容。这既反映了吴潜的知府身份,也反映了时代的阴影给社日的快乐蒙上了一层灰色。吴潜祝词,也使社神的功能突破了农业生产的领域而更为泛化。

二、文体娱乐活动

宋代四明比较有特色的文体娱乐活动,主要有龙舟竞渡、棋类活动和各类歌舞活动。

(一)带有体育属性的娱乐活动

1. 龙舟竞渡。端午以龙舟竞渡最为热闹。明州的龙舟竞渡大约起自唐代。北宋鄞人例于端午节在城中西湖(月湖)举行竞渡比赛,非常热闹,史简因为孝亲,有一次不顾公务,偷偷带着母亲前往观看。⑤

---

① 唐圭璋《全宋词》,第1656页,中华书局2005年版(简体字版)。
② (宋)楼钥《攻愧集》卷一一,《丛书集成初编》本。
③ (宋)高翥《菊磵集》,《四库全书》文渊阁本。
④ 唐圭璋《全宋词》,第3522页。
⑤ 鄞州区图书馆藏《史氏宗谱》卷三《迁鄞林染桥世传》。

其裔孙史浩曾描述说:"郡有西湖之胜绝兮,十洲三岛错乎城之里。卧双虹于澄碧兮,危亭翼然于中沚。分竞渡于波间兮,游舰舳舻相衔尾。挽姻友以出邀兮,彼莫能承亲之志。余独挥金而治具兮,列琼羞而行桂醑。慈颜悦怿而夷犹兮,不惜兰枻之频舣。"①不料上司知道了,狠狠地凌辱了史简,年轻的史简为此而亡。年仅23岁的史简妻叶氏,生下了遗腹子史诏,守节训子,谋取功名,不但使史氏家族走向空前的显贵,而且也连带推动月湖竞渡活动臻于高潮。特别是史浩,积极倡导龙舟竞渡活动,不但是为了纪念先祖史简孝母亡身之举,更是将其作为宁波人民用以庆祝太平的一种方式。史浩在《划船致语》中将竞渡的宗旨说得非常明白:"伏以神圣当阳,朝廷有道,嵩呼鳌抃,共欣睿算之穹崇。樵唱渔歌,更喜时风之快乐。宜修竞渡,用洽欢谣。"又有诗云:"风俗乐时丰君赐,人人举手祝苍穹。"②史浩有《夜合花》、《教池回》、《花心动》词专写月湖龙舟竞渡之盛:龙舟装扮一新,竞赛以夺得锦标为优胜,比赛场面非常热闹刺激,观者如睹,并有笙歌助兴。早在史浩为越州守时,就已经在积极倡导龙舟比赛了,凡参赛者均有奖品,即"虽设银杯、彩帛,不问胜负,均以予之,自是为例"③,故史浩笔下的月湖竞渡夺标恐怕也遵循以往的成例,对参赛者无论胜负都有物质上的奖励。正因为史浩在推动四明龙舟竞渡活动中作出了特殊贡献,因而受到了后人的纪念,后世甚至传说四明中秋节为八月十六,乃是史浩因竞渡娱其母亲而改佳节所致。史浩之后,龙舟活动在甬上仍旧盛行。吴潜有《沁园春·已未劝农翠山》词云:"漫绕堤旌旆,牵连鹢棹,喧天鼓吹,断送龙舟。"④可见开庆年间的龙舟竞渡依然是鼓吹喧天,观者如堵。

2. 棋类活动。宋代四明的象棋和围棋活动都得到了正常的开展。

---

① (宋)史浩《鄮峰真隐漫录》卷四一《葬五世祖衣冠招魂辞》,《四库全书》文渊阁本。
② (宋)史浩《鄮峰真隐漫录》卷三九,《四库全书》文渊阁本。
③ (宋)施宿等《嘉泰会稽志》卷一三《节序》,《宋元方志丛刊》本,中华书局1990年版。
④ 唐圭璋《全宋词》,第3403页,中华书局2005年版(简体字版)。

北宋末期,我国的象棋已基本定型,以汴京(开封)为中心向南北辐射。宋室定都临安后,又以临安为中心,加速向江西、宁波等江南周边地区辐射,从而完成了最后在全国范围的定型,为南宋象棋的大发展奠定了基础。1982年,宁波市文管会发掘天封塔地宫,发现了一批绍兴十四年(1144年)僧正觉重修此塔时入藏的珍贵文物,伴随出土的有象棋子一枚,圆形宽边,正面有楷书"士"字,背面为一手持弓箭的武士,直径2.4厘米,厚0.2厘米。这是浙东地区最早发现的定型象棋实物。此外,慈溪寺龙口南宋初窑址也有象棋子出土。这些考古文物证明南宋之初宁波人民已经盛行象棋活动了。到了宋末,四明文人爱好象棋者殊不乏人。奉化陈著兄弟即是一对象棋迷,陈著有《饮于梅山弟家醉书》诗云:"象棋一局酒三杯,此乐都从静处来。明月清风不轻与,青山流水要相陪。"①他认为在青山流水中与家人下下象棋是莫大的乐事。鄞县人陈允平也喜欢下象棋,有《观弈象棋》诗,借象棋慨叹世态炎凉,世风日下。

围棋是甬上士大夫比较喜爱的活动项目。早在北宋,宁波的棋类活动就已寻常可见,一些士大夫和僧人有程度不同的棋艺修养。

士人的生活已经离不开棋,史浩就是一个围棋迷,他晚年静卧在家,但"有时笑入棋声去,千骑雷奔挽不回"②,可见其棋瘾一来,即使是牛也拉不回来。汪大猷、楼钥举办的真率会,经常举行棋会,这在楼钥的诗中屡屡提及,如《次适斋韵十首·棋会》云:"归来乡曲大家闲,同社仍欣取友端。……琴弈相寻诗间作,笑谈终日有余欢。"③《周伯范棋会以足疾不赴走笔寄坐客》云:"里闾讲棋社,大要率且真。岂惟简苛礼,正欲聚首频。"④《蒋德尚棋会展日次适斋韵》:"棋社经年能几

---

① (宋)陈著《本堂集》卷五,《四库全书》文渊阁本。
② (宋)释宝昙《橘洲文集》卷四《和史太师蜗室三首》,《续修四库全书》本。
③ (宋)楼钥《攻愧集》卷一二,《丛书集成初编》本。
④ 傅璇琮等《全宋诗》第47册,第29362页,北京大学出版社1998年版。

回,身闲深幸屡参陪。一旬又见朋簪集,三径还应听履开。"①这是四明地区最早出现的文人棋社(会、集)。棋社(会)是真率会中一项吸引人的活动,"率以月为期"(有时也可能一旬一会),所以一年也举办不了几次,方式是轮流由各家坐庄,所以楼钥诗中有"郑贵温棋社"、"杨圣可棋集"、"蒋德尚棋会"、"周伯范棋会"等名目,或者选择风景优美的月湖,通过泛舟的方式举行酒棋活动,以实现逍遥自适的人生之趣。楼钥有诗云:"棋社清欢岂为棋。"可见棋会的宗旨不是为了提高棋艺,而是老年人借此频繁聚首以促进友谊的一种活动方式。当时热心参与棋会活动的人,可考的有汪大猷、周伯范、楼钥、蒋德尚、赵伯圭、朱辅、朱南剑、郑若容(贵温)、李季章、徐子寅等人,他们都有程度不等的棋艺修养,其中如赵伯圭,楼钥称其"棋品甚高"②。汪大猷的棋艺,洪迈《友恭堂记》称:"特棋弈一事,如寸弯强弓,与初时不小异,亦见其居心无竞。"③指出汪氏虽然好棋,但棋艺久无长进,这主要是因为他没有竞技之心,没有用心去钻研门道。下棋对汪氏等人来说,只表现为聚首娱乐的闲适情趣而已,只要和棋友们聚首在一起,常常"酒盏棋枰不知暮"④。但是由于人员经常变动(如出仕、调动、出游、逝世等),相互间的聚首也变得越来越困难,所以后来的棋会活动越来越少,如楼钥《送朱季公守封川》所说:"吾乡棋社寖凋零,赖有朱家好弟兄。"⑤朱季公即甬上寓公朱辅。楼钥又有《朱南剑挽词》云:"棋战久不对,诗盟亦寖寒。方期会真率,乃尔变悲欢。"⑥朱南剑当即朱季公的弟兄。楼钥说,在棋社凋零时期,幸而还赖朱家弟兄支撑,如今朱季公(还有蒋德常)调官,朱南剑逝世,更使本不经常举办的棋会陷入停办状态。

---

① (宋)楼钥《攻愧集》卷一二,《丛书集成初编》本。
② (宋)楼钥《攻愧集》卷八六《皇师祖太师崇宪靖王行状》。
③ (元)王元恭修,王厚孙、徐亮纂《至正四明续志》卷一一《友恭堂记》,《宋元方志丛刊》本,中华书局1990年版。
④ (宋)楼钥《攻愧集》卷二《次韵李季章监簿泛湖》。
⑤ (宋)楼钥《攻愧集》卷一〇。
⑥ (宋)楼钥《攻愧集》卷一三。

棋社是有一定组织形式的群体性活动。多数时候,四明的士大夫是独自寻找棋伴在纹枰上厮杀,以享受适意的人生。如舒亶很爱下棋,在游天童寺回程的船上,"一樽北酒一枰棋"①,以此来打发时光;在鄞东五乡明觉寺在在堂,他还"卷帘时与夜僧棋"②。鄞人吴升晚年隐居于小溪之芝山,"浮沉里巷,芒鞋野服,间从方外之士,遇兴辄往,一枰之上,忘怀得失,不知岁月之老也"③。奉化汪汲雅意林壑,幅巾藜丈,逍遥自适,时以"棋酒自随"④。下棋除了优游人生之外,还可以有不同的目的,如余姚孙应时围棋,以不起争心为乐,下棋实际上成为他提高修养的一种方式。多数士人下棋取娱乐态度,不愿在棋艺上认真地去钻研。南宋时活动于甬上的弈士则以苏文年比较著名。释宝昙曾介绍说:"苏弈士世于弈,气象不迫,无敢婴其锋。"苏出身于弈棋世家,游于王公大人之门。明州知府岳甫识其为人,在月湖之滨请释宝昙为作《棋说》以赠之。⑤ 宋代宁波棋类活动,大大丰富了人们的业余生活,并促进了民间棋艺的发展。

3. 其他活动。射击是士人喜欢的一项竞技活动。北宋治平中象山县令林旦在县西西谷辟射圃,有诗云:"百步开新圃,弯弧注采正。樽罍供乐事,金鼓叠欢声。"⑥可见射击比赛一般与野外酒宴交错进行,设有奖品,并辅以金鼓助兴,非常热闹。南宋时四明的射击活动带有更强烈的军事体育的意味。南宋皇子魏王判明州时,在学宫前筑射圃,专供学子学射。郡城的九经堂后也设有射亭,军士时常习射于此,号小校场。开禧年间奉化鲒埼寨巡检在漂溪的廨宇,也有射亭。冯湛著有《射谱》,是南宋军事体育著作的代表。

---

① (宋)舒亶《再游天童山回同吴与权诸友夜集》,傅璇琮等《全宋诗》第15册,第10387页,北京大学出版社1993年版。
② (宋)舒亶《题明觉寺在在堂十二首》,傅璇琮等《全宋诗》第15册,第10403页。
③ (宋)李光《庄简集》卷一八《右承议郎吴君墓志铭》,《四库全书》文渊阁本。
④ (清)光绪《奉化县志》卷二三,《中国地方志集成》本,上海书店出版社1993年版。
⑤ (宋)释宝昙《橘洲文集》卷七《棋说》,《续修四库全书》本。
⑥ (元)马泽修、袁桷纂《延祐四明志》卷二〇,《宋元方志丛刊》本,中华书局1990年版。

荡秋千主要是妇女儿童所喜爱的游戏活动。甬城月湖畔的垂杨堤上随处可见架设的秋千。舒亶《减字木兰花·蒋园口号》云："秋千寂寂垂杨岸,芳草绿随人渐远。"①写的是热闹过后的冷寂景象。但据晁说之的观察,各地盛行的荡秋千的活动却不太为宁波女子所喜好,故有"越女腰支胜赵女,生平不敢赛秋千"②之句相嘲。

放风筝是民间传统娱乐项目之一,但四明直到南宋时才有记载。孩童放的风筝,一般是属于结构简单而体积较小的一类。慈溪老杨家训云："子弟可游山,不可下棋,小儿许用胡哮,不可放纸鸢。他皆仿此。"③所谓"不许放纸鸢",从侧面反证出甬上儿童放风筝蔚成风气,以至于有的人家怕孩子受到伤害,不得不立规禁止。

斗百草有智力游戏的色彩,男女老少都可参与。如舒亶曾"登山为斗草之剧"④。舒亶又有《卜算子·分题得苔》云："何时斗草归,几度寻花了。留得佳人莲步痕,宫样鞋儿小。"则是写佳人的斗草游戏。

(二)带有表演属性的游艺活动

1. 百戏表演。南宋瓦舍勾栏以及杂剧在临安兴盛之后,逐渐向周边地区蔓延,在宁波的一些城镇也兴建了瓦舍勾栏,以便进行商业化的百戏表演。据《开庆四明续志》卷七,宁波城内有"旧瓦子"、"新瓦子"两座。慈溪县东西郭酒楼错落相间,"宋元以来皆为戏台。台之四面为楼,伎者居之,南北百戏歌鼓之声不断。楼前商舸百货云屯,往往于楼上取乐"⑤。南宋明州人对于乐棚演出百戏是非常熟悉的。宋末

---

① (宋)曾慥《乐府雅词》卷中,《四库全书》文渊阁本。按:"蒋园"在日湖之西南采莲桥。(清)全祖望撰、朱铸禹汇校集注《鲒埼亭集外编》卷一七《答葛巽亭日湖故事问目》云:"所云'金紫',盖即二蒋之父浚明","蒋园即金紫所筑,在采莲桥"。见《全祖望集汇校集注》(中),上海古籍出版社2000年版。
② (宋)晁说之《景迂生集》卷六《闻四明人不喜秋千因作》,《四库全书》文渊阁本。
③ (宋)杨简《慈湖遗书》卷一七,《四明丛书》本。
④ (元)马泽修、袁桷纂《延祐四明志》卷一九《戊辰游山题壁记》,《宋元方志丛刊》本,中华书局1990年版。
⑤ (清)雍正《慈溪县志》卷六王恂《慈溪县旧景》。

阿育王寺僧正印在除夕云："万人丛里打驱傩,百戏棚头抽傀儡,毕竟成得个什么边事?"①提到了戏棚中傀儡演出。瑞岩寺僧如净有上堂法语云："舞衫歌扇,花鼓拍板,总是者个戏棚,卖弄许多伎俩。咦,任他千圣出头来,立在下风高着眼。"是说戏棚的舞台上演出的是千圣故事,观众在下风抬眼观赏。又云："十二峰前上戏棚,哪吒赤脱点天强。屈烦鼓笛低头舞,弄丑真堪笑一场。"②这里所说的是戏棚演出哪吒神话故事。如净又有《祖师堂主下火》云："影戏棚头个老驴,忽然跨跳入红炉。"③这里虽然说的是人生如戏,但似乎也透露出四明地区有皮影戏演出的信息。

宋代的百戏技艺繁荣发达,分工日趋精细,有傀儡、皮影、相声、杂戏、说书等新的品种和门类。其中傀儡戏表演在四明比较常见。南宋初天童正觉禅师上堂云："贪缘心,和合相,傀儡棚头呈伎俩。"④借傀儡演出比喻万事之相都是因缘和合而成。楼钥和汪大猷闲居在家时曾观看过傀儡演出,楼钥有《戏和适斋绝句三首》云："假合阴阳有此身,使形全在气和神。王家幻戏犹坚固,线索休时尚木人。"这是目前宁波地区所能查到的最早的傀儡表演。稍后吴潜有《秋夜雨·依韵戏赋傀儡》词云："腰棚傀儡,曾悬索,粗瞒凭一层幕。施呈精妙处,解幻出、蛟龙头角。谁知鲍老从旁笑,更郭郎、摇手消薄。歧路难准托。田道熟,只宜村落。"⑤吴词所谓"歧路",指的是"路歧人"的流动卖艺方式。吴词下片的意思是说,傀儡戏若以路歧人的方式演出,生存比较艰难,在四明地区最好的是秋收季节,稻田村落是傀儡戏最适宜的表演场所。

---

① (元)释正澄《月江和尚语录》卷上,《卍新纂续藏经》本。
② (宋)释如玉《如净和尚语录》卷上《明州瑞岩语录》,《禅宗语录辑要》本,第695—696页,上海古籍出版社1992年版。
③ (宋)释清茂《如净和尚语录》卷下《小佛事》,《禅宗语录辑要》本,第702页,上海古籍出版社1992年版。
④ (宋)释普崇《宏智禅师广录》卷四,《禅宗语录辑要》本,第608页,上海古籍出版社1992年版。
⑤ 唐圭璋《全宋词》,第3519页,中华书局2005年版(简体字版)。

南宋有不少明州人喜爱观赏杂剧,如《随隐漫录》卷三记载四明人倪君奭《夜行船》俚俗词云:"年少疏狂今已老,筵席散,杂剧打了。"①似乎四明的宴会上曾有杂剧演出,其插科打诨的语言形式亦为倪氏运化到词的创作中了。但是由于宰相史弥远曾遭遇杂剧艺人的借机讥讽,对杂剧心存芥蒂,"自后相府有宴,二十年不用杂剧"②。在这种情况之下,恐怕南宋四明地区的杂剧不会太繁盛。从慈溪桂氏《家训》中,可知《蔡伯喈》之类的南戏已在慈溪(今江北区慈城)演出。③

杂技艺术中的藏㕙,是宋代搬运幻术的专科,是指把较重较大的物品随身挟带,暗藏起来,临场时借红毡或其他物品遮盖,把藏的东西突然取出,似无中生有凭空变来一样,后世俗称"古彩戏法"。楼钥有诗云:"尽教逞技尽多般,毕竟甘心受面谩。解把人间等嬉戏,不妨笑与大家看。"④脱索也是传统的手技,甬上酒会或有表演,楼钥有诗云:"缠缚千遭趁酒巡,环观巧手竞称神。莫言名利如缰锁,猛然抽身亦在人。"⑤这些都说明南宋宁波常有魔术杂技演出。

2. 歌舞表演。词是唐宋时代一种与音乐相结合、可以歌唱的新兴抒情诗体。词为"声学",音乐性即为词的突出艺术特性之一。宋人填词,或按腔,或按谱,同样遵循乐曲的均拍。宋人作词以协律可歌为工,当时词人大都粗通音乐,有的甚至还是乐律名家。词的体制,大致可以分为法曲大曲、缠令之类及令、引、近、慢等文人所通行的词体。南宋四明词学发达,词曲声容之传盛极一时。

宋代大曲渊源于唐和五代,全曲结构由三大段落组成:第一段称"散序",有乐无歌;第二段是"中序",或称"排遍",乐、歌并作;第三段是"破",乐、歌、舞齐作,至全曲结尾,表演终止。第三段"破"是全曲

---

① 唐圭璋《全宋词》,第4201页,中华书局2005年版(简体字版)。
② (宋)张端义《贵耳集》卷下,《四库全书》文渊阁本。
③ (清)桂发枝编《探源录》第1号,宁波市档案馆藏本。
④ (宋)楼钥《攻愧集》卷一二《戏和适斋绝句三首·藏㕙》,《丛书集成初编》本。
⑤ (宋)楼钥《攻愧集》卷一二《戏和适斋绝句三首·脱索》。

(称为"大遍")表演的高潮,所以它又可以单独作为一个段落表演,称作"曲破"。宋大曲现存作品中,以史浩《鄮峰真隐大曲》体式最为完备。《彊村丛书》本史浩《鄮峰真隐大曲》,所据为范氏天一阁进呈四库的底本(今藏北京大学图书馆),其《柘枝舞》的《歌头》、《柘枝令》"皆缺文有旁谱",这是已知四明曲家留下的最早的俗字谱。① 史浩狭义意义上的"大曲"有《采莲(寿乡词)》,它包含了"延遍"、"攧遍"、"入破"、"衮遍"、"实催"、"衮遍"、"歇拍"、"煞衮"等段落。广义的大曲包括队舞曲在内,这种队舞以曲子、曲破为音乐素材,把念诵、吹奏、舞蹈、歌唱等表演形式次第连缀起来。② 史浩的"队舞"大曲的歌词内容皆为歌颂皇恩浩荡和太平清娱,是所谓"清奏当筵,治世之音安以乐"③,故以雅声为尚,显得端庄幽婉。如其《采莲舞》所云:"风动青苹,听数声之幽韵","遏云妙响,初容与于波间",代表了南渡后乐坛、词坛掀起的持续雅化的潮流。史浩的《采莲》、《渔父》都点出了鄞山甬水,至少部分大曲是在家乡创作的。史府中宴饮时常通宵达旦,很有可能会搬演整套大曲或大曲中最热闹、最精彩的段落。史浩寿宴,亦多以歌乐助兴,如淳熙十二年(1185年),史浩年登八十,"乃大合乐致酒高会","为歌诗播之乐府"。④ 这种声乐之好,在史家成为传统,史浩的幼子太傅史弥坚(忠宣)就是继起的声学专家。还有张致和(1213—1287年),原为浙江德清人,后为史弥坚的侍姬。她从小事赵伯圭父子再世部乐伎,年7岁即通音乐。而赵伯圭又为史弥坚之婿,曾两任明州知府。赵伯圭父子所蓄女乐,实为北宋的大晟乐,而颇不

---

① 吴文光、赵晓楠《关于大曲〈柘枝令歌头〉、〈柘枝令〉俗字谱及其考、释》,《中国音乐学》2000年第4期。
② 王小盾认为:大曲是一种在旋律上讲究连续而在节奏上讲究变化的音乐体裁,完全不同于采用节目连缀方式的队舞,因此不同意将史浩的队舞称之为"大曲",说见王小盾《〈高丽史·乐志〉"唐乐"的文化性格及其唐代渊源》,见张伯伟编《域外汉籍研究集刊》第1辑,第41—42页,中华书局2005年版。笔者此处仍沿用传统的说法,但用狭义与广义略作分别。
③ (宋)史浩《鄮峰真隐漫录》卷四五《采莲舞》,《四库全书》文渊阁本。
④ (宋)楼钥《攻愧集》卷五三《六老图序》,《丛书集成初编》本。

同于当世"俚野不足听"①的公卿女乐。故张致和所通燕乐渊源有自，且因其为史弥坚的侍姬，故其从小学得的燕乐遂化为史氏家族的音乐精髓。张致和提到，经史弥坚删正的法曲子，音乐抑扬顿挫，流美如贯珠，其旋律之结束与否，是以拍为节的，而非根据句读来度曲。可见史弥坚夫妇继史浩大曲表演之后，对富有宫廷色彩的法曲散序传承有素。

宋人于大曲之外的杂曲子统称"小唱"。张炎《词源·音谱》云："惟慢曲、引、近则不同，名为小唱。须得声字清圆，以哑觱篥合之，其音甚正。"《都城纪胜·瓦舍众伎》亦云："唱叫'小唱'，谓执板唱慢曲、曲破，大率重起轻杀，故曰浅斟低唱。"又有嘌唱，指令曲小词在"旧声"的基础上通过"加泛滟"等变奏加工的方式而形成的曲折柔曼的唱法。搬演大曲须动用大乐，先后用十多种乐器合奏，小唱则称为"清音"、"细乐"，只用普通丝竹小乐器，有时甚至光用手打拍清唱，故流行于社会。鄞人高文虎的家伎何银花，"又善小唱、嘌唱，凡唱得五百余曲"②，其善唱可见一斑。陆垕辞官还乡之后，释居简称其"骚情吟未尽，乐府载将还。况是平分手，新声课小蛮"③。这里的"小蛮"当指家伎或侍姬。从释居简的诗歌看，陆垕平日爱好乐府，辞官还乡之后，以教小蛮学习乐府新声为乐。嘉熙二年(1238年)赵以夫守明州，亦以"且听新腔，红牙玉纤低拍"④为人生享受。宝祐四年(1256年)守吴潜《满江红》亦有"金凤拍、歌云腻"之句。以上这些均反映出南宋时甬上以女性为歌唱主体的词曲音乐的流行。

赚词是南宋临安一带极为盛行的一种民间文艺。演唱赚词称为"唱赚"，只唱不说，伴奏乐器有鼓、板，或有笛子伴唱。吴自牧《梦粱

---

① (元)袁桷《清容居士集》卷三三《外祖母张氏墓记》，《丛书集成初编》本。
② (宋)周密《癸辛杂识》别集卷下《银花》，中华书局1997年版。有学者以为高文虎《银花》帖为伪作，但银花为高文虎家伎，这一点还是可信的。
③ (宋)释居简《北磵集》卷七《陆别驾解组》，《四库全书》文渊阁本。
④ (宋)赵以夫《探春慢·四明次黄玉泉》，见唐圭璋《全宋词》，第3390页，中华书局2005年版(简体字版)。

录》说:"凡唱赚最难,兼慢曲、曲破、大曲、嘌唱耍令、蕃曲、叫声,接诸家腔谱也。"①这说明,唱赚广泛吸取了其他品种的曲子唱段,成为当时最难唱好、要求最严的一门唱曲艺术。鄞人高文虎的家伎何银花,"又善双韵,弹得赚五六十套"②。可见银花所演唱的赚词是南北连缀成套的,数量很多。

词曲歌唱之外,宋代四明的民间音乐也很丰富多彩。其中山歌是我国民歌的主要类型之一,广义上讲,大凡在山野田间劳动及休息时所唱的歌,如田歌、渔讴、踏歌、菱歌、秧歌等,均属于山歌的范畴。山歌的歌唱行为没有固定的场合、时间和对象限定,具有即兴演唱的抒情性特点。宋代的四明农村,为庆丰收,"演了山歌村舞"③,置身于宁波的山乡,经常可以听到"俚歌声拂行云里"④。尤其是在社日之类的民间节日中,到处可以看到热闹的村舞俚歌的生动景象,如吴潜诗所云:"江乡此际鸡豚社,里舞村歌入梦魂。"⑤

山歌的内容和形式常与特定的自然环境相适应,与人民的生活息息相关,并反映了一定的地方风俗。四明水乡,常可见渔民们扬帆落日,渔歌咿呀。史浩《鄮峰真隐大曲·渔父舞》就曾描写宁波城月湖的渔父"一棹清歌归晚浦","棹船归去歌声杳"。⑥ 史浩《划船致语》云:"樵唱渔歌,更喜时风之快乐。""某等素习棹歌,老居渔舍。"⑦戴表元曾记奉化长汀人多渔,"每风休月净时,轻篷小艇,往来如织,忽窈窕闻歌声,与渔榔相交,意像森悄,非复人境"。这种渔歌粗犷苍茫,让人有"非复人境"的感受,此景此情,荡人心魂。⑧

---

① (宋)吴自牧《梦粱录》卷一二《伎乐》,浙江人民出版社1984年版。
② (宋)周密《癸辛杂识》别集卷下《银花》。
③ (宋)吴潜《水调歌头·喜晴赋》,见唐圭璋《全宋词》,第3501页,中华书局2005年版(简体字版)。
④ (宋)吴潜《满江红·再和》,见唐圭璋《全宋词》,第3502页。
⑤ (宋)《开庆四明续志》卷九《再用前韵各赋三解》,《宋元方志丛刊》本,中华书局1990年版。
⑥ (宋)史浩《鄮峰真隐漫录》卷四六,《四库全书》文渊阁本。
⑦ (宋)史浩《鄮峰真隐漫录》卷三九。
⑧ (元)戴表元《剡源文集》卷九《长汀和渔歌序》,《四部丛刊初编》本。

南宋宁波在各类节日、宴会上，歌舞活动非常盛行，可惜相关的文献描述都非常简单。有具体的歌舞作品流传并可供详细考述的，当推史浩的《鄮峰真隐大曲》。

大曲起于汉魏，盛于唐宋，是一种以曲辞为文学载体，声乐、器乐、舞蹈联合表演的大型歌舞曲。宋大曲的现存作品中，以史浩《鄮峰真隐大曲》体式最为完备。《鄮峰真隐大曲》计7套52支，从歌词内容及表演程序看，显然属于宫廷歌舞大曲，详尽地收录序词、朗诵词、歌词外，还简要地记录了舞蹈情态、地位调度、人物装扮及舞台装置等情况。其曲目皆沿袭唐代，歌词内容皆咏本意，多作歌功颂德之语，但它的整体布局、气概与唐型大曲判然有别，呈现衰落之势。史浩的大曲，只保留沿袭了唐代宫廷大曲的颂德内容和仪式意义，却失落了那种浸染胡风、略带原始野性的豪雄气概与浑灏飞动之势，转而为精微深静、幽隽婉约，近返于中原遗音之安澹雅正。如《柘枝舞》，从史浩所作"竹竿子"勾念"雅擅西戎之舞，似非中国之人"，可知宋时仍保留其外来形式，但已非唐时的健舞气势，而是"花心"所念"当芳宴以宏开，属雅音而合奏"的软舞声容。这样，源于中亚的刚健明快的《柘枝舞》，一变为史浩笔下那样念一段道白、唱一支曲、再变换一下舞队队形的汉族队舞形式。史浩的《剑舞》，既无唐女伎雄装独舞者矫若龙翔、淋漓顿挫的飞动之势，也无唐军伎"像战阵杀敌，鼓声与吼声相应"的队舞格局，其"回互婉转"、"蜿蜒曼舞"所呈现的雅态，确与唐风大异其趣。唐代外来乐曲那充溢阳刚之气的劲歌健舞，已被宋代轻柔曼妙的汉族歌舞所取代。史浩之曲的文辞求其声容舞态，虽没有了唐代大曲的胡气氤氲、雄浑飞动，但化俗为雅，风貌大变。史浩7套大曲，其文辞多端庄幽婉。至于《太清舞》、《柘枝舞》、《花舞》、《渔父舞》，亦可分别概之以清、雅、芳、幽四字，而返溯唐代大曲尤其是宫廷燕乐大曲的十部伎则难消"俗"的底色。自宋徽宗倡导雅乐，于政和三年（1113年）颁乐舞队制以来，至南渡后"复雅"声高，乐坛、词坛掀起持续雅化的潮流，史浩所作大曲适足代表时风，迎合了宫廷和士大夫的旨趣。

主要参考文献

一、原典文献

（汉）司马迁：《史记》，中华书局1973年版

（南朝）沈约：《宋书》，中华书局1974年版

（唐）韩愈著，（宋）朱熹校：《朱文公校昌黎先生集》，《四部丛刊初编》本

（宋）杨亿：《武夷新集》，《四库全书》文渊阁本

（宋）李彭：《日涉园集》，《四库全书》文渊阁本

（宋）释知礼：《四明十义书》，大正新修《大藏经》本

（宋）释遵式：《金园集》，《卍新纂续藏经》本

（宋）释智圆：《闲居编》，《四库全书》文渊阁本

（宋）欧阳修等：《新唐书》，中华书局1975年版

（宋）欧阳修等：《新五代史》，中华书局1995年版

（宋）梅尧臣：《宛陵集》，《四库全书》文渊阁本

（宋）苏轼著，孔凡礼点校：《苏轼文集》，中华书局1986年版

（宋）苏轼：《东坡全集》，《四库全书》文渊阁本

（宋）苏辙：《栾城集》，《四部丛刊初编》本

（宋）司马光：《资治通鉴》，中华书局1987年版

（宋）曾巩：《曾巩集》，中华书局1984年版

（宋）程颢、程颐：《二程集》，中华书局1981年版

（宋）王珪：《华阳集》，《四库全书》文渊阁本

（宋）王安石：《临川文集》，《四库全书》文渊阁本

（宋）孔延之：《会稽掇英总集》，《四库全书》文渊阁本

（宋）张方平：《乐全集》，《四库全书》文渊阁本

（宋）方勺：《泊宅编》，中华书局1983年版

（宋）包恢：《敝帚稿略》，《四库全书》文渊阁本

（宋）韦骧：《钱塘集》，《四库全书》文渊阁本

（宋）陈师道：《后山谈丛》，上海古籍出版社 1989 年版

（宋）晁说之：《景迂生集》，《四库全书》文渊阁本

（宋）李光：《庄简集》，《四库全书》文渊阁本

（宋）叶梦得：《石林燕语》，中华书局 1984 年版

（宋）叶梦得：《避暑录话》，上海书店 1990 年影印本

（宋）陈旉：《农书》，《丛书集成初编》本

（宋）朱彧：《萍洲可谈》，《丛书集成初编》本

（宋）庄绰：《鸡肋篇》，中华书局 1983 年版

（宋）孙觌：《鸿庆居士集》，《四库全书》文渊阁本

（宋）徐兢：《宣和奉使高丽图经》，《丛书集成初编》本

（宋）释普崇：《宏智禅师广录》，《禅宗语录辑要》本，上海古籍出版社 1992 年版

（宋）曾慥：《乐府雅词》，《四库全书》文渊阁本

（宋）吴曾：《能改斋漫录》，上海古籍出版社 1979 年版

（宋）高闶：《高氏春秋集注》，《四库全书》文渊阁本

（宋）李焘：《续资治通鉴长编》，上海古籍出版社 1986 年版

（宋）周去非：《岭外代答》，中华书局 1999 年版

（宋）汪藻：《浮溪集》，《丛书集成初编》本

（宋）周必大：《文忠公集》，《四库全书》文渊阁本

（宋）范成大：《石湖诗集》，《四库全书》文渊阁本

（宋）刘过：《龙洲集》，《四库全书》文渊阁本

（宋）陆游：《老学庵笔记》，《四库全书》文渊阁本

（宋）陆游：《渭南文集》，《四部备要》本

（宋）孙应时：《烛湖集》，《四库全书》文渊阁本

（宋）吴自牧：《梦粱录》，浙江人民出版社 1984 年版

（宋）史浩：《鄮峰真隐漫录》，《四库全书》文渊阁本

（宋）释宝昙：《橘洲文集》，《续修四库全书》本

（宋）徐梦莘：《三朝北盟会编》，《四库全书》文渊阁本

（宋）刘应时：《颐庵居士集》，《四明丛书》本

（宋）李心传：《建炎以来系年要录》，上海古籍出版社 1992 年版

（宋）李心传：《建炎以来朝野杂记》，《丛书集成初编》本

（宋）陈造：《江湖长翁集》，《四库全书》文渊阁本

（宋）楼钥：《攻愧集》，《丛书集成初编》本

（宋）陈傅良：《止斋先生文集》，《四部丛刊初编》本

（宋）叶适：《叶适集》，中华书局1983年版

（宋）张津等：《乾道四明图经》，《宋元方志丛刊》本，中华书局1990年版

（宋）沈作宾修，施宿等纂：《嘉泰会稽志》，《宋元方志丛刊》本，中华书局1990年版

（宋）胡榘修，方万里、罗濬纂：《宝庆四明志》，《宋元方志丛刊》本，中华书局1990年版

（宋）高承：《事物纪原》，《丛书集成初编》本

（宋）吴潜修，梅应发、刘锡纂：《开庆四明续志》，《宋元方志丛刊》本，中华书局1990年版

（宋）吴潜：《许国公奏议》，《丛书集成初编》本

（宋）戴栩：《浣川集》，《四库全书》文渊阁本

（宋）高斯得：《耻堂存稿》，《四库全书》文渊阁本

（宋）洪迈：《容斋随笔》，上海古籍出版社1995年版

（宋）梁克家：《淳熙三山志》，《宋元方志丛刊》本，中华书局1990年版

（宋）杨仲良：《续通鉴长编纪事本末》，《宋史资料萃编》本，台北文海出版社1967年版

（宋）邓椿：《画继》，《四库全书》文渊阁本

（宋）朱熹：《晦庵先生朱文公文集》，《四部丛刊初编》本

（宋）陆九渊：《象山全集》，《四部备要》本

（宋）黄䇲、齐硕修，陈耆卿纂：《嘉定赤城志》，《宋元方志丛刊》本，中华书局1990年版

（宋）袁文：《瓮牖闲评》，《四库全书》文渊阁本

（宋）高似孙：《蟹略》，《四库全书》文渊阁本

（宋）李壁：《王荆公诗注》，《四库全书》文渊阁本

（宋）释居简：《北磵集》，《四库全书》文渊阁本

（宋）释清茂：《如净和尚语录》，《禅宗语录辑要》本，上海古籍出版社1992

年版

(宋)释如玉:《如净和尚语录》,《禅宗语录辑要》本,上海古籍出版社1992年版

(宋)杨简:《慈湖遗书》,《四明丛书》本

(宋)杨简:《杨氏易传》,《四明丛书》本

(宋)袁燮:《絜斋集》,《四库全书》文渊阁本

(宋)袁燮:《絜斋家塾书钞》,《四明丛书》本

(宋)袁燮:《袁正献公遗文钞》,《四明丛书》本

(宋)袁燮:《毛诗经筵讲义》,《四明丛书》本

(宋)舒璘:《舒文靖类稿》,《四明丛书》本

(宋)舒璘:《舒文靖集》,《四库全书》文渊阁本

(宋)沈焕:《定川遗书》,《四明丛书》本

(宋)张端义:《贵耳集》,《四库全书》文渊阁本

(宋)魏岘:《四明它山水利备览》,《四库全书》文渊阁本

(宋)魏岘:《魏氏家藏方》,《续修四库全书》本

(宋)真德秀:《西山先生真文忠公集》,《四部丛刊初编》本

(宋)郑清之:《安晚堂集》,《四明丛书》本

(宋)陈起:《江湖后集》,《四库全书》文渊阁本

(宋)庞元英:《谈薮》,大象出版社2006年版

(宋)黎靖德:《朱子语类》,中华书局1986年版

(宋)王应麟:《四明文献集》,《四库全书》文渊阁本

(宋)王应麟:《小学绀珠》,中华书局1987年影印本

(宋)王应麟:《玉海》,江苏古籍出版社1990年影印本

(宋)王应麟:《困学纪闻》,《四库全书》文渊阁本

(宋)史弥宁:《友林乙稿》,《四库全书》文渊阁本

(宋)黄震:《黄氏日抄》,《四库全书》文渊阁本

(宋)黄震:《古今纪要》,《四库全书》文渊阁本

(宋)黄震:《古今纪要逸编》,《知不足斋丛书》本、耕余楼刊本

(宋)马端临:《文献通考》,浙江古籍出版社1988年版

(宋)廖行之:《省斋集》,《四库全书》文渊阁本

（宋）释志磐：《佛祖统纪》，江苏广陵古籍刻印社 1992 年版
（宋）文天祥：《文天祥全集》，中国书店 1985 年影印本
（宋）舒岳祥：《阆风集》，《四库全书》文渊阁本
（元）方　回：《桐江续集》，《四库全书》文渊阁本
（元）脱脱等：《宋史》，中华书局 1985 年版
（元）戴表元：《剡源文集》，《四部丛刊初编》本
（元）释法应、普会：《禅宗颂古联珠通集》，明永乐南藏本
（元）释惟则：《师子林天如和尚语录》，《卍新纂续藏经》本
（元）释正澄：《月江和尚语录》，《卍新纂续藏经》本
（元）孔齐：《至正直记》，《丛书集成初编》本
（元）马泽修，袁桷纂：《延祐四明志》，《宋元方志丛刊》本，中华书局 1990 年版
（元）王元恭修，王厚孙、徐亮纂：《至正四明续志》，《宋元方志丛刊》本，中华书局 1990 年版
（元）袁桷：《清容居士集》，《丛书集成初编》本
（明）杨明：《天童寺集》，《四库存目丛书》本
（明）宋濂等：《元史》，中华书局 1995 年版
（明）文征明：《甫田集》，《四库全书》文渊阁本
（明）谢肃：《密庵文稿》，《四部丛刊三编》本
（明）解缙等：《永乐大典》，中华书局 1986 年影印本
（明）杨士奇：《东里续集》，《四库全书》文渊阁本
（明）王肯堂：《证治准绳》，《四库全书》文渊阁本
（明）宋奎光：崇祯《宁海县志》，明崇祯五年刊本
（明）徐光启：《农政全书》，《四库全书》文渊阁本
（明）张瓒、杨实：《宁波郡志》，书目文献出版社 1997 年版
（明）顾炎武：《天下郡国利病书》，上海图书集成局铅印本
（清）黄宗羲著，全祖望补：《宋元学案》，中华书局 1989 年版
（清）黄宗羲：《明儒学案》，中华书局 1985 年版
（清）吴任臣：《十国春秋》，中华书局 1983 年版
（清）全祖望撰，朱铸禹汇校集注：《全祖望集汇校集注》，上海古籍出版社 2000 年版

（清）徐松:《宋会要辑稿》,中华书局1987年影印本

（清）周炳麟修,邵友濂、孙德祖纂:光绪《余姚县志》,《中国地方志集成》本,上海书店出版社1993年版

（清）李前泮修,张美翊等纂:光绪《奉化县志》,《中国地方志集成》本,上海书店出版社1993年版

（清）杨泰亨、冯可镛纂:光绪《慈溪县志》,《中国地方志集成》本,上海书店出版社1993年版

（清）王瑞成、程云骥修,张浚等纂:光绪《宁海县志》,《中国地方志集成》本,上海书店出版社1993年版

（清）李卫等:雍正《浙江通志》,中华书局2001年版

（清）胡文学:《甬上耆旧诗》,《四库全书》文渊阁本

（清）董沛著,俞福海、方平点注:《明州系年录》,当代中国出版社2001年版

（清）徐兆昺著,桂心仪等注:《四明谈助》,宁波出版社2000年版

（清）万斯同:《宋季忠义录》,《四明丛书》本

（清）章学诚:《章氏遗书》,吴兴刘氏嘉业堂刊本

（清）章学诚著,叶瑛校注:《文史通义校注》,中华书局1985年版

（清）永瑢等:《四库全书总目》,中华书局1992年影印本

（清）陆心源:《宋史翼》,中华书局1990年影印本

（清）颜元:《习斋记余》,《丛书集成初编》本

（清）钱大昕:《潜研堂文集》,嘉庆十一年刊本

（清）朱绪曾:《开有益斋读书记》,光绪六年金陵翁氏茹古阁刊本

（清）臧炳麟、杜璋吉著,龚烈沸点校:《桃源乡志》,中国档案出版社2006年版

（民国）陈汉章总纂:民国《象山县志》,方志出版社2004年版

（民国）杨积芳纂,王清毅、岑华潮点校:《余姚六仓志》,杭州出版社2004年版

［朝鲜］郑麟趾:《高丽史》,韩国亚细亚文化社1992年版

二、今人论著

张秉全主编:《七塔寺志》,宁波七塔禅寺1994年编印

梁太济:《两宋阶级关系的若干问题》,河北大学出版社1998年版
汪圣铎:《两宋财政史》,中华书局1995年版
陈国灿:《宋代江南城市研究》,中华书局2002年版
李伯重:《多视角看江南经济史》,三联书店2003年版
徐规主编:《宋史研究集刊》,浙江古籍出版社1986年版
徐规:《仰素集》,杭州大学出版社1999年版
马西沙、韩秉方:《中国民间宗教史》,上海人民出版社1998年版
林士民:《三江变迁——宁波城市发展史话》,宁波出版社2002年版
林士民:《海上丝绸之路的著名海港——明州》,海洋出版社1990年版
林士民、沈建国:《万里丝路——宁波与海上丝绸之路》,宁波出版社2002年版
席龙飞:《中国造船史》,湖北教育出版社2004年版
沈冬梅、范立舟:《浙江通史·宋代卷》,浙江人民出版社2005年版
中国海外交通史研究会等编:《宁波港海外交通史论文选集》,1983年铅印本
鄞县地方志编委会编:《鄞县志》,中华书局1996年版
李英魁主编:《宁波与海上丝绸之路》,科学出版社2006年版
王晓秋、大庭修编:《中日文化交流大系·历史卷》,浙江人民出版社1996年版
王勇、上原昭一:《中日文化交流大系·艺术卷》,浙江人民出版社1996年版
徐定宝:《越窑青瓷文化史》,人民出版社2001年版
张其凡:《宋代史》,澳亚周刊出版有限公司2004年版
杨渭生:《宋丽关系史研究》,杭州大学出版社1997年版
陈高华、吴泰、郭松义:《海上丝绸之路》,海洋出版社1991年版
黄纯艳:《宋代海外贸易》,社会科学文献出版社2003年版
陈寅恪:《金明馆丛稿二编》,上海古籍出版社1980年版
陈垣:《通鉴胡注表微》,辽宁教育出版社1997年版
梁启超:《中国近三百年学术史》,东方出版社1996年版
傅璇琮等编:《全宋诗》,北京大学出版社1992年版
曹屯裕主编:《浙东文化概论》,宁波出版社1997年版
俞福海主编:《宁波市志外编》,中华书局1998年版
虞浩旭:《智者之香》,宁波出版社2006年版
天童寺志编纂委员会编:《新修天童寺志》,宗教文化出版社1997年版

妙善、鉴定等主编:《普陀洛迦山志》,上海古籍出版社 1999 年版
魏桥、王志邦等:《浙江方志源流》,浙江人民出版社 1988 年版
黄苇:《方志学》,复旦大学出版社 1993 年版
徐吉军等:《中国风俗通史》(宋代卷),上海文艺出版社 2001 年版
严绍璗:《汉籍在日本的流布研究》,江苏古籍出版社 1992 年版。
舒迎澜:《古代花卉》,农业出版社 1993 年版
曾枣庄等编:《全宋文》,上海辞书出版社 2006 年版
王利华:《中古华北饮食文化的变迁》,中国社会科学出版社 2000 年版
梁庚尧:《南宋的农村经济》,新星出版社 2006 年版
唐圭璋编:《全宋词》,中华书局 2005 年版(简体字版)
蔡桢:《词源疏证》,中国书店 1985 年版
郑孟津、吴平山:《词源解笺》,浙江古籍出版社 1990 年版
美露:《南宋四明史氏》,四川美术出版社 2006 年版
张伯伟:《域外汉籍研究集刊》(第 1 辑),中华书局 2005 年版
童兆良:《检点上林文明》,中国文联出版社 2003 年版
马兆祥:《碑铭撷英》,人民美术出版社 2003 年版
郭黛姮等编著:《东来第一山——保国寺》,文物出版社 2003 年版
杨古城、龚国荣:《南宋石雕》,宁波出版社 2006 年版
宁波文化局编印:《千年海外寻珍》
[日]斯波义信著,方健、何忠礼译:《宋代江南经济史研究》,江苏人民出版社
　　2001 年版
[苏]勃拉歌维新斯基著、魏东升译:《船舶摇摆》,高等教育出版社 1959 年版
[韩]全海宗著、金善姬译:《中韩关系史论集》,中国社会科学出版社 1997 年版
[日]木宫泰彦著,胡锡年译:《日中文化交流史》,商务印书馆 1980 年版
[日]加藤繁著,吴杰译:《中国经济史考证》,商务印书馆 1963 年版
[英]李约瑟:《中国科学技术史》,科学出版社 1975 年版
[日]丹波元胤:《中国医籍考》,人民卫生出版社 1983 年版

三、主要参考、引用论文

熊燕军:《南宋沿海制置司考》,《浙江大学学报》2007 年 1 期

王青松:《南宋海防初探》,《中国边疆史地研究》2004 年第 3 期
陆敏珍:《宋代明州的人口规模及其影响》,《浙江社会科学》2006 年第 3 期
何忠礼:《宋代户部人口统计考察》,《历史研究》1999 年第 4 期
王曾瑜:《谈宋代的造船业》,《文物》1975 年第 10 期
沈津:《美国所藏宋元刻佛经经眼录》,《文献》1989 年第 1 期
倪士毅、翁福清:《贞珉可珍——从〈黄震墓志〉补正〈宋史〉与〈宋元学案〉之误》,《浙江师范大学学报》1987 年第 1 期
樊克政:《黄震对程朱"理学的继承与修"正》,《中国史研究》1984 年第 1 期
钱穆:《黄东发学述》,"台湾国立编译馆"编《宋史研究集》第 8 辑
林政华:《黄震著述版本叙录兼述日抄体之影响》,《书目季刊》1976 年 4 期
仓修良:《胡三省〈通鉴注〉简论》,《杭州大学学报》1982 年第 3 期
赵晓岚:《论史浩〈鄮峰真隐大曲〉及南宋宫廷大曲之别》,《文学遗产》1995 年第 5 期
王贵祥:《宁波保国寺大殿礼赞》,《浙东文化》2003 年第 1 期
项隆元:《宁波保国寺大殿的时代特征与浙江宋元时期建筑的地方特色》,《浙东文化》2003 年第 1 期
董益平等:《宁波保国寺大殿北倾原因浅析》,《文物保护与考古科学》2003 年第 4 期
王继广等:《临朐奇石鉴赏特征及其成因简述》,《山东地质》2000 年第 3 期
李勇等:《黄土高原植物根系提高土壤抗冲性机制初步研究》,《中国科学》B 辑,1992 年
徐建成:《保国寺的有关历史和人物考证》,《浙东文化》2003 年第 1 期

后　记

　　在全体编写人员的通力合作下,《宁波通史·宋代卷》终于完稿付梓。

　　本卷记述从北宋建立(960年)到南宋灭亡(1279年)三百年左右时间的宁波发展历史。由于历史上行政区划的变迁,本卷所采用的方法是,立足于现在宁波行政区域,同时兼顾两宋时期明州的行政区域。这样,本卷把两宋时期不属于明州(庆元)的宁海(时属台州)和余姚(北宋时属越州,南宋后越州改绍兴府),及现属于舟山而当时属于明州(庆元)的昌国(现为定海)均纳入记述范围。又,宁波在宋代先称明州,后又改称庆元府,这一名称的变更,同样给本卷的表述带来较大困难,我们在编写过程中,尽量尊重历史称呼,但为了便于行文与读者阅读,有时也用明州、宁波一词概称。上述处理方法有欠妥之处,但一时也想不出更好的方法,只好姑且为之。

　　详尽占有史料,考析史料,并充分吸收最新研究成果,这是编纂好一部通史的前提。对此,我们在编写过程中,尽量利用《乾道四明图经》、《宝庆四明志》、《开庆四明续志》等志书上的第一手史料,同时,对正史、文集、笔记、小说上的有关史料,也尽量搜集,在考辨的基础上加以利用。可以说,在史料的搜集和利用方面,我们是下了不少功夫的。此外,我们在编写过程中,对学术界现有的代表性研究成果也十分重视,尽量在书中予以体现。对于引用的史料及研究成果,我们均在文中一一注明出处。

　　本书的分工情况如下:导论、第一、第二、第三、第四章由张伟教授执笔,第五章第一、二、三、四、五节由邢舒绪博士执笔,第五章第六、七节和第六章由张如安教授执笔。全书由张伟教授负责统稿。

  本卷虽由我们三位合作撰成,但从体例的确定到最后定稿,整个过程始终得到通史编委会和相关研究领域的专家及地方文史工作部门的大力支持和帮助。傅璇琮先生作为主编,就本卷的纲目、内容问题,曾多次组织研讨会并审阅书稿,为此付出了大量的精力。徐季子先生以及浙江大学龚延明教授、何忠礼教授等对本卷的结构、内容也提出了许多宝贵的修改意见。此外,宁波市文化广电新闻出版局、宁波市文保所(考古所)、宁波保国寺文物保管所、天一阁博物馆,以及林士民先生、龚国荣先生都提供了不少珍贵的历史图片。谨在此一并致以真诚的感谢。

作　者

2009 年 3 月